주희 시 역주

지은이 **주희**(朱熹, 1130~1200)

자는 원회(元晦) 또는 중회(仲晦)이며, 호는 회암(晦庵), 회옹(晦翁), 운곡산인(雲谷山人), 창주병수(滄洲病叟), 둔옹(遯翁) 등이 있는데 회암으로 가장 널리 알려졌다. 복건성(福建省) 우계(尤溪)에서 출생했다. 14세 때 부친이 죽자 유언에 따라 적계(籍溪) 호헌(胡憲), 백수(白水) 유면지(劉勉之), 병산(屛山) 유자휘(劉子翬)를 사사하였으며, 24세 때 연평(延平) 이동(李侗)을 사사하면서 정자(程子)와 양시(楊時), 나종언(羅從彥)과 이동의 학맥을 잇는 정자의 사전제자(四傳弟子)가 되었다. 19세에 진사시에 급제하여 71세에 생애를 마칠 때까지 여러 관직을 거쳤으나, 약 9년 정도만 현직에 근무하였을 뿐, 그 밖의 관직은 학자에 대한 일종의 예우로서 반드시 현지에 부임할 필요가 없는 명예직이었기 때문에 학문에 전념할 수 있었다. 서원운동을 펼쳐 강서성(江西省) 남강(南康)의 관리로 근무할 때 백록동서원(白鹿洞書院) 등을 수복하기도 했다. 주요 저서로는 『사서집주(四書集注)』, 『주역본의(周易本義)』, 『시집전(詩集傳)』, 『근사록(近思錄)』, 『초사집주(楚辭集注)』, 『자치통감(資治通鑑)』, 『이락연원록(伊洛淵源錄)』 외에 다수가 있다. 이외에 그가 남긴 글은 문인들에 의해 『주문공문집(朱文公文集)』과 『주자어류(朱子語類)』 등으로 편찬되었다.

옮긴이 **장세후**(張世厚)

경북 상주에서 태어나 영남대학교 중어중문학과를 졸업하고, 같은 대학 대학원에서 석사학위와 박사학위(《주희 시 연구》)를 취득하였다. 영남대학교 겸임교수와 경북대학교 연구초빙교수를 거쳐 지금은 경북대학교 퇴계연구소의 전임연구원으로 재직하고 있다. 2003년 대구매일신문에서 선정한 대구·경북지역 인문사회 분야의 뉴리더 10인에 포함된 바 있다.
저서로는 《이미지로 읽는 한자》(연암서가, 2015), 《이미지로 읽는 한자 2》(연암서가, 2016)가 있고, 역서로는 《한학 연구의 길잡이(古籍導讀)》(이회문화사, 1998), 《초당시(初唐詩 *The Poetry of the Early T'ang*)》(Stephen Owen, 中文出版社, 2000), 《퇴계 시 풀이·1~6》(이장우 공역, 영남대학교 출판부, 2006~2011), 《고문진보·전집》(황견 편, 공역, 을유문화사, 2001), 《퇴계잡영》(공역, 연암서가, 2009), 《唐宋八大家文抄·蘇洵》(공역, 전통문화연구회, 2012), 《춘추좌전·상》(을유문화사, 2012), 《춘추좌전·중》(을유문화사, 2013), 《춘추좌전·하》(을유문화사, 2013), 《도산잡영》(공역, 연암서가, 2013), 《주자시 100선》(연암서가, 2013), 《국역 송계선생문집(竦溪先生文集)》(공역, 보고사, 2015), 《사기·열전 상·중·하》(연암서가, 2017)등이 있다.

朱熹 詩 譯註 제9권·제10권·별집·유집·외집

초판 발행 2018년 1월 30일

지은이 주희
옮긴이 서길수
펴낸이 김진삼
펴낸곳 영남대학교출판부

출판등록 1975년 9월 5일 경산 제16-1호
주소 경북 경산시 대학로 280
전화 053) 810-1801~3
FAX 053) 810-4722
홈페이지 book.yu.ac.kr

ISBN 978-89-7581-545-4 94820

값은 표지 뒷면에 있습니다.
잘못 만들어진 책은 바꾸어 드립니다.

주희 朱熹

시 역주 詩 譯注

9권 10권

주희 지음

장세후 옮김

영남대학교출판부

머리말

중국 문학을 전공으로 하여 공부한 지가 어언 35년째 접어들었다. 더구나 석사과정에서 시를 전공으로 논문을 제출하였으니 무려 30년 이상을 시에 매달려 온 셈이다. 석사 때 제출한 논문의 주제는 초당사걸初唐四傑 중의 하나인 왕발王勃의 시였다. 그러나 박사과정에 진학하고 나서는 초당의 시인을 가지고 계속 논문을 쓰기에는 한계가 있어 보였다. 아직 논문의 주제도 결정하지 못한 상태에서 박사과정을 수료한 시점에 당시 지도교수였던 이장우 선생님께서는 역자에게 《퇴계학보》에 연재하던 퇴계시의 역주를 함께 해보지 않겠느냐고 제안하셨다. 아울러 차제에 퇴계에게 절대적인 영향을 끼친 주희朱熹, 朱子의 시를 가지고 박사학위 논문을 준비하면 어떻겠느냐고 말씀하셨다. 달리 뾰족한 대안이 없었던 나로서는 선생님의 말씀을 수용할 수밖에 없었다.

불과 2년 만에 전공의 시대적 범위가 약 500년을 뛰어넘게 된 결정이었다. 이때부터 주희의 시에 관한 국내외의 자료를 모으기 시작하였다. 그 결과 논문을 나름대로 준비하여 1996년에 《주희 시 연구》라는 제목으로 박사학위를 제출하게 되었다. 그로부터 약 4년이 지난 시점인 2000년 가을부터는 영남대학교 중문학과에서 발간하는 《중국어문학역총》(제13집)에 주희의 시를 역주하여 연재하기 시작하였다. 이렇게 시작한 주희의 시는 보유에 해당하는 부분을 빼면 작년 봄호에서 연재가 끝이 났다. 무려 15년에 걸친 대장정이었다. 이번에 출간하게 된 이 책은 그간 연재한 것을 처음부터 다시 손을 보아 엮은 것이다.

15년은 결코 짧은 세월이 아니다. 우리의 속담으로 친다면 강산이 한 번 반 바뀔 정도의 시간이다. 그 기간 동안 연재를 하는 과정에서 많은 일이 있었다. 연재를 시작한 지 얼마 되지 않은 2002년부터 3년간은 경북대학교 퇴계연구소에서 연구초빙교수라는 직함으로 활동했다. 그 과정에서 학술진흥재단(지금의 한국연구재단)에 '주희 시 역주'라는 주제로 연구비를 타서 이미 2권까지의 책을 그 결과물로 제출한 적이 있다. 이듬해부터는 대구한의대와 전남대학교에서 공동으로 진행했던 '주자대전 번역'팀에 참여하였다. 거기서 4년간 연구원으로 종사하면서 한 일도 번역이었다. 이 기간에 역자는 다른 2명의 연구원과 함께 시 부분의 번역을 모두 마무리 지었다. 그때는 이미 3권까지는 번역이 완료된 상태였고 4권의 번역에 들어간 상태였다. 그 뒷부분에서는 권5와 권10에 이어 나머지 부분의 시를 모두 맡아서 번역을 하였다. 늘 그렇듯이 연구비를 타서 하는 작업은 '시간'을 요구하는 작업이어서 거의 《주자대전차의집보》의 주석만을 참고로 하여 기간 내에 마치도록 하는데 주력하였다. 질보다는 양에 초점을 맞춰야 했고, 공동연구원들끼리 각자 작업한 분량을 제대로 돌려 읽을 시간적 여유조차 없었다. 이런 과정에서 번역의 편차가 발생하는 것은 불가피하였다. 기존에 연재를 하면서 완성한 원고들은 분량이 너무 많다는 이유로 오히려 일부 내용을 덜어내기까지 하였다. 반면에 전역全譯 과정에서 부수적인 작업으로 먼저 주희의 대표적인 시 100수만을 뽑아서 선역본을 내기도 하였다.(《주자시 100선》, 연암서가, 2013) 돌아보면 아쉬움이 많이 남는 시간이었지만, 다행히 그 뒤에도 내가 해

오던 방식을 고수하며 계속 일관성을 유지하여 연재를 하여 무사히 역주 작업을 끝낼 수가 있었다.

주희朱熹는 1130년에 태어나서 1200년에 생을 마감하였다. 자는 원회元晦 또는 중회仲晦라고 하였으며, 호는 회암晦庵이 가장 널리 알려졌다. 우리에게는 주희라는 본명보다는 주자朱子라는 호칭으로 더 친숙하다. 이는 그의 정체성이 문학가로서보다는 철학가로서 더 확고한 지위를 차지하고 있다는 것을 보여주는 것이다. 그의 사후 얼마 되지 않아 고려조의 안향安珦이 그의 학문을 '주자학'이라는 이름으로 들여온 이래 《사서집주四書集注》와 《시집전詩集傳》, 《역학계몽易學啓蒙》 등과 같은 우리나라에서 절대적인 영향력을 발휘한 그의 저작들을 보면 이는 당연한 평가라고 할 수 있다. 우리나라에 주자학을 들여온 안향 같은 사람만 해도 주희를 흠모하여 그의 자호에서 호를 따서 회헌晦軒이라고 하지 않았는가? 그러나 주희는 문학가이자 문학평론가로서도 활발한 활동을 펼쳐 《한문고이韓文考異》와 《초사집주楚辭集注》 같은 저작을 탄생시키기도 하였다. 이와 함께 남송사대가로 꼽히는 양만리楊萬里와 육유陸游, 범성대范成大, 우무尤袤 등과 동시대를 살아가면서 그들과 활발한 교류를 하기도 하였다. 뿐만 아니라 그는 담암澹菴 호전胡銓에 의해 조정에 추천된 10인의 시인에 들 정도로 당시에 시재를 인정받기도 하였다. 사실 역자는 중국의 문인들을 어느 한 방면의 성취만 가지고 한정해서는 안 된다고 생각한다. 송대 뿐만 아니라 중국의 많은 문인들은 모두 지금의 시각으로 보면 인문학에 해당하는 문사철文史哲에 두루 뛰어난 사람들이었다. 지금의 문인(이를테면 蘇軾)이니, 도학자니(이를테면 北宋五子), 사학가니(이를테면 司馬光) 하는 것은 모두 그 사람들의 가장 뛰어난 업적 하나만을 들어서 그렇게 말할 뿐이다.

주희가 시가 방면에서 거둔 성취도 결코 수준이 낮은 편이 아니었지만 다만 그의 도학적道學的 성취에 가려서 그런 평가를 받고 있을 따름이라는 말이다.

주희의 문집인 《주문공집》에는 내집 10권까지, 그리고 별집과 외집 등에 걸쳐 그가 지은 시가 수록되어 있다. 수록된 시는 내집 권1에 166수, 권2에 171수, 권3에 134수, 권4에 79수, 권5에 156수, 권6에 195수, 권7에 93수, 권8에 66수, 권9에 89수, 권10에 79수, 별집 권7에 23수, 유집에 11수, 외집에 174수 등 도합 1436수의 시가 수록되어 있다. 옛 판본에 의하면 별집까지만 시가 수록되어 있다. 여기서 말한 유집 이하는 꿔치郭齊 등이 편집한 사천교육출판사의 것을 기준으로 한 것이다. 그리고 북경대 출판부에서 간행한 《전송시全宋詩》도 참고하였다. 《전송시》에는 제목에서 알 수 있듯이 시만 수록하여 놓았다. 그러나 여기서는 권10까지 수록된 사詞까지도 광의의 시로 보고 모두 포함하였다. 전체적으로 보면 중복 수록된 시도 있고 또 위에서 말한 것처럼 사도 모두 수록하였다. 문집의 원주에 "이 시는 한 수로 보아야 할 것 같다"는 설명이 붙은 곳도 있고, 또한 서한書翰 등 문집의 다른 부분에 수록된 시도 있고, 구절만 전하는 것도 있다. 뿐만 아니라 수징난束景南 같은 사람은 계속적인 연구를 통하여 또한 문집에서 누락된 많은 주희의 시를 찾아내어 《주희일문집고朱熹佚文輯考》(江蘇古籍出版社, 1991) 같은 책을 출간하기도 하였으므로 위의 수치는 절대적이고 또 확정된 것이라고는 할 수 없다. 수징난의 연구 결과는 이미 《전송시》 같은 데 모두 반영되었지만 그 뒤로도 각종 서적에서 주희의 것으로 보이는 시가 계속 발견되고 있다. 송나라 때는 서적의 보급이 보편화되어 웬만한 문인이면 문집을 남길 정도였고 1만 수에 가까운 시를 지은 육유 같은 시인도 있지만 약 1500수에 달하는 주희의 시도 전체적으로 보면 적은 편은 아니다. 특히 그의 도학 방면에서의 성취를 고려하면 더욱 그렇게 느껴진다. 이번에 출간하는 역서는 내집을 2권씩 한 책으로 묶고, 별집 이하는 마지막 권에 모두 함께 수록하였다.

주희는 《시경》과 《초사》를 비롯하여 《문선》, 진나라의 도연명陶淵明, 당나라의 위응물韋應物 등의 영향을 많이 받았다. 말하자면 고체시의 영향을 많이 받았다는 말인데, 그 때문인지 형식적으로는 동시대에 활약한 시인들에 비해 5언시의 비율이 많은 편이다. 내용적인 측면에서 주희는 서정이나 서경, 영물시 등 거의 모든 방면의 시를 두루 써내었지만 가장 장기를 발휘한 방면은 설리시說理詩라고 할 수 있다. 설리시가 차지하는 비율이 다른 방면의 시들에 비해 많은 편은 아니지만 〈관서유감觀書有感〉이나 〈춘일春日〉 같은 시는 7언절구라는 짧은 시의 형식을 빌려서 이취理趣를 유감없이 발휘하였다. 반면에 평가가 극도로 엇갈리는 〈재거감흥齋居感興〉시 같은 경우도 설리시이다. 뿐만 아니라 압운한 강의어록이라는 달갑지 않은 평가를 받는 〈훈몽訓蒙〉시 같은 경우도 넓게 보면 또한 설리시라고 할 수 있다.

송대, 특히 남송에 이르면 시는 형식적으로 더 이상 발전의 여지가 없어지게 되었고, 이런 면 때문에 문인들에게 거의 일상생활을 기록하는 일기와 가까운 역할을 겸하게 된다. 이런 경향은 생애 연구에 시들이 많이 인용되고 있는 것으로 알 수 있으며, 주희 시의 경우는 여기서 한걸음 더 나아가 사상 연구에도 많이 인용되고 있다. 최근에 우리나라에 번역 소개된 수징난의 《주자평전》(원제는 《朱子大傳》, 福建敎育出版社, 1992) 같은 책을 보면 곳곳에 그의 시가 생애와 사상 등을 입증하기 위한 자료로 소개되고 있을 정도이다. 굳이 이런 예를 들지 않더라도 주희의 시가 우리나라에 끼친 영향은 막대하다. 〈무이도가武夷櫂歌〉 같은 시는 조선사회에 일종의 문화적 신드롬 현상을 일으켰을 정도였다. 퇴계의 도산구곡, 우암尤庵의 화양구곡, 한강寒岡의 무흘구곡, 훈수壎叟 지수篪叟 형제의 횡계구곡, 회헌晦軒의 죽계구곡 등 무이구곡은 이 땅의 선비들이라면 모두 한번은 꿈꿨을 유학의 이상향으로 무의식의 근저에 자리 잡게 되었다. 이런 현상을 유발시킨 모든 원천이 바로 〈무이도가〉였던 것이다. 주자학이 도입된 이래 그 학문의 텍스트가 되는 1차 자료인 《주문공집》은 우리나라 지식인들에게는 거의 바이블처럼 떠받들려졌다. 《주문공집》이 우리나라에서 《주자대전朱子大全》으로 불리는 것만 봐도 이런 현상을 알 수 있다. 그래서인지 주자의 연구가 우리나라만큼 활발한 곳이 없는 것 같다. 우암尤庵 송시열宋時烈이 주도한 주석서 《주자대전차의朱子大全箚疑》와 후대에 이를 보완하기 위해 나온 각종 주석서를 조선 말기에 이항로李恒老 등이 모아 필사한 《주자대전차의집보朱子大全箚疑輯輔》는 세계 어디에 내놓아도 손색이 없을 정도로 성취도가 높은 주석서라고 할 수 있다. 《주자대전차의집보》에 수록된 것 외에도 밀암密庵 이재李栽의 《주전집람朱全集覽》 및 기타 〈재거감흥〉이나 〈무이도가〉 등에 주해를 가하여 별도로 출간한 책도 다수 있다. 본 역주는 가능한 모든 자료를 다 모아서 반영하는 데 최대한의 노력을 기울였음을 밝혀둔다.

주희의 시(내집 10권까지)는 역자가 참여한 주자대전번역연구단에서 1차로 발간한 《주자대전》(2010년)에 이미 수록되어 있다. 역자가 번역한 부분도 절반이 조금 넘는 분량을 차지하고 있지만 위에서 잠깐 언급한 것과 같이 아쉬운 부분이 많다. '시간'을 다투는 연구과제였다는 점에서 꼼꼼하고 일관적인 역주가 행하여지지 않았다. 무엇보다도 비매품 한정판으로 출판되어 일반 독자들을 만날 수가 없었다는 점이 가장 아쉬웠다. 이제 연구과제가 끝나고 10년 만에 전반적으로 다시 일관성을 가지고 그간의 오류를 바로잡고 꼼꼼히 역주를 가한 이 책을 세상에 내놓는다. 거의 8백 년을 우리나라에서 떠받든 주희의 문집 가운데 시로나마 처음 번역과 주석을 달아서 모든 사람 앞에 나오는 것이다. 나름대로 심혈을 기울여 역주에 임한다고 하였지만 언제나 그렇듯이 늘 부족함이 많이 느껴진다. 이에 대한 책임은 오롯이 역자의 몫이 될 것이다.

이 번역본이 나오기까지 도움을 주신 분이 참 많았다. 먼저 주희의 시 세계로 나를 끌어주시고 주자대전번역연구단의 《주자대전》 시 부분을 보시고 오역 등을 많이 지적해주신 은사이신 이장우 선생님께 가장 큰 감사의 말씀을 전한다. 연구가 끝난 지 이미 10년이 지났지만 한의대학교에서 함께 번역하느라 고민했던 이장휘, 김승호 선생의 도움도 적지 않았다. 그리고 무려 16년이나 주희 시의 역주를 연재하도록 지면을 할애해준 영남대학교 중국어중국문학과의 여러 선생님 및 《중국어문학역총》 편집진에게도 고마움을 전한다. 요즈음 어려운 출판 여건 속에서도 방대한 원고를 선뜻 맡아 멋진 책으로 만들어준 영남대학교출판부, 특히 부장님인 김영수 교수님과 이종백 실장께도 심심한 감사의 뜻을 전하는 바이다. 사실 이런 수익성 없는 전집류의 책은 일반 출판사가 거의 외면하는 실정을 감안해보면 정말로 뭐라 감사의 말을 하여야 할지 모르겠다. 또 하나, 무엇보다도 학자의 길을 가는 동안 묵묵히 지켜봐준 식구들에게는 이 책이 그간 가장으로서의 역할을 제대로 못한 나로서는 또 하나의 부끄러움을 씻는 조그만 역할을 하리라 믿는다.

2017년 만추에

매호동에서 장세후

차례

제9권

제10권

별집 제7권

유집 제1권

외집 제1권

일러두기

1. 이 책은 주희의 문집인 《주문공집》에서 시와 사(詞)만 번역하고 주석을 달았다.
2. 저본이 된 판본은 사부총간본 《회암선생주문공문집(晦菴先生朱文公文集)》(1980, 대만상무인서관 영인)이며, 《주희집(朱熹集)》(1996, 四川敎育出版社),《전송시(全宋詩)》(1991, 北京大學出版部)와 《주자전서(朱子全書)》(2002, 上海古籍, 安徽敎育出版社), 《주희시사편년전주(朱熹詩詞編年箋注)》(郭齊, 2000, 巴蜀書社) 등을 참고하여 교감하였다.
3. 시의 번역은 축자역(逐字譯)을 원칙으로 하였다.
4. 주석은 최대한 한글로 풀고 필요하다고 생각될 경우 한자를 병기하였다. 인용된 자료는 원문을 모두 달았으며, 앞뒤 연관 관계를 고려하여 인용하였다.
5. 이미 나온 주석 항목은 같은 권일 경우 시 번호만 표기하였다.[예: 1번 시의 주 2)를 보라.] 다른 권일 경우는 권까지 표기하였다.[예: 권1 2번 시의 주 3)을 보라.]

朱熹 詩 譯註

제9권

1. 石馬斜川之集分韻賦詩得燈字[1]

석마에서 사천의 모임을 갖고 운자를 나누어 시를 짓는데 「등」자 운을 얻다

改歲風日好[2]	해 바뀌니 날씨 좋아,
出門欣得朋[3]	문 나서며 벗 얻음 기뻐한다네.
復招里中彥	다시 마을의 선비 부르고,
及此雲間僧[4]	아울러 이 구름 사이의 중 부른다네.
行行涉清波	가고 가서 맑은 물결 건너,
斯亭一來登	이 정자에 한번 와서 오른다네.
徙倚綠樹蔭[5]	푸른 나무 그늘 아래서 서성이고,
摩娑蒼石稜[6]	검푸른 돌 모서리 어루만진다네.
遙瞻原野春	아득히 언덕과 들판의 봄 보고,
仰視天宇澄	우러러 우주 맑음 본다네.
一水既紆鬱	한 물줄기 이미 깊숙이 굽어 있고,

1 《차의》「석마에서 도연명의 사천의 놀이를 모방하여 모인 것 같다.」(疑於石馬, 倣淵明斜川之遊而爲集也) 도연명이 사천에서 놀고 지은 시 〈유사천(遊斜川)〉이 있다. 《아송의 주석(雅誦注)》「석마는 정자의 이름이다.」(石馬亭名)

2 풍일호(風日好): 풍일(風日)은 기후(氣候), 곧 날씨라는 뜻이다. 당나라 이백(李白)의 〈궁중에서의 행락(宮中行樂詞)〉 제8수 「오늘 아침 날씨 좋으니, 미앙궁에 들어가서 놀만하리라.」(今朝風日好, 宜入未央遊)

3 득붕(得朋): 《주역·곤위지(坤爲地)》「서남쪽에서는 친구를 얻고, 동북쪽에서는 친구를 잃는다.」(西南得朋, 東北喪朋)

4 운간승(雲間僧): 운간은 멀리 속세를 떠난 곳을 말한다. 송나라 진순유(陳舜俞)의 《여산기(廬山記)》 권2 「원화 4년에 속세를 떠난 중 영철이 흘러들어와 숨어 이 산[여산]으로 돌아와 깃들어 머물렀다.」(元和四年, 雲間僧靈澈, 流竄而歸棲泊此山)

5 사의(徙倚): 배회(徘徊), 준순(逡巡), 방황(彷徨)과 같은 뜻. 서성이다, 머뭇거리다.

6 마사(摩娑): 마사(摩挲), 또는 마사(摩莎)라고도 하며 손으로 쓰다듬고 어루만지는 것을 말한다. 당나라 한유(韓愈)의 〈돌북을 노래함(石鼓歌)〉「목동들 불똥 일으키고 소는 뿔을 가니, 누가 다시 손으로 쓰다듬고 어루만질까?」(牧童敲火牛礪角, 誰復著手爲摩挲)

群山正崚嶒[7]	뭇 산은 마침 높이 솟았다네.
時禽悅新陽	철새는 새 볕 기뻐하고,
潛魚躍輕氷[8]	물속의 고기는 얇은 얼음에서 뛴다네.
却念去年日	도리어 지난 날 생각해보며,
俯仰愁予膺	잠깐 사이에 내 마음 근심해보네.
長吟斜川詩[9]	사천의 시 길게 읊조리니,
日落寒烟凝[10]	해는 지고 차가운 운무 엉기네.
瞑色變晴景	어둑한 빛 맑은 경치 바꾸고,
淸尊照華燈[11]	맑은 술통에는 화려한 등 비치네.
頹顔感川徂[12]	늙은 얼굴 시내 흘러감 느끼고,
稚齒歡年增[13]	아이는 나이 먹음 기뻐한다네.
酒盡不能起[14]	술 다하자 일어날 수 없어서,
朱欄各深凭[15]	붉은 난간에 각자 깊숙이 기대네.

7 능증(崚嶒): 《차의》「산의 모양이다.」(山貌) 산 따위가 높이 솟아 우뚝한 것을 말한다.

8 시금~잠어(時禽~潛魚): 삼국시대 위나라 조식(曹植)의 〈공연시(公讌詩)〉「물속의 고기 맑은 물결 위로 뛰어 오르고, 좋은 새는 높은 가지에서 운다네.」(潛魚躍淸波, 好鳥鳴高枝)

9 사천시(斜川詩): 도연명이 지은 〈유사천(遊斜川)〉 시를 말한다.

10 일락한연(日落寒烟): 당나라 원랑(袁朗)의 〈장성의 굴에서 말에게 물을 먹이다(飮馬長城窟行)〉「해 지니 차가운 구름 일고, 놀란 듯한 모래 들판과 늪 덮는다네.」(日落寒雲起, 驚沙被原隰)

11 청준(淸尊): 준(尊)은 준(樽)이라고도 하며 술통을 말한다. 청준은 또한 맑은 술을 가리키기도 한다.

12 퇴안(頹顔): 노쇠한 얼굴, 용모를 말한다. 당나라 위응물(韋應物)의 〈가을밤에 남궁에서 풍상의 두 아우 및 여러 유생들에게 부치다(秋夜南宮, 寄灃上二弟及諸生)〉「빈 집에서 서늘함 이름 느끼는데, 늙은 얼굴 한 해 지났음 놀란다네.」(空宇感涼至, 頹顔驚歲周) 천조(川徂): 진나라 육기(陸機)의 〈죽은 벗을 탄식하다(歎逝賦)〉「시내는 물을 모아 내를 이루는데, 물이 도도히 밤낮으로 흘러가며, 세대는 사람을 모아 세대를 이루는데, 사람들은 차츰차츰 황혼을 향해 간다.」(川閱水而成川, 水滔滔而日度. 世閱人而爲世, 人冉冉而行暮)

13 치치(稚齒): 나이가 어림. 진나라 반악(潘岳)의 〈한가로이 거처함(閑居賦)〉「형제들은 머리가 희끗희끗하고, 아이들은 매우 어렸다.」(昆弟班白, 兒童稚齒)

14 주진불능기(酒盡不能起): 송나라 진여의(陳與義)의 〈대광과 헤어지다(別大光)〉「술 다 마시니 일어날 수 없고, 사귐 깊으니 일처리 서투름 잊는다네.」(飮盡不能起, 交深忘事拙)

15 빙(凭): 《차의》「기댄다는 뜻이다.」(依也) 곧 빙(憑)자와 같은 뜻의 이체자이다.

2. 游石馬, 以駕言出遊分韻賦詩, 得出字[1]

석마에 노닐면서 「가언출유」로 운을 나누어 시를 짓는데 「출」자를 얻다

抱病守窮廬[2]	병 안고 궁벽한 오두막 지키며,
閉戶常罕出	문 닫고 언제나 나가는 일 드물었다네.
坐見春氣深	앉아서 봄기운 깊음 보니,
淸陰晝蒙密	맑은 그림자 낮에 짙게 드리웠네.
今朝積雨過[3]	오늘 아침 장마 지나가니,
淑景回煦律[4]	따뜻한 기운 화락한 음률 회복하였다네.
不有塵外蹤[5]	속세 벗어난 자취 가지지 못하였으니,
何由散愁寂	어찌 근심걱정 흩으리오.
行行整巾屨[6]	쉬지 않고 다니느라 두건과 신 정돈하였는데,
散漫委書帙[7]	어수선하게 책 되는대로 흩어놓았네.
野逕自縈紆[8]	들의 오솔길 제멋대로 구불구불하고,

---

1 가언출유(駕言出遊): 순희본(淳熙本)에 의하면 언(言)자 다음에 당(當)자가 있다. 《시경·패풍·천수(邶風·泉水)》와 〈위풍·죽간(衛風·竹竿)〉에 나오는 구절이며, 이후 많은 문인들이 인용하였다. 권8 22번 시의 주4)를 참조하여 보라.

2 포병수궁려(抱病守窮廬): 권1 47번 시 〈여름날(夏日)〉(제1수)에 「고질병 안고 초라한 오두막집 지키네.」(抱痾守窮廬)라는 구절이 있다.

3 적우(積雨): 오래도록 계속 내리는 비. 곧 장마를 말한다. 당나라 한유의 〈아들 부가 장안성 남쪽에서 독서함에 부침(符讀書城南)〉「때는 가을이라 오랜 장마가 그치고, 맑고 시원한 기운이 교외 마을로 드네.」(時秋積雨霽, 新涼入郊墟)

4 숙경(淑景): 붐 풍경을 말한다.

후율(煦律): 《차의》「후는 온화하다는 뜻이다. 율은 12율이다.」(煦, 和也. 律, 十二律)

5 진외종(塵外蹤): 당나라 위응물(韋應物)의 〈꽃길(花徑)〉「그야말로 속세 바깥의 자취이니, 관리 갑자기 이르게 하지 말라.」(自是塵外蹤, 無令吏趨急)

6 건구(巾屨): 두건과 신. 나들이할 때 쓰이는 물품을 말한다. 송나라 육유(陸游)의 〈봄나들이(春遊)〉「오늘 아침 막 비가 개어, 한번 웃으며 두건과 신발 챙긴다네.」(今朝新雨霽, 一笑整巾屨)

7 산만위서질(散漫委書帙): 권1 〈가을 회포(秋懷)〉에 같은 구절이 보인다. 97번 시의 주 3)을 참조하라.

8 야경자영우(野逕自縈紆): 당나라 유우석(劉禹錫)의 〈성 동쪽에서 한가로이 놀다(城東閑遊)〉「대나무 오솔길 구불구불하게 들고, 꽃 숲은 되는대로 굽이져 도네.」(竹逕縈紆入, 花林委曲巡)

前峰但嶒崒	앞의 봉우리 삐죽삐죽하구나.
婆娑茂樹下[9]	무성한 나무 아래서 서성이자니,
左右寒流汨	좌우로는 차가운 물 콸콸 흐르네.
亂石翳蒼根	어지러운 바위는 아래쪽 푸른 이끼에 덮였고,
於焉憩腰膝	이에 허리와 다리 쉰다네.
追遊固才彦	종유하는 이들 실로 재주 있는 선비들이고,
逢遇亦奇逸	만나는 이들 또한 기이하고 빼어나다네.
招邀愧深情[10]	불러서 청하고 보니 마음속 깊이 부끄러워,
晤言永玆日[11]	터놓고 이 긴 날 이야기한다네.
君有尊中物[12]	그대 잔 속에 술 있으니,
我進沂上瑟[13]	내 기수가로 가 거문고를 타리라.
日夕不得留	시간은 붙들어 둘 수 없으나,
餘歡未云畢	남은 기쁨 끝나지 않았다네.

9 파사(婆娑): 여러 가지 뜻이 있는데 여기서는 서성이다, 또는 유유자적하다의 뜻으로 쓰였다. 또한 복합적인 뜻으로 쓰인 것 같다.

10 괴심정(愧深情): 당나라 두보의 〈강촌(羌村)〉 제3수 「청컨대 부로들께 노래 불러 드리니, 가난함 마음속 깊이 부끄럽다네.」(請為父老歌, 艱難愧深情)

11 오언(晤言): 마주보고 이야기하는 것을 말한다. 《시경·진풍·동쪽 문밖의 연못(陳風·東門之池)》 「아름다운 좋은 아가씨와, 짝지어 말하고 싶네.」(彼美淑姬, 可與晤言)

12 준중물(尊中物): 준(尊)은 술통. 술통 안의 물건은 곧 술을 가리키는 말이다. 배중물(杯中物)과 같은 말이다. 송나라 축목(祝穆)의 《고금사문유취(古今事文類聚)·속집》 권15 「(晉나라) 오간은 술 마시는 것을 좋아하였는데 나중에 이로 인해 취하여 권귀들을 욕하는 일이 생겨 마침내 술 마시는 것을 경계하게 되었다. 완선이 그에게 술을 마시게 하자 오간이 말하기를 『근자에 술을 끊었습니다.』라 하였다. 오선이 주먹으로 등을 두드리며 말하기를 『오래된 술꾼이 차마 잔속의 술을 끊는단 말인가?』라 하면서 억지로 마시게 하였다.」(吳衎好飲, 後醉詬權貴, 遂戒飲. 阮宣命飲, 衎曰, 近斷飲. 宣以拳毆其背曰, 看看老癖癡漢忍斷杯中物耶? 抑而飲之) 진나라 도연명의 〈자식들을 책망함(責子)〉 「하늘의 운세 실로 이러하니, 짐짓 잔 속의 술 들이키네.」(天運苟如此, 且進杯中物) 당나라 위응물(韋應物)의 〈교외에 거처하면서 뜻을 말하다(郊居言志)〉 「다만 잔 속의 술만 필요할 뿐, 나머지 일이야 어찌 상관하겠는가?」(但要尊中物, 餘事豈相關)

13 기상슬(沂上瑟): 《논어·선배들이(先進)》 「『증점(曾點)이 너는 어떻게 하겠느냐?』 비파를 타는 소리가 드문드문해지더니 쨍그랑 하면서 타고 있던 비파를 내려놓고서 일어서서 말하였다. …… 『늦은 봄 삼월에 봄나들이 옷을 지어 입고서, 어른 대여섯과, 어린 아이 예닐곱을 데리고서 기수 가에서 목욕을 하고서 무우단 곁에서 바람을 쐬면서, 노래를 읊조리며 돌아오는 것입니다.』라고 말하자 공자가 길게 탄식하면서 『나는 점과 뜻이 같다.』고 하였다.」(點爾何如? 鼓瑟希, 鏗爾舍瑟而作, 對曰,……莫春者, 春服旣成, 冠者五六人, 童子六七人, 浴乎沂, 風乎舞雩, 詠而歸, 夫子喟然歎曰, 吾與點也)

3. 三月晦日, 與諸兄爲眞率之約, 徘徊石馬, 晩集保福, 偶成短句, 奉呈, 聊發一笑[1]

3월 그믐날에 여러 형씨들과 진솔회를 가지기로 약속을 하여 석마를 배회하다가 저녁에 보복사에 모여 우연히 짧은 시를 지어 삼가 드리고 애오라지 한번 웃음을 터뜨린다

春服明朝換[2]　봄옷 내일 아침 갈아입으리니,
晴川漲綠陰[3]　갠 날 냇물 푸른 그늘 아래서 불었다네.
追隨皆勝侶[4]　좇아 따르는 이들 모두 빼어난 짝이고,
邂逅卽初心[5]　해후함 곧 처음 가졌던 마음이라네.
社蹟莓苔古[6]　동아리의 자취에는 푸른 이끼 오래 되었고,
禪扉竹樹深[7]　절의 문에는 대나무 숲 깊다네.

1 진솔(眞率): 솔직담백하고 허심탄회한 것을 말한다. 남조 송나라 유의경(劉義慶)의 《세설신어·아량(雅量)》「(조정에) 장강을 건넌 초기에 관직을 임명하자 (임용된 자들이 축하객들에게) 성대한 음식을 대접하였다. 양만은 단양윤에 임명되었는데 손님 가운데 일찍 온 자들은 모두 훌륭한 상을 받았다. 날마다 연회를 여느라 점점 음식이 떨어지자 더는 맛있는 음식을 댈 수가 없게 되어, 손님이 일찍 오고 늦게 옴에 따라 귀천은 묻지 않았다. 양고는 임해태수에 임명되었는데 종일 모두 훌륭한 음식을 대접하여 늦게 이르더라도 또한 성찬을 받았다. 당시의 논자들은 양고의 풍성함이 양만의 진솔함만 못하다고 하였다.」(過江初, 拜官, 輿飾供饌. 羊曼拜丹陽尹, 客來蚤者, 竝得佳設. 日宴漸罄, 不復及精, 隨客早晩, 不問貴賤. 羊固拜臨海, 竟日皆美供, 雖晩至, 亦獲盛饌. 時論以固之豐華, 不如曼之眞率) 송나라의 사마광은 정치에서 물러난 후 낙양에서 늘 옛 노인들과 모임을 갖고 진솔회를 만들기도 하였다. 송나라 소백온(邵伯溫)의 《소씨문견록(邵氏聞見錄)》 권10「그 뒤 사마공은 여러 분들과 함께 또한 진솔회를 만들고 약속하기를 술은 5순배를 넘지 않고 음식은 다섯 가지 맛을 넘지 않으며 다만 채소는 한정을 하지 않는다고 하였다.」(其後司馬公與數公又為眞率會, 有約, 酒不過五行, 食不過五味, 惟菜無限) 《관보》「보복은 시 가운데 『선비』라는 말이 있는 것으로 보아 절 이름인 것 같다.」(保福, 詩中有禪扉語, 似是寺名) 보복사는 오부리(五夫里)에 있으며, 오대 양(梁)나라 정명(貞明) 연간에 건립되었다.

2 춘복(春服): 바로 위의 시 주석 13)번을 보라.

3 창록음(漲綠陰): 《차의》「녹음의 아래서 불어남을 말한 것이다.」(謂漲於綠陰之下也)

4 승려(勝侶): 양반(良伴)과 같은 말이다.

5 해후즉초심(邂逅卽初心): 당나라 한유(韓愈)의 〈현 청사에서 글을 읽다(縣齋讀書)〉「한가로이 말사 버리고, 해후하여 초심 얻는다네.」(蕭條捐末事, 邂逅得初心)

6 사적(社蹟): 《윤씨수초》「연사의 옛 자취이다.」(蓮社舊蹟)

7 선비죽수심(禪扉竹樹深): 선비(禪扉)는 절의 문이다. 당나라 제기(齊己)의 〈공수재에게 답하다(答孔秀才)〉「수향에 구름과 우레 넓고, 절의 동산에는 대나무 깊다

移尊眞惜日	술통 옮기니 실로 날 아깝고,
畢景共披襟[8]	해 다하도록 함께 흉금 펼친다네.
儉德遵賢範[9]	검소한 덕 현인의 모범 따르는데,
哇詞愧雅音[10]	옹알거리는 말 우아한 음조에 부끄럽네.
淸和應更好[11]	청명하고 따뜻함 더욱 좋아지리니,
逸想寄雲岑[12]	초일의 생각 구름 낀 봉우리에 부치네.

是日約後, 會爲仙洲之游

이날 약속을 한 후 모여서 선주의 놀이를 가졌다

네.」(水國雲雷闊, 僧園竹樹深)

8 필경(畢景): 해가 질 때까지. 종일과 같은 뜻이다. 당나라 맹호연(孟浩然)의 〈종남산 취미사의 공스님의 방에 적다(題終南翠微寺空上人房)〉「두 사람 마음 서로 얻음 기뻐하여, 종일토록 함께 웃고 이야기하네.」(兩心喜相得, 畢景共談笑)

9 검덕현범(儉德賢範): 《차의》「바로 진솔회를 가리킨다.」(卽指眞率會也)

10 왜사(哇詞): 《차의》「선생이 스스로 겸양한 것이다.」(先生自謙也)

11 청화(淸和): 남조 송나라 사령운(謝靈運)의 〈적석에서 놀다가 범해로 나아가다(遊赤石進帆海)〉「초여름 여전히 맑고 화창하며, 향기로운 풀들 또한 아직 시들지 않았다네.」(首夏猶淸和, 芳草亦未歇)

12 일상(逸想): 속세를 벗어나려는 생각. 진(晉)나라 도연명의 〈호서조의 시에 화답하여 고적조에게 보여줌(和胡西曹示顧賊曹)〉「세속 벗어나려는 생각 억누를 수 없어, 미쳐 홀로 오래도록 슬퍼한다네.」(逸想不可淹, 猖狂獨長悲) 송나라 소식의 〈생일날 유경문이 소나무와 학을 그린 옛날 그림으로 축수하고 또한 아름다운 시편을 보내주었는데 같은 운자를 써서 감사한다(生日蒙劉景文, 以古畫松鶴爲壽且貺嘉篇, 次韻爲謝)〉「친구에게 기이한 취미 있는데, 속세 벗어나려는 생각 그윽한 골짜기에 부친다네.」(故人有奇趣, 逸想寄幽壑)

4. 比與隣曲諸賢修擧歲事, 携壺石馬追補斜川之遊, 而公濟適至, 飮罷, 首出和陶之句以紀其勝, 輒亦用韻酬答, 兼呈諸同遊者請共賦之[1]

근자에 이웃의 여러 어진 분들과 세사를 거행하고 석마에서 술병을 들고 사천에서의 놀이를 뒤쫓아 보충하였는데, 공제가 마침 이르러 술을 다 마시고 먼저 도연명 시에 화답한 구절로 그 승경을 기록하였으며 문득 또한 운자를 써서 답하고 아울러 함께 노닌 자들에게 드리고 함께 읊을 것을 청하다

皇天分四序	하느님이 사철의 순서 나누시어,
代謝無時休[2]	시듦 교체함 쉰 때가 없었다네.
昔人抱孤念[3]	옛 사람 외로운 생각 안고,
感此成淸遊	이것 느끼어 맑은 놀이 이루었다네.
逈眺曾城皐	멀리 층성의 언덕 바라보며,
朗詠斜川流[4]	밝게 사천의 흐름 읊조리네.
歲月今幾許[5]	세월 지금 얼마나 되었는가?

1《차의》「도연명의 〈사천시〉에 화답한 것이다. 권8의 5판에 보인다. 이 시는 곧 그 시의 운자를 써서 지은 것이다.」(和陶淵明斜川詩. 見八卷五板. 此詩卽其次韻也) 권8의 시는 곧 22번 시를 말한다.

공제(公濟): 오즙(吳楫)의 자로 숭안(崇安) 사람이다. 오즙에 대해서는 권6 74번 시의 주 1)을 보라.

2 대사(代謝): 신진대사(新陳代謝)를 말한다. 진나라 간보(干寶)의 〈진기. 진무제의 혁명에 대하여(晉紀. 論晉武帝革命)〉「제왕이 일어나는 일은 반드시 천명을 기다려야 하니 실로 (왕조가) 교체되는 일 같은 것은 사람의 일이 아니다.」(帝王之興, 必俟天命, 苟有代謝, 非人事也)

3 석인(昔人): 도연명을 말한다.

포고념(抱孤念): 진나라 도연명의 〈무신년 6월에 화재를 당하다(戊申歲六月中遇火)〉「머리 묶고 고고한 생각 품은 지, 어느새 40년이라네.」(總髮抱孤念, 奄出四十年)

4 층성~사천류(曾城~斜川流): 진나라 도연명의 〈사천에서 놀며(遊斜川)〉 서문「신축년 5월 5일에 …… 두셋 이웃과 함께 사천에 놀러 왔다. 길게 흐르는 강을 굽어보며 층성을 바라보았다.」(辛丑正月五日……與二三隣曲, 同游斜川. 臨長流, 望曾城) 층(曾)은 층(層)과 같다.

5 세월금기허(歲月今幾許): 송나라 소식의 〈영수에 이른지 얼마 되지 않아 공금이 이미 바닥나 관청의 주방

長波沒輕鷗[6]	큰 파도에 가벼운 갈매기 가라앉네.
眷言撫佳辰[7]	돌아보며 아름다운 때 어루만지고,
荒尋靡遺丘[8]	거칠어진 곳 찾았으나 남은 언덕 없다네.
且復置往事	또한 다시 지난 일 버려두고,
及玆命高儔	이에 미쳐 고상한 짝들 부른다네.
縱筞聊幷歡	내키는 대로 서간에 써내니 애오라지 함께 기뻐하고,
飛觥起相酬[9]	술잔 날리며 일어나 서로 답하네.
未知千載下	모르겠네, 천년 후에,
亦記此日不	또한 이날 기억해줄지 아닐지.
商歌有遺音[10]	상조의 노래에는 여음 있고,
林樂無餘憂[11]	큰 음악에는 남은 근심 없다네.
但得長如此[12]	다만 오래도록 이렇게만 된다면,
吾生復何求[13]	내 생애 다시 무엇을 바라겠는가?

이 쓸쓸해져 장난삼아 몇 구절을 짓다(到潁未幾, 公帑已竭, 齋厨索然, 戲作數句)〉「세월 지금 얼마나 되었는가? 이와 머리카락 날로 성글어간다네.」(歲月今幾何, 齒髮日向疎)

6 장파몰경구(長波沒輕鷗): 송나라 소식(蘇軾)의 〈자유가 왕진경이 그린 산수화에 써준 시 한 수의 운자를 써서 지었는데 왕진경은 두 수로 화답하였다(次韻子由書王晉卿畵山水一首, 而晉卿和二首)〉 제2수 「내년에는 육사룡과 아울러 함께 떠나리니, 만경창파에 갈매기 두 마리 가라앉겠네.」(明年兼與士龍去, 萬頃滄波沒兩鷗)

7 권언(眷言): 「眷」은 「睠」이라고도 하며, 권언은 돌아보는[顧] 모양. 「言」은 별 의미 없이 쓰인 접미사이다. 권1 79번 시의 주 4)를 보라.

8 황심(荒尋): 권6 2번 시의 주 3)을 보라. 《윤씨수초》「거칠게 우거졌으므로 황심이라고 한다.」(荒蕪故荒尋)

9 굉(觥): 《고이》에서는 「술잔 상」(觴)자로 되어 있는 판본도 있다고 하였다.

10 상가(商歌): 상성(商聲)의 슬픈 노래. 진나라 도연명의 〈신축년 7월에 휴가 갔다가 강릉으로 돌아오는 길에 밤에 도구를 가다(辛丑歲七月赴假還江陵夜行塗口)〉「슬픈 상성의 노래 부르는 것 내 일 아니고, 나란히 서서 밭 가는 일 그립다네.」(商歌非吾事, 依依在耦耕)

11 임악(林樂): 크게 성한 음악. 《장자·천운(天運)》「만물이 마구 뒤엉겨 무리지어 생겨나듯 이 성대한 음악이 일어나면서도 형태가 없다.」(混逐叢生, 林樂無形) 진나라 곽상(郭象)의 주석 「지극한 음악은 적합한 데서 그치고 적합하게 몸 가운데 있기 때문에 형체를 구별함이 없다.」(至樂者適而已, 適在體中, 故無別形) 《윤씨수초》「《장자》 주에서 임연은 성한 것이라고 하였다.」(莊子註, 林然, 盛也)

12 단득장여차(但得長如此): 당나라 노조린(盧照隣)의 〈원일에 속마음을 말하다(元日述懷)〉「원컨대 오래도록 이렇게만 된다면, 해마다 물후 새롭다네.」(願得長如此, 年年物候新)

13 오생부하구(吾生復何求): 송나라 유자휘(劉子翬)의 〈개선으로 들어가다(入開善)〉「피로할 때 걸상 하나 빌려 잔다면, 내 생에서 또 무엇을 바라겠는가?」(倦借一榻眠, 吾生復何求)

5. 行視武夷精舍作

무이정사를 가서보고 지음

神山九折溪　　신령스런 산 시내 따라 아홉 번 꺾였는데,
沿泝此中半[1]　　따라서 거슬러 오르자니 이곳이 딱 중간일세.
水深波浪闊[2]　　물 깊고 물결 넓은데,
浮綠春渙渙[3]　　푸른빛 띄워 봄물 철철 넘치네.

武夷溪凡九曲, 多急流亂石. 此第五曲, 水特深闊平緩, 綠漪可愛

무이계는 모두 아홉 굽이인데 빠른 물살과 어지러운 바위가 많다. 이곳은 다섯째 굽이로 물이 특히 깊고 넓으며 평평하고 느리게 흐르는데 푸른빛을 띤 잔물결이 사랑스럽다

上有蒼石屛　　위로는 검푸른 바위 병풍 있는데,
百仞聳雄觀　　백 길이나 씩씩한 누관 솟아 있네.
嶄巖露垠堮[4]　　가파른 봉우리에는 깎아지른 벼랑 드러나 있는데,
突兀倚霄漢[5]　　우뚝 솟아 은하수에 기대어 있네.

此峰夷上削下, 拔地峭立, 如方屋帽.[6] 按舊圖名大隱屛

이 봉우리는 위는 평평하고 아래는 깎아지른 듯한데 땅에서 솟아 가파

1 무이구곡 중 이곳이 제5곡이다.

2 수심파랑활(水深波浪濶): 당나라 두보의 〈이백을 꿈꾸다(夢李白)〉 제1수「물 깊고 물결 너른데, 교룡에게 잡히게 하지 말게나.」(水深波浪濶, 無使蛟龍得)

3 환환(渙渙): 물의 형세가 성대한 것을 말한다. 《시경·정풍·진유(鄭風·溱洧)》「진수와 유수, 봄물 막 철철 넘친다네.」(溱與洧, 方渙渙兮) 주자의 주석「환환은 봄물이 성한 것이다.」(渙渙, 春水盛也)

4 노은악(露垠崿): 한계, 끝이라는 말이다. 《차의》「《운회》에서는『은(垠)은 땅의 울이며, 경계이며 벼랑이다.』라 하였다. 또한 은악(圻堮)이라고도 하는데 지경이라는 뜻이다. 《광운》에서는 은은 언덕이라고 하였다. 《증운》에서는 벼랑의 언덕이라고 하였다.」(韻會, 垠地垺也, 界也, 崖也. 亦作圻堮圻也. 廣韻, 圻堮. 增韻, 崖岸也)

5 소한(霄漢): 은하수, 또는 하늘을 말한다.
이곳까지는 대은병을 읊었다.

6 방옥모(方屋帽): 옥(屋)자는 덮는다는 뜻이다. 송나라 소식(蘇軾)의 〈방산자의 전기(方山子傳)〉「그가 쓴 모자를 보면 네모반듯하게 솟았고 높았다.」(見其所著帽, 方聳而高) 용(聳)자는 《당송팔대가문초(唐宋八大家文鈔)》에는 옥(屋)자로 되어 있다.

르게 서 있으며 마치 네모난 덮개 같은 모자를 씌운 것 같다. 옛 그림에 의하면 이름이 대은병이라고 한다

淺麓下縈廻　　얕은 기슭 아래로는 얽히어 돌고,
深林久叢灌[7]　　깊은 숲에는 관목으로 덮인 지 오래되었다네.
胡然閟千載　　어찌하여 천년이나 닫히어 있다가,
逮此開一旦　　오늘에야 하루아침에 활짝 열리었는가?

峰下小山重複, 中有平地數十丈, 喬木長藤·茂林修竹, 交相蔽隱. 舊無人迹, 乾道己丑, 予舟過而樂之, 及今始能卜築, 以酬曩志

봉우리 아래에는 작은 산이 겹쳐졌는데 그 중간에 평지 수십 길이 있으며 교목이며 큰 등나무, 우거진 숲과 큰 대나무가 서로 얽히어 가려주고 있다. 옛날에는 사람의 자취라고는 없었고 건도 기축년(1169)에 내가 배를 타고 지나가면서 즐겼었는데 지금에야 비로소 터를 잡아 집을 지어 지난날의 뜻에 답할 수 있었다

我乘新村船　　내 신촌에서 배를 타고,
輟棹青草岸[8]　　푸른 풀 난 강기슭에서 노 멈추었다네.
榛莽喜誅鉏　　우거진 잡초더미 즐거이 베어내고,
面勢窮考按[9]　　땅의 형세 골똘히 생각했다네.
居然一環堵[10]　　어느덧 사방 1도의 담 두르니,
妙處豈輪奐[11]　　묘한 곳 어찌나 높고 훌륭한지!

7 총관(叢灌): 《시경·주남·갈담(周南·葛覃)》「관목에 모여 앉아, 그 소리 꾀꼴꾀꼴.」(集于灌木, 其鳴喈喈) 주희의 주「관목은 총목이다.」(灌木, 叢木也)

8 청초안(靑草岸): 당나라 한악(韓偓)의 〈땅을 피하다(避地)〉「사람은 외로운 배 푸른 풀 돋아난 강기슭에 대고, 새는 높은 나무 석양 지는 마을에서 우네.」(人泊孤舟靑草岸, 鳥鳴髙樹夕陽村)

9 면세(面勢): 형세(形勢)와 같은 말이다.

10 일환도(一環堵): 도는 면적의 단위. 《시경·소아·큰기러기(小雅·鴻鴈)》「우리는 담을 쌓아 백도나 세웠네.」(之子于垣, 百堵皆作) 주희는「한 길을 판이라 하고 오판은 일도라 한다.」(一仗爲板, 五板爲堵)라 하였다. 환도는 사방의 담이 모두 일도인 방을 말한다. 《예기·선비의 행실(禮記·儒行)》「선비는 1묘의 담에 사방이 1도인 방이 있다.」(儒者有一畝之宮, 環堵之室) 보통 매우 좁고 누추한 방을 형용할 때 쓰는 표현이다.

11 윤환(輪奐): 《예기·단궁(檀弓) 하》「장로가 말하였다. 『훌륭하구나! 높고 크도다. 훌륭하구나! 많기도 하도다.』」(張老曰, 美哉輪焉, 美哉奐焉) 한나라 정현(鄭玄)의 주석「윤(輪)은 윤균(輪囷)으로 높고 큰 것을 말한다. 환은 많은 것을 말한다.」(輪, 輪囷, 言髙大. 奐, 言衆多)

左右矗奇峯	좌우로는 기이한 봉우리 높이 솟아 있어,
躊躇極佳玩	주춤주춤 아름다운 놀이 다하네.

方經始時, 予以病不能來. 至是送別山西, 始自新村買舟以來. 視所縛屋三間, 制度殊草草. 然背負大隱屛, 面直溪南大山, 左有魏王上昇峰,[12] 右有鍾模三敎等石,[13] 極爲雄勝

바야흐로 집을 짓기 시작하였을 때 나는 병으로 올 수 없었다. 이번에 산의 서쪽을 송별하고서야 비로소 신촌에서 배를 사서 오게 되었다. 얽은 집 세 칸을 보니 법도가 특히 거칠고 간략하였다. 그러나 등에는 대은병을 지고 있고 정면에는 똑바로 시내 남쪽의 큰 산이 있으며, 왼쪽에는 위왕의 상승봉이 있고 오른쪽에는 종모며 삼교 등의 바위가 있는데 매우 씩씩하고 경치가 빼어나다

是時芳節闌[14]	이때 꽃 한창 필 철이라,
紅綠紛有爛	울긋불긋 어지러이 흐드러졌네.
好鳥時一鳴[15]	아름다운 새 이따금 한번 울기도하고,
王孫遠相喚[16]	원숭이들은 멀리서 서로 부른다네.

山多獮猴 산에는 원숭이가 많다

暫遊意已愜	잠깐 노닒에 뜻 이미 흡족한데,

12 위왕상승봉(魏王上昇峰): 《차보》「왕(王)은 주(主)자의 잘못인 것 같다. 대체로 위자건이 13선지의 주인이 된 것은 아래의 『홍교일단』에 보인다. 《차의》에서는 봉우리는 3곡의 위에 있으며 일명 자령봉이라고 한다고 하였다.」(王, 疑主字之誤. 盖魏子謇爲十三仙地主者. 見下虹橋一斷. 箚疑, 峰在三曲之上, 一名紫嶺峰)

13 종모삼교(鍾模三敎): 《차보》「종모는 9곡 위에 있으며, 높이가 수십 길이나 되고 둥근 것이 종의 모양과 같다. 삼교는 8곡에 있다.」(鐘模在九曲上, 高數十丈, 圓如鍾形. 三敎在八曲)

14 방절란(芳節闌): 송나라 위재(韋齋) 주송(朱松: 주희의 부친)의 〈늦봄(春晩)〉 제2수 「나그네 길에서 돌아오는데 꽃 한창 필 철이고, 청려장 짚고 곳에 따라 서성이네.」(客路歸來芳節闌, 杖藜隨處小盤桓)

15 시일명(時一鳴): 송나라 매요신(梅堯臣)의 〈성 모퉁이에서 배를 띄우고 영숙[歐陽脩]에게 드리다(泛舟城隅呈永叔)〉「산새 이따금 한 번씩 우는데, 초나라 나그네 외로운 배 안에 있다네.」(山禽時一鳴, 楚客孤舟裏)

16 왕손(王孫): 원숭이를 말한다. 한나라 유종원(柳宗元)은 〈왕손을 미워함(憎王孫文)이란 글을 지은 적이 있는데, 한순(韓醇)이 주석을 달고 말하였다. 「한나라 왕연수는 일찍이 〈왕손부〉를 짓고 말하기를 『얼굴은 늙은이와 비슷한데, 체구는 작은 아이 같네.』라 하였다. 왕손은 대체로 원숭이 류인데 작은 것일 것이다.」(漢王延壽嘗為王孫賦, 有云顔狀類乎老翁, 軀體似乎小兒. 王孫葢猴類而小者也)

獨往身猶絆　　홀로 가니 몸 오히려 얽매인다네.
珍重舍瑟人[17]　　진중하게나 거문고 내려놓은 사람이여,
重來足幽伴　　다시 오면 그윽한 친구 될 만하리.

已約初夏與同志皆往遊集

이미 초여름에 뜻을 같이하는 이들과 함께 모두 가서 모여 놀기로 약속을 하였다

17 사슬인(舍瑟人): 위 2번 시의 주 13)을 보라.

6~17. 武夷精舍雜詠 幷序

무이정사를 여러 수로 읊음 서문을 아우름

武夷之溪, 東流凡九曲, 而五曲爲最深. 蓋其山自北而南者, 至此而盡, 聳全石爲一峰, 拔地千尺. 上小平處, 微戴土生林木極蒼翠可玩. 而四隤[1]稍下, 則反削而入, 如方屋帽者, 舊經所謂大隱屛也.[2] 屛下兩麓坡坨旁引, 還復相抱. 抱中地平廣數畝, 抱外溪水隨山勢從西北來, 四屈折始過其南, 乃復繞山東北流, 亦四屈折而出. 溪流兩旁丹崖翠壁林立環擁, 神剜鬼刻, 不可名狀. 舟行上下者, 方左右顧瞻錯愕之不暇, 而忽得平岡長阜, 蒼藤茂木, 按衍迤靡, 膠葛蒙翳, 使人心目曠然[3]以舒, 窈然以深, 若不可極者, 卽精舍之所在也. 直屛下兩麓相抱之中,[4] 西南向爲屋三間者, 仁智堂也. 堂左右兩室, 左曰隱求,[5] 以待棲息. 右曰止宿,[6] 以延賓友. 左麓之外, 復前引而右抱,

---

1 사퇴(四隤): 《한서·항적전(項籍傳)》「이에 그 기병을 이끌고 사방이 무너져 내린 산에 의지하여 둥글게 진을 치고 바깥을 향했다.」(於是引其騎因四隤山而為圜陳外嚮). 맹강(孟康)의 주석「사방이 아래로 무너져 내린 것이다.」(四下隤陁也)

2 구경(舊經): 《차의》「옛 도경을 말한다.」(謂舊圖經)

3 안연이미(按衍迤靡): 안연은 점차 내려가면서 평평해지는 것을 말한다. 안(按)은 안(案)과 같다. 이미는 산세 따위가 경사를 이루면서 계속 이어지는 모양을 나타내는 의태어이다. 한나라 사마상여(司馬相如)의 〈자허부(子虛賦)〉「그 남쪽에는 평원과 넓은 늪지가 있는데 오르락내리락하며 경사지게 이어지다 점차 내려가면서 평탄하고 광활해집니다.」(其南則有平原廣澤, 登降陁靡, 案衍壇曼) 《문선》 사마표(司馬彪)의 주석「이미(陁靡)는 사미(邪靡)이다. 안연은 아래로 가면서 우묵해지는 것이다.」(陁靡, 邪靡也. 案衍, 窊下也) 안연이미(按衍迤靡)는 곧 위의 평강장부(平岡長阜)와 상응하는 말이다. 교갈(膠葛): 《초사·멀리 나가 놀다(遠遊)》「따르는 말 시끄럽게 뒤섞여 어지러움이여, 반열 널찍하게 함께 간다네.」(騎膠葛以雜亂兮, 斑漫衍而方行) 주희의 주석「교갈(膠葛)은 교갈(轇轕)로 된 판본도 있으며 …… 섞이어 어지러운 모양이다.」(膠葛, 一作轇轕……雜亂貌) 교갈몽예(膠葛蒙翳)는 위의 창등무림(蒼藤茂木)과 상응하는 말이다.

4 치병하(直屛下): 《차보》「『直』의 음은 치(値)이다.」(直音値)

5 은구(隱求): 《논어·계씨(季氏)》「공자가 말씀하셨다. 『착한 일을 하는 것을 보면 마치 자기도 그렇게 하지 못하는 것을 걱정하는 듯이 하고, 착하지 않은 일을 하는 것을 보면 꼭 뜨거운 물을 찾아서 들어가듯이 싫어하는 사람들을 보기도 하였거니와, 나는 그러한 말을 하는 사람들의 말을 듣기도 하였다. 그러나 숨어살면서 조용하게 자기의 뜻을 구하고, 옳은 일을 행하면서 자기가 믿는 진리를 세상에 행하게 하려고 하는 사람들에 대하여서는, 나는 그러한 말을 하는 사람은 보았지만 그렇게 실천하는 사람을 보지는 못했노라.』」(孔子曰, 見善如不及, 見不善如探湯, 吾見其人矣, 吾聞其語矣, 隱居以求其志, 行義以達其道, 吾聞其語矣, 未見其人也)

中又自爲一塢,[7] 因累石以門之, 而命曰石門之塢. 別爲屋其中, 以俟學者之群居, 而取學記相觀而善之義,[8] 命之曰觀善之齋. 石門之西少南, 又爲屋以居道流, 取道書眞誥中語,[9] 命之曰寒棲之館. 直觀善前山之顚爲亭, 回望大隱屛, 最正且盡, 取杜子美詩語, 名以晩對.[10] 其東出山背臨溪水, 因故基爲亭, 取胡公語,[11] 名以鐵笛. 說具本詩注中. 寒栖之外, 乃植楥列樊以斷兩麓之口,[12] 掩以柴扉, 而以武夷精舍之扁揭焉. 經始於淳熙癸卯之春, 其夏四月既望堂成, 而始來居之. 四方士友來者亦甚衆, 莫不歎其佳勝, 而恨它屋之未具, 不可以久留也. 釣磯 · 茶竈, 皆在大隱屛西, 磯石上平, 在溪北岸, 竈在溪中流, 巨石屹然, 可環坐八九人. 四面皆深水, 當中科臼, 自然如竈, 可爨以瀹茗. 凡溪水九曲, 左右皆石壁, 無側足之徑. 唯南山之南有蹊焉, 而精舍乃在溪北, 以故凡出入乎此者, 非魚艇不濟. 總之爲賦小詩十有二篇, 以紀其實. 若夫晦明昏旦之異候, 風烟草木之殊態, 以至於人物之相羊, 猿鳥之吟嘯, 則有一日之間, 恍惚萬變而不可窮者. 同好之士, 其尙有以發於予所欲言而不及者乎哉

무이계는 동쪽으로 흐르며 모두 아홉 굽이인데 5곡이 가장 깊다. 대체로 산이 북쪽에서 남쪽으로 뻗는 것이 이곳에 이르러 다하는데, 온전한 바위 하나가 솟아 있으며 땅으로부터 천 자는 솟았다. 위쪽의 작은 평평한 곳에는 흙이 없는데 숲의 나무가 나 매우 푸르러 놀 만하다. 그런데 사방이 낮아 조금 내려가 곧 오히려 깎여 네모반듯하게 덮인 모자로 든 것 같은 것이 옛 도경(圖經)에서 이른바 대은병이다. 대은병 아래

6 지숙(止宿): 《논어·미자(微子)》「자로가 따라가다가 뒤로 처지게 되었는데 지팡이를 짚고 대바구니를 맨 사람을 만나 …… 두 손을 모으고 서 있었더니, 자로를 머물러 자게하고 닭을 잡고 기장밥을 지어 먹도록 하였다.」(子路從而後, 遇丈人以杖荷蓧……拱而立, 止子路宿, 殺雞爲黍而食之)

7 오(塢): 《차의》「작은 막이이며, 산언덕, 누벽이다.」(小障也, 山阿也, 壘壁也)

8 학기~이선(學記~而善): 〈학기〉는 《예기(禮記)》의 편명이다. 거기에 「서로 살펴서 착해지도록 하는 것을 닦는 것이라 한다.」(相觀而善之謂摩)라는 말이 있다.

9 진고(眞誥): 《차보》「도홍경이 지었다.」(陶弘景撰) 도홍경은 남조 양(梁)나라 사람이다.

10 만대(晩對): 당나라 두보의 〈백제성의 누대(白帝城樓)〉「푸른 병풍 저녁 때가 마주하기 알맞고, 흰 골짜기 깊숙이 들어가 놀기에 좋네.」(翠屛宜晩對, 白谷會深遊)

11 호공(胡公): 호인(胡寅)을 말한다. 호인에 대해서는 아래 〈철적정〉 시를 참조하라.

12 식원열번(植楥列樊): 원(楥)은 원래 느티나무라는 뜻인데 여기서는 울타리라는 뜻으로 쓰였다. 권2 184번 시 「結楥遂芳植」이란 구절의 주 4)를 보라.

양록지구(兩麓之口): 곧 위의 대은병이다.

의 양쪽 기슭과 비탈진 언덕이 곁에서 당겼다가 다시 서로 안는다. 끌어 안은 땅은 몇 이랑이나 평평하고 넓으며 바깥의 시냇물을 안고 산의 형세를 따라 서북쪽에서 와 네 번 꺾이어 비로소 그 남쪽을 지나다가 곧 다시 산 동쪽을 감돌며 북으로 흐르는데 또한 네 번 꺾이어 나간다. 시냇물의 양쪽 옆은 붉은 벼랑과 푸른 절벽으로 숲이 우거져 돌며 껴안고 있으며, 귀신이 깎고 새겨 뭐라 형상을 이름 지을 수 없다. 배를 타고 오르내리는 자가 바야흐로 좌우를 돌아보고 깜짝 놀랄 겨를도 없이 별안간 평평한 등성이와 긴 언덕을 만나게 되는데 푸른 등나무와 우거진 나무가 높고 낮게 잡다하게 이어져 있고 엇섞이고 덮여 있어 사람의 마음과 눈을 환하게 펴게 하여 그윽이 깊어져 끝까지 가보지 못할 것 같은 것이 곧 정사가 있는 곳이다. 대은병 아래의 양쪽 기슭이 서로 안고 있는 곳을 만나는데 가운데에다가 서남향으로 집 세 칸을 지었으며 인지당이다. 당의 좌우에 있는 두 방은 왼쪽의 것은 은구인데 깃들어 쉬는 것을 대비한 것이고, 오른쪽의 것은 지숙으로 손님과 벗을 맞는 곳이다. 왼쪽 기슭 밖으로는 다시 앞에서 끌어당기고 오른쪽에서 안으며 그 가운데에 또한 절로 하나의 둑을 이루는데 바위가 포개어져 그 문이 되었으므로 석문지오라고 하였다. 따로 집을 지어 그곳에서 배움을 가다리는 자들이 무리지어 거처하게 하였는데 〈학기〉의 「서로 보살펴 착한 일을 한다」는 뜻을 취하여 관선재라 하였다. 석문의 서쪽 조금 남쪽에 또 집을 지어 도사의 무리들이 거처하게 하였는데 도가의 책인 《진고》의 말을 취하여 한서관이라고 하였다. 바로 관선재의 앞 산의 꼭대기에 정자를 지었는데 대은병을 둘러 바라보기에 가장 바르고 다 볼 수 있었으며 두자미의 시어를 취하여 만대라고 이름 지었다. 그 동쪽은 산등성이에서 나와 시냇물을 굽어보고 있는데 옛 터에 따라 정자를 지었으며 호공의 말을 취하여 철적이라 하였고 본시의 주에서 다 밝혔다. 한서관 바깥은 바로 울타리를 꽂아 죽 당겨 양쪽 기슭의 입구를 막고 삽짝문으로 가리고 무이정사라는 편액을 걸었다. 순희 계묘년(1183) 봄에 집을 짓기 시작하여 그해 여름 4월

보름 다음날 집이 완성되 비로소 와서 거처하였다. 사방의 선비와 벗이 옴이 매우 많았는데 그 아름다운 경치에 감탄하지 않는 사람이 없었지만 다른 집이 채 갖추어지지 않아 오래 머무를 수 없음을 한탄하였다. 조기와 다조는 모두 대은병 서쪽에 있다. 기석은 위는 평평하고 시내의 북쪽 기슭에 있으며, 다조는 시내의 물결 중간에 있는데 큰 바위가 불쑥 솟아 8~9명은 둘러 앉을 수 있다. 사면이 모두 깊은 물인데 한가운데는 움푹 꺼진 구덩이가 있어서 자연스레 아궁이 같아 불을 때어 차를 끓일 수 있다. 무릇 시냇물 아홉 굽이의 좌우로는 모두가 석벽으로 발을 둘 길이 없다. 남산의 남쪽으로만 지름길이 있는데 정사가 시내의 북쪽에 있으므로 무릇 이곳으로 드나드는 자는 고깃배가 아니면 건너지를 못한다. 총괄하여 짧은 시 12편을 지어서 사실을 기록한다. 저 아침 저녁으로 밝았다가 어두워졌다 하는 기이한 기후와 초목을 스치는 바람에 날리는 운무 같은 특이한 모습에서부터 사람이 소요하고 원숭이와 새가 휘파람 부는 것과 같은 데에 이르면 하루 사이에도 황홀하게 천변만화하여 다할 수 없는 것이 있다. 같이 즐기는 선비들은 오히려 내가 말하고자 하였으나 언급하지 못한 것을 말할 것이 있을 것이다

6 精舍	정사
琴書四十年	거문고와 책 벗하며 40년 동안,
幾作山中客	몇 번이나 산중의 나그네 되었던가?
一日茅楝成	어느 날 띠집 이루어지니,
居然我泉石	편안하게 나의 천석 되었다네.

7 仁智堂[13]	인지당
我慙仁知心	내 인자와 지자의 마음 부끄러운데,

13 인지(仁智): 지(智)는 옛날에 지(知)와 통하여 썼다. 《논어·옹야(雍也)》「지혜로운 이는 물을 좋아하고, 어진 이는 산을 좋아한다. 지혜로운 이는 동적이고, 어진 이는 정적이다. 지혜로운 이는 즐기고 어진 이는 장수한다.」(知者樂水, 仁者樂山. 知者動, 仁者靜. 知者樂, 仁者壽)

偶自愛山水	어쩌다보니 절로 산수 사랑하게 되었다네.
蒼崖無古今	푸른 벼랑은 예와 지금 가리지 않고,
碧澗日千里	짙푸른 시내 하루에 천리 달린다네.

8 隱求齋	은구재
晨窓林影開	새벽 창에 수풀 그림자 걷히고,
夜枕山泉響[14]	밤 베개 맡에는 산의 샘 소리 울리네.
隱去復何求	은거하여 떠났으니 다시 무엇을 구하겠는가?
無言道心長[15]	말 없어도 도심은 길고도 기네.

9 止宿寮	지숙료
故人肯相尋	옛 친구 기꺼이 찾아오고자 하여,
共寄一茅宇	함께 한 초가집에 깃들었네.
山水爲留行	산과 물이 가는 길 만류하니,
無勞具鷄黍[16]	닭과 기장 갖출 수고 않아도 되네.

10 石門塢	석문오
朝開雲氣擁	아침에는 끼고 있던 구름 걷히고,
暮掩薜蘿深[17]	저녁때는 담쟁이덩굴 깊이 덮고 있네.
自笑晨門者[18]	스스로 웃어보네, 새벽에 문열어주는 자가,

14 산천향(山泉響): 송나라 구양수(歐陽脩)의 〈첫 추위(初寒)〉「울타리의 국화 아름다운 절기 재촉하고, 산의 샘 밤 거문고 소리 울리네.」(籬菊催佳節, 山泉響夜琴)

15 무언(無言): 진나라 도연명의 〈술을 마시며(飮酒)〉「이 가운데 참뜻 있어, 설명하려 하니 이미 말 잊었네.」(此中有眞意, 欲辨已忘言)

16 구계서(具雞黍): 당나라 맹호연(孟浩然)의 〈친구의 농가에 들르다(過故人庄)〉「옛 친구 닭 잡고 기장밥 갖추어, 나 농가로 맞아들이네.」(故人具雞黍, 邀我至田家)

17 벽라(薜蘿): 벽려(薜荔)와 여라(女蘿). 모두 덩굴풀이다.

18 신문(晨門): 새벽에 성문을 열어주는 일을 관장하는 관리를 말한다. 《논어·헌문(憲問)》「자로가 석문에서 묵었는데, 문지기가 묻기를 『어디에서 왔는가?』라 하니, 자로가 『공씨에게서 왔소.』라 대답하였다. 그러자 그는 『바로 될 수 없음을 알면서도 하는 자 말인가?』라 하였다.」(子路宿於石門, 晨門曰, 奚自? 子路曰, 自孔氏. 曰, 是知其不可而爲之者與) 주희의 주석「신문은 새벽에 문 열어주는 것을 관장하는 사람인데, 대체로 현자로서 관문을 지키는 직업에 은둔한 자일 것이다.」(晨門, 掌晨啓門, 蓋賢人於包關者也)

那知孔氏心	공자의 마음 어찌 알았으리오?

11 觀善齋	관선재
負笈何方來[19]	책상자 지고서 어느 곳에서 왔는가?
今朝此同席	오늘 아침에 여기서 자리 함께 하네.
日用無餘功	날로 써서 남는 공력 없이 하여,
相看俱努力	서로 바라보며 함께 노력해 보세나.

12 寒栖館	한서관
竹間彼何人	대나무 사이의 저 사람 어떤 사람인가?
抱甕靡遺力[20]	독 안고서 힘 남기지 않는다네.
遙夜更不眠	아득한 밤 더욱 잠들지 못하여,
焚香坐看壁[21]	향 사르며 앉아 벽성 보고 있다네.

13 晩對亭	만대정
倚筇南山巓[22]	지팡이 짚고 남산 꼭대기에 올라,
卻立有晩對	물러서니 만대정 있다네.

19 부급(負笈): 《차의》「《운회》에서 급은 책상자라고 하였다. 또한 『極』이라고도 한다. 나무 평상을 만들어 나귀의 등에 걸쳐놓고 물건을 싣는 것이다. 옛날 사람들은 주로 부급은 스스로 (책 상자를) 지는 것을 말하였다.」(韻會, 笈, 書箱也. 又作極. 爲木床以跨驢背以負載物. 古人多言負笈, 謂自負之也) 청나라 요지인(姚之駰)의 《후한서보일(後漢書補逸)》 권11「이고는 성명을 바꾸어 지팡이를 짚고 나귀를 몰아 책 상자를 지고 삼보로 스승을 쫓았는데 오경을 배워서 10여 년이나 되었다.」(固改易姓名, 杖策驅驢, 負笈追師三輔, 學五經, 積十餘年) 이 말은 원래 《후한서·이고전(李固傳)》「항상 걸어서 스승을 찾아다녔다」(常步行尋師)라는 말에 당나라 이현(李賢)이 주석에서 인용한 삼국시대 오나라 사승(謝承)의 《후한서(後漢書)》에 나오는 말이다.

20 포옹(抱甕): 《장자·천지(天地)》「자공이 남으로 초나라를 유람하고 진나라로 돌아오는 길에 한수 남쪽을 지나다가 한 노인이 마침 밭일을 하고 있는 것을 보았다. 구멍을 뚫고 우물에 들어가 독에다 물을 담아서 안고 다니면서 밭에 물을 주고 있었다. 애를 쓰며 수고가 많았는데, 그 효과는 아주 적었다.」(子貢南遊於楚, 反於晉, 過漢陰, 見一丈人方爲圃畦. 鑿隧而入井, 抱甕而出灌, 搰搰然用力甚多, 而見功寡)

21 벽(壁): 별자리 이름. 곧 벽수(壁宿)의 별자리를 말한다.

22 공(筇): 원래 대나무의 이름인데, 지팡이를 만들기에 적합하므로 지팡이라는 뜻으로 많이 쓰인다.

蒼峭矗寒空	푸르고 가파른 꼭대기 차가운 공중에 솟아 있는데,
落日明影翠	지는 해 푸른 그림자 밝네.

14 鐵笛亭 山前舊有奪秀亭. 故侍郎胡公明仲,[23] 嘗與山之隱者劉君兼道,[24] 遊涉而賦詩焉. 劉少豪勇游俠使氣. 晩更晦迹, 自放山水之間. 善吹鐵笛, 有穿雲裂石之聲. 胡公詩有更煩橫鐵笛, 吹與衆仙聽之句.[25] 亭今廢久. 一日與客及道士數人, 尋其故址, 適有笛聲發於林外, 悲壯回鬱, 巖石皆震. 追感舊事, 因復作亭以識其處, 仍改今名

철적정 산의 앞에는 옛날에 탈수정이 있었다. 그래서 시랑으로 있는 호명중공이 일찍이 산의 은자인 유겸도와 더불어 산을 유람하고 건너면서 그곳에서 시를 지은 적이 있다. 유겸도는 젊어서 호탕했고 용감하였으며 유협의 기상을 길렀다. 저녁이 되고 곧 어두운 자취가 있는데 홀로 산과 물에 나가 놀았다. 쇠 피리를 잘 불었는데 구름을 뚫고 바위를 가르는 소리를 지녔다. 호공이 시를 지었는데『더욱이 쇠 피리 눕히게끔 번거로이 하여, 부니 뭇 신선들 더불어 듣네.』라는 구절이 있다. 정자는 지금은 폐쇄된 지 오래다. 하루는 객 및 도사 여럿이 옛터를 찾았는데 마침 피리소리가 숲 밖에서 나왔는데 비장하여 번민을 되돌리고 암석도 다 떠는 것 같았다. 옛일이 더듬어 느끼어져 다시 정자를 지어 그곳을 표시해 두고 아울러 지금의 이름으로 고쳤다

23 호명중(胡明仲):《차보》「이름은 인이고, 호는 치당이다.」(名寅, 號致堂) 호인(1098~1156)은 달리 자를 중강(仲剛), 또는 중호(仲虎)라고도 하였으며 숭안(崇安) 사람이다. 호안국(胡安國)의 아우의 아들이었는데 양자로 삼았다. 선화(宣和) 3년(1121) 진사가 되었으며, 휘유각직학사(徽猷閣直學士)로 치사하였다. 시호는 문충(文忠)이며,《논어상설(論語詳說)》,《독사관견(讀史管見)》등의 저술과 문집인《비연집(斐然集)》을 남겼다.

24 유겸도(劉兼道):《송원학안(宋元學案)》권10「유형은 자가 겸도이며, 숭안 사람이다. 건염 초에 왕실을 구원한 공로로 관직에 보하여졌다. 한세충을 따라 호에서 적을 무찔렀으며 많은 공을 세워 승진하였다. 만년에는 관직을 버리고 성곽에 의지하여 누대를 지었는데 대은이라 하였고, 문을 닫고 손님을 거절하였으며 소옹의 학문에 잠심하였다. 한참 후에 무이산으로 옮겨 소은당을 짓고 또 탈수정을 지어 호치당과 함께 노닐고 거닐었다. 선생은 쇠 피리를 불었으며 어떨 때는 강개하여 칼춤을 추기도 하였는데 호탕하였다.」(劉衡, 字兼道, 崇安人. 建炎初, 以勤王補官. 從韓世忠敗敵于濠, 累功遷秩. 晩年, 棄官職, 依郭爲樓, 扁曰大隱, 閉門謝客, 潛心康節之學. 久乃徙武夷, 爲小隱堂, 又爲奪秀亭, 與胡致堂遊涉其中. 先生吹鐵笛, 或慷慨舞劒, 浩如也)

25 인용된 시의 제목은〈무이산에서 놀면서 유생에게 주다(遊武夷贈劉生)〉이며《비연집(斐然集)》권4에 수록되어 있다. 5언율시의 마지막 두 구절이다. 유생은 곧 유형(劉衡)을 가리키는 것 같다.

何人轟鐵笛　어떤 사람이 쇠 피리 소리 울리는가?
噴薄兩崖開　두 벼랑 트인 곳으로 소리 퍼진다네.
千載留餘響　천년토록 남은 울림 남겨 놓으니,
猶疑笙鶴來[26]　오히려 생황 부는 신선 태운 학 날아온 듯.

15 釣磯　조기

削成蒼石稜　푸른 바위 모서리 깎아 이루니,
倒影寒潭碧　그림자 차갑고 푸른 못에 비치네.
永日靜垂竿[27]　온종일 조용하게 낚싯대 드리우니,
玆心竟誰識[28]　이 마음 끝내 누가 알아주리.

16 茶竈　다조

仙翁遺石竈　신선 늙은이 돌 아궁이 남겨 놓아,
宛在水中央[29]　완연히 물 한가운데 있네.
飮罷方舟去[30]　다 마시고 배 나란히 하고 떠나려니,
茶煙裊細香[31]　차 연기 가는 향 여전히 피어오르네.

---

26 생학(笙鶴): 생을 부는 신선을 태운 학을 말하며, 일반적으로 선학(仙鶴)을 가리키는 말로 쓰인다. 《열선전(列仙傳)》「왕자 교라는 사람은 주나라 영왕의 태자이다. 생을 불기를 좋아하여 〈봉황명〉이란 곡조를 지었다. 이수와 낙수 사이에서 노닐다가 도사인 부구공을 만나서 숭산에 올라 30여 년을 지냈다. 나중에 산에서 그를 찾으니 (그 집안 사람인) 환량을 보고 말하기를『우리 집에다 칠월 칠석에 구지산 입구에서 나를 기다리라고 일러라.』하였다. 과연 흰 학을 타고 산마루에 머물러 있었다.」(王子喬者, 周靈王太子也. 好吹笙, 作鳳凰鳴. 遊伊洛之間, 道士浮邱公接以上嵩山三十餘年. 後求之於山, 見桓良曰, 告我家, 七月七日待我於緱氏山頭. 果乘白鶴駐山嶺)

27 영일(永日): 종일이라는 뜻이다.

28 자심경수식(玆心竟誰識): 권7 54번 시에 똑같은 글자를 쓴 구절이 있다.

29 완재수중앙(宛在水中央): 《시경·진풍·겸가(秦風·蒹葭)》「물결 따라 내려가 따르고자 하나, 완연히 물 중앙에 있다네.」(遡游從之, 宛在水中央)

30 방주(方舟): 병선(幷船). 곧 배 두 척이 나란히 가는 것을 말한다. 《장자·산목(山木)》「배 두 척이 나란히 강물을 건너가고 있는데, 그 중에 사람이 타고 있지 않은 빈 배가 사람이 타고 있는 배 곁에 와서 부딪쳤다면, 비록 성급한 사람이라고 하더라도 성을 내지 않을 것이다.」(方舟而濟於河, 有虛船來觸舟, 雖有惼心之人不怒) 송나라 임희일(林希逸)의 주석「방주는 두 배가 서로 나란한 것이다.」(方舟, 兩舟相並也)

31 뇨(裊): 김민재(金敏材)의 《차의보(箚疑補)》「뇨(褭), 뇨(嫋)자와 통하여 쓴다.」(與褭嫋通用)

17 魚艇	어정
出載長煙重	나올 때는 짙은 안개 무겁게 실었었는데,
歸裝片月輕	돌아가는 행장 조각달 가볍다네.
千巖猿鶴友	온갖 바위의 원숭이와 학 벗하니,
愁絶棹歌聲	근심에 뱃노래 소리 끊긴다네.

18. 次公濟精舍韻

공제가 정사를 읊은 시의 운자를 써서 짓다

一室空山裏	집 한 채 빈 산속에 있으니,
纖塵迴莫侵	가는 먼지조차 멀어 침습치 못하네.
若非同臭味[1]	향기 같이 하지 않는다면,
誰肯遠過臨	누가 기꺼이 먼 곳에서 들러 임하리오?
健策凌丹壑[2]	씩씩한 걸음 붉은 골짜기 건너고,
淸詩動玉琴[3]	맑은 시 옥 장식한 거문고 움직이네.
溪邊一回首	시냇가에서 한번 고개 돌려보니,
平地足崎嶔[4]	평지도 충분히 험난하다네.

1 취미(臭味): 기미(氣味), 곧 향기라는 뜻이다. 일심동체를 비유하는 말로 쓰였다. 《좌전·양공(襄公) 8년》「계무자가 말하였다. 『누가 감히 그러겠습니까? 지금 초목에 비유하자면 과군은 임금님께 있어 임금님의 향기입니다.」(季武子曰, 誰敢哉! 今譬於草木, 寡君在君, 君之臭味也) 진(晉)나라 두예(杜預)의 주석 「동류임을 말한다.」(言同類) 송나라 황정견(黃庭堅)의 〈다시 면중에게 답하다(再答冕仲)〉「가을 대청에서 한번 웃으며 등불 함께하며, 공과 초목의 취미 함께 한다네.」(秋堂一笑共燈火, 與公草木臭味同)

2 건책릉단학(健策凌丹壑): 책은 지팡이라는 뜻. 곧 씩씩한 행보를 말한다. 단학은 붉은 빛을 띤 벼랑. 당나라 두보의 〈동지(冬至)〉「지팡이 짚고 눈 온 뒤에 붉은 벼랑에 다가서니, 옥 소리 울리며 아침에 와 자신궁에서 흩어지네.」(杖藜雪後臨丹壑, 鳴玉朝來散紫宸)

3 청시동옥금(淸詩動玉琴): 당나라 두보(杜甫)의 〈서각(西閣)〉 제1수 「붉은 인끈 차고 오히려 깁 모자 쓰니, 새 시 옥 장식한 거문고에 가깝다네.」(朱紱猶紗帽, 新詩近玉琴) 같은 사람의 〈어두움(暝)〉「베개 바로 하여 별 비치는 칼 마주하고, 책 거두느라 옥 장식한 거문고 움직이네.」(正枕當星劍, 收書動玉琴)

4 기금(崎嶔): 《차의》「산이 높은 모양이다. 인생살이의 험난함을 비유하였다.」(山高貌. 比喩世路之險也)

19. 奉同公濟諸兄, 自精舍來集冲佑之歲寒軒, 因邀諸羽客同飮. 公濟有詩贈守元章師. 因此其韻[1]

삼가 공제를 비롯한 여러 형과 함께 정사에서 충우관의 세한헌의 모임에 모여 선객들을 청하여 함께 술을 마셨다. 공제가 시를 지어 수원장사에게 주었다. 이에 그 운자를 가지고 짓는다

蓬萊淸淺今幾年[2]	봉래의 물 맑고 얕아진 지 지금 몇 해나 되었던가?

1 《차의》「충우는 관의 이름으로 무이산에 있다.」(冲祐, 觀名, 在武夷山) 충우관(冲佑觀)은 만년궁(萬年宮)으로도 불리며 무이구곡의 제9곡 대왕봉(大王峯) 남쪽 기슭에 있다. 지금은 무이궁으로 불린다. 역대 제왕들이 무이군(武夷君)을 제사지내던 곳으로 송나라 때 6대 명승지 중의 하나였다. 무이궁은 무이산에서 가장 오래된 궁전으로, 《무이산지(武夷山志)》에 의하면 최초로 이곳에 제단을 설치하고 무이군에게 제사를 지낸 임금은 한무제라고 한다. 이후로는 각 조대마다 이름이 바뀌었는데, 당나라 때는 천보전(天寶殿), 남당 때는 회선관(會仙觀)으로 바뀌었다가 송나라 때 충우관으로 바뀌었다. 이후로도 원나라 때 만년궁, 명나라 때는 충원관(冲元觀)으로 바뀌었다가, 명나라 영종(英宗) 때 화재와 병화가 잇따라, 퇴락한 후로 여러 차례 중수를 거쳤지만 결국 예전의 규모를 찾지 못하였다. 지금은 주자기념관이 있다. 송나라 때 충우관으로 개칭한 이래 오랫 동안 조정에서 한관산직을 위한 관직을 설치하여 충우관제거(提擧)로 이곳을 거쳐 간 인물들 가운데 익히 알려진 사람들만 해도 유자휘를 비롯하여 신기질(辛棄疾), 육유(陸游), 부자득(傅自得), 주희, 섭적(葉適), 여조겸(呂祖謙), 위료옹(魏了翁), 황간(黃榦) 등이 있다.
《차보》「장은 부장의 장이다. 사는 도사를 일컫는다. 도사는 단을 설치하고 제사를 지낼 때 글을 지어 아뢰므로 장사라고 한다. 수원은 그 이름이나 법호인 것 같다.」(章, 符章之章. 師, 道士之稱. 道士醮祭奏章, 故稱章師. 守元, 似其名字, 或法號也)

2 봉래청천(蓬萊淸淺): 남조 진(晋)나라 갈홍(葛洪)의 《신선전(神仙傳)》「마고선녀가 스스로 말하기를 『만나서 대접한 이래 이미 동해가 세 차례나 상전이 되는 것을 보았습니다. 저번에 봉래산에 이르러 보니 물이 또 지난번보다 얕아졌던데 만날 때의 대략 반쯤 되는 것 같았습니다. 어찌 장차 또한 언덕이나 뭍으로 되돌아가지 않겠습니까?』라 하였다. 이에 왕방평(王方平)도 『성인도 모두 말씀하시기를 바다 속에서 먼지가 올라온다고 하였습니다.』라 하였다.」(麻姑自說云, 接待以來已見東海三爲桑田, 向到蓬萊, 水又淺于往者, 會時略半也. 豈將復還爲陵陸乎? 方平笑曰, 聖人皆言海中行復揚塵也) 당나라 이백의 〈옛 시체로(古風)〉 제9수「이에 봉래산의 물, 다시 맑고 얕은 흐름 되었음 알게 되었다네.」(乃知蓬萊水, 復作淸淺流) 송나라 소식(蘇軾)의 〈염주를 얻어서 남선의 식 장로께 드리다(乞數珠贈南禪湜老)〉「마침 바닷가에서 돌아왔는데, 봉래산 또 맑고 얕아졌다네.」(適從海上回, 蓬萊又淸淺)

武夷突兀還蒼然　　무이의 우뚝한 모습
　　오히려 창연하게 되었네.
但忻丹籍有期運[3]　　다만 신선의 명부에
　　때와 운 있음 기뻐할 뿐,
不悟翠壁無寅緣[4]　　푸른 벽에 새겨질 인연
　　없음 알지 못하네.
鼎中龍虎應浪語[5]　　솥 속의 용과 호랑이 이야기
　　틀림없이 허황된 말이요,
紙上爻象非眞傳[6]　　종이 위의 육효(六爻)와 단전(彖傳)은
　　진리 전하는 것이 아니네.
明朝猿叫三峽路[7]　　내일 아침 원숭이 울부짖는
　　삼협의 길에,

3 단적(丹籍): 선적(仙籍), 곧 신선의 명적(名籍)을 말한다. 기운(期運)은 기운(機運)과 같다. 《차의》「선적을 이른다.」(謂仙籍)

4 취벽무인연(翠壁無寅緣): 인연은 어떤 것에 기대어 그것을 타고 올라감을 말한다. 《진서·송섬전(宋纖傳)》「송섬은 자가 영애이며 돈황 효곡 사람이다. 젊어서부터 원대한 지조가 있었으며 마음이 차분하고 조용하여 세상과 더불어 교유를 하지 않고 주천현의 남산에 은거했다. …… (주천의) 태수인 마급은 고상한 선비로, 위엄과 복장을 갖추고 징과 북을 울리며 그곳을 찾아 갔다. 송섬은 높고 겹겹이 쳐진 누각에서 거리를 두고 만나주지 않았다. 마급이 탄식하여 말했다. 『이름은 들을 수 있으나 몸은 볼 수 없고, 덕은 우러를 수 있으나 형체는 볼 수 없으니, 내 지금에야 선생이 사람 가운데서는 용임을 알겠다.』 이에 시를 지어 돌벽에 세워두었다. 『붉은 낭떠러지 백 길이나 되고, 푸른 벽은 8만자나 되네. 기이한 나무 울창하고, 빽빽하기는 등림과 같네. 그 속의 사람 옥과 같은데, 오로지 나라의 보배라네. 집은 가까우나 사람은 멀어, 실로 내 마음 안타깝게 하네.』」(宋纖字令艾, 敦煌效穀人也. 少有遠操, 沈靖不如世交, 隱居於酒泉南山……太守馬岌, 高尚之士也. 俱威儀, 鳴鐃鼓, 造焉. 纖高樓重閣, 距而不見. 岌歎曰, 名可聞而身不可見, 德可仰而形不可覩, 吾而今而後知先生人中之龍也. 銘詩於石壁曰, 丹崖百丈, 靑壁萬尋. 奇木蓊鬱, 蔚若鄧林. 其人如玉, 維國之琛. 室邇人遐, 實榮我心) 당나라 한유(韓愈)의 〈옛 뜻을 가지고 짓다(古意)〉「내 그것 구하고자 하여 먼 것 꺼리지 않는데, 푸른 벽 길 없어 인연 어렵다네.」(我欲求之不憚遠, 靑壁無路難夤緣)

5 정중용호(鼎中龍虎): 권4 63번 시(〈齋居感興〉 제15수)의 「金鼎蟠龍虎」에 대한 주석(163번)을 보라.

6 지상효단(紙上爻丹): 《차의》「《참동계》에서는 《주역》의 육효와 단전을 운기와 짝지우므로 이렇게 말하였다.」(參同契以易爻彖配運氣故云)

7 명조~삼협로(明朝~三峽路): 〈아침 일찍 백제성을 떠나다(早發白帝城)〉「아침에 고운 구름 사이에 있는 백제성을 떠나, 천리 길 강릉을 하루 만에 돌아왔네. 강가 원숭이 울음소리 그치지 않는데, 가벼운 배 이미 만 겹의 산을 지났다네.」(朝辭白帝彩雲間, 千里江陵一日還. 兩岸猿聲啼不盡, 輕舟已過萬重山)

一葉徑上滄浪船[8] 　　오솔길 위의 대나무 잎 하나
창랑의 배 되리라.

8 일엽~창랑선(一葉~滄浪船): 《이문록(異聞錄)》「진계경은 강남 사람으로 진사시에 응시하여 장안에서 10년 동안 (고향으로) 돌아가지 못하였다. 하루는 청룡사에서 중을 찾았으나 만나지 못하고 화각에서 쉬는데 어떤 종남산의 늙은이도 중을 기다린 지가 오래되었다. 벽 사이에는 〈환영도〉가 있었는데, 계경이 강남의 길을 찾더니 한숨을 쉬면서 말하는 것이었다.『이리로 돌아갈 수만 있다면 성공하지 않아도 후회하지 않을 것인데……』 늙은이가 말하였다.『그건 쉽기만 하오.』 일어나더니 섬돌 앞의 대나무 잎을 꺾어 위수에 띄우고는 말하였다.『이곳만 주시하면 바람대로 될 것이오.』 계경이 빤히 바라보았더니 배 한 척이 매우 컸으며 황홀하게 배에 올랐는데 가는 것이 매우 빨랐다. 열흘여 만에 집에 이르렀다가 다시 배에 올라 다시 청룡사에 놀러가 산옹이 아직도 털옷을 안고 앉아 있는 것을 보았다. 계경이 말하기를『꿈이 아니었습니까?』라 하였다. 나중에 아내가 강남에서 와서 말하기를『아무 날 돌아와 서재에 시를 적어 놓았습니다.』라 하자 비로소 꿈이 아님을 알았다.」(陳季卿江南人, 擧進士, 長安十年不歸. 一日於青龍, 訪僧不值, 憩於火閣, 有終南山翁亦俟僧久之. 壁間有寰瀛圖, 季卿尋江南路, 嘆曰, 得自此歸不悔無成. 翁曰, 此易耳. 起折堦前竹葉置渭水中, 曰, 注目於此, 則如願. 季卿熟視見, 一舟甚大, 恍然登舟, 其去甚速. 旬餘, 至家, 更復登舟, 再遊青龍寺, 見山翁尚擁褐而坐. 季卿曰, 非夢乎? 後妻子自江南来曰, 某日歸, 題詩於西齋, 始知非夢) 당나라 한유의 〈상중에서 장씨네 열한 째 공조에게 답하다(湘中酬張十一功曹)〉「서남쪽에 있는 변새에서 천 줄기 눈물 떨구지 말게나, 함께 맑은 상수에서 일엽편주 띄운다네.」(休垂絶徼千行淚, 共泛清湘一葉舟)

20. 出山道中口占[1]

산을 나오는 도중에 읊조리다

川原紅綠一時新	냇가에 펼쳐진 언덕 울긋불긋 한꺼번에 새로워지고,
暮雨朝晴更可人[2]	저녁 비 아침에 개니 더욱 사람 기쁘게 하네.
書册埋頭無了日	서책에 머리 파묻음 끝낼 날 없으니,
不如抛却去尋春	내던지고 봄 찾아 떠남만 못하다네.

1 구점(口占): 시문을 지을 때 초고를 짓지 않고 입으로 나오는 대로 짓는 것을 말한다.

2 모우조청(暮雨朝晴): 당나라 두보의 〈물가의 헌함에서 흥을 보내다(水檻遣興)〉「촉땅의 하늘 늘 밤에 비 내리는데, 강가의 헌함 이미 아침에 개었다네.」(蜀天常夜雨, 江檻已朝晴)
갱가인(更可人): 가인은 좋은 사람이라는 뜻. 송나라 진사도(陳師道)의「책 마땅히 뜻에 맞아《주역》다 읽었는데, 객 중에 좋은 사람 있으니 기약해도 오지 않네.」(書當快意讀易盡, 客有可人期不來) 사람에게 좋다는 뜻도 있다. 송나라 소식의 〈곡림당(谷林堂)〉「어린 대 실로 사람에게 좋은데, 서리 같은 마디 이미 수레에 가득하다네.」(穉竹眞可人, 霜節已專車) 여기서는 후자의 뜻으로 쓰였다.

21~30. 淳熙甲辰仲春, 精舍閒居, 戲作武夷櫂歌十首, 呈諸同遊相與一笑[1]

순희 갑진년 2월에 정사에서 한가로이 거처하다가 장난삼아 무이도가 열 수를 지어 함께 놀러온 동지들에게 주고 한번 웃노라

21[2]

武夷山上有仙靈　　무이산 위에는
　　신령스러운 신선이 있고,
山下寒流曲曲淸　　산 아래에는 찬 물이 흘러
　　굽이굽이 맑네.
欲識箇中奇絶處　　그 가운데 기이한
　　절경을 알아보려고 해서,

---

1 도가(櫂歌): 배를 타고 가면서 부르는 노래. 한무제(漢武帝)의 〈가을 바람(秋風辭)〉「퉁소 불고 북치며 뱃노래 부르는데, 즐거움 다하니 슬픈 정 많아진다네.」(簫鼓鳴兮發棹歌, 歡樂極兮哀情多) 당나라 이선(李善)의 주석「도가는 노를 끌며 노래하는 것이다.」(棹歌, 引棹而歌)《송사·신기질전(宋史·辛棄疾傳)》「신기질은 일찍이 주희와 함께 무이산에서 놀고 〈구곡도가〉를 지었는데, 주희는『극기복례』와『숙흥야매』를 써서 그 서재에 다 붙여 놓았다.」(棄疾嘗同朱熹遊武夷山, 賦九曲櫂歌, 熹書克己復禮, 夙興夜寐, 題其二齋室)
이 시의 해석에 있어서는 대대로 입도차제(入道次第)와 탁흥우의(托興寓意)라는 두 가지 관점이 있어 왔다. 지금은 대부분 후자의 관점으로 보고 있지만 조선시대에는 송말원초 때의 성리학자인 구재(懼齋) 진보(陳普: 자는 尙德) 같이 전자의 관점에서 보는 사람의 영향을 많이 받았다. 또한《주시아송주(朱詩雅頌注)》(이하《아송주》)도 진보와 궤를 같이 하고 있다. 많은 사람들이 이 시에 차운을 하였는데, 퇴계 또한 처음에는 전자의 관점으로 보고 차운을 하였다가 나중에 비로소 후자의 관점에서 읊은 것으로 보고 새로 차운하기도 하였다. 조선 정종(正宗)의 주희시 선집본인《아송》에 여러 신하들이 주석을 단《주시아송주(朱詩雅頌注)》도 함께 수록하여 보겠다.《아송주》의 주석은 대체로 시종 학문을 해나가는 순서로 보고 주석을 단《도가시주》와 견해를 같이 하고 있어 원의와는 다소간 차이가 있으나 그대로 옮겨 보았다. 이하 마찬가지이다.

2 원나라 진보(陳普)의《도가시주(櫂歌詩註)》(이하《도가시주》)「주문공의 〈구곡〉시는 순수하게 도로 나아가는 차서이다. 그 뜻을 세움이 실로 구차하게 다만 무이산의 산수가 아니다. 첫째 시는 도의 전체로 아래에서 위까지 안팎이 없이 만물과 만사에 흩어져서 있지 않은 곳이 없음을 말하였다. 그러나 그 묘한 곳은 기름진 음식의 아름다움과 금옥의 귀함보다 나아서 발명할 사람이 없을 수 없다. 그러므로『그 가운데 기이한 절경을 알아보려고 해서, 뱃 노래 한가하게 들어보네, 두 세 마디 노래를.』이라 하였다.」(朱文公九曲, 純是一條進道次序. 其立意, 固不苟不但爲武夷山水也. 第一首言, 道之全體, 徹上徹下, 無內無外, 散之萬物萬事, 無所不在. 然其妙處, 過於膏粱之美, 金玉之貴也. 不可無人發明. 故曰欲識箇中奇絶處, 櫂歌閒聽兩三聲)

櫂歌閒聽兩三聲[3] 뱃 노래 한가하게 들어보네,
두 세 마디 노래를.

22[4]

一曲溪邊上釣船[5] 첫째 구비 시내 곁에서
낚시 배에 오르니,
幔亭峰影蘸晴川[6] 만정봉의 그림자
갠 내 속에 잠겼네.
虹橋一斷無消息[7] 무지개다리 한번 끊어진 뒤로
아무 소식 없고,
萬壑千巖鎖翠煙[8] 만학과 천봉은
푸른 안개 속에 사라져가네.

3 양삼성(兩三聲): 《아송주》「도 전체를 말한다.」(言道之全體)

4 《도가시주》「이 시는 공자와 맹자가 떠난 이후 도통이 절멸된 지 오래되었음을 말한다. 그 사이의 무궁무진한 묘함과 첫 장에서 이른바 기이한 절경이라는 것이 모두 기질과 물욕에 가리고 게다가 이단과 사설이 장애가 되었다. 뿌리 깊은 병에 깊이 빠져 찾아서 볼 수 없는 사람이 낚시배에 오른다는 것은 향학에 입각한다는 뜻이다. 만정봉의 그림자 또한 처음에 보이는 것이 있다는 것을 가지고 말한 것이다. 보이는 것이 없으면 또한 학문을 지향할 수 없으며, 또한 도통이 전하여지지 않았음을 모르는 것이다. 실로 도통이 전하여지지 않았음을 아는데도 학문에 뜻을 두는 것은 이미 정도를 보았다는 것으로 《논어》(〈子罕〉)에서 이른바 더불어 함께 배울 수 있다는 것이다.」(此首言孔孟去後道統久絶. 其間無窮無盡之妙, 首章所謂奇絶處者, 皆爲氣質物欲所蔽, 加以異端邪說爲障. 沈溺深痼無能探而見之者. 上釣船者, 立脚向學之意. 幔亭峯影亦以其始有所見而言也. 非有所見亦不能向學亦不知道統之無傳. 苟知道統之無傳, 而有志於學, 則是已見正塗, 論語所謂可與共學者也)

5 일곡(一曲): 《도가시주》「산에는 구곡이 있다.」(山有九曲)
계변(溪邊): 순희본는「한계」(寒溪)로 되어 있다.

6 만정(幔亭): 《아송주》「천주봉의 북쪽에 있다.」(在天柱峯北) 《차의》「무이산의 산신인 무이군이 8월 15일에 마을 사람과 함께 산의 정상에서 만났는데, 비단 장막으로 된 집이 매우 성대하였으므로 그 거처를 만정이라 하였다.」(武夷山神人武夷君八月十五日, 與村人會于山頂, 綵幔屋宇甚盛, 因名其處爲幔亭) 《도가시주》「무이군은 만정봉 아래에서 자손들에게 연회를 베풀었다.」(武夷君宴子孫于幔亭峯下)
잠청천(蘸晴川): 청(晴)은 순희본에는「맑을 청」(淸)자로 되어 있다. 《차의》「『蘸』의 음은 잠이다. 물건을 물에 가라앉히는 것이다.」(蘸, 莊陷切. 以物沒水也) 당나라 두보의 〈강가의 별과 달(江邊星月)〉 제2수「닭 우니 다시 동 트고, 백로는 맑게 개인 강에서 목욕하네.」(雞鳴還曙色, 鷺浴自晴川)

7 홍교일단(虹橋一斷): 《차의》「명대의 민중 사람인 조학전의 〈무이산 유람기〉에는『〈구지〉에 의하면 위나라 왕자 건이 13선주를 위하여 만정봉의 꼭대기에다 승진관을 지었으며, 모학암의 여러 승경에는 진시황 2년에 무지개다리를 설치하고 연회를 열었는데 증손이 〈인간가애〉라는 곡조를 연주하였다.』라 하였다.」(明閩中曹學佺遊武夷記, 按舊志魏子騫爲十三仙地主, 築昇眞觀于峰頂, 有摹鶴巖諸勝, 以始皇二年架虹橋而宴, 曾孫奏人間可愛之曲)

8 소취연(鎖翠煙): 《도가시주》「『취』자는 어떤 판본에는

23[9]

二曲亭亭玉女峰[10]	둘째 구비에는 우뚝하게 서 있네, 옥녀봉 봉우리가,
插花臨水爲誰容[11]	꽃 꽂고 물 굽어봄 누구 위해 몸 단장한 것인가?
道人不作陽臺夢[12]	도인은 다시 꿈꾸지 못하네, 황대의 꿈을,

『저물 모』자로 되어 있다.」(翠, 一本作暮) 《아송주》「공자와 맹자 이후 도통이 절멸된 지 오래되었음을 말한다.」(言孔孟後道統久絶)

《도가시주》「이 말 또한 상전벽해의 감이 있다.」(此語亦有桑海之感)

9 《도가시주》「이 시는 도를 배우는 것은 여색을 멀리하는 것으로 말미암아 들어가며, 사람이 이 마음을 막아서 단절시킬 수 있은 다음이라야 용기를 떨칠 수 있음을 말하였다. 사람의 도가 만약 이 마음을 용맹하게 제거할 수 없다면 그 지기가 끝내 어두워지고 게을러져 한 치를 나아가면 한 자를 물러날 것이다. 『전산취기중』은 곧 1곡에서 이른바 『만학천암』이고, 『흥입전산』은 그 지기가 청명하기 때문에 용감하고 과단성 있게 분발할 수 있어서 반드시 깊이 들어가 지극한 곳에 이르고자 하는 것이다. 〈소축괘〉의 첫 번째 효사는 온전히 이 뜻이다. 괘는 음효 하나가 4개의 양효 사이에 있는 뜻인데 모두 모으는 것에서 그치는데 또한 옥녀가 사람을 감흥시키는 것과 같다. 초구가 괘의 처음에 자리 잡아 그것과 상응하면 그 뜻이 옮겨가게 될 것이다. 굳셈을 건건(乾健)의 본체에 두어 멀리하고 끊어서 벗어나 다시 돌아와 혹 건도를 행할 수가 있으므로 『돌아옴이 도에서 말미암으니 어찌 그것이 허물이 있겠는가?』라 하였다. 복(復)은 돌아온다는 뜻이며, 자(自)자는 말미암는다는 뜻이다. 또한 입각하여 처음의 뜻을 펴는 것이다. 도는 건도이다. 비로소 네 가지에 의하여 미혹되었으니 그 그름을 알며, 돌아옴이 바른 도에서 말미암아 행함이 용감하고 씩씩하지 않으면 할 수 없다는 말이다. 비로소 미혹되기 때문에 허물이 있는 것이다. 이미 멀리 가지 않아도 회복될 수 있으니 이른바 허물이라는 것이 다 없게 되는 것이다. 『하기구』는 『어찌 허물이 있겠는가?』라는 말이다. 정자가 말하기를 『허물이 없음이 매우 명백하다.』라 하였는데, 그 용기를 찬미하여 한 말이며 온전히 이 구비를 읊은 시의 뜻이다.」(此首言學道由遠色而入. 人能屛絶此心, 然後能奮勇. 人道若此心未能勇猛除去, 則其志氣終爲其所昏惰, 進寸而退尺. 前山翠幾重, 卽一曲所謂萬壑千巖. 興入前山是其志氣淸明, 故能勇決奮發, 必欲入深詣極也. 小畜卦初爻辭全是此意. 卦以一陰居四羣陽之志, 皆爲其畜止, 亦猶玉女之感人也. 初九居卦之初, 與之相應, 則其志移矣. 而以剛居乾健之體, 能遠絶擺脫, 反復而或乾道以行, 故曰復自道何其咎. 復反還也, 自由也. 亦立脚發初之意. 道, 乾道也. 言始爲四所惑, 卽知其非. 反復而由正道以行非勇健不能也. 始爲所惑, 故有咎. 旣能不遠而復, 則所謂咎者悉無矣. 何其咎言安有咎哉? 程子曰, 无咎之甚明也, 贊其勇之辭也, 全是此曲詩意)

10 옥녀봉(玉女峰): 《도가시주》「옥녀봉이라는 이름의 산이 있다.」(有山名玉女峯) 《차의보》「세 개의 바위가 들쭉날쭉 서 있으며, 그 색이 붉고 윤기가 있어서 고운 구슬의 모습을 하고 있다. 그 아래에는 장경대와 몽선대, 그리고 관석대가 있다.」(三石差肩而立, 其色紅潤如珠麗之態. 下有粧鏡夢仙冠石) 《아송주》「능소암의 북쪽에 있다.」(在凌霄巖北)

11 삽화임수(插花臨水): 《도가시주》「옥녀봉의 모습을 묘사한 것이다.」(狀玉女態)

12 도인(道人): 《차의보》「선생이 스스로 이르기를 정명도 선생의 〈회남사에 적다〉라는 시에 『도사는 가을을 슬퍼하는 나그네 아니라네.』라는 구절이 있다고 하였다.」(先生自謂, 明道題淮南寺道人不是愁秋客)

작(作): 복(復)자로 된 판본도 있다.

양대몽(陽臺夢): 《차의》에는 「황대몽」(荒臺夢)으로 되

輿入前山翠幾重[13] 흥겨워 앞산에 들어가니
짙은 구름 몇 겹인가?

24[14]

三曲君看架壑船[15] 셋째 구비에서 그대는 보겠네,
산허리에 얹힌 배를,
不知停櫂幾何年 알지 못하겠네, 노 쉰 지
몇 해나 되었는지를.

어 있다. 남녀가 잠자리를 함께 하는 꿈을 말한다. 초나라 송옥(宋玉)의 〈고당부(高唐賦)〉「옛날에 초양왕이 송옥과 운몽의 누대에서 놀았다. 고당의 누관을 바라보니 그 위에 외로이 구름 기운이 있었다. …… 왕이 송옥에게 물었다.『이는 무슨 구름 기운인가?』송옥이 대답했다.『이른바 아침 구름입니다. …… 옛날에 선왕께서 일찍이 고당에서 놀다가 노곤하여져 낮잠이 들었는데 꿈에 한 부인이 나타나「첩은 무산의 신녀입니다. …… 동틀 무렵에는 아침 구름이 되고 저녁에는 내리는 비가 됩니다.」라 하였습니다.』」(昔者楚襄王與宋玉遊於雲夢之臺. 望高唐之觀, 其上獨有雲氣……王問玉曰, 此何雲氣也? 玉對曰, 所謂朝雲者也……昔者先王嘗遊高唐, 怠而晝寢, 夢見一婦人曰, 妾, 巫山之女也……旦爲朝雲, 暮爲行雨) 같은 사람의 〈신녀부(神女賦)〉「그날 밤 왕이 잠이 들자 과연 꿈에서 신녀와 만났다.」(其夜, 王寢, 果夢與神女遇) 당나라 두보의 〈옛 유적을 읊고 그리워함(詠懷古跡)〉 제2수「그 옛집 어디로 가고 글귀만 남았는가? 운우의 거친 양대 어찌 꿈 속의 생각이겠는가?」(江山故宅空文藻, 雲雨荒臺豈夢思)

13 취기중(翠幾重): 《아송주》「도를 배우는 것은 색을 멀리 하는 것으로부터 들어간다. 사람이 이 마음을 물리쳐 끊어버린 후에야 도에 들 수 있을 것이다.」(言學道由遠色而入. 人能屏絶此心, 然後可以入道)
《도가시주》「편안하고 담담한 정치를 얻은 것이다. ○ 대체로 □□하게 얼굴을 꾸미는 것으로 도인은 더 이상 너를 어여삐 여기지 않고 다만 청산에 흥을 기탁할 뿐이라는 것을 말하였다.」(得恬淡情致. ○ 蓋言□□治容, 道人無復憐汝而唯寄興於靑山也)

14 《도가시주》「이 구비에서는 여색을 멀리할 수 있을 뿐만 아니라 또한 마땅히 세상의 모든 영욕과 득실을 모두 깨끗하게 씻어 없애어 그것이 흉중에 끼이지 못하도록 한 다음에야 세속에 얽매임이 모두 끊기어 빠르게 도에 들어가게 된다는 것을 말하였다. 사람들은 다만 혈육의 몸에 구애되므로 영욕과 득실에 얽매이지 않을 수 없기 때문에 불가의 물거품과 바람 앞의 등불 같은 설이 비록 바른 이치는 아니지만 또한 사람의 이욕의 마음을 씻을 수가 있다. 그러므로 문공이 차용한 것이다. 〈대아〉에서는 문왕의 덕을 읊어서『그렇게 이것을 버리고 저것을 잡지 말며, 그렇게 흠모하게 부러워하지 말아, 크게 먼저 도의 지극한 경지에 오르라 하시니라.』라 하였다. 이 두 구비를 읊은 시의 뜻이 바로 이와 같다. 반(畔)은 떠나는 것이고 반(攀)은 당기는 것을 말한다. 문공은 말하기를『이것을 버리고 저것을 취함을 이르는 것이다.』라 하였다. 흠선(歆羨)에 대하여 문공은『흠은 욕심이 움직이는 것이고, 선은 사랑하고 사모함이니, 정을 풀어놓아 물건을 따르는 것을 말한다.』라 하였다. 안(岸)에 대하여 문공은『도의 지극한 곳이다.』라 하였다. 사람의 마음에 떠나고 잡음이 있고 욕심이 움직이고 사모함이 있게 되면 인욕의 흐름에 빠져 스스로 구제하지 못하게 된다. 문왕은 이 두 가지가 없었으므로 먼저 알고 먼저 깨달아 도의 지극한 경지에 나아가셨다.』라 하였다. 문공의 이 두 곡의 시의 뜻이 마침 이와 같다. 《논어》의『어진 이를 어질게 여기기를 여색을 좋아하듯이 바꾼다』라 한 것과 《중용》의『중상함을 버리고 여색을 멀리 한다』는 것이 바로 매우 중요한 일로 삼는 것이다. 그러므로 다만 먼저 2곡에서 말한 다

桑田海水今如許[16] 뽕나무 밭이 바닷물로 변한지 지금 얼마나 되었는가?
泡沫風燈敢自憐[17] 물거품 바람 앞의 등불 같으니 스스로를 가련히 여기지 않으랴?

25[18]

四曲東西兩石巖 넷째 구비에는 동쪽 서쪽으로 두 바위가 있는데,

음에 3곡에서 그 뒤를 이었다. 영욕과 득실에 대한 회옹의 당시의 뜻은 마땅히 이와 같아 깊은 맛을 볼 수 있다.」(此曲言旣能遠色, 又當於世間, 一切榮辱得喪, 皆能洗除蕩滌, 不以介其胸中, 然後俗累皆絶, 沛然而入道矣. 人惟拘於血肉之軀, 故不能不爲榮辱得喪所累, 故佛家泡沫風燈之說, 雖非正理亦可以滌人利欲之心, 故文公借用之. 大雅詠文王之德云, 無然畔援, 無然歆羨, 誕先登于岸. 此兩曲詩之意, 正如此. 畔謂離去攀援也. 文公曰, 謂舍此而取彼也. 歆羨, 文公曰, 歆欲之動也, 羨愛慕也. 言肆情以徇物也. 岸, 文公曰, 道之極至處也. 人心有所畔援有所歆羨, 則溺於人欲之流, 而不能以自濟. 文王無是二者, 故能先知先覺而造道之極至也. 文公此兩曲詩意, 恰好如是. 論語賢賢易色, 中庸去讒遠色, 直是把作箇大緊要事. 故獨先言於二曲, 然後於三曲次之. 而榮辱得喪, 晦翁當時之志當是如此, 深味之可見)

15 가학선(架壑船): 《차의》「무이산의 석벽에는 승진동이라는 방이 있다. 동굴에는 신선이 해탈하고 남은 뼈가 있다. 방 앞에는 황심 나무로 만든 나무다리가 있다. 또한 목선이 네 척 있는데 두 척씩 서로 포개어져 있고 또한 반쯤 누워 있는 신선의 해골이 들어 있다. 방으로 가는 나무다리는 떨어지지도 부서지지도 않는다. ○ 〈무이도〉의 서문에서는 양안에 있는 절벽의 사람이 이르지 못하는 곳에는 왕왕 바위틈 사이에 마른 뗏목이 끼여 있는데 배 모양을 한 관이나 널 따위가 얹혀 있다고 하였다.」(武夷山石壁上有室曰昇眞洞. 洞中有神仙蛻骨. 室前有黃心木棧. 又有四木船, 兩兩相履, 亦盛仙骸半枕. 室棧不墜不壞. ○ 武夷圖序, 兩岸絶壁人不到處, 往往有枯查插石罅間, 以庋舟船棺柩之屬) 《아송주》「선선암은 소장봉의 오른쪽에 있다.」(仙船巖在小藏峰右)

16 상전벽해(桑田海水): 남조 진(晉)나라 갈홍(葛洪)의 《신선전(神仙傳)》「마고선녀가 스스로 말하기를 『만나서 대접한 이래 이미 동해가 세 차례나 상전이 되는 것을 보았습니다. 저번에 봉래산에 이르러 보니 물이 또 지난번보다 얕아졌던데 만날 때의 대략 반인 것 같았습니다. 어찌 장차 또한 언덕이나 뭍으로 되돌아가지 않겠습니까?』」(麻姑自說云, 接待以來已見東海三爲桑田, 向到蓬萊, 水又淺于往者, 會時略半也. 豈將復還爲陵陸乎) 송나라 이방(李昉)의 《태평광기(太平廣記)》에서 재인용. 당나라 노조린(盧照鄰)의 〈장안에서 옛날을 생각하며(長安古意)〉「계절마다 바뀌는 경치 서로 기다려주지 않는데, 뽕나무 밭 푸른 바다로 순식간에 바뀌네.」(節物風光不相待, 桑田碧海須臾改)

17 포말풍등(泡沫風燈): 《차의》「인생이 쉽게 지나감을 이른다.」(謂人生之易過也)

감자련(敢自憐): 《아송주》「사람은 세간의 모든 영욕을 그 흉중에 부합되지 않는 것을 모두 씻은 연후에야 속세의 얽매인 일을 자를 수 있다. 그러나 도가와 불가의 물거품 같고 바람 앞의 등불 같은 설에 들더라도 정도는 아니지만 또한 사람의 이욕의 마음을 씻어낼 수 있다.」(人於世間一切榮辱, 皆能蕩滌不以合其胸中, 然後俗累皆絶沛, 然入道佛家泡沫風燈之說, 雖非正道, 亦可以滌人利慾之心) 등감(燈敢)은 순희본에는 「연고」(煙苦)로 되어 있다.

18 《도가시주》「이 구비에는 성하게 얻음이 있으며, 또한 여색을 멀리함으로 말미암아 속세의 얽매임을 막고 끊어버리므로 나아가 여기에 이를 수 있다. 동쪽과 서쪽의 두 바위는 우러를수록 높아지고 뚫을수록 단단해져 얻고자 하는 마음이 절실하다. 『바위에 핀 꽃에 이

巖花垂露碧㲯毿[19] 바위에 핀 꽃에 이슬 떨어져
　　짙푸름 더욱 진하게 보이네.
金鷄叫罷無人見[20] 금계 울음 끝냈건만
　　아무도 보이지 않고,
月滿空山水滿潭[21] 달은 빈 산에 가득하고
　　물은 못에 가득하네.

26[22]

五曲山高雲氣深 다섯 구비 들어서니
　　산은 높고 구름 깊은데,
長時煙雨暗平林[23] 오랫동안 안개와 빗속에
　　평평한 숲 어둡네.

슬이 떨어진다』는 것은 좋은 의사가 바야흐로 와서 또 한 기쁘지 않겠는가 하는 경지이다. 『금계 울음 끝냈건만 아무도 보이지 않는다』는 것은 서 있음이 탁월하여 비록 따르고자 하나 말미암음이 없다는 것 같다는 것이다.」(此曲駸駸有得, 亦由遠色屛絶俗累, 故能進而至於此. 東西兩石巖, 仰高鑽堅, 欲得之心切也. 巖花垂露好意思鼎來, 不亦說乎之境也. 金雞叫罷無人見, 如有所立卓爾, 雖欲從之末由者也)

19 남삼(㲯毿): 《차의》「털이 긴 모양이다.」(毛長貌) 송나라 소식(蘇軾)의 〈고개를 지나다(過嶺)〉 제2수 「누가 꿩 갑자기 놀라게 하여 깨우는가? 바위 중간에 핀 꽃에 비 내리니 짙푸름 더욱 진해졌다네.」(誰遣山雞忽驚起, 半巖花雨落毵毵)

20 금계(金鷄): 《도가시주》「사곡에는 금계라는 산 이름이 있다.」(四曲有山名金雞). 명나라 강관(江瓘)의 〈무이산 유람기(遊武夷山記)〉「절벽의 반쯤 되는 좁은 데에는 큰 나무와 조릿대가 이리저리 얽혀 있는데 닭이 서식하는 듯한 모양이다. 전하기로는 늘 신선의 닭이 울었으므로 금계동이라 하였다 한다.」(半壁外隘中, 宏木篠縱橫, 如雞棲狀. 相傳常有仙雞鳴, 曰金雞洞) 《차의》「명나라 황중소의 〈무이산기〉에서는 옛날에 신선의 닭이 그 사이에서 깃들어 울었으므로 또한 선계암이라 하였다고 하였다.」(明黃仲昭武夷山記, 昔有仙雞棲鳴其間, 故又名仙雞巖)

21 수만담(水滿潭): 《도가시주》「의취가 유유자적하다.」(意趣優游) 《아송주》「차츰차츰 높은 곳을 우러르고 단단한 것을 뚫을 수 있다는 말이다.」(言駸駸有得仰高鑽堅)

22 《도가시주》「이 구비에 깊이 들어오니 몸이 그곳에 미쳐 홀로 자득하게 되니 만고의 성현의 심사를 알게 되었지만 구름이 있어 안개비가 내리면 여전히 어둑어둑하고 밝은 사이에 있어 관철하여 밝은 경지에 이를 수가 없다. 생각하는 수고를 하지 않는 사람은 살피면 환하지 않은 곳이 없다. 상채선생이 정자를 찾아뵙자 정자가 물었다. 『근자에 얻은 것이라도 있는가?』 대답하였다. 『천하에 무엇을 생각하고 무엇을 걱정하겠습니까?』 정자가 말하였다. 『현명하면 오히려 발함이 너무 이르게 된다.』 대체로 이치가 실로 이와 같지만 환하여 크게 통하는 곳이 이르지 않는다면 여전히 밝음과 어두움 사이에 있어서 아직도 모름지기 성찰하여야 한다. 만약 성급하게 『무엇을 생각하고 무엇을 걱정하겠는가?』라 한다면 도리어 잃게 되어 비록 얻는다 해도 얻지 않게 되는 것이다.」(此曲入深, 身及其地, 獨見自得, 識得萬古聖賢心事, 然有雲氣煙雨, 則猶在暗暗明明之間, 未能至於貫徹明了. 不勞思慮者, 察而無不豁然之地也. 上蔡先生見程子, 程子問, 其近日所得. 對曰, 天下

林間有客無人識[24]　　숲 속에 한 나그네 있으나
　　아무도 알아보지 못하고,
欸乃聲中萬古心[25]　　어기여차 노 젓는 소리
　　만고에 변하지 않는 마음이라네.

27[26]

六曲蒼屛遶碧灣[27]　　여섯째 구비에는 푸른 병풍바위
　　짙푸른 물굽이 둘러쳤는데,
茅茨終日掩柴關[28]　　띳집에는 하루 종일
　　사립문 닫혀 있다네.
客來倚櫂巖花落[29]　　객 찾아와 노 저어
　　바위 구멍에 핀 꽃 떨어져도,
猿鳥不驚春意閑[30]　　원숭이와 새 놀라지 않으니
　　봄날 분위기 한가롭네.

何思何慮? 程子曰, 賢卻發得太早. 蓋理誠如此, 然未至於豁然大通, 則猶在明暗之間, 尙須省察, 若遽言何思何慮, 反將失之, 雖得而未得也)

23 오곡~암평림(五曲~暗平林): 《도가시주》「경치를 써냄이 참되다.」(寫景眞)

24 임간유객(林間有客): 《아송주》「선생의 정사는 오곡의 북쪽에 있다.」(先生精舍在五曲之北)

25 애내(欸乃): 노를 저을 때 서로 응답하는 소리. 당나라 유종원(柳宗元)의 〈어부(漁翁)〉「안개 걷히고 해 솟으니 어부는 보이지 않고, 어기여차 노 젓는 소리 푸른 산과 강 사이로 들리네.」(烟消日出不見人, 欸乃一聲山水綠)
만고심(萬古心): 《아송주》「지식이 만고의 성현의 심사를 터득하였음을 말한다.」(言識得萬古聖賢心事)
임간~만고심(林間~萬古心): 《도가시주》「도의 맛이 길다.」(道味悠長)
이 구절은 순희본에는 「띳집의 푸른 이끼 대궐 향하는 마음이라네」(茅屋蒼苔魏闕心)로 되어 있다.

26 《도가시주》「이 구비는 여기에 이르러 고요하고 편안할 수 있어 천지만물이 대체로 일체가 됨을 보게 된다. 지혜와 기교, 사욕이 달아나지 않고 뜻이 생겨남을 헛되이 비춘다. 유행하는 것이 곳에 따라 꽉 차서 천지가 자리 잡을 만하고 만물을 기를 만하여 눈앞의 것이 모두 화순한 경지이나 말학을 하는 자가 볼 수 있는 것이 아니다.」(此曲到此能靜能安, 天地萬物, 蓋見其爲一體. 智巧私欲不逃, 虛照生意, 流行隨處充滿, 天地可位, 萬物可育, 目前皆和順之境, 而非末學者之所能見矣)

27 창병(蒼屛): 소은병을 말한다. 《아송주》「소은병은 정사의 남쪽에 있다.」(小隱屛在精舍南)

28 종일(終日): 종(終)자는 순희본에는 진(鎭)자로 되어 있다.
엄시관(掩柴關): 진나라 도연명의 〈돌아가자꾸나(歸去來辭)〉「날로 동산 가로지르니 흥취 생기고 문은 달아놓았어도 늘 닫혀있다네」(園日涉而成趣, 門雖設而常關)

29 의도암화락(倚櫂巖花落): 송나라 소식의 〈부양의 새성에 가는데 이절추가 사흘 먼저 가 풍수동에 머물면서 기다리다(往富陽新城, 李節推先行三日, 留風水洞見待)〉「시내 다리의 새벽 물결에 매화 꽃 떠 있으니, 그대 말 바위 구멍의 꽃 있는 곳에 매어 놓았음 알겠네.」(溪橋曉溜浮梅萼, 知君繫馬巖花落)

30 춘의한(春意閑): 한(閑)은 순희본에는 「돌아올 환」

28[31]

七曲移船上碧灘　　일곱 구비 배 옮겨
　　　　　　　　　　푸른 여울 올라가며,
隱屛仙掌更回看[32]　　은병암과 선장암
　　　　　　　　　　다시 돌아보네.
却憐昨夜峰頭雨　　도리어 어여쁘도다! 어젯밤
　　　　　　　　　　봉우리 위에 내린 비에,
添得飛泉幾道寒[33]　　솟구쳐 나는 샘물 더하여
　　　　　　　　　　몇 차례나 추워졌는지?

29[34]

八曲風烟勢欲開　　팔곡에 들어서니 바람과 안개
　　　　　　　　　　걷히려는 기세인데,

(還)자로 되어 있다. 《아송주》「활발한 마음의 유행을 안정시킬 수만 있다면 천지가 자리 잡힐 수 있고 만물이 육성될 수 있음을 말한다.」(言能定能安生意流行, 天地可位, 萬物可育)

31 《도가시주》「이 구비는 아래에서 배워 위까지 이른 것인데, 비록 위에 통달하였더라도 아래에서 배운 것을 떠난 적이 없다. 그러므로 『은병암과 선장암 다시 돌아보네. 도리어 어여쁘도다! 어젯밤 봉우리 위에 내린 비에, 솟구쳐 나는 샘물 더하여 몇 차례나 추워졌는지?』라 하였다. 옛 것을 익혀 새 것을 알아 오묘한 쓰임이 끝이 없으며, 계속 흘러나온다. 《대전집본》에 의거한다면 그 뜻은 마땅히 『도의 체와 용은 본래 텅 빈 것이 아니어서 기뻐할 수도 있고 즐거워할 수도 있으며 또한 다하도록 배우지 않음이 없으면 우원하여 맛이 없으며 기꺼이 힘을 쓰지 않으려 함을 알지 못한다.』는 것이 된다.」(此曲由下學而上達, 雖上達而未嘗離乎下學, 故曰隱屛仙掌更回看, 可憐昨夜峯頭雨. 添得飛泉幾度寒. 溫故知新, 無窮妙用, 源源而來. 若據大全集本則其意當云, 道之體用本非虛空, 可說可樂, 亦無窮盡而不學者, 不知以爲迂遠無味而不肯用力也)

32 은병선장(隱屛仙掌): 《도가시주》「대은병과 선장암은 곧 7곡의 빼어난 곳이다.」(大隱屛仙掌巖乃七曲勝境) 《차의보》「바위 이름으로 구곡의 위에 있으며 손바닥 같은 무늬가 셋 있다.」(巖名, 在九曲上, 而有紋如掌者三) 《아송주》「선장봉은 은병암의 뒤쪽에 있는데, 폭포샘이 있다」(仙掌峯在隱屛之後傍, 有瀑布泉)

33 각련~기도한(却憐~幾道寒): 각(却, 卻)자는 어떤 판본에는 가(可)자로 되어 있다. 이 구절은 「사람들 이곳에 아름다운 경치 없다 하지만, 돌로 만든 높은 집 다만 비어 푸릇한 한기만 도네.」(人言此處無佳景, 只有石堂空翠寒)라고 된 판본도 있다. 또 이 구절의 처(處)자는 어떤 판본에는 지(地)자로 되어 있다. 《도가시주》「사물을 묘사하고 경치를 본뜬 것이 그윽하고 담담하여 아취가 있다.」(寫物摹景, 幽淡有趣) 《아송주》「상달은 하학에서 떨어진 적이 없음을 말한다.」(言上達未嘗離乎下學)

34 《도가시주》「이 곡은 이미 환하게 관통한 곳에 가까워졌는데 또한 하학에서 떨어지지 않았다. 그 맛이 무궁하며 그 쓰임이 끝이 없어 돌지도 않고 멀지도 않아 지극히 쉽고 지극히 가까운데 사람들이 걱정만하고 그 힘을 쓰지 않을 따름이다. 어느 날 힘을 쓰면 이를 수 없는 것이 없다.」(此曲已近於豁然貫通之處, 而亦不離於下學. 其味無窮, 其用無盡, 非迂非遠, 至易至近, 人患

鼓樓巖下水縈洄[35]　　고루암 아래에는
물결 얽혀서 도네.
莫言此處無佳景[36]　　말하지 말라, 이곳에
아름다운 경치가 없다고,
自是遊人不上來[37]　　본래 유람객들
올라오지 않는 곳이라네.

30[38]

九曲將窮眼豁然　　아홉 구비 끝나려는데
눈앞이 환하게 열리고,
桑麻雨露見平川[39]　　뽕나무며 삼은 비에 젖고
평천이 나타나네.

不用其力而已. 一日用力無不能至者也)

35 고루암(鼓樓巖): 《도가시주》「8곡에는 고루암이 있다.」(八曲有鼓樓巖) 명나라 강관(江瓘)의 〈무이산유람기(遊武夷山記)〉「8곡에는 큰 벼랑이 깎아지른 듯이 솟아 있으며 두 봉우리가 우뚝 서 있고, 위에는 북 같이 생긴 바위가 있는데 고자봉이라 한다.」(八曲巨崖陟絶兩峯屹立, 上有石如鼓, 曰鼓子峯) 《차의》「명나라 황중소의 〈무이산기〉에서는 고루암의 바위 사이에는 누대가 있고 그 아래의 네 기둥에는 길이 있는데 붙잡고 오를 수가 있다 하였다. 옛 기문에는 이는 선가의 고루인데 그 곁에는 솥을 거는 부엌이 있다고 하였다.」(黃仲昭記, 鼓樓巖巖間有樓, 其下四楹有路, 可以攀援而上. 舊記云是仙家鼓樓, 旁有鼎竈) 《아송주》「고자봉 앞에 있는데 돌이 북과 같다.」(在鼓子峰前, 其石如鼓)

36 차처(此處): 《도가시주》「『곳 처』자는 어떤 판본에는 『땅 지』자로 되어 있다.」(處, 一本作地)

37 막언~불상래(莫言~不上來): 《도가시주》「배우는 사람들을 한 걸음 더 나아가게끔 이끄는 뜻이다.」(誘學者進一步之意) 《아송주》「사람들이 힘을 쓰지 않는 것을 근심하는데 하루만 힘을 쓰면 이룰 수 없는 것이 없음을 말한다.」(言人患不用力, 一日用力無不能至者)

38 《도가시주》「환하게 관통하면 날로 쓰는 데 장애되는 것이 없다. 성대하게 만사가 모두 이치에 맞는다면 비록 배우의 성역이라고 하더라도 처음에 백성이 날로 쓰는 일상적인 것이 아님이 없다. 대체로 어찌 사람을 떠나고 세상에서 끊기었는데 매우 높고 멀며 행하기 어려운 일이 있겠는가? 이른바 도라는 것은 이와 같은데 지나지 않을 따름이다. 만약 이것을 버려두고 도를 구한다면 모두 이단과 사설이며 혹세무민하는 의론이다. 천리가 성현과 군자들이 끊어지는 일이 없도록 한 것은 그것을 흉중에 남겨두지 않았기 때문이다.」(豁然貫通, 無所障礙日用. 沛然萬事皆理, 雖優人聖域而未始非百姓日用之常. 夫豈離人絶世, 有甚高遠難行之事哉. 所謂道者, 不過若是而已. 若舍此而求道, 則皆異端邪說, 誣民惑世之論. 天理之所無聖賢君子之所屛絶, 不以留之胸中者也)

39 견평천(見平川): 《도가시주》「『볼 견』자는 어떤 판본에는 『아지랑이 애』자로 되어 있다. ○ 평천은 지명이다.」(見一本作靄. ○ 平川地名) 평천은 곧 9곡이 끝나는 성촌(星村) 일대이다. 이 일대는 뽕나무와 삼이 들을 덮고, 또한 좋은 밭과 아름다운 못이 있으며, 집들이 즐비하고 개소리 닭소리가 서로 들려서 아주 도화원(桃花源)과 똑 같기 때문에 주희가 여기서 읊은 바와 같이 이곳을 버리고 다시 도화원으로 가는 길을 찾으려 하니, 그것은 인간 세계 바깥에 있지 않는 별천지라는 것이다.

漁郎更覓桃源路[40] 어부는 다시 찾아 가려하네,
무릉도원 가는 길을.

40 도원(桃源): 진(晉)나라 도연명(陶淵明)의 〈도화원기(桃花源記)〉「진나라 태원 연간에 무릉 사람으로 고기를 잡는 것을 업으로 하는 사람이 있었다. 시내를 따라 가다가 길의 멀고 가까움을 잊었다. 갑자기 복사꽃이 만발한 숲을 만났는데, 기슭을 끼고 수 백보나 되었다. …… 곧 산 하나를 만났는데 산에는 작은 구멍이 있었으며 마치 빛이 있는 것 같아 배를 버리고 구멍을 따라 들어가 보았다. …… 토지는 편편하고 광활했으며 …… 왕래하고 밭을 가는 남녀들이 입고 있는 옷을 보니 모두가 별세계의 사람 같았다. …… 스스로 이르기를 선대에서 진나라 때의 난리를 피하여 처자와 마을 사람들을 데리고 이곳의 단절된 곳까지 오게 되었는데 …… 한나라가 있는 것도 몰랐으며 위·진은 말할 나름도 없었다.」(晉太元中, 武陵人捕魚爲業. 緣溪行, 忘路之遠近. 忽逢桃花林, 夾岸數百步……便得一山. 山有小口, 彷佛若有光, 便舍船從口入……土地平曠……往來種作, 男女衣著, 悉如外人……自云先世避秦時亂, 率妻子邑人來此絶境……乃不知有漢, 無論魏晉) 《차의》「홍씨가 말했다. 도연명이 도화원의 일을 서술할 때는 애초에 신선설(神仙說) 같은 것은 없었는데, 남조 양나라의 임안빈이 〈무릉기〉를 지으면서 또한 그 말을 이어받아 서술하였다고 한다. 왕안석의 〈도원행〉이나 소식의 〈화도원시〉는 모두 그 뜻을 잘 터득하였다. 다만 왕유와 한유·유우석은 신선으로 생각하였는데 모두 옳지 않다.」(洪氏曰, 淵明敍桃花源事, 初無神仙之說, 梁任安貧爲武陵記, 亦祖述其語云. 荊公桃源行東坡和桃源詩, 皆得之. 唯王摩詰韓退之劉夢得以爲神仙, 皆非是) 《아송주》「소도원은 제칠곡 벽소동 아래에 있다.」(小桃源在第七曲碧霄洞下)

41 제시~별유천(除是~別有天): 당나라 이백(李白)의 〈산에서 묻고 답하다(山中問答)〉「복사꽃 흐르는 물 아득히 흘러가니, 별천지요 인간세상 아니네.」(桃花流水杳然去, 別有天地非人間) 《도가시주》「이 경치는 인간세상에서 많이 얻을 수 있는 것이 아니다. 공은 일찍이 이 시로 비방을 불러들였다. ○ 대체로 남들은 알지 못하는 곳을 자기 혼자 얻은 묘처를 말한 것일 것이다.」(此景非人間所多得. 公曾以此詩召謗. ○ 蓋言人所不知而己所獨得之妙) 퇴계 이황(李滉)의 《퇴계집》 권16 〈기명언에게 답함(答奇明彦)〉「황 제가 한가로울 때 〈무이지〉를 읽은 적이 있습니다. 그리고 그 당시 여러 사람이 〈무이도가〉에 화답한 시작을 많이 남겼으나 선생의 의도를 깊이 터득하지 못한 것 같습니다. 또 일찍이 유개가 간행한 《도가시주》에서는 〈구곡시〉 수미를 학문입도의 차제로 여기고 있는데 아마도 선생의 본의가 이렇게까지 구구하리라고는 생각지 않습니다.」(滉閒中嘗讀武夷志. 見當時諸人和武夷櫂歌甚多, 似未有深得先生意者. 又嘗見劉槩小刊行櫂歌詩註, 以九曲詩首尾, 爲學問入道次第, 竊恐先生本意, 不如是拘拘也) 《퇴계집》 권13 〈김성보에게 답함(答金成甫)〉「무릇 〈구곡〉 10절은 처음에는 결코 『학문차제』라는 의미가 없었는데 주를 단 사람이 천착부회하고 마디마디 억지로 끌어다 맞춘 것이지, 선생의 본의는 아니었습니다. 때문에 제가 일찍이 그 잘못을 변명했을 때 기명언도 역시 동의했습니다. 그러나 유독 제구곡시에 있어서만은 제가 뒤에 고쳐 지은 견해와 달랐습니다. 무언고 하니 대개 팔곡의 『자시유인불상래』 1구 및 이 1절은 본디 경치를 묘사한 말이기는 하지만 그 사이에는 탁흥우의한 곳이 없지 않다고 봤기 때문에 기명언 같이 충실한 식별 능력을 가지고도 억지로 끌어다 맞추는 사람들의 견해에 흔들려서 그렇게 된 것입니다. 때문에 제 뜻에는 선생의 이 1절은 본래 경물 묘사를 위하여 설정한 것일 뿐 9곡 일경은 산이 끝나고 질펀히 흐를 뿐이기에 예부터 이곳엔 특별히 아름다운 경치가 없어서 거의 유흥이 갑자기 끝나는 곳이기에 시의 앞 두 구절에 선 본 것을 직서했으며 끝의 두 구절의 의미는 『만일 이 경계까지 와서 경치 좋은 곳은 이제 끝났다고 하지 말고 다시 진원묘처를 구해서 도착한다면 범상한 인간세상을 벗어나서 별도의 호건곤이 있게 된다. ……』고 한 것이라 생각합니다. 제현의 화시를 보니까 이런 의미로 화작한 것이 역시 많습니다..」(大抵九曲十絶, 並初無學問次第意思, 而註者穿鑿附會, 節節牽合, 皆非先生本意. 故滉嘗辯其非, 而奇明彦亦以爲然矣. 獨於九曲與滉後改之說不同者. 蓋自八曲自是遊人不上來以一句及此一絶, 雖亦本爲景致之語, 而其間不無托興寓意凝, 故雖明彦之辯洽不能不爲牽合之說所動而然也. 故鄙意竊謂先生此一絶本只爲景物而設, 而九曲一境山盡川平而已,

除是人間別有天[41]　　여기를 접어두고도 인간세상에는 별천지가 있기에.

素號此處別無勝絶, 殆令遊興頓盡處, 故詩前二句直敍所見, 而末二句意若曰勿謂抵此境界爲極至處, 而須更求至於眞源妙處, 當有除是泛常人間, 而別有一段好乾坤也云云. 觀諸賢和詩, 和此意者亦多有之) 이상《퇴계집》의 편지는 모두 김주한(金周漢) 교수의 번역에서 일부 맞춤법만 통일하고 전재.《차의》「기대승의 뜻은 구곡이 이미 탁트인 진경인데 이곳을 버리고 다시 도원의 길을 찾는다면 인간세상에 별천지가 있는 것이 아니며, 학문으로 말을 하면 이는 이단이라는 것이다 ○ 생각건대 두 선생의 말은 같지 않으니 더욱 상고해야 한다.」(高峰之意則以爲九曲旣是豁然眞境, 若捨此而更覓桃源路, 則非是人間而別有天, 以學問言之, 則是異端也○按二先生之言, 不同更詳之) 김매순의《차의표보(箚疑標補)》「내가 시의를 상고하건대, 대체로 구곡이 곧 끝나려함을 말한 것으로, 이 상마평천이 보이니 마치 무릉산의 소구 안에 있는 토지가 평광하여 어랑으로 하여금 이곳에 오게하여 황홀하여 다시 도원으로 가는 길을 찾게하는 것 같으니 별천지가 있어서 인간세상이 아닌 것 같다. 이백의 시에서는『복사꽃 흐르는 물 아득히 흘러가니, 별천지요 인간세상 아니네.』라 하였는데 선생은 아마 이 말을 쓴 것 같다. 아름다운 경치를 찬미하는 말에 그칠 뿐 별다른 오묘한 뜻은 없다. 두 선생의 가르침은 모두 추론이 너무 심한 것 같다.『제시』니『제비』니 하는 것은 송대 이후에 다반사로 쓰인 상용어인데 사람들이 잘못 보고 억지로 풀이하는 일이 많았다. 내 생각에는『제시』는『시』자의 뜻으로 봐야하고,『제비』는『비』자의 뜻으로 봐야하며『제』자는 다만 어조사로 보아야 한다. 만약『제』자를『비』로 풀어서『제시』를『비시』의 뜻으로 본다면『제비』는『비비』의 뜻으로 보아야 할 것 아닌가? 아마 그렇지는 않을 것이다.」(竊詳詩意, 蓋謂九曲將窮, 見此桑麻平川, 政如武陵山小口中土地平曠, 使漁郎卽到此, 恍若復尋桃源之路, 則別有天地而非人間也. 李白詩云, 桃花流水杳然去, 別有天地非人間. 先生盖用此語. 止是贊美佳境之辭, 而別無奧義也. 二先生之訓, 皆恐推之過深. 除是除非宋以後茶飯恒用語, 人多錯看强解. 愚意除是作是字意看, 除非作非字意看, 除字只作語助看. 若解除爲非而以除是作非是意看, 則除非當以非非意看耶. 恐或未然)《아송주》「환하게 관통하여 장애가 없음을 말한다.」(言豁然貫通無所障礙) 송시열의《송자대전》「내가『장궁』2자를 보니 구곡에는 무한한 의취가 있다. 또한 상마평천에는 별다른 기특한 경상이 없으며 절로 경외의 진짜 묘한 곳이 있으므로 다시 도원으로 가는 길을 찾는다고한 것이다. 대체로 상리의 가운데 절로 묘한 이치가 있고, 사법의 가운데 절로 활법의 뜻이 있는 것이다. 이와 같으면 도원은 다만 이 골짜기에 있어서 별도로 구하지 않아도 된다. 대체로 이미 탁트였다고 말하였으니 학문의 도로 그것을 논한다면 이는 모든 이치가 다 밝혀져서 하나의 흠집도 존재하지 않게된 뒤인 것이다. 여기를 버리고 다른 경계를 구한다면 이는 이단의 괴벽한 설이며 성현의 대중하고 지정한 도가 아니다. 대체로 선생은 월중의 산수의 기상이 천촉한 것을 병폐로 생각하여 이 구곡의 탁트인 곳을 얻었으니 마침내 이곳을 버리고 어디에서 진경을 찾겠는가고 생각하였다. 퇴계의 뜻으로 본다면 이 골짜기의 뜻으로 선양하지 않은 것 같다. 기대승의 뜻으로 본다면 선양한 뜻이 적어서 금하여 그만둔 뜻이 많으며, 또한 인간세상에 별천지가 없게되니 이는 위에 좋은 경계가 없는 것이다. 어찌 사람들로 하여금 가지 못하게할 것인가.」(竊瞯將窮二字, 則九曲有無限意趣. 且桑麻平川別無奇特景象, 而自有境外眞妙處. 故曰更覓桃源路, 盖曰常理之中自有妙理, 死法之中自有活法之意也. 若是則桃源只在此曲中, 不待別求也. 盖旣曰豁然, 則以學問之道論之, 是萬理明盡一疵不存之後也. 舍是而別求他境, 則是異端僻迹而非聖賢大中至正之道也. 大抵先生以越中山水氣象淺促爲病, 得此九曲豁然處, 以爲究竟地舍此而更於何處覓得眞境也. 若以退溪意看, 則恐非作闡揚此曲之意也. 以高峰意看, 則闡揚意少而禁切意多, 且非人間別有天, 則是無上好境界也. 豈可使人莫往也)《차의집보》에서 재인용.

31. 伏蒙致政少傅相公寵賜寄題武夷精舍詩一首. 拜受捧讀, 不勝仰歎, 無以自見區區感幸之誠. 輒繼高韻, 繕寫拜呈, 冒瀆威尊, 下情恐悚之至[1]

삼가 관직에서 물러나신 소부 상공께서 은혜로이 무이정사를 읊은 시 한 수를 부쳐 주신 것을 받게 되었다. 절하고 받아 받들어 읽자니 우러러 탄식을 이길 수 없었고 스스로 구구히 총애를 느낀 정성도 드러낼 방법이 없었다. 문득 고상한 운치를 이어 베껴 써서 삼가드리는데 위엄을 더럽힐까봐 보잘 것 마음이 지극히 황송하기만 하다

望斷鈞天白玉都[2]	하늘 한복판에 있는 백옥으로 된 도읍 끝까지 바라나,

1《주문공집·별집》 권6 〈임택지에게(林擇之)〉「복공께서 〈무이시〉를 지을 때『무우』자로 압운을 해서, 더더욱 화답하는 것을 얻지 못했는데, 지금에 이르러서도 그에게 보고하고 감사하는 답장을 보내지 못하였습니다. 이틀 전에야 겨우 화답하는 것을 이룰 수 있었지만 또한 다만 옛 자취를 따르는 것을 면하지 못했습니다.」(福公爲賦武夷詩, 押「舞雩」字, 更和不得, 遂至今未得報謝其書. 兩日前方和得成, 亦不免只躡故迹)
이 시는 순희 본에는 다음과 같이 되어 있다.「들 좋아하는 성정 공 유행하는 습속에 알맞음 알겠는데, 산속에서 살아갈 계책 없지는 않으리라. 그래서 깊은 골짜기 사랑하여 띳집 열고, 곧 이름난 글 말하고 그림 그렸다네. 배령[裴度] 물정 푸른 들 아니고, 노나라 미치광이 심사 다만 바람과 서낭당이라네. 편안한 수레 지나는 날 모름지기 맞을 때, 마치 유하주 한 항아리 있는 듯하네.」(野性知公適俗流, 山中活計不應無. 故憐絶壑開茆宇, 便道名章作畫圖. 裴令物情非緑野, 魯奴心事只風雩. 蒲輪過日須迎候, 恰有流霞酒一壺)

2 균천(鈞天): 균(鈞)은 곧 균(勻)과 같으며, 중앙이라는 뜻이다. 균천은 하늘의 중앙인데, 하느님[上帝]이 사는 궁전을 말한다.《열자·주목왕편(周穆王篇)》「주나라 목왕 때 서쪽 끝땅의 나라에서 화인(육체를 자유자재로 변화시킬 수 있는 도에 통달한 사람)이 왔다. …… (이 화인이) 왕을 뵙고서 하느님이 거처하시는 궁궐에서 함께 놀았는데, …… 하느님이 궁궐에서 연주하는 음악까지 들었다.」(周穆王時西極之國有化人來……謁王同游……淸都紫微, 鈞天廣樂帝之所居) 후한 장형(張衡)의 〈서경인 장안을 읊음(西京賦)〉「옛날에 하느님께서 진나라 목공이 뵈온 것을 기뻐하여 균천광악을 베풀었다.」(昔者, 大帝說秦穆公而覲之, 饗以鈞天廣樂)
백옥도(白玉都): 곧 백옥경(白玉京)으로 천제(天帝)가 산다고 하는 곳. 당나라 이백(李白)의 〈난리를 겪은 후 천은으로 야랑을 유랑하다가 옛날 놀던 곳이 생각나 마음속을 써서 강하의 위태수 양재에게 드린다(經亂離後, 天恩流夜浪憶舊遊書懷, 贈江夏韋太守良宰)〉「천상의 백옥경에는, 다섯 성에 열두 개의 누대 있다네.」(天上白

石田茅屋詎應無[3]	돌밭과 띳집 어찌 없어졌으리오?
況蒙一字榮褒衮[4]	하물며 한 글자 영예로이 기리고 곤룡포 내리심 입으셨으니,
便覺千峰勝畫圖	곧 온갖 봉우리 그림보다 나음 깨닫는다네.
舊弼詩情高綠野	구필의 시정 푸른 들에 높은데,
狂奴心事只風雩[5]	미치광이의 심사는 다만 서낭당에서 바람 쐬는 것이라네.
蒲輪幾日符嘉夢[6]	편안한 수레 며칠이나 아름다운 꿈과 부합하였던가?

玉京, 十二樓五城)

3 석전모옥(石田茅屋): 당나라 두보(杜甫)의 〈취하였을 때 부른 노래(醉時歌)〉「선생도 일찌감치 〈귀거래사〉 짓기를, 돌밭과 띳집 황폐해지고 푸른 이끼 돋았다오.」(先生早賦歸去來, 石田茅屋荒蒼苔)

4 일자영포곤(一字榮褒衮): 곤은 상공(上公)의 복장이다. 옛날에는 천자가 제후에게 곤룡포를 내려주어 총애함을 나타내었다. 아주 두터운 은상(恩賞)을 비유하는 말로 쓰인다. 상세한 것은 권8 44번 시의 주 4)를 보라.

5 광노(狂奴): 《차의》《후한서·일민열전(後漢書·逸民列傳)》「엄광의 자는 자릉이며, 또 준이라고도 한다. 어릴 때부터 이름이 높았으며, (후한의 창설자) 광무제와 같이 공부하였으나, 광무제가 즉위한 뒤에는 이름을 바꾸고 숨어서 드러내지 않았다. 황제가 그 어짊을 생각하여 그의 모습을 그림으로 그려 가지고 그를 찾아보게 하였는데, 얼마 후에 제나라에서 보고가 들어오기를 한 남자가 양털 갖옷을 입고 못에서 낚시를 하고 있다고 하였다. …… 사도 후패는 엄광과 평소의 친구였는데 편지를 받들고 사신으로 보내어졌다. …… 엄광은 응하지 않았다. 이에 편지를 그에게 던져주며 구두로 받아 적게 하기를 『군방 족하께. 지위가 재상에 이르셨다니 매우 잘 되었습니다. 인덕을 마음에 품고 의로움을 도운다면 온 천하 사람들이 즐거워할 것이니, 황제님께 아첨하고 비위나 맞추려는 요령은 끊으셔야 합니다.』라고 하였다. 후패가 이 편지를 받아서 황제께 올렸다. 황제가 웃으면서 『미친 녀석의 옛 버릇이 그대로 남아 있구나!』라고 말하고는 수레를 몰고 그날로 그 집으로 행차했다.」(嚴光字子陵, 一名遵. 少有高名, 與光武同遊學, 及光武卽位, 乃變名姓, 隱身不見. 帝思其賢, 乃令以物色訪之, 後齊國上言, 有一男子披羊裘釣澤中.…… 司徒侯霸與光素舊, 遣使奉書……光不答, 乃投札與之, 口授曰, 君房足下. 位至鼎足, 甚善. 懷仁輔義天下悅, 阿諛順旨要領絕. 霸得書, 封奏之. 帝笑曰, 狂奴故態也! 車駕卽日行其館)

풍우(風雩): 위 2번 시의 주 13)을 보라.

6 포륜(蒲輪): 부들로 바퀴를 싸서 흔들리지 않게 한 편안한 수레를 말한다. 《한서·유림전(儒林傳)》「이에 임금[漢武帝]은 서자를 보내어 비단 한 꾸러미에 벽옥을 더하고 편안한 부들로 수레바퀴를 싼 수레에 말 네 마리를 매어 신공을 맞았으며 제자 두 사람이 수레를 타고 따랐다.」(於是上使使束帛加璧, 安車以蒲裹輪, 駕駟迎申公, 弟子兩人乘軺傳從)

恰有流霞酒一壺[7]　　마치 유하주 한 항아리 있는 듯하네.

舊弼, 公所居坊名, 取答詔語也. 熹近嘗夢公趣召枉臨, 止飮留宿. 翌日登車, 手取几間活人書一帙以行. 意者公當再施醫國之手, 以活斯人乎?[8] 李義山武夷詩有流霞酒一杯之句[9]

구필은 공이 거처하는 방의 이름으로 (황제가) 답한 조서의 말에서 취한 것이다. 나는 근래에 일찍이 꿈을 꾼 적이 있는데 공이 부름을 받고 가다가 왕림하시어 머무르면서 술을 마시고 유숙하였다. 다음날 수레에 올라 손으로 안석 사이에 있는《활인서》한 질을 가지고 가셨다. 뜻은 공이 마땅히 다시 나라를 고친 손을 베풀어 이 사람을 살리려는 것이 아니겠는가? 이의산의 〈무이시〉에「유하주 한 잔」이라는 구절이 있다

7 유하(流霞): 진나라 갈홍(葛洪)의《포박자·내편》권4〈거혹(祛惑)〉「(項曼卿이) 천상에 이르자 …… 신선이 다만 유하주 한 잔을 내게 주어 마시게 했는데 문득 배가 고프고 목이 마르지 않게 되었다.」(及到天上……僊人但以流霞一杯與我飮之, 輒不饑渴)

8 의국(醫國):《국어·진어(晉語)8》「가장 훌륭한 의원은 나라를 고치고 그 다음(의원)은 환자를 고친다.」(上醫醫國, 其次疾人)

9 이의산무이시(李義山武夷詩): 의산(義山)은 당나라 이상은(李商隱)의 자이다. 그가 지은〈무이산(武夷山)〉「다만 유하주 한 잔 얻기만 한다면, 하늘에서 피리와 북 같은 음악소리 들리는 그때 돌아온다네. 무이의 동굴에서 모죽 나는데, 증손들 다 늙어 다시 오지 않는다네.」(只得流霞酒一杯, 空中簫鼓當時迴. 武夷洞裏生毛竹, 老盡曾孫更不來)

32~33. 劉子澄遠寄羊裘, 且有懷仁輔義之語, 戲成兩絶, 爲謝以發千里一笑[1]

유자징이 멀리서 양가죽 갖옷을 보내온 데다 또한 「회인보의」라는 말이 있어 장난삼아 절구 두 수를 지어 감사드리며 천리에 띄워 보내 한번 웃는다

32

短棹長蓑九曲灘	짧은 노 긴 도롱이 아홉 구비 여울,
晩來閑弄釣魚竿[2]	저녁에 와서 한가히 낚싯대 드리운다네.
幾回欲過前灣去	몇 번이나 앞쪽 물굽이 치는 곳 가려 했으나,
却怕斜風特地寒[3]	오히려 비낀 바람 특히 참 두려워하네.

33

誰把羊裘與醉披	누가 양가죽 갖옷 취객에게 입혀주는가?
故人心事不相違	오랜 친구 정회 서로 어긋나지 않는다네.

1 유자징(劉子澄): 유청지(劉淸之: 1139~1189)의 자로, 주희의 문인이다. 유청지에 대해서는 권7 8번 시의 주 1)을 보라.
회인보의(懷仁輔義): 바로 위의 시 주 5)를 보라.

2 조어간(釣魚竿): 당나라 나은(羅隱)의 〈징사 위원에게 부치다(寄徵士魏員外)〉「그대 부러운 건 돌아가지 않고, 도리어 낚싯대 가지고 있는 것이라네.」(羨君歸未得, 還有釣魚竿

3 특지(特地): 특히.

狂奴今夜知何處	미치광이 오늘밤 어디 있는지 아는가?
月冷風凄未肯歸	달빛 차고 바람 쓸쓸한데 돌아가려 하지 않네.

34~35. 過蓋竹作, 二首[1]

개죽을 지나면서 짓다. 두 수

34

二月春風特地寒　이월의 봄바람
　특히나 차가운데,
江樓獨自倚欄干[2]　강가 누대에서 홀로
　난간에 기대었다네.
箇中詎有行藏意[3]　그 가운데 어찌 있으리,
　나가고 숨는 뜻.
且把前峰細數看　잠깐 앞산의 봉우리
　자세히 몇 번 보네.

35

浩蕩鷗盟久未寒[4]　호탕한 갈매기와의 맹세
　아직 끝나지 않았는데,

1 개죽(蓋竹): 《대청일통지》에 의하면 태주(台州)와 온주(溫州), 처주(處州), 건녕부(建寧府)에 개죽이란 지명이 보인다. 그 가운데 건녕부에는 개죽사(蓋竹社)가 있으며, 「건양현 서남쪽 고정에 있다. 송나라 진회와 진화중, 진휘유, 진탄, 진만년, 진리도, 진손, 진욱 등 여러 사람이 이곳에 모였다」(在建陽縣西南考亭. 宋陳晦陳和仲陳徽猷陳坦陳萬年陳履道陳遜陳旭諸人集此)라 하였다. 아마 이곳을 말하는 것 같다.

2 강루독자의(江樓獨自倚): 당나라 두보의 〈강가에서(江上)〉「공훈과 업적 생각에 자꾸만 거울 보고, 나아가고 물러남 생각하느라 홀로 누대에 기대어 있네.」(勳業頻看鏡, 行藏獨倚樓)

3 행장의(行藏意): 《논어·술이(述而)》「공자가 안연에게 이르기를 『쓰이면 나가고 버려지면 숨는 것이니, 오직 나하고 너만이 이러하구나!』라 하였다.」(子謂顏淵曰, 用之則行, 舍之則藏, 唯我與爾有是夫) 《차보》「윗 구절을 이어서 말하였다. 두보의 시 〈강가에서〉에는 『나아갈까 물러날까 생각하며 홀로 누대에 기대어 있네』라는 구절이 있는데, 나는 (세상에) 나아가고 물러나고 하는 데에는 뜻이 없고 잠시 산이나 바라볼 뿐이다.」(承上句言. 杜詩江上則有行藏獨倚樓之語, 而我則無意於行藏, 且看山而已也) 《윤씨수초》「세상에서 바라는 뜻이 없어 잠시 누대에 기대어 산을 바라볼 따름이라는 말이다.」(言無需世之志, 且倚樓看山耳)

4 구맹구미한(鷗盟久未寒): 한(寒)은 맹약을 끝내는 것을 말한다. 《좌전·애공(哀公) 12년》「이제 그대가 반드

征驂聊此駐江干[5]	달리던 말 애오라지 여기 강가에서 멈추었다네.
何時每得魚船就[6]	어느 때나 늘 고기잡이 배 얻어서 타고나가,
乞與人間畵裏看[7]	인간 세상에 빌려주어 그림 속에서 보겠는가?

시 맹약을 굳게 해야한다 하시는데, 맹약을 굳게 할 수가 있다면 또한 그만 둘 수도 있습니다.」(今吾子曰, 必尋盟, 若可尋也, 亦可寒也) 진(晉)나라 두예(杜預)의 주석「한은 그치는 것이다.」(寒, 歇也) 당나라 공영달의 주석「지난날의 것을 다시 되돌려 뜨겁게 할 수 있다면 또한 그만 두어서 차갑게 할 수도 있다.」(若可重溫使熱, 亦可歇之使寒) 당나라 두보(杜甫)의 〈삼가 위좌승 어르신께 22개의 운자를 써서 지어드리다(奉贈韋左丞丈, 二十二韻)〉「흰 갈매기 호탕하게 사라지는데, 만 리에 누가 길들일 수 있겠는가?」(白鷗沒浩蕩, 萬里誰能馴) 송나라 황정견(黃庭堅)의 〈자소(子韶)의 송자현에 가서(그 현의 현령인) 추영년(鄒永年)과 함께 남극정에서 밤새 이야기하다라는 시의 각운자를 써서 짓다(次韻向和卿行松滋縣與鄒天錫夜語南極亭)〉 제2수「비바람 맞아가며 일곱 고을을 달렸으나, 아직 흰 갈매기와 맺은 맹세 끝나지 않았네.」(衝風衝雨走七縣, 唯有白鷗盟未寒)

5 정참(征驂): 정(征)은 순희본에는「머무를 정」(停)자로 되어 있다. 참(驂)은 참마(驂馬)로, 네 마리 말이 끄는 수레의 곁말이다. 여기서는 그냥 말, 또는 수레라는 뜻으로 쓰였다.

주강간(駐江干): 간(干)은 여기서 가[上, 邊]라는 뜻으로 쓰였다. 당나라 두보의 〈나그네(有客)〉「어찌 문장 천하 놀라게 할 것인가? 함부로 말과 수레 수고롭게 하여 강가에 머문다네.」(豈有文章驚海內, 謾勞車馬駐江干)

6 시(時): 순희본에는「때 시」(時)자로 되어 있다.

7 걸여(乞與): 《차의》「걸은 빌린다는 뜻이다.」(乞, 借也)

인간(人間): 순희본에는「시인」(時人)으로 되어 있다.

36. 送建陽陳丞伯厚還鄕[1]

건양 현승인 진백후가 고향으로 돌아감에 전송하다

栝蒼雲壑入秋夢[2] 괄창산의 구름 덮인 골짜기
가을 꿈에 드는데,

閩嶺風霜侵鬢絲[3] 민령의 바람서리
실 같은 귀밑머리에 쳐들었다네.

歲晩未收稽古力[4] 해 늦도록 아직
옛일 고찰하는 힘 거두지 않았는데,

徑荒曾擬賦歸辭[5] 오솔길 거칠어졌으니 일찍이
〈귀거래사〉 읊음에 비겨본다네.

1 이 시의 제목은 순희본에는 〈삼가 진자후를 전송하다(奉送陳子厚)〉로 되어 있다.
진승백후(陳丞伯厚): 이름은 덕부(德符)이며, 절강(浙江) 은현(鄞縣) 사람으로 건도(乾道) 말에 건양현승을 지냈다.

2 괄창(栝蒼): 《차의》「산 이름으로 절강 처주부에 있다.」(山名, 在浙江處州府)
운학(雲壑): 구름 덮인 산골짜기. 남조 제(齊)나라 공치규(孔稚珪)의 〈북산의 산신령에게 띄우는 공문(北山移文)〉「우리 (은자의) 소나무와 계수나무를 유혹하고 우리 구름 덮인 골짜기를 속였다.」(誘我松桂, 欺我雲壑)

3 민령(閩嶺): 《차보》「곧 건양이다. 백후는 처주 사람으로 건양현승이 되었다.」(卽建陽. 伯厚處州人爲建陽丞)
풍상침빈사(風霜侵鬢絲): 귀밑머리가 풍상을 겪어 흰 실타래처럼 세었다는 말이다. 송나라 소식의 〈같은 운자를 써서 서교수가 내가 소장하고 있는 수묵화를 구경하고 지은 시에 답한다(次韻答舒敎授觀余所藏墨)〉「이 수묵화 30년은 버티리니, 다만 두렵기는 바람서리 머리와 이에 침습하(여 더는 구경 못하)는 것이라네.」(此墨足支三十年, 但恐風霜侵髮齒)

4 계고력(稽古力): 옛일을 고찰하는 힘. 《후한서·환영전(桓榮傳)》「환영을 태자소부로 삼고 치거와 타는 말을 내렸다. 환영은 학생들을 크게 모아놓고 거마와 인수를 늘어놓고는 말하였다. 『오늘 받은 것은 옛것을 고찰한 힘이었으니 힘쓰지 않을 수 있겠는가!』」(以榮爲少傅, 賜以輜車·乘馬. 榮大會諸生, 陳其車馬·印綬, 曰, 今日所蒙, 稽古之力也, 可不勉哉) 송나라 황정견(黃庭堅)의 〈자첨이 지난해 봄에 이영각에서 모시고 섰었는데 자유가 가을과 겨울 사이에 이어서 들어가 모시면서 시를 지어 각기 품은 바를 말하였는데 나도 같은 운자를 써서 짓는다(子瞻去歲春, 侍立邇英. 子由秋冬間, 相繼入侍, 作詩各述所懷, 予亦次韻)〉 제2수 「옛일 생각하는 힘 입지 않은 것 같은데도, 지금 오히려 모시는 신하 되었다네.」(大似不蒙稽古力, 只今猶作侍臣冠) 이 구절은 진덕부가 노력에 비하여 고관에 오르지 못한 것을 말한다.

5 경황(徑荒): 진나라 도연명의 〈귀거래사(歸去來辭)〉「세 지름길은 황폐하여졌으나 소나무 국화는 오히려 그냥 남아 있네.」(三徑就荒, 松菊猶存)
증(曾): 순희본에는 「먼저 선」(先)자로 되어 있다.

一官坎壈嗟丞負[6]	한번 벼슬하여 어렵기만 하였으니 아! 현승이 저버렸고,
百歲歡榮慶母慈[7]	백세토록 즐겁고 영화로우리니 자모께는 경사로세.
去步逶迤無慍色[8]	뜻 얻지 못하고 떠나도 노기 품은 기색 없으니,
此心惟有古人知	이 마음 오로지 옛 사람만 알리라.

6 감람(坎壈): 불우한 모양을 나타내는 첩운 연면어. 한나라 유향(劉向)의 〈구탄·세상을 떠남(九歎·離世)〉「아울적한 시름 심함이여, 뜻 불우하였으나 어긋나지 않는다네.」(惟鬱鬱之憂毒兮, 志坎壈而不違) 송나라 홍흥조(洪興祖)의 주석「감람은 불우한 모양이다.」(坎壈, 不遇貌) 당나라 두보의 〈채색 그림(丹青引)〉「다만 보라, 예로부터 떨친 이름 아래에는, 죽을 때까지 어려움 몸에 얽히어 있음을.」(但看古來盛名下, 終日坎壈纏其身)
승부(丞負): 당나라 한유의 〈남전 현승 관청의 벽에 적다(藍田縣丞廳壁記)〉「(崔斯立이) 한숨을 쉬면서 말하였다.『현승이여! 현승이여! 나는 현승을 저버리지 않았는데 현승이 나를 저버렸도다!』」(喟然曰, 丞哉! 丞哉! 余不負丞而丞負余)

7 경모자(慶母慈): 경(慶)자는 순희본에는「받들 봉」(奉)자로 되어 있다. 송나라 황정견(黃庭堅)의 〈공상에서 연을 먹고 느낌이 있어서(贛上食蓮有感)〉「연밥 손가락만큼 큰데, 단맛 나누며 어머니 생각한다네.」(蓮實大如指, 分甘念母慈)

8 무온색(無慍色): 온(慍)은 노기(怒氣)를 머금은 것을 말한다.《논어·공야장(公冶長)》「영윤 자문은 세 번이나 벼슬을 해서 영윤이 되었는데도 기뻐하는 기색이 없었고, 세 번이나 그 일을 그만두어도 노기를 품지 않았다.」(令尹子文三仕爲令尹, 無喜色, 三已之, 無慍色)

37. 拜鴻慶宮有感[1]

홍경궁에 임명되어 느낌이 있다

舊京原廟久煙塵[2]	옛 서울의 본 종묘 연기와 먼지 된 지 오래인데,
白髮祠官感慨新	백발의 도관 지키는 관리 감개 새롭다네.
北望千門空引籍[3]	북으로 궁전의 많은 문 바라나 출입증 쓸모 없으니,

1《차의》「홍경궁은 남경의 홍경궁인데 사성의 신어가 거기에 있다.」(鴻慶宮, 南京鴻慶宮, 四聖神御在焉)《문집》권85〈대제를 사면했으나 다시 비각수찬, 제거남경홍경궁에 임명하자 사례하는 표문(辭免待制仍舊充祕閣修撰提擧南京鴻慶宮謝表)〉「구방의 향화는 네 성군의 초상화를 엄정하게 모시는 일입니다.」(舊邦香火, 有嚴四聖之眞游)《차보》「궁은 송주 휴양에 있다. 진종 상부 연간에 천명을 받은 곳이라 하여 남경 응천부로 승격시키고 궁을 세워 태조 이하의 어용을 모셨다. 이때 이곳은 오랑캐에게 함락당하고 다만 요령이란 관명만 있었다.《연보》에서는 순희 정미년(1187)에 선생이 주관홍경궁으로 차출되었다고 하였다.」(宮在宋州睢陽. 眞宗祥符中, 以其受命之地, 升爲南京應天府, 築宮奉太祖以下御容. 是時此地淪入於虜, 但有官名遙領. 年譜, 淳熙丁未, 先生差主管鴻慶宮)

2 원묘(原廟):《자치통감》권4〈한기(漢紀) 4〉「황제가 장락궁에서 태후를 조현하느라 가끔 가면서 자주 벽제를 하여 백성들을 번거롭게 하였다. 이에 무기고 남쪽에 복도를 건축하였다. 봉상 숙손통이 간하여 말하였다.『이곳은 고제께서 매달 나가 놀 때 행차하던 길인데 자손이 어찌 종묘의 길 위로 타고 가겠습니까!』황제가 두려워하여 말하였다.『급히 허물도록 하라!』숙손통이 말하였다.『임금은 잘못이 없으며, 지금 이미 만들었으니 백성들이 모두 알고 있사옵니다. 원컨대 폐하께서는 원묘를 위수 북쪽에 세우고 매월 그곳에 나가 놀고 종묘를 더 넓히면 큰 효의 근본입니다.』임금이 이에 유사에게 조칙을 내려 원묘를 세우게 했다.」(帝以朝太后於長樂宮及間往, 數蹕煩民. 乃築複道於武庫南. 奉常叔孫通諫曰, 此高帝月出遊衣冠之道也, 子孫柰何乘宗廟道上行哉! 帝懼曰, 急壞之! 通曰, 人主無過擧, 今已作, 百姓皆知之矣. 願陛下爲原廟渭北, 月出遊之, 益廣宗廟, 大孝之本. 上乃詔有司立原廟)

3 인적(引籍):《삼보황도(三輔黃圖)》권6〈잡록(雜録)〉「한나라 궁중은 금중이라고 한다. 궁중의 문각에는 금하는 것이 있어 시위나 통적의 신하가 아니면 들어가지 못함을 이른다.」(漢宮中謂之禁中. 謂宮中門閣有禁, 非侍衛通籍之臣不得妄入) 주석「통적은 문에 이름을 적어 놓아 금문으로 통하여 출입하는 것을 이른다. 적이라는 것은 세 자 짜리 대나무 첩인데 연기와 명자, 물색을 적어놓고 궁문에 걸어놓았다가 살펴보고 상응하면 들어갈 수 있는 것이다.」(通籍謂記名於門, 通出入禁門也. 籍者, 謂三尺竹牒, 記其年紀名字物色, 縣宮門, 案省相應乃得入)《차보》「《별집》권3《기의》의 해석이 옳은 것 같다.」(別集三卷記疑所釋恐是)

不知何日去朝眞[4]　　모르겠네, 어느 날에나
　　가서 진짜 종묘에 조회할 지.

4 조진(朝眞): 원래는 도가에서 진인(眞人)을 조현하는 것(권7 70번 시의 주 84번을 볼 것)을 말한다. 여기서는 첫 구절에 나온 구경(舊京)의 원묘(原廟)를 조배하는 것을 가리킨다. 《차보》「일설에 진은 진상이라고 한다.」(一說, 眞, 眞像也)

38. 答袁機仲論啓蒙[1]

원기중이 계몽을 논함에 답하다

忽然半夜一聲雷[2]	홀연히 한밤중에 우레 소리 한번 나더니,
萬戶千門次第開[3]	모든 집들의 문 차례로 열렸다네.
若識無心含有象	만약 무 가운데 상 있음 안다면,

1 원기중(袁機仲): 원추(袁樞: 1131~1205)의 자. 원추에 대하여서는 권4 75번 시의 주 1)을 보라.
계몽(啓蒙): 곧 《역학계몽(易學啓蒙)》을 말한다. 이 시는 《문집》 권38의 〈원기중에게 답함(答袁機仲)〉에도 보인다. 《차보》「선생은 《역학계몽》을 짓고 원추가 여기에 대하여 함께 논하였다. 《연보》에 의하면 순희 병오년(1186)에 《계몽》이 이루어졌다.」(先生著易學啓蒙, 袁與論此. 年譜, 淳熙丙午啓蒙成)

2 홀연~성뢰(忽然~聲雷): 실제 우레가 친 것이 아니고 땅 밑에서 양(陽)의 기운이 생겨남을 이른 말이다. 《성리군서(性理羣書)》의 주석「홀연히 동지 밤에 자시의 중반 무렵에 양의 기운 하나가 와서 회복하는 것이 우레 소리 하나가 땅 아래에서 울리는 것과 같다는 것이다. 〈복괘〉는 〈진괘(☳)〉가 아래에 있고 〈곤괘(☷)〉가 위에 있는 것인데, 상사에서 말하기를『우레가 땅 속에 있는 것이 〈복괘〉이다. 우레는 양이다. 하나의 양이 아래에서 생겨나는 것을 말할 따름이지 정말로 동지 밤에 우레 소리가 울리는 것을 말하는 것이 아니다.」(忽然於冬至夜交子之中, 氣一陽來, 復如一聲雷震於地下. 復卦坤上震下象曰, 雷在地中復. 雷, 陽也. 言一陽生於下耳, 非真謂冬至夜有雷鳴也)

3 만호천문(萬戶千門): 8괘(卦) 36궁(宮)을 말한다. 《성리군서》의 주석「양주신이 양기 하나를 열어 움이 움직이면 8괘 36궁이 차례로 열리면서 봄의 뜻이 완연해진다. 만호천문은 36궁을 말한다.」(陽主闢一陽萌動, 則八卦三十六宮次第而開. 渾然春意. 萬户千門, 言三十六宮) 《문집》 권38 〈원기중에게 답함(答袁機仲)〉 제3「오래도록 음미하여 마음에 푹 젖게 되면 천지의 변화하는 신비로움과 음양이 사라지고 자라는 오묘한 이치가 저절로 마음속에 환하게 되어 자신도 모르는 사이에 놀랍고 기쁘고 웃음이 나고 즐거운 일이 있을 것입니다. 웃을 만하고 즐거울 만하면 반드시 스스로 그렇게 되는 까닭을 알지 못하면서 그렇게 되는 것이 있게 될 것입니다.」(玩之久熟, 浹洽於心, 則天地變化之神, 陰陽消長之妙自將瞭於心目之間, 而其可驚可喜, 可笑可樂必有不自知其所以然而然者矣)

4 약식~의래(若識~義來): 《차의》「『마음 심』자는『가운데 중』자가 되어야 한다.」(心, 當作中) 《성리군서》의 주석「이때 하나의 양기는 비록 만물이 생성되기 전의 텅 비고 아무런 형상도 없는 것을 움직인다고 해야겠지만 모든 형상은 이미 빽빽하게 갖추어져 있는 것이다. 이것이 이른바『무 가운데 상을 포함하고 있다』는 것이다. 그러므로 이 의미를 알 수 있다면 아마 그대는 친히 복희씨의 뜻을 보았다고 해야 할 것이다. 대개 복희씨의 〈선천도〉에는 하늘과 땅, 구, 복이 묘한 곳에 처해 있음이 실려 있다.」(當此時, 一陽雖動, 萬物未生, 沖漠無

許君親見伏羲來[4]　　그대는 친히 복희씨의 뜻

안다 할 수 있으리.

半夜, 一本作平地 「반야」는 어떤 판본에는 「평지」라고 되어 있다

眹之中, 而萬象森然已具. 此所謂無中含有象也. 若能識得此意, 便許汝親見伏羲氏來. 盖伏羲先天之圖載乾坤姤復處極妙) 송나라 소옹(邵雍)의 〈동지에 읊조림(冬至吟)〉 「이 말 믿지 못하겠거든, 다시 복희씨에게 물어보게나.」(此言如不信, 更請問庖犧)

《문집》 권38 〈원기중에게 답함(答袁機仲)〉 제2 「이 점을 알게 되면 비로소 64괘가 모두 자연의 이치가 저절로 펼쳐져 나왔음을 보게 됩니다. 성인은 이를 분명하게 보고 획으로 그려냈을 뿐, 본래 조금도 지력을 보탠 적이 없습니다. 본래 지력의 도움을 바라지도 않았고, 또 지력이 그 사이에 도움을 줄 수도 없다고 생각합니다.」(於此看得, 方見六十四卦全是天理自然挨排出來, 聖人只是見得分明, 便只依本畫出, 元不曾用一毫智力添助. 蓋本不煩智力之助, 亦不容智力得以助於其間也)

39~40. 觀林長仁書卷戲題問答[1]

임장인이 보낸 서권을 보고 장난삼아 묻고 답함을 적다

39

猿去山空鶴亦飛[2]	원숭이 떠나 산 비고 학마저 날아갔는데,
柴門空掩釣魚磯	사립문 부질없이 잠겨 있고 물가에서 고기 낚는다네.
門前樹葉都黃了	문 앞의 나뭇잎 모두 누렇게 되었는데,
何事幽人久不歸[3]	무슨 일로 그윽한 은자 오래도록 돌아가지 않는가?

40

爲愛雲泉百尺飛	구름 낀 산의 샘 백 자나 낢 사랑하여,
故將茅屋傍苔磯	띳집 이끼 낀 물가에다 지었다네.

1 《차의》「임장인에 대해서는 고찰해보아야 한다.」(林長仁當考)

2 원거~학역비(猿去~鶴亦飛): 남조 제(齊)나라 공치규(孔稚圭)의 〈북산의 산신령에게 띄우는 공문(北山移文)〉「(은사가 떠나가서) 향기로운 풀로 기운 커튼을 친 방이 비게 됨이여, 밤 학이 원망하고, 산에 살던 도사 떠나감이여, 새벽 원숭이조차 놀라네.」(蕙帳空兮夜鶴怨, 山人去兮曉猿驚) 송나라 소식의 〈밤에 비각에서 숙직하며 왕민보에게 드림(夜直祕閣呈王敏甫)〉「큰 은자는 본래부터 꼭 어디에 숨는다고 지역이 정해진 데가 없고, 북산의 원숭이와 학은 회람하여보는 공문 어지럽히네.」(大隱本來無境界, 北山猿鶴漫移文)

3 유인(幽人): 은자를 말한다. 《주역·이괘(履卦)》「도를 밟음이 탄탄하니 유인이 곧게 행동하면 길하다.」(履道坦坦, 幽人貞吉)

幾年淸夢黃塵裏	몇 년이나 맑은 꿈 누런 먼지 속에 있었던가?
此日秋風一棹歸[4]	이 날 가을바람 타고 한번 노 저어 돌아온다네.

4 일도귀(一棹歸): 송나라 소식의 〈이세남이 그린 가을 풍경에 쓰다(書李世南所畫秋景)〉 제1수 「조각배 한번 노 저어 어디로 돌아가는가? 집 강 남쪽 황엽촌에 있다네.」(扁舟一棹歸何處, 家在江南黃葉村)

41. 題嚴居厚溪莊圖[1]

엄거후의 계장도를 노래함

平日生涯一短篷[2]　　평상시 생애
　　　　　　　　　　　작은 배에 맡겼는데,
只今回首畵圖中　　지금은 고개
　　　　　　　　　　　그림 속으로 돌리네.
平章箇裏無窮事[3]　　그 속의 무궁한
　　　　　　　　　　　일 품평하니,
要見三山老放翁[4]　　삼산의 늙은 방옹
　　　　　　　　　　　보고자한다네.

1 엄거후(嚴居厚): 주자의 문인인 엄사돈(嚴士敦)의 자. 호는 반조옹(伴釣翁)이며 건양(建陽) 사람이다. 민청(閩淸)과 승현(嵊縣)에서 관직 생활을 한 적이 있다. 이 때 지어진 것으로 보이는 육유(陸游)의 〈엄거후가 관직을 버리고 건양의 계장으로 돌아감에 송별하다(送嚴居厚棄官歸建陽溪莊)〉와 〈주원회가 지은 시의 운자를 써서 엄거후의 계장도에 적다(次朱元晦韻, 題嚴居厚溪莊圖)〉라는 시 등이 《검남시고(劍南詩藁)》 권36에 보인다. 《문집》 권83 〈엄거후와 마장보가 수창한 시축에 적음(題嚴居厚與馬莊甫唱和詩軸)〉 「엄거후가 민청을 다스린 지 채 두 달이 되지 않았는데, 그 영윤 마장보와 함께 시를 주고받아 마침내 시축이 가득하게 되었다. 신기함과 기교를 다투고 때로는 옛 이야기를 표출하니, 편마다 모두 생각이 미치고 읽음에 깨닫지 못하는 사이에 관리의 심경과 타향의 정회가 홀연히 눈앞에 펼쳐졌다.」(嚴居厚攝事閩淸, 不滿兩月, 而與其令尹馬莊甫更唱迭酬, 遂至盈軸. 爭新鬪巧, 時出古談, 篇篇皆有思致, 讀之不覺宦情覊思怳然在目)

2 생애(生涯): 《장자·양생주(養生主)》 「우리의 삶에는 끝이 있지만 앎에는 끝이 없다.」(吾生也有涯, 而知也無涯) 당나라 두보의 〈두위의 집에서 섣달 그믐날을 보내다(杜位宅守歲)〉 「누가 다시 (예법에) 얽매일 수 있겠는가? 곤드레만드레 취하는 것이 인생이라네.」(誰能更拘束, 爛醉是生涯)
단봉(短篷): 봉(篷)은 대나무를 엮어서 배와 수레를 덮는 것이다. 《진서·오은지전(晉書·吳隱之傳)》 「얼마 후 탁지상서와 태상에 임명되었는데, 대나무를 짜서 병풍을 만들었고 앉을 때는 모전 자리를 깔지 않았다.」(尋拜度支尙書、太常, 以竹篷爲屛風, 坐無氈席) 봉(蓬)이라고도 하며 배의 일부로 전체를 나타내어 배를 대신 일컫는 말로 쓰인다. 송나라 황정견(黃庭堅)의 〈청인이 원망하여 장난삼아 서·유의 만체를 흉내내어 짓다(淸人怨戱效徐庾慢體)〉 「원앙 마침 홀로 잠들고, 풍우는 선창 두드리네.」(鴛鴦會獨宿, 風雨打船蓬)

3 평장(平章): 품제(品題)와 같다. 품평하다. 권5 99번 시의 주 6)을 보라. 《윤씨수초》 「잘 어울린다는 뜻이다.」(諧和之意)

4 방옹(放翁): 육유(陸游: 1125~1210)의 호. 자는 무관(務觀)이며, 월주(越州) 산음(山陰) 사람이다. 《송사·육유전(陸游傳)》 「범성대가 촉땅을 통수하게 되자 육유는

謂陸務觀. 時嚴居厚之官剡中[5]

육무관을 이른다. 당시 엄거후는 섬중에 가서 관직생활을 하였다

참의관(參議官)이 되어 문자로 교유하였는데 예법에 얽매이지 않아 사람들이 그 방종함을 놀리자 이에 자호를 방옹이라고 하였다.」(范成大帥蜀, 游為參議官, 以文字交, 不拘禮法, 人譏其頹放, 因自號放翁) 중국의 대표적인 애국시인으로 꼽히며, 우무(尤袤), 양만리(楊萬里), 범성대(范成大)와 함께 남도후사대가(南渡後四大家)로 일컬어진다. 평생 동안 1만 수에 달하는 시를 지어 중국문학사상 최다작 시인으로 꼽히며, 《검남시고(劍南詩稿)》에 수록되어 전해진다.

42. 擬縣, 補以蟲鳴秋詩[1]

거는 악기를 본떠「벌레로 가을을 울린다」를 보충한 시

天籟誰爲主[2]	하늘의 피리 누가 주인인가?
乘時各自鳴	때 타고 각기 울어대네.
如分百蟲響	추분 향해가니 온갖 벌레 소리 내어,
來助九秋清	와서 가을 하늘 맑게 돕네.
未歇吟風調	바람 읊조리는 곡조 채 그치지도 않았는데,
先催泣露聲	이슬 듣는 소리 먼저 재촉하네.
乾坤闢氛氣	하늘과 땅은 나쁜 기운 열고,
草木斂華英	초목은 아름다운 꽃 거두네.
易斷愁人夢	시름 잠긴 사람 꿈 깨기 쉽고,
難安懶婦驚[3]	게으른 아낙 놀람 안정시키기 어렵다네.
唯應廣成子[4]	오직 응하느니 광성자인데,

1 《차의》「현보는 공거의 사의에서 이른바 감시와 조시, 부시 따위이다. 『이충명추』는 창려의 〈송맹동야서〉의 말이다.」(縣補, 卽貢擧私議所謂監試漕試附試之類. 以蟲鳴秋, 昌黎送孟東野序中語) 실제로 의현(擬縣)은 곧「擬懸」을 말한다. 곧 종경 따위의 악기 틀에 걸어 놓고 연주하는 악기를 말한다. 그런 악기에서 나는 소리를 모방해서 지은 시를 말한다. 당나라 한유(韓愈)의 〈맹동야를 전송하면서 지은 글(送孟東野序)〉「그런 까닭에 새를 가지고 봄을 울리고 우레로는 여름을, 벌레로 가을을, 바람으로 겨울을 울린다.」(是故以鳥鳴春, 以雷鳴夏, 以蟲鳴秋, 以風鳴冬) 귀뚜라미는 다른 말로 촉직(促織, 趨織)이라고도 하며, 《시경》은 〈당풍·실솔(唐風·蟋蟀)〉을 말한다.

2 천뢰(天籟): 《차의》「《운회》에서 소(簫)는 일명 뢰(籟)라고도 한다고 하였다. 또한 무릇 구멍과 방아틀도 모두 뢰라고 한다.」(韻會, 簫, 一名籟. 又凡孔竅機括, 皆曰籟) 《장자·제물론(齊物論)》「자유가 말했다. 『땅의 퉁소는 여러 구멍이고, 사람의 퉁소는 나란한 대나무피리일 따름이군요. 감히 묻건대 하늘의 퉁소는 무엇입니까?』 남곽자기(南郭子綦)가 말했다. 『대체로 온갖 것을 불어 그 소리가 달라도 각기 그 스스로 내게 하는 것이다. 모두가 그 스스로 취하고는 있다지만 사나운 것은 누구이겠는가?』」(子游曰, 地籟則衆竅是已, 人籟則比竹是已, 敢問天籟? 子綦曰, 夫吹萬不同, 而使其自己也, 咸其自取, 怒者其誰耶)

3 이단~난부경(易斷~懶婦驚): 당나라 위응물(韋應物)의 〈꾀꼬리 소리를 듣고(聽鶯曲)〉「누구 집 게으른 아낙 남은 꿈 깨는가? 어느 곳 근심스런 사람 옛 동산 생각하는가?」(誰家懶婦驚殘夢, 何處愁人憶故園)

4 광성자(廣成子): 옛날의 신선. 《장자·재유(在宥)》「황

萬感不關情　　　　　　온갖 감정 상관치 않네.

古語云, 絡緯鳴, 懶婦驚. 見詩疏[5]

옛 말에 「낙위가 울면 게으른 아낙이 놀란다」라 하였다. 《시경》의 주석에 보인다

제가 천자의 지위에 오른 지 19년 되던 해에 명령이 천하에 행해졌는데, 광성자가 공동산 위에 있다는 소문을 들었다. 때문에 만나러 가서 말하기를 『나는 그대가 지극한 도에 이르렀다고 들었는데, 감히 그 지극한 도의 정수를 묻고자 하오. 나는 천지의 정수를 취하여 오곡이 자라도록 돕고 백성을 기르고자 하오. 나는 또 음양을 부려서 여러 생명을 다 누리게 하고 싶으니 어떻게 하면 되겠소?』라 하였다. 광성자가 대답하기를 『그대가 묻는 것은 사물의 본질이고 그대가 지배하려는 것은 사물의 찌꺼기요. 그대가 천하를 다스리면서부터 구름은 모이지 않고 비가 되어 내리고, 초목은 누렇게 익지 않고 낙엽이 되고, 일월의 빛도 더욱 거칠어졌소. 당신은 아첨하는 사람의 마음으로 구변은 좋으나 어찌 지극한 도를 말할 수 있겠소.』라 하였다. 황제는 물러나 천하의 일을 버리고 혼자 있는 방을 짓고서 자리에 흰 띠풀을 깔고 석 달을 한가로이 거처한 뒤 다시 찾아가 만나기를 청했다. 광성자는 남쪽으로 머리를 두고서 누워 있었는데, 황제는 발치로부터 무릎으로 나아가 두 번 절하고 고개를 조아리며 물었다. 『나는 선생께서 지극한 도에 도달하셨다고 들었으므로 감히 몸을 어떻게 다스려야 영원히 살 수 있는지를 묻습니다.』 광성자가 벌떡 일어나 말했다. 『그 물음이 좋구나. 내 그대에게 지극한 도를 말해주리라. 지극한 도의 본질은 고요하고 그윽한 것이다. 지극한 도의 극치는 어둡고 말없는 것이다. 보지도 않고 듣지도 않고 정신을 안에 간직한 채 조용히 있으면 육체는 절로 올바르게 되리라. 반드시 조용하고 반드시 맑게 하여 그대의 육체를 피로케 하지 마라. 그대의 본질이 동요되지 않는다면 이로써 장수할 수 있으리라. 눈으로 보는 것이 없고 귀로 듣는 것이 없고 마음으로 알지 않으면 그대의 정신이 육체를 지켜줄 것이고 육체는 곧 장수하게 되리라. 그대의 안의 것을 소중히 하며 삼가고 그대의 밖을 닫도록 하라. 지식이 많으면 몸을 망치게 된다. 내 그대를 위해 마침내 대명위에 오르게 하고 저 양기의 근원에 이르게 하리라. 또 그대를 고요하고 그윽한 문으로 들어가게 하여 저 음기의 근원에 이르게 하리라. 천지에는 머무를 집이 있고, 음양에도 곳집이 있다. 그대의 몸을 지키고 삼가면 만물은 저절로 왕성해지는데, 나는 그 유일한 도를 지키면서 조화를 이루고 있다. 그러므로 내가 내 몸을 1천 2백 년이나 다스려왔지만, 나의 육체는 아직까지도 쇠약해지지 않았다.』라 하였다. 황제가 두 번 절하고 머리를 조아리고 말하기를 『광성자는 천도를 지켰다고 말할 만하도다.』라 하였다.」(皇帝立爲天子十九年, 令行天下, 聞廣成子在於空同之山, 故往見之, 曰, 我聞吾子達於至道, 敢問至道之精. 吾欲取天地之精, 以佐五穀, 以養民人, 吾又欲官陰陽, 以遂群生, 爲之奈何? 廣成子曰, 而所欲問者, 物之質也; 而所欲官者, 物之殘也. 自而治天下, 雲氣不待族而雨, 草木不待黃而落, 日月之光益以荒矣. 而佞人之心翦翦者, 又奚足以語至道哉! 皇帝退, 損天下, 築特室, 席白茅, 閒居三月, 復往邀之. 廣成子南首而臥, 皇帝順下風膝行而進, 再拜稽首而問曰, 聞吾子達於至道, 敢問, 治身奈何而可以長久? 廣成子蹶然而起, 曰, 善哉問乎! 來! 吾語汝至道. 至道之精, 窈窈冥冥至道之極, 昏昏默默. 无視无聽, 抱神以靜, 形將自正. 必靜必淸, 无勞汝形, 无搖汝精, 乃可以長生. 目无所見, 耳无所聞, 心无所知, 汝神將守形, 形乃長生. 愼汝內, 閉汝外, 多知爲敗. 我爲汝遂於大明之上矣, 至彼至陽之原也; 爲汝入於窈冥之門矣, 至彼至陰之原也. 天地有官, 陰陽有藏, 愼守汝身, 物將自壯. 我守其一以處其和, 故我修身千二百歲矣, 吾形未常衰. 皇帝再拜稽首曰, 廣成子之謂天矣!)

5 낙위(絡緯): 《차보》「귀뚜라미를 일명 낙위라고 한다.」(蟋蟀, 一名絡緯) 진(晉)나라 최표(崔豹)의 《고금주(古今注)》「실솔은 일명 음공이라고도 한다. 초가을에 나며 추워지면 운다. 어떤 사람은 제남에서는 난부라고 한다고 하였다.」(蟋蟀, 一名吟蛩. 秋初生, 得寒乃鳴. 一云濟南謂之懶婦)

43. 挽蔡太博[1]

채태박을 애도하다

疇昔相逢地[2]	지난날 만났던 곳에서,
知君意矯强[3]	그대 뜻 꿋꿋하고 강함 알았다네.
旋聞將使指[4]	얼마 후에는 사신의 지령 받들었다 들었고,
勁節動朝行	굳센 절개 조정의 관리들 움직였다네.
方爲人材喜	바야흐로 인재라 기뻐하였고,
相期事業長	서로 사업 오래 하자 기약하였다네.
如何遽不淑[5]	어찌하여 급작스레 좋지 못한 일 당하였는가?
未及鬢毛蒼[6]	귀밑털 아직 희끗해지지도 않았는데.

1 채태박(蔡太博): 이름은 채호(蔡鎬: 1143~1191)이고 자는 정지(正之)이며, 태주(台州) 임해(臨海) 사람이다. 무학(武學)으로 과거에 급제하여 염성위(鹽城尉)에 임명되었고, 무학유(武學諭)가 되었으며 박사(博士)로 승진하였다. 두 차례나 금나라에 사신으로 갔다 왔으며, 주희는 절동(浙東)에서 임직할 때 처음 알게 되었다.

2 주석(疇昔): 주자는 의미가 없는 조사이다. 《예기·단궁(檀弓) 상》「내 지난날 밤에 두 기둥 사이에 앉아서 밥을 먹는 꿈을 꾸었다.」(予疇昔之夜, 夢坐奠於兩楹之間) 한나라 정현(鄭玄)의 주석 「주는 발어사이다. 석은 『앞 전』자와 같다.」(疇, 發聲也. 昔猶前也)

3 교강(矯强): 꿋꿋하고 강한 것을 말한다. 《중용(中庸)》 제10장 「강하도다, 꿋꿋함이여! 중립하여 치우치지 않으니. 강하도다, 꿋꿋함이여!」(强哉矯! 中立而不倚, 强哉矯) 주희의 주석 「교는 강한 모양이다.」(矯, 强貌)

4 선(旋): 오래지 않아, 즉시. 처음 만나고 오래지 않아라는 뜻이다.
장사지(將使指): 장(將)은 봉(奉), 곧 받든다는 뜻이다. 《차의》「지(指)는 지(旨)와 같다. 옛날에는 많이 통용하였다. 사명을 받든다는 뜻이다. 한나라 때는 직지사가 있었다.」(指, 與旨同. 古多通用. 是將使命之意. 漢有直指使)

5 불숙(不淑): 숙(淑)은 좋다는 뜻이다. 《시경·왕풍·중곡유퇴(王風·中谷有蓷)》「휘이이 휘파람 부니, 사람 좋지 못한 때를 만났도다.」(條其歗矣, 遇人之不淑矣) 주희의 주석 「숙은 좋다는 뜻이다. 옛날에는 죽는 것과 굶주리는 것을 모두 불숙이라 하였다.」(淑, 善也. 古者, 謂死喪饑饉, 皆曰不淑) 불숙은 주로 제문이나 묘지명 등에 많이 쓰이는 말이다.

6 빈모창(鬢毛蒼): 창은 회백색(灰白色)을 말한다. 머리카락이 희끗희끗해지는 것을 말한다. 당나라 두보의 〈병마를 씻으며(洗兵行)〉「장공은 한 평생 강과 바다 떠다닌 나그네로, 키가 아홉 자에 수염과 눈썹은 희끗희끗하였다네.」(張公一生江海客, 身長九尺鬚眉蒼)

44. 乙卯八月晦日浮翠亭次叔通韻[1]

을묘년 8월 그믐날 부취정에서 숙통이 지은 시의 운자를 써서 짓다

弱植有孤念[2]	약한 뿌리 혼자만의 생각 품고,
獨往窮名山[3]	홀로 가서 이름난 산 다 뒤졌다네.
那知歲月逝	어찌 알았으리오? 세월 흘러가,
白首塵埃間	누런 먼지 속에서 머리 희어질 줄이야.
今朝定何朝[4]	오늘 아침 정녕 어떤 아침인가?
憑高睨淸灣	높은 곳에 올라 기대어 맑은 물굽이 흘겨본다네.
群賢亦戾止[5]	뭇 어진이들 또한 와서 이르러,

1 부취정(浮翠亭): 《복건통지(福建通志)》 권63 〈건녕부(建寧府)〉에 의하면 영충리(永忠里) 마사(麻沙)에 있다고 하였다. 이 시의 원운시는 전하지 않고 함께 유람한 황간(黃榦)이 지은 〈회옹을 모시고 부취정에서 마시며 유숙통이 지은 시의 운자를 써서 짓다(侍晦翁飮浮翠用劉叔通韻)〉가 전한다.

숙통(叔通): 주희의 문인인 유회(劉淮)의 자. 건녕부 건양현(建陽縣) 사람으로, 호는 천계(泉溪) 또는 계옹(溪翁)이다. 소희(紹熙) 원년에 진사가 되었다. 《문집》 권83에 〈유숙통의 시권에 쓴 발문(跋劉叔通詩卷)〉이 있는데 「숙통의 시는 다듬거나 짜 맞춘 노력은 없었지만, 평이하고 침착하여 힘을 들이지 않았기에 여유로운 맛이 있다. 일전에 내가 본 것 중에도 아름다운 시구가 많았다. 그러나 혹 이 시권에서 보지 못한 것은 아마도 내가 『대단히 좋다』고 말한 것이 도리어 숙통이 『너무 마음에 맞지 않다』고 말한 것이 되리라.」(叔通之詩不爲雕刻纂組之工, 而其平易從容, 不費力處, 乃有餘味. 頃予所見佳句多矣, 而或不見於此卷, 豈予所謂大好者, 乃叔通所謂大不得意者耶)라 하였다.

2 약식(弱植): 약한 뿌리. 나이가 어려 성인이 되지 않았음을 비유한다. 《차의》 「외로운 뿌리와 같다.」(猶孤根) 권1 156번 시의 주 6)을 참고하여 보라.

고념(孤念): 독특한 포부를 말한다. 진(晉)나라 도연명의 〈무신년 6월에 화재를 당하다(戊申歲六月中遇火)〉 「머리 묶고 고고한 뜻 품었더니, 어느새 40년이 넘었구나.」(總髮抱孤念, 奄出四十年)

3 궁명산(窮名山): 주희의 부친인 위재(韋齋) 주송(朱松)의 〈부용령을 넘다(度芙蓉嶺)〉 「만년에 이름난 산 다 뒤져, 신령한 싹 맘껏 파내어 찍었다네.」(晩歲窮名山, 靈苗縱穿斸)

4 금조정하조(今朝定何朝): 송나라 장효상(張孝祥)의 〈권농시. 「상파불동초산벽, 화압난간춘주장」이란 구절을 가지고 운자를 삼았는데 「간」자를 얻다(勸農. 以湘波不動楚山碧, 花壓闌干春晝長為韻, 得干字)〉 「오늘 아침 어떤 아침인가? 손님 불러 강가에 오게 하네.」(今朝定何朝, 喚客來江干)

5 여지(戾止): 《시경·노송·반수(魯頌·泮水)》 「노나라 임금 이르셨으니, 이에 그 깃발 보리로다.」(魯侯戾止, 言觀其旂) 모(毛)씨의 주석. 「여는 오는 것이고, 지는 이르는 것이다.」(戾, 來, 止, 至也) 주희는 「여는 이르는 것이다.」(戾, 至也)라고 주석을 달았다.

共此一日閑	이곳에서 함께 하루 한가로이 보낸다네.
晤言不知疲[6]	마주 이야기하니 피곤한 줄 모르겠고,
林昏鳥飛還[7]	숲에 해 저무니 새 날아서 돌아온다네.
勝踐可無紀[8]	빼어난 놀이 적을 길이 없는데,
重來諒非艱	다시 옴 실로 어렵지 않다네.
留語巖上石[9]	말 바위 위의 돌에 남기니,
毋使門常關[10]	문 늘 닫아걸지 말게나.

6 오언(晤言): 만나서 이야기하다, 대화하다. 《시경·진풍·동쪽 문밖의 연못(陳風·東門之池)》「아름다운 좋은 아가씨와, 짝지어 말하고 싶네.」(彼美淑姬, 可與晤言)
부지피(不知疲): 송나라 진여의(陳與義)의 〈다시 적자 운을 써서 한 수를 지어 판부에 드리다(再用迹字韻成一首呈判府)〉「시 담론하느라 피곤한 줄도 몰라, 어떨 때는 한밤중의 손님 되기도 하네.」(談詩不知疲, 或作夜半客)

7 임혼조비환(林昏鳥飛還): 진나라 도연명의 〈술을 마시며(飮酒)〉 제5수 「산의 기운 날 저무니 아름답고, 나는 새는 서로 더불어 돌아가네.」(山氣日夕佳, 飛鳥相與還)

8 승천(勝踐): 승유(勝遊)와 같은 뜻이다.

9 암상석(巖上石): 〈합강정(合江亭)〉「바위 위의 돌에 적을 것 바라노니, 티끌에 더럽혀지지 않게 하였으면.」(願書巖上石, 勿使泥塵涴)

10 문상관(門常關): 진나라 도연명의 〈돌아가자꾸나(歸去來辭)〉「날로 동산 가로지르니 흥취 생기고, 문은 달아놓았어도 늘 닫혀있다네.」(園日涉而成趣, 門雖設而常關) 송나라 소간(蘇簡)의 〈장정민의 지자사에 놀다라는 시의 운자를 써서 짓다(次韻張正民遊智者寺)〉「졸박함 기르러 어느 곳에 이르는가? 한낮에도 문 늘 닫혀있다네.」(養拙何所詣, 白晝門常關)

45. 用丘子服弟韻, 呈儲行之明府伯玉卓丈及坐上諸友[1]

구자복 아우의 운자를 써서 지어 저행지 명부와 탁백옥 어르신 및 좌중의 여러 벗에게 드리다

我是溪山舊主人	나는 시내와 산의 옛 주인,
歸來魚鳥便相親	돌아와 물고기와 새 친하게 지낸다네.
一盃與爾同生死[2]	한 잔 술로 그것들과 생사 함께 하고,
萬事從渠更故新[3]	만사 그로부터 다시 옛것 새로이 한다네.

1 구자복(丘子服): 주희의 외사촌으로 이름은 응(膺)이다. 《문집》 권6의 98번 시에 보인다.

저행지(儲行之): 저용(儲用)의 자. 천주(泉州) 진강(晉江) 사람이다. 순희(淳熙) 11년에 진사가 되었으며, 일찍이 경원(慶元) 연간에 지건양현(知建陽縣)으로 선정을 베풀어 주희가 칭찬한 적이 있다. 당금(黨禁)으로 파직되어다가 복귀하여 직부문각(直敷文閣)을 지내고 지광주(知廣州)로 죽었다.

탁백옥(卓伯玉): 미상인데 주희의 선배이거나 노우(老友)인 듯하다.

2 일배~생사(一盃~生死): 당나라 이백(李白)의 〈양양의 노래(襄陽歌)〉「서주의 구기와 역사 새겨진 술 솥이여, 나 이백 너희들과 함께 죽고 살리라.」(舒州杓, 力士鐺, 李白與爾同死生)

3 종거경고신(從渠更故新): 고(故)는 옛것이라는 뜻으로 사람이 죽은 것을 가리킨다. 《차의》「거(渠)는 『만사』를 가리킨다. 『종거』는 『임타』와 같다.」(渠指萬事. 從渠猶言任他) 임타(任他)는 그에게 맡겨둔다는 뜻이다. 진(晉)나라 육기(陸機)의 〈세월이 흘러감을 탄식함(嘆逝賦)〉「사람 어느 세대엔들 새롭지 않았으며, 세상에 어떤 사람인들 죽지 않을 수 있었던가?」(人何世而弗新, 世何人之能故) 송나라 왕안석(王安石)의 〈충경의 섣달 그믐날의 입춘이란 시의 운자를 써서 짓다(次韻沖卿除日立春)〉「만물은 끝을 시작으로 여기고, 사람은 옛것에서 새로움울 얻는다네.」(物以終爲始, 人從故得新)

46. 謹次縣大夫見屬之韻[1]

삼가 현대부가 위촉받은 시의 운자를 써서 짓다

撫摩凋瘵爲心切	곤궁한 백성 어루만짐에 마음 간절하고,
摹寫風煙著語親	풍경 묘사해냄에 말 친근하게 드러나네.
只願從今更無倦	다만 원컨대 지금부터 더 게을러지지 않아.
淸詩美政逐年新	맑은 시와 아름다운 정치 해마다 새로워졌으면.

1 현대부(縣大夫): 바로 위의 시에 나왔던 저용(儲用)이다.

2 조채(凋瘵): 조(凋)는 상(傷), 채(瘵)는 병(病)의 뜻이다. 진(晉)나라 목화(木華)의 〈바다(海賦)〉「홍수 세차게 넘쳐흘러, 백성들 상하고 병들었다네.」(天網浡潏, 爲凋爲瘵) 당나라 이선(李善)의 주석 「《설문》에서는 말하기를 『조는 반이 상한 것이다.』라 하였고, 《이아》에서는 말하기를 『채는 병든 것이다.』라 하였다.」(說文曰, 凋, 半傷也. 爾雅曰, 瘵, 病也) 당나라 두보(杜甫)의 〈석서행(石犀行)〉「다만 원기 늘 조화로운 것만 보여, 스스로 큰 물결 제 멋대로 상하고 병들게 함 면하였다네.」(但見元氣常調和, 自免洪濤恣凋瘵) 또한 곤궁한 처지에 빠진 백성을 가리키기도 한다.

3 종(從): 《사고전서》본에는 여(如)자로 되어 있다.

47. 承事卓丈置酒白雲山居，飮餞致政儲丈淑通，因出佳句，諸公皆和．熹輒亦繼韻，聊發坐中一笑[1] 此題一本作白雲寺送儲柯伯升

승사랑이신 탁씨 어르신께서 백운산의 거처에 술을 차려놓고 전별의 술을 마시는데 치정 저씨 어르신과 숙통이 이에 아름다운 시구를 지어내어 여러 분들이 모두 화답하였다. 나도 문득 또한 운을 이어 애오라지 좌중에 한번 웃음을 일으킨다 이 시의 제목은 어떤 판본에는 〈백운사에서 저가 백승을 송별하다〉로 되어 있다

老去讀書秋樹根[2]　　늙어가며 가을 나무
　뿌리에서 책 읽으며,
山林兒女定誰尊　　산림에서 아녀자들처럼
　누가 나이가 많은지 정하겠는가?
偶緣送客來僧寺[3]　　우연히 손님 전송하러
　절에 왔더니,
却似披雲臥石門[4]　　오히려 구름 헤치고
　석문에 누웠다네.

1 백운(白雲): 원주에 의하면 곧 백운사(白雲寺)를 말한다. 백운사는 건양현(建陽縣) 교외에 있었으며 옛 이름은 숭과사(崇果寺)로 당나라 때 창건되었으며, 송나라 때 백운사로 개명하였는데 지금은 없어졌다. 《차보》에서는 백운 범천사(梵天寺)라 하였으며 건양현 동쪽에 있다고 하였다.
저장(儲丈): 저용(儲用)이다. 《차보》에서는 일설에 의하면 이름은 가(柯)이고 자는 백승(伯升)인데 더 고찰해보아야 한다고 하였다. 저용은 이때 경원(慶元) 당금(黨禁)으로 파직되어 탁백옥이 주연을 열어 전별한 것이다.

2 독서추수근(讀書秋樹根): 당나라 두보(杜甫)의 〈맹씨(孟氏)〉「아욱 힘써 매던 외에 쌀 짊어지고, 가을 나무 아래서 글 읽었다네.」(負米力葵外, 讀書秋樹根)
3 사(寺): 《고이》에서는 「집 사」(舍)자로 된 판본도 있다고 하였다.
4 피운와석문(披雲臥石門): 남조 송(宋)나라 사령운(謝靈運)의 〈석문산에 새로 거처할 곳을 지었는데 사면이 높은 산이고 시내가 돌 여울을 돌아가며 숲이 무성하고 큰 대나무가 있었다(石門新營所住, 四面高山, 廻溪石瀨, 茂林修竹)〉「험준한 곳에 올라 그윽한 집 짓고, 구름 헤치고 석문산에 누웠다네.」(躋險築幽居, 披雲臥石

物外祗今成跌蕩[5]	세상 바깥에서 지금 호방하여 구속받지 않으니,
人間何處不啾喧[6]	인간세상 어느 곳인들 시끌벅적하지 않겠는가?
一杯且爲陽關盡[7]	한 잔 술 잠시 양관 위해 다하리니,
雙目從敎別淚昏[8]	두 눈에서 이별의 눈물 흐릿해지도록 내버려두네.

東坡賦徐德占舊居,[9] 有一爲兒女涴, 始覺山林尊之句[10]

동파가 서덕점의 옛 거처를 읊은 시에「한번 아녀자에 더렵혀져서, 비로소 산림 높은 줄 깨달았다네」라는 구절이 있다

門) 당나라 이백(李白)의 〈옛 시체로古風)〉 제5수「그 가운데 머리 검은 늙은이 있는데, 구름 헤치고 눈 내린 소나무에 누워 있네.」(中有綠髮翁, 披雲臥松雪)

5 지금성(祗今成):《고이》에서는「정회상」(情懷尙)으로 된 판본도 있다고 하였다. 이렇게 보면 이 구절은「세상 바깥에서 정회 늘 호방하여 구속받지 않으니」로 해석된다.

질탕(跌蕩):《차의》「방일한 것이다.」(放逸也)

6 하처불(何處不):《고이》에서는「순취임」(脣嘴任)으로 된 판본도 있다고 하였다. 이렇게 보면 이 구절은「인간세상 입과 입술 제멋대로 시끌벅적하다네.」로 해석된다.

추훤(啾喧): 당나라 한유(韓愈)의 〈영스님이 거문고 타는 것을 듣다(聽穎師彈琴)〉「온갖 새들 시끄럽게 지저귀는데, 갑자기 외로운 봉황 보이네.」(喧啾百鳥羣, 忽見孤鳳凰) 한유 시를 따다 썼다면 훤추(喧啾)가 되어야 하는데 운이 들어가는 자리여서 바꾸어 썼다.

송나라 소식(蘇軾)의 〈자호협에서 바람에 막히다(慈湖峽阻風)〉 제5수「또한 물가 마을 끼고 비스듬히 지나가는데, 인간세상 어느 곳인들 가파르지 않겠는가?」(且並水村欹側過, 人間何處不巉巖)

7 일배~양관(一杯~陽關): 양관은 지금의 감숙성(甘肅省) 돈황(敦煌)의 서남쪽 및 옥문관(玉門關)의 남쪽에 있는데 당시 새외(塞外)로 출입하려면 반드시 거쳐야 하는 길로, 당나라 때는 이곳을 나서면 곧 서역 땅이었다. 당나라 왕유(王維)의 〈원씨네 둘째가 안서로 사행함에 송별하다(送元二使安西)〉「권커니 그대 다시 한 잔 술 들이키게나, 서쪽으로 양관 나서면 옛 친구 없다네.」(勸君更進一杯酒, 西出陽關無故人)《악부시집》(권80)과《전당시》(권128)에는 이 시의 제목이 〈위성의 곡조(渭城曲)〉로 되어 있다. 이 때문에 〈양관삼첩(陽關三疊)〉이 생겼다.《차의》「양관은 섬서 수창현에 있는데 옛 주천과 장액이다.」(陽關在陝西壽昌縣, 故酒泉張掖)

8《고이》에서는 이 구절이「兩眼那因小馬昏」으로 된 판본도 있다고 하였다. 이렇게 보면 이 구절은「두 눈 어찌 작은 말로 인해 흐려지겠는가?」로 해석된다.

9 서덕점(徐德占):《차보》「이름은 희이다.」(名禧)

10 인용시의 제목은 〈서덕점을 조문하다(弔徐德占)〉이다. 앞 구절은《동파집》에「한번 아녀자가 더럽힘 당하여」(一遭兒女汚)로 되어 있다.

48. 丙辰正月三日, 贈彭世昌歸山[1]

병진년 정월 3일에 팽세창이 산으로 돌아감에 드리다

象山聞說是君開[2] 상산의 학문
그대가 열었는데,
雲木參天瀑響雷 구름까지 닿은 나무 하늘 찌르고
폭포는 우레처럼 울리네.
好去山頭且堅坐 산 잘 떠나서도
또한 꼿꼿이 앉아 있으니,
等閑莫要下山來[3] 무단히 산
내려오려 하지 말게나.

1 병진년은 1196년으로 주희가 67세 되던 해이다. 팽세창(彭世昌): 육구연(陸九淵)의 제자. 이름은 흥종(興宗)이고, 금계(金溪) 사람이다. 순희(淳熙) 연간에 응천산(應天山)에 정사를 짓고 구연(九淵)에 거처하였는데 곧 이른바 상산(象山)이라는 곳이다. 《주자어류(朱子語類)》 권124 〈육씨(陸氏)〉「팽세창이 상산서원을 지키며 산 위에 밭이 있어 갈 수가 있고 채마밭이 있어 야채를 기를 수 있으며 연못과 맷돌이 있으니 구색을 모두 갖추어졌다고 자랑하여 말하였다. 선생님께서 말씀하셨다. 『이미 그리 갖추어져 있다면 하산한 이유는 무엇인가?』 팽세창이 말하였다. 『육선생님께서는 서원은 이미 있지만 책을 소장하지는 않으셨기에 제가 책을 구하고자 내려왔습니다.』 말씀하셨다. 『긴요한 책이 얼마나 되는가. 나도 지난날 책을 사랑하였다. 지나고 나서 생각해보니 모여 있는 사물은 반드시 흩어지니 어찌하여 사물에 구애되겠는가.』 팽세창이 이별할 때 시를 지어 주었다. ……」(彭世昌守象山書院, 盛言山上有田可耕, 有圃可蔬, 池塘碓磑, 色色皆備. 先生曰, 旣是如此, 下山來則甚? 世昌曰, 陸先生旣有書院, 卻不曾藏得書, 某此來爲欲求書. 曰, 緊要書能消得幾卷? 某向來亦愛如此. 後來思之, 這般物事聚者必散, 何必役於物? 世昌臨別, 贈之詩曰……) 《차의》「선생은 늘 육상산이 책을 보지 않는다는 것을 비난하였는데 여기에 이르러서는 말한 것이 이와 같으니 어찌 선생이 이것을 가지고 팽세창을 격려하고자 하여 그랬겠는가? 또한 팽세창이 이미 육학에 미혹되어 회두할 수 없었으므로 이를 가지고 사절한 것일 것이다. 다만 감히 알지 못할 것이 있다.」(按先生常以象山不看書爲非, 至此則其所言如是, 豈先生欲以是激厲世昌而然耶? 抑世昌已惑於陸學, 不可回頭, 故以是謝之耶. 殊有所不敢知者)

2 상산(象山): 육구연(陸九淵: 1139~1193)의 호. 남송 무주(撫州) 금계(金溪) 사람으로 자는 자정(子靜)이며, 호는 달리 존재(存齋)라고도 하였으며 시호는 문안(文安)이다. 상산은 원래 신주(信州) 귀계현(貴溪縣)의 응천산(應天山)을 말하는데, 그 형태가 코끼리와 닮았다 하여 상산(象山)이라고도 하였으며, 육구연이 일찍이 이곳에서 독서를 하면서 자호로 삼았다. 육구사(陸九思), 육구령(陸九齡)의 아우이다. 사상적으로는 정호(程顥)와 정이(程頤)의 학문을 계승하였으나 심학(心學)을 주창함으로써 주희와 견해를 달리하여 아호(鵝湖)에서 만나 논쟁을 벌였다. 그러나 두 사람은 상호간에 학문을 존중하여 도의적 교유는 변하지 않았다. 명나라의 왕수인(王守仁)이 그의 사상을 계승해 육왕학파(陸王學派)를 형성했다.

3 등한(等閑): 평일이라는 뜻과 되는 대로, 무단(無端)히라는 뜻이 있다. 여기서는 되는대로, 무단히의 뜻으로 쓰였다.

49. 和人都試之韻[1]

다른 사람이 열병한 것을 읊은 시의 운자를 써서 짓다

儲胥聞道落初成[2]	울타리 듣자하니 막 낙성되었다하여,
共喜兒郞意氣生[3]	어영차 의기 생겨남 함께 기뻐하네.
初恨雨聲迷疊鼓	처음에는 빗소리가 북소리에 겹쳐 헷갈림 한스럽더니,
忽驚晴色動高旌	별안간 맑은 풍경 높은 깃발 움직임에 놀라네.
盤牟入詠詩情壯[4]	투구 들고 들어와 읊으니 시 짓는 마음 씩씩하고,
破的傳觴酒令明[5]	과녁 맞히고 잔 전하니 술 돌리는 명령 밝다네.

1《차의》「도시는 지금의 습조와 같다.」(都試猶今習操)

2 저서(儲胥): 한나라 양웅(揚雄)의 〈장양부(長楊賦)〉「외곽에 둘러친 목책과 죽책이 마을의 울타리로 보일 정도였습니다.」(木擁槍纍, 以爲儲胥) 당나라 이선(李善)의 주석「소림은 말하였다.『목옹은 바깥에 울짱을 치고 또 대나무 창을 쌓아서 외저서를 만든 것이다.』위소는『저서는 울타리 따위이다.』라 주석을 달았다.」(蘇林曰, 木擁柵其外, 又以竹槍纍爲外儲胥也. 韋昭注, 儲胥, 蕃落之類也) 당나라 이상은(李商隱)의《주필역(籌筆驛)》「원숭이와 새 오히려 편지 두려워하는 것 같고, 바람과 구름 오래도록 울타리 감싸고 있네.」(猿鳥猶疑畏簡書, 風雲長爲護儲胥)

낙초성(落初成): 권7 32번 시의 주 1)을 보라.

3 아랑의기생(兒郞意氣生):《차의》「상량문에서는 으레 아랑위라는 말을 쓰는데 아마 일꾼들이 힘을 쓰는 모양일 것이며 여기서도 그 뜻이다.」(上樑文例用兒郞偉之語, 盖是役夫用力之狀, 此亦其意)

4 모(牟):《차의》「『투구 무』자는『모(牟)』자와 통하여 쓰며 머리에 쓰는 갑주이다.」(鍪通作牟, 首鎧)

5 주령(酒令): 술을 돌릴 때 감시하는 사람을 말하며 주리(酒吏)라고도 한다.《시경·소아·빈지초연(小雅·賓之初筵)》「이미 감을 세우고, 혹은 사로 보좌하게 하네.」(旣立之監, 或佐之史) 주희의 주석「연례와 향사례에 게으르고 예를 잃는 자가 있지나 않을까 해서 사정을 세워 감독하여 위의와 법도를 살핀다 하였다.」(燕禮鄕射, 恐有懈倦失禮者, 立司正以監之, 察儀法也)《사기·제도혜왕세가(齊悼惠王世家)》「고후가 연회를 베풀었는데 고후는 주허후 유장으로 하여금 주령을 삼았다. 유장

縱使腐儒東鄕坐[6]　　썩은 선비 동쪽으로
　　앉아 있다 하더라도,
不妨堂上有奇兵[7]　　대청 위에 기이한 병사
　　있음 거리끼지 않네.

이 자청하여 말하기를 『신은 장수의 집안 출신이므로 청컨대 군법으로 술을 돌리게 해주십시오.』라 하였다.」(高后燕飮, 高后令朱虛侯劉章為酒吏. 章自請曰, 臣將種也, 請得以軍法行酒) 명나라 도종의(陶宗儀)의 《설부(說郛)》 권26 상 「옛날에 백파라고 하는 주령이 있었는데 동한 때 시작되었다. 처음에 백파의 도적을 사로잡았는데 자리를 말 듯이 하였으므로 술자리에서 말하여 사람의 뜻을 기쁘게 하였을 따름이다.」(古有酒令名卷白波, 起於東漢. 初擒白波賊如席卷, 故酒席言之, 以快人意耳) 송나라 호자(胡仔)의 《초계어은총화(苕溪漁隱叢話)》 권21 「채관부의 《시화》에서는 『당나라 사람들은 술을 마시면 반드시 영을 두어서 즐거움을 도왔다.』라 하였다.」(蔡寬夫詩話云, 唐人飮酒, 必為令以佐歡) 《자치통감·후한기(後漢紀) 4》 「계축일에 왕장이 술판을 차려놓고 여러 조정의 고관들을 불러 모았는데 주흥이 오르자 수세령이 되었다.」(癸丑, 王章置酒會諸朝貴, 酒酣, 為手勢令) 송나라 호삼성(胡三省)의 주석 「모여서 마시며 주령을 행하여 즐거움을 돕는 것은 당나라 말기의 풍속이다. 《유설》에서 말하는 『호응의 다음』은 손바닥을 말한다. 『송근을 굽힌다』는 것은 손가락의 마디를 말한다. 『준치를 호응의 아래에 둔다』에서 『준치』는 엄지손가락이다. 『구극으로 옥주의 곁을 어긋나게 한다』에서 『구극』은 검지손가락이며, 『옥주』는 중지이다. 『잠규의 넓이는 옥주를 셋으로 나눈 것이다』에서 『잠규』는 무명지이다. 『기병의 넓이는 잠규의 한 치이다』에서 『기병』은 새끼손가락이다. 『사기삼락』은 팔이 늘어진 것을 말한다. 『생기오봉』에서 『오봉』은 다섯 손가락을 통칭하는 것이다. 『수령을 불렀다』는 것은 아마 또한 수세령과 비슷한 것일 것이다.」(會飮而行酒令以佐歡, 唐末之俗也. 類說曰, 亞其虎膺, 謂手掌. 曲其松根, 謂指節. 以蹲鴟間虎膺之下, 蹲鴟, 大指也. 以鉤戟差玉柱之旁, 鉤戟, 頭指, 玉柱, 中指也. 潛虬闊玉柱三分, 潛虬, 無名指也. 奇兵闊潛虬一寸, 奇兵, 小指也. 死其三洛, 謂彈其腕也. 生其五峯, 五峯, 通呼五指也. 謂之招手令, 蓋亦手勢令之類也乎哉)

6 동향좌(東鄕坐): 향(鄕)자는 향(向)과 같다. 《사기·전단열전(田單列傳)》 「전단이 이에 일어나 끌고 돌아와서 동쪽으로 향하여 앉히고 그를 스승으로 섬겼다.」(田單乃起, 引還, 東鄕坐, 師事之)

7 당상유기병(堂上有奇兵): 진(晉)나라 장협(張協)의 〈잡시(雜詩)〉 제6수 「하필이면 방패와 창 잡아야 하리? 묘당에는 기묘한 병사 있다네. 연회에서 적병 꺾을 수 있고, (조정의) 두 기둥 사이에서도 승리할 수 있다네.」(何必操干戈, 堂上有奇兵. 折衝樽俎間, 制勝在兩楹)

50. 聚星落成，致政陳丈擧酒屬客出示新詩，而仲卿朝瑞及劉范二兄，相與繼作. 熹幸以卜隣得陪勝集，率爾次韻，聊發一笑[1]

취성정이 낙성되자 벼슬을 그만 두신 진씨 어르신이 술을 들어 손님들에게 새 시를 지어내 보여주기를 권했는데 이에 중경과 조서 및 유와 범 두 형이 서로 이어서 지었다. 나는 다행히 이웃에 살아 훌륭한 모임에서 모시게 되어 대충 같은 운자를 써서 애오라지 웃음을 유발한다

適親德範仰循循[2]	마침 도덕과 법도 가까이하여 차근차근 하심 우러르고,
遽喜名章肆筆成[3]	이름 빛나고 마음먹은 대로 문필 이룸 문득 기뻐하네.

1 취성(聚星): 《문집》 권85 〈취성정의 화병에 붙인 찬(聚星亭畫屛贊)〉의 서문 「《속진양추》에서 이르기를 『진중궁(陳寔의 자)이 여러 아들과 조카들을 데리고 순씨 부자에게 나아갔는데, 이때 덕성이 모였다. 태사는 5백리에 걸쳐 현인이 모였다고 아뢰었다.』라 하였다. 고정의 진씨는 예로부터 이사(별관)를 두고 그 이름을 취성이라고 하였는데, 대개 《속양추》의 말에서 취한 것이다.」(續晋陽秋曰，陳仲弓從諸子姪造荀父子，于時德星聚. 太史奏. 五百里賢人聚. 考亭陳氏故有離榭，名以聚星, 蓋取續陽秋語)

진장(陳丈): 바로 다음 시에 나오는 진소원(陳昭遠)이다.

중경·조서(仲卿·朝瑞): 진소원의 아들로 시에 나오는 당가(當家)이다. 조서는 진총귀(陳總龜)의 자로, 소희 4년(1193)에 진사가 되었다.

유범(劉范): 주자의 제자로 유회(劉淮)와 범선(范瑄)이다. 시에 나오는 상객(上客)이다.

복린(卜隣): 《좌전·소공(昭公)》 3년 「속담에 말하기를 『집을 점치는 것이 아니라 오직 이웃을 점 본다네.』라 하였으니 그대들이 먼저 이웃을 점 본 것이오.」(諺曰, 非宅是卜，唯鄰是卜. 二三子先卜鄰矣) 《차의》 「소희 3년(1192) 임자년에 선생은 비로소 고정에 집을 지었다.」(紹熙三年壬子, 先生始築室于考亭)

2 순순(循循): 《논어·자한(子罕)》 「안연이 아아 탄식하며 말하였다. …… 『부자께서는 차근차근히 사람을 잘 이끄시어 문으로써 나의 지식을 넓혀주시고 예로써 나의 행동을 요약하게 해주셨다.』」(顏淵喟然歎曰……夫子循循然善誘人, 博我以文, 約我以禮) 주희의 주석 「순순은 차서가 있는 모양이다」(循循, 有次序貌)

3 사필성(肆筆成): 한나라 양웅(揚雄)의 《법언·오백(法言·五百)》 「성인은 입만 열면 말이 되고 붓을 잡았다 하면 책이 된다.」(聖人矢口而成言, 肆筆而成書) 왕영보(汪榮寶)의 주석[義疏] 「『시구자필』은 『정구직필』과 같으며, 사색을 빌리지 않아도 됨을 말한다.」(矢口肆筆, 猶云正口直筆, 言不假思索也)

臆說臺高今勝昔　　대 높음 지금이 예보다
　나음 있는 대로 말하였고,
極知星聚暗還明　　별 모였으니 어둠 다시
　밝아지리라는 것 잘 안다네.
當家翰藻爭春麗[4]　　주인집의 글 솜씨는
　봄날 아름다움 다투고,
上客詞源徹底淸[5]　　상객의 글의 근원은
　바닥까지 맑게 통하네.
更共隣翁閑指點　　다시 이웃 늙은이와 함께
　한가로이 손가락으로 가리키는데,
千峰環合水無聲　　많은 봉우리 동그랗게 모여
　물 소리 나지 않네.

4 당가한조(當家翰藻): 《차의》「취성은 진씨와 순씨의 고사인데 진장이 아마 진식의 후예일 것이므로 이렇게 말하였을 것이다.」(聚星是陳荀故事, 而陳丈疑陳寔後裔故云)

5 사원(詞源): 도도히 끊이지 않는 문사를 비유한다. 당나라 두보(杜甫)의 〈취하여 부르는 노래(醉歌行)〉「글의 근원은 삼협의 물을 거꾸로 흐르게 하고, 붓의 진영 홀로 천 명의 군대를 쓸어버리네.」(詞源倒流三峽水, 筆陣獨掃千人軍)

51. 謹次陳昭遠丈龍洲鄉社高韻, 幷呈諸兄友[1]

삼가 진소원 어르신께서 용주의 향사에서 지으신 격조 높은 운자를 써서 짓고 아울러 여러 형과 벗들에게도 드린다

幾年社酒醉班荊[2]　사주에 마시며 자리 깔고 앉아
취함 몇 년이런가?

此日祠壇喜落成　이날 사당의 단에서
낙성 기뻐한다네.

誤許俗書輕染汚[3]　잘못 속된 글씨 알아주시어
가볍게 더러움 물들이고,

急傳佳語頌登平[4]　급히 아름다운 말씀 전하시니
해 풍년 듦 칭송하네.

---

1 진소원장(陳昭遠丈): 바로 위의 취성정을 중수한 인물이나 사적에 대해서는 알려지지 않았다.
《차의》「용주 연평성 동쪽에는 황룡주가 있다. 세속에서는 이 모래섬에 매년 봄비가 온 뒤에 물의 많고 적음에 따라 한 해의 풍흉을 점치는데, 시 중의 『급전가어송등평』이라는 구절로 보건대 이 모래섬인 것 같다.」(龍洲延平城東有黃龍洲. 俗以此洲每春水後視水多寡占歲豐歉, 以詩中急傳佳語頌登平之句觀之, 似是此洲) 《차보》「용주 고정의 시내에는 모래섬이 있는데 물이 용솟음치는 것이 용의 혀처럼 나타나므로 용설주라 부르는데 아마 이 섬을 가리키는 것 같다. 선생이 나중에 창주로 고쳤다.」(龍洲考亭溪中有沙汀, 湧現如龍舌, 號龍舌洲, 恐指此洲. 先生後改滄洲)

2 사주(社酒): 봄가을의 사일(社日)에 토지신을 제사지낼 때 술을 마시며 경하하는데 이때 준비하는 술을 사주(社酒)라 한다. 송나라 맹원로(孟元老)의 《동경몽화록·추사(東京夢華錄·秋社)》「8월의 추사일에는 각자 사고와 사주를 서로 귀척들에게 보내준다.」(八月秋社, 各以社糕社酒相齎送貴戚)
취반형(醉班荊): 반형(班荊)은 친구와 풀을 깔아 자리를 만든다는 뜻으로, 만나 함께 앉아 마음을 이야기하는 것을 말한다. 권8 22번 시의 주 15)를 보라. 진(晉)나라 도연명(陶淵明)의 〈술을 마시다(飮酒)〉 제15수「나란히 소나무 아래에 앉아, 몇 잔 드니 이미 또 취하네.」(班荊坐松下, 數斟已復醉)

3 속서(俗書): 고서(古書)의 반대되는 의미로 써서 시속(時俗)의 뜻으로 쓰였지 이속(俚俗)의 뜻으로 쓰인 것이 아니다. 당나라 한유(韓愈)의 〈돌 북을 노래함(石鼓歌)〉「왕희지의 속된 글씨 모양 예쁜 것만 추구하여, 몇 장만 있으면 오히려 흰 거위 바꿀 수 있었다하네.」(羲之俗書趁姿媚, 數紙尙可博白鵝) 《차보》「선생이 사단의 액자를 썼으므로 스스로 겸칭한 것 같다.」(疑先生書社壇之額, 故自謙)

4 송등평(頌登平): 등평은 승평(升平), 태평(太平)이라고도 하며 해가 풍년이 든 것을 말한다. 《한서·식화지(食貨志)》「농공의 사업을 바치는 것을 등이라 하고 두

年豐已荷天垂慶	해 풍년 듦 이미 입었네, 하늘 경사 드리움,
人傑還欣地炳靈[5]	인걸들 또한 기뻐하네, 땅에서는 영기 빛남.
不信隣村是塵境	이웃 마을 진경임 믿지 못하겠으니,
請看綠水鎖紅亭[6]	푸른 물 붉은 정자 잠금 보소서.

번 바치는 것을 평이라 하며, 세 번 바치는 것을 태평이라 한다.」(進業曰登, 再登曰平, 三登曰太平) 당나라 안사고(顔師古)의 주석「정씨는 말하였다. 백공의 일을 바치는 것이다. 혹자는 말하기를 농공의 여러 일을 바치는 것을 등이라 한다.」(鄭氏曰, 進上百工之業也. 或曰, 進上農工諸事業, 名曰登)

5 인걸지병령(人傑地炳靈): 당나라 왕발(王勃)의 〈등왕각 시의 서문(滕王閣序)〉「사람이 걸출함은 땅이 영특해서이니 서유가 진번의 걸상 내린다네.」(人傑地靈, 徐孺下陳蕃之榻) 진(晉)나라 좌사(左思)의 〈촉나라의 서울(蜀都賦)〉「가까이는 장강과 한수의 영기 빛나고 대대로 영웅들 태어났다네.」(近則江漢炳靈, 世載其英)

6 녹수쇄홍정(綠水鎖紅亭): 당나라 한유(韓愈)의 〈합강정(合江亭)〉「붉은 정자 상강 베고 있고, 증수는 그 왼쪽에서 모이네.」(紅亭枕湘江, 蒸水會其左)

52. 懷潭溪舊居[1]

담계의 옛 거처를 그리워하다

憶住潭溪四十年[2]	담계에서 살던 사십 년 생각해 보니,
好峰無數列窓前	멋진 봉우리들 수도 없이 창 앞에 늘어서 있었다네.
雖非水抱山環地	비록 물이 안거나 산이 두르고 있는 땅은 아니었지만,
却是冬溫夏冷天	그래도 겨울은 따뜻하고 여름은 시원한 날씨였다네.
遶舍扶疎千箇竹[3]	집 주위에는 천 그루 대나무 무성하게 휘덮고 있었고,
傍崖寒冽一泓泉[4]	곁의 벼랑에는 한 웅덩이 샘 차고 시원하였다네.

1 담계(潭溪): 주희의 옛 거처는 자양루(紫陽樓)로 숭안(崇安)의 오부리(五夫里)에 있는데 소흥(紹興) 14년(1144, 주희 15세)에 처음으로 지어졌다. 명나라 대선재(戴銑在)의 《주자실기(朱子實記)》 권7 〈묘택·숭안현 주자고택(廟宅·崇安縣朱子故宅)〉「주자의 고택은 오부리 담계 가 병산 맞은 편에 있다.」(朱子故宅在五夫里潭溪之上, 屛山之對)

2 담계사십년(潭溪四十年): 주희는 15세 때인 소희 14년(1144) 부친의 유명(遺命)을 받들어 이곳으로 와 유씨(劉氏)들에게 기탁하여 살기 시작하여 만년인 63세 때(1192) 건양(建陽)의 고정(考亭)으로 옮겼으니 담계에서 거처한 것이 햇수로 49년인데, 여기서 40년이라고 한 것은 관직 생활을 하느라 외지에 나가 있었던 해를 빼고 정수를 들어 말한 것이다.

3 부소(扶疎): 한(漢)나라 사마상여(司馬相如)의 〈임금님의 숲을 읊음(上林賦)〉「늘어진 가지가 사방으로 퍼져 있다.」(垂條扶疎) 한나라 안사고(顔師古)의 주석「부소는 사방으로 퍼져 있는 것이다.」(扶疎, 四布也) 진(晉)나라 도연명(陶淵明)의 〈산해경을 읽으면서(讀山海經)〉「초여름이라 초목이 자라, 집을 휘덮는 나무 빽빽하네.」(孟夏草木長, 遶屋樹扶疎)

4 일홍천(一泓泉): 자양루에서 병산 쪽으로 가는 중간 지점에 있는 영천(靈泉)을 말한다. 지금도 그곳에는 주희의 필적이라는 글씨가 남아 있다.

誰教失計東遷繆[5] 누가 잘못된 계책 가르쳐주어
잘못 동쪽으로 옮겨,
憊臥西窓日滿川[6] 고달피 서쪽 창가에 누워 있자니
해 내에 가득 비치네.

5 동천(東遷): 《차의》「소희 3년(1192) 임자년에 비로소 건양의 고정에 집을 짓기 시작하였는데, 건양이 숭안의 동쪽에 있으므로 이른 것이다.」(紹熙三年壬子, 始築室于建陽之考亭, 建陽在崇安之東云) 《차의보》「주나라 왕실이 동으로 천도한 것으로 비유하였다. 《속집》 권5의 〈전시랑서〉를 참고하여 볼 만하다.」(以周室東遷爲譬也. 續集五卷田侍郎書當參看) 이때 주희가 거처를 옮긴 것은 장자인 주숙(朱塾)이 전해인 1191년 39세의 나이로 죽어서였다. 《연보》에 의하면 이 해 5월에 이곳에서 살기로 마음을 정하였고 6월에 새로운 거처가 낙성되었다.
류(繆): 류(謬)와 같다.
《속집》 권5 〈전시랑(子眞)에게 보냄(與田侍郎)〉「어제 계통이 말하기를 예전에 살던 곳의 산수가 매우 아름다웠는데 이를 버리니 애석하다고 하였으며, 새로운 거처는 성에 가까워서 이곳의 상황으로 헤아려 보건대 반드시 인사로 인하여 어지러움을 면할 수 없을 것입니다. 사절이 그곳을 경유한다면 만나지 않을 수 없으니 곧 맞이하고 보내는 행호가 될 것입니다. 응접하고 이야기하는 사이가 오래 됨에 어찌 후회스러움이 없겠습니까? 올해는 더욱 불편함을 느껴서 비로소 제가 동쪽으로 옮겨 온 것이 잘못된 계획임을 알았습니다.」(昨日季通說舊居山水甚勝, 棄之可惜. 新居近城, 以此間事體料之, 必不能免人事之擾. 只如使節經由, 不容不見, 便成一迎送行戶. 應接言語之間, 久遠豈無悔吝? 今年尤覺不便, 始悟東遷之失計)
6 비와서창(憊臥西窓): 아마 옛 거처인 담계가 고정의 서쪽에 있기 때문에 이렇게 읊었을 것이다.

53. 甘澤應祈, 一蘇焦槁, 皆昭遠致政宣義丈及仲卿諸友, 晝夜精虔, 不出道場之力. 而昭遠丈惠詩, 反以見屬, 非所敢當, 輒依高韻和呈, 以見鄙懷, 幷簡同社諸兄友[1]

단비가 기우제에 응하여 타들어가고 말라가는 것을 일시에 소생시켰는데 이는 모두 소원 치정 선의 어르신 및 중경 등 여러 친구들이 밤낮으로 정성을 다하여 도량을 나오시지 않은 힘이었다. 그리고 소원 어르신께서는 시까지 보내주시고 도리어 시를 지어달라는 부탁을 받았는데 감당할 것이 아니어서 문득 고상한 운자에 의거해 화답해서 드리고, 나의 보잘것없는 생각을 보이고 아울러 또 같은 동아리의 여러 형들에게도 띄운다

精禱由來未浹辰[2]	정성된 기도 올리신 지 열이틀도 되지 않았는데,
如何嘉澍便遄臻[3]	어찌하여 때맞춰 내리는 비 그렇게 빨리 이르렀던가?

1 도량(道場): 《차의》「당나라 숙종이 삼전에 도량을 설치하였다.」(唐肅宗於三殿設道場)

2 협진(浹辰): 옛날에는 간지(干支)를 가지고 날짜를 기록하였는데 자(子)에서 해(亥)까지 12일을 한 바퀴 도는 것을 협진(浹辰)이라고 한다. 협(浹)은 「두루」라는 뜻이다. 진(辰)은 자시부터 해시까지의 12진(辰)이다. 《좌전·성공(成公) 9년》「12일 만에 초나라가 그 세 도성을 떨어뜨렸다.」(浹辰之間, 而楚克其三都) 진나라 두예(杜預)의 주 「협진은 12일이다.」(浹辰, 十二日也)

3 가주(嘉澍): 《차의》「주(澍)는 때맞춰 내리는 비이다.」(澍, 時雨) 《후한서·명제기(明帝紀)》「장리들이 각기 깨끗이 재계하고 빌고 청하여 때맞춰 내리는 비가 오기를 바랐다.」(長吏各絜齋禱請, 冀蒙嘉澍) 당나라 이현(李賢)의 주석 「《설문》에서는 『때맞춰 내리는 비는 단비로 만물을 살린다.』라 하였다. 《회남자》에서는 『봄비가 내리면 만물이 적셔지지 않는 땅이 없고 나지 않는 생물이 없다.』라 하였다.」(說文曰, 時雨所以澍生萬物. 淮南子曰, 春雨之灌, 萬物無地不澍, 無物不生)
천진(遄臻): 《시경·패풍·천수(邶風·泉水)》에 「단번에 위나라까지 이른다」(遄臻于衛)는 구절이 있는데, 주희는 「천(遄)은 빠른 것[急]이고, 진(臻)은 이르는 것[至]이다.」라 하였다.

誠通幽隱知無間	정성 그윽이 숨은 곳까지 통하니 사이 없음 알겠고,
喜動龍天信有因[4]	기쁨 천룡팔부 감동시키니 원인 있음 믿겠네.
適歎惔焚千畝盡[5]	마침 천 이랑 모두 불타들어감 탄식하였는데,
忽驚滂潤一時均	갑자기 일시에 고르게 적시어 윤택하게 함 놀라네.
誰云化育流行妙[6]	누가 말했는가? 화육함 유행 묘하다고,
只屬乾坤不屬人	다만 건곤에 속하고 인간 세상에는 속하지 않는다네.

4 용천(龍天): 불교어로 곧 천룡팔부(天龍八部)인데, 모두 호법신(護法神)이다.

5 담분(惔焚): 《시경·대아·은하수(雲漢)》「가뭄 귀신이 날뛰어, 타는 듯 불붙는 듯.」(旱魃爲虐, 如惔如焚) 주희의 주석 「담은 불태우는 것이다.」(惔, 燎之也)

6 화육(化育): 생장화육(生長化育)시키는 것을 말한다. 《중용장구》 제22장 「물건의 본성을 다하면 천지의 화육을 도울 것이요, 천지의 화육을 도우면 천지와 더불어 참여하게 될 것이다.」(能盡物之性, 則可以贊天地之化育, 可以贊天地之化育, 則可以與天地參矣)

54. 奉題李彥中所藏兪侯墨戲[1]

삼가 이언중이 소장한 유후의 묵희에 적다

不是胸中飽丘壑[2]	가슴 속에 구릉과 골짜기 가득 차지 않았다면,
誰能筆下吐雲煙	누가 붓 아래로 구름과 안개 토해낼 수 있겠는가?
故應祗有王摩詰[3]	예로부터 다만 왕마힐 만이,
解寫離騷極目天[4]	〈이소〉 지어 하늘 끝까지 눈길 줄 알리라.

1 이언중(李彥中): 소흥(紹興) 10년에 비서랑(秘書郎)이 된 고소(姑蘇) 사람 이익(李益)의 자가 언중인데 동일 인물인지는 확실하지 않다. 유후(兪侯)는 미상이다. 묵희(墨戲): 흥이 나는 대로 이루어진 뜻을 써낸 그림.

2 흉중능구학(胸中能丘壑): 남조 송나라 유의경(劉義慶)의 《세설신어·품조(品藻)》「명제가 사곤에게 물었다. 『그대 스스로 말한다면 유량과는 어떻다고 보는가?』 답하여 말했다.『종묘에서 예복을 단정히 입고 백관을 법도에 맞게 부리는 것은 신이 유량보다 못하나 언덕이나 골짜기에서 마음먹은 대로하는 것은 제 스스로 낫다고 생각합니다.』」(明帝問謝鯤, 君自謂何如庾良? 答曰, 端委廟堂, 使百僚準則, 臣不如良, 一丘一壑, 自謂過之) 송나라 황정견(黃庭堅)의 〈자첨(蘇軾)의 고목에 적다(題子瞻枯木)〉「가슴 속에 원래부터 절로 구릉과 골짜기 가지고 있어, 일부러 늙은 나무 바람과 서리에 서리게 하였네.」(胸中元自有丘壑, 故作老木蟠風霜)

3 왕마힐(王摩詰): 《차의》「당나라 왕유의 자이다.」(唐王維字)

4 극목천(極目天): 권5 16번 시의 주 5)를 보라.

55. 題劉志夫嚴居厚瀟湘詩卷後[1]

유지부와 엄거후의 소상시권 뒤에 적다

瀟湘門外水如天[2]　소수와 상수 문 밖에
물 하늘과 같은데,

說著令人意慘然　말하여 드러내니 사람으로 하여금
뜻 참담하게 하네.

試問登高能賦客[3]　높이 올라 읊을 수 있는
손님에게 물어보나니,

箇中何似汨羅淵[4]　이 가운데 어느 것이
멱라수의 못과 비슷한가?

1 유지부(劉志夫): 유숭지(劉崇之)의 자이다. 또한 자를 지보(智父)라고도 하였다. 건양(建陽) 사람으로 호는 서장(瑞樟)이다. 주희에게 학문을 배웠으며 소희(紹熙) 2년(1191)에 진사가 되었고 권병부시랑(權兵部侍郞)까지 올랐다. 시호는 문충(文忠)이다.
엄거후(嚴居厚): 엄사돈(嚴士敦)이다. 위 41번 시에 보인다.

2 수여천(水如天): 당나라 유종원(柳宗元)의 〈아우인 종일과 이별하다(別舍弟宗一)〉「계령에 장기 오니 구름 먹과 같고, 동정호에 봄 다하니 물 하늘 같네.」(桂嶺瘴來雲似墨, 洞庭春盡水如天)

3 등고능부객(登高能賦客): 〈등왕각 시의 서문(滕王閣序)〉「높이 올라 짓는 것은 여러 공들에게 바라는 것이다.」(登高作賦, 是所望於羣公)《한서·예문지(藝文志)》「노래하지 않고 외는 것을 부라고 하며, 높은 곳에 올라 부를 지을 수 있는 사람은 대부가 될 수 있다.」(不歌而誦謂之賦, 登高能賦可以為大夫)《차보》「시를 지을 수 있으면 《좌전》의 열국의 대부와 같다는 말이다.」(言能賦詩, 如左傳列國之大夫也)《시경·용풍·정지방중(鄘風·定之方中)》「저 성터에 올라, 초구(楚丘) 바라본다네.」(升彼虛矣, 以望楚矣)라는 구절에 대한 모씨(毛氏)의 주석 [傳]「높은 곳에 올라 읊조릴 수 있는 것은 …… 덕음이 있다고 말할 수 있으며 대부가 될 수 있다.」(升高能賦……可謂有德音, 可以爲大夫)

4 멱라연(汨羅淵): 《차의》「승상 조여우는 경원 을묘년(1195)에 영주로 귀양가면서 중도에 형주를 경유하였는데 수신에게 폭행을 당하여 마침내 그곳에서 죽었다. 이 시가 지어진 해가 병진년(1196)이고, 시 중에 참담하다, 멱라연 등의 말이 나오는 것으로 보아 아마 조승상을 위해 지어준 것일 것이다.」(趙丞相汝愚, 慶元乙卯, 謫永州. 道經衡州, 爲守臣所窘暴, 卒殯于其地. 按此詩之作在丙辰, 而詩中有意慘然汨羅淵等語, 恐爲趙相而作)《차보》「멱라강은 장사부 절음현에 있다. 《형초세시기》에 의하면 굴원은 5월 5일에 멱라에 투신하여 죽었다.」(汨羅江在長沙府浙陰縣. 荊楚歲時記, 屈原五月五日投汨羅而死)

余南遊不能過衡山, 但見人說衡州門外泊船處風物令人愁. 未知信否. 因覽此卷, 書以訊之

내가 남쪽을 유람할 때 형산에 들를 수가 없어 다만 사람들이 형주의 문밖의 배가 정박하는 곳의 풍물은 사람을 근심스럽게 한다고 말하는 것만 보았는데 믿을 만한 것인지는 모르겠다. 이에 이 시권을 보고 써서 묻는다

56. 聞蛙

개구리 소리를 듣다

兩樞盛怒鬪春池[1] 두 축에서 크게 노하여
봄 못 다투는데,
羣吠同聲徹曉帷[2] 떼 지어 울어대는 같은 소리
새벽 휘장 뚫고 오네.
等是一場狼藉事 한 바탕 어지러운
일이기는 마찬가지인데,
更無人與問官私[3] 더 이상 묻는 사람 없다네,
관부를 위한 건지 개인을 위한 건지.

1 양추(兩樞): 《차의》 「『지도리 추』자는 《사문유취》에는 『개구리 와』자로 되어 있다.」(樞, 事文類聚作蛙)

2 군폐(羣吠): 《차의》에서 「『물총새 취』자는 당본에는 『무리 군』자로 되어 있다.」(翠, 唐本作羣)라 한 것으로 보아 「翠」자로 된 판본도 있는 것 같다.

3 문관사(問官私): 《진서·혜제기(晉書·惠帝紀)》 「혜제가 화림원에서 두꺼비 소리를 듣고 곁에 있는 사람들에게 일러 말하기를 『이 울음소리는 관부를 위한 것인가, 개인을 위한 것인가?』 누가(侍中 賈胤이) 말하기를 『관부의 땅에 있는 것은 관부를 위한 것이고, 사유지에 있는 것은 개인을 위해 우는 것입니다.』」(帝嘗在華林園, 聞蝦蟆聲, 謂左右曰, 此鳴者爲官乎, 私乎? 或對曰, 在官地爲官, 在私地爲私) 당나라 양수(楊收)의 〈개구리를 읊다(詠蛙)〉 「모이면 마땅히 고취곡 연주하는 것과 같은데, 관부를 위한 것인지 개인을 위한 건지 더 이상 묻지 않는다네.」(會當同鼓吹, 不復問官私)

57. 延平水南天慶觀夜作[1]

연평의 수남에 있는 천경관에서 밤에 짓다

石樓雲臥對江城[2] 석루는 강성을 마주하고
높이 솟아 있고,
城角吟霜永夜清[3] 성의 뿔나팔 소리에 서릿발 읊조리니
긴 밤 맑기만 하네.
料得南枝正愁絶[4] 생각건대 남쪽 가지
근심 지극하니,
不堪聞此斷腸聲[5] 이 애끊는 소리
차마 견딜 수 없다네.

1 연평(延平)은 남검주(南劒州)의 치소(治所)인 검포(劒浦)의 별칭으로, 곧 지금의 복건성 남평시(南平市)이다. 천경관(天慶觀)은 연평성(延平城) 남쪽 구봉산(九峯山) 기슭에 있다.

2 운와(雲臥): 당나라 두보(杜甫)의 〈용문의 봉선사에서 놀다(遊龍門奉先寺)〉「하늘의 궁궐 별자리 매우 가깝고, 구름에 누우니 의상 차구나.」(天闕象緯逼, 雲臥衣裳冷)

3 성각~영야(城角~永夜): 당나라 두보의 〈막부에서 묵다(宿府)〉「긴 밤 뿔나팔 소리 슬피 스스로 소리 내는데, 중천의 달빛 좋음 누가 보는가?」(永夜角聲悲自語, 中天月色好誰看) 《차보》「뿔나팔 소리를 접하고 매화 곡조를 지었기 때문에 이렇게 말하였다.」(接角聲有梅花引腔故云)

4 남지(南枝): 남쪽으로 난 가지를 말하며, 따뜻하고 온화한 지방을 가리키는 말로 쓰인다. 또 남지는 특히 매화를 가리키기도 한다. 《백첩(白帖)》「대유령의 매화는 남쪽 가지가 이미 지면 북쪽 가지가 바야흐로 피는데, 차갑고 따뜻한 기후가 다르기 때문이다.」(大庾嶺上梅花, 南枝已落, 北枝方開, 寒煖之候異也)

5 단장성(斷腸聲): 당나라 두보의 〈피리를 불다(吹笛)〉「피리 부니 가을 산 바람과 달 맑은데, 누구 집에서 솜씨 있게 애끊는 소리 내는가?」(吹笛秋山風月淸, 誰家巧作斷腸聲) 소씨(蘇氏)의 주석「완성이 말하였다.『나그네살이 중에 달밤에 이 소리의 운을 들으면 사람으로 하여금 애를 끊겠다.』」(阮晟聞笛曰, 客中月夜聞此聲韻, 使人腸斷)

58. 墨梅[1]

묵화 매화

夢裏淸江醉墨香[2]	꿈에서 맑은 강가의 묵향에 취하였는데,
蘂寒枝瘦凜氷霜	꽃술 차고 가지 야위어 얼음과 서릿발에도 늠름하구나.
如今白黑渾休問	지금 희고 검은 것 아무 것도 묻지 마라,
且作人間時世裝[3]	또한 인간세상에서 시속 따라 화장하였다네.

1 《차의》「형주 화광산의 장로인 중인은 묵매를 잘 그렸다. 황산곡이 나아가 화광을 가지고 불렀다.」(衡州花光山長老仲仁工畵墨梅. 山谷就以花光呼之)

2 《차의》「고찰해보아야 한다.」(當考)

3 시세장(時世裝): 권6 150번 시의 주 4)를 보라.

59~62. 秋華, 四首

가을 꽃, 네 수

59 木芙蓉[1]	목부용
紅芳曉露濃	붉은 꽃에 새벽 이슬 짙고,
綠樹秋風冷	푸른 나무는 가을 바람에 차구나.
共喜巧回春[2]	마침 봄 돌아옴 함께 기뻐하니,
不妨閑弄影[3]	한가로이 그림자 가지고 놂 무방하리.

60 蕙 혜	古所謂蕙, 乃今之零陵香. 今之蕙, 不知起於何時也 옛날의 이른바 혜라는 것은 바로 지금의 영릉향이다. 지금의 혜라는 것은 어느 때 그 이름이 생겨났는지 모르겠다
今花得古名	지금 이 꽃 옛 이름 가졌는데,
旖旎香更好[4]	우거지고 아름다운데 향기 더욱 좋네.
適意欲忘言[5]	뜻에 꼭 맞아 할 말 잊으려 하니,

1 《차의》「이름은 거상이고 일명 목련이라고도 하는데, (後蜀의) 맹후주가 성 위에 이 꽃을 심고 이름을 금성이라고 하였다. 한유에게 〈목부용〉 시가 있다.」(名拒霜, 一名木蓮, 孟後主城上種此, 名錦城. 昌黎有木芙蓉詩)

2 회춘(回春): 송나라 방악(方岳)의 〈산에서 매화를 만나다(山間逢梅)〉「해 지나도록 눈 같고 서리 같은 얼굴 안 보이더니, 하룻밤 만에 갑자기 천지에 봄 돌아왔다네.」(經年不覩雪霜面, 一夜頓回天地春)

3 농영(弄影): 송나라 호자(胡仔)의 《초계어은총화(苕溪漁隱叢話)》 권37「송자경 상서가 그(張子野) 재주를 기이하게 여겨 가서 만나보기 전에 명을 전하는 자를 보내어 말하였다.『상서께서 구름이 흩어지고 달이 나와 꽃이 그림자를 가지고 노는 낭중을 만날 수 있겠소?』 자야가 병풍 뒤에서 소리쳐 말하였다.『붉은 살구꽃 가지가 봄 뜻을 가지고 상서를 시끄럽게 하지 않을 수 있겠소?』나중에 마침내 나가서 술상을 차려놓고 즐거움을 다하였다.」(宋子京尚書奇其才, 先往見之, 遣將命者, 謂曰, 尚書欲見雲破月來花弄影郎中乎? 子野屛後呼曰, 得非紅杏枝頭春意鬧尚書邪? 遂出置酒盡歡)

4 의니(旖旎): 풍성하고 아름다운 모양. 초나라 송옥(宋玉)의 《초사·구변(九辯)》「혜화 겹으로 핌 가만히 슬퍼함이여, 큰 화방(花房) 풍성하다네.」(竊悲夫蕙華之曾敷兮, 紛旖旎乎都房) 한나라 왕일(王逸)의 주석「의니는 성한 모양이다.」(旖旎, 盛貌) 《차의》「의니는 부드럽고 약한 모양이다.」(旖旎, 柔弱貌)

5 욕망언(欲忘言): 진나라 도연명의 〈술을 마시며(飮酒)〉 제5수「이 가운데 참뜻 있어, 말해보려 하다가 이미 말 잊었네.」(此中有眞意, 欲辨已忘言)

塵編詎能考[6]	먼지 낀 책에서 어찌 살필 수 있으리?

61 木犀

61 木犀	목서
喬木生夏凉[7]	높다란 나무 여름에 시원함 내고,
芳蕤散秋馥[8]	향기로운 꽃 가을에 향기 풍기네.
未覺歲時寒[9]	해 추워진 줄도 깨닫지 못하고,
扶疏方遶屋[10]	무성하게 한창 집 두르고 있네.

62 菊

62 菊	국화
靑蕊冒珍叢[11]	푸른 꽃술 진귀한 떨기 무릅쓰고,
幽姿含曉露[12]	그윽한 자태는 새벽 이슬 머금었네.
政爾破荒寒[13]	때마침 거친 추위 속에 꽃망울 터뜨렸으니,
詎免傷遲暮[14]	세밑에 상함 어찌 면하리오.

6 진편거능고(塵編詎能考): 진편은 오래되어 낡고 먼지가 낀 책. 《차의》「지금의 혜초(라는 명칭)는 어느 때 시작된 것인지 몰라서 고찰해볼 수 없기 때문에 이렇게 말한 것이다.」(今之蕙, 不知起於何時, 而不能考故云)

7 교목생하량(喬木生夏凉): 당나라 위응물(韋應物)의 〈동덕사. 비 온 후에 원시어와 이박사께 부치다(同德寺. 雨後寄元侍御李博士)〉「큰 나무는 여름에 시원함 내고, 흐르는 구름은 환한 달 내뱉는다네.」(喬木生夏凉, 流雲吐華月)

8 방유(芳蕤): 《차의》「유는 초목이 드리운 모양이다.」(蕤, 草木華垂貌) 진(晉)나라 육기(陸機)의 〈문부(文賦)〉「꽃송이 드리워져 짙은 향기 퍼져나가고, 푸른 가지 무성하게 무럭무럭 자라네.」(播芳蕤之馥馥, 發青條之森森)

9 시(時): 「장」(將)으로 된 판본도 있다.

10 부소(扶疏): 가지와 잎이 무성한 모양을 말한다. 진나라 도연명(陶淵明)의 〈산해경을 읽고(讀山海經)〉「초여름이라 나무와 풀 길게 자라고, 집 두르고 나무 빽빽하다네.」(孟夏草木長, 繞屋樹扶疏)

11 청예(靑蕊): 당나라 두보(杜甫)의 〈뜰 앞의 감국화에 감탄하다(歎庭前甘菊花)〉「처마 앞 감국 옮길 때 늦었고, 푸른 꽃술 중양절에 따지 못하겠네.」(簷前甘菊移時晚, 靑蘂重陽不堪摘)

12 함효로(含曉露): 송나라 한유(韓維)의 〈여러 벼슬아치들을 초청하다(招致仕諸君飮)〉「국화 새벽 이슬 머금으니 정신 굳세고, 술 들어가니 서늘한 하늘 기운과 맛 순하네.」(菊含曉露精神健, 酒入凉天氣味醇)

13 정이(政爾): 정(政)은 정(正)과 같다. 이(爾)는 부사형 어미로 쓰였다.

14 지모(遲暮): 만년(晚年), 세모(歲暮)와 같다. 《초사·슬픔을 만나다(離騷)》「초목 짐이여, 미인 만남 늦어질까 두렵다네.」(惟草木之零落兮, 恐美人之遲暮)

63. 晦翁足疾, 得程道人鍼之而愈, 戲贈此詩

회옹의 각질이 정도인의 침을 맞고 나아 장난삼아 이 시를 드린다

十載扶行恃短笻	십 년 동안 부지하여 가는데 짧은 지팡이 믿었는데,
一鍼相値有奇功[1]	한번 침 맞으니 신기한 효능 보게 되었네.
出門放步人爭看	문 나서 활보하니 사람들 다투어 보고,
不是前來勃窣翁[2]	전부터 설설 기어 다니던 늙은이 아니라네.

[여설]

송나라 나대경(羅大經)의 《학림옥로(鶴林玉露)》 권11에서는 다음과 같이 말하고 있다. 「주문공은 다리에 병이 있었는데 일찍이 어떤 도인이 침뜸을 시술해주어 얼마후 가뿐하고 편안함을 느꼈으며, 공이 크게 기뻐하여 후사하고 또한 시를 지어주어 말하였다. 『몇 년이나 몸 부지함에 야윈 지팡이 의지하였는데, 침 한 방에 도리어 기이한 효과 있음 느꼈다네. 문 나섬에 지팡이 놓음에 아이들 웃으니, 지난날 설설 기던 늙은이 아니라네.』 도인은 시를 얻자 곧 떠났다. 며칠 되지 않아 다리 병이 크게 도져 침을 맞기 전보다 심하였다. 급히 사람을 시켜 도인을 찾아보게 하였

1 침(鍼): 침(針)과 같은 뜻의 이체자.

2 발솔옹(勃窣翁): 발솔은 가는 모양이다. 한나라 사마상여(司馬相如)의 〈자허부(子虛賦)〉 「이에 곧 함께 향초 동산에서 밤 사냥을 하시며, 어렵사리 쇠 같은 제방을 기어오른다네.」(於是乃相與獠於蕙圃, 媻珊勃窣金隄) 《문선》에 주석을 단 이선(李善)은 위소(韋昭)의 말을 인용하여 「반산발솔은 기어오르는 것이다.」(媻跚勃窣, 匍匐上也)라 하였다.

으나 이미 간 곳을 아무도 몰랐다. 공이 탄식하여 말하였다. 『내가 그를 벌하려는 것은 아니다. 다만 그 시를 찾으려는 것인데 그가 이것을 가지고 다른 사람을 그르칠까 걱정될 따름이다.』」(朱文公有足疾, 嘗有道人為施針熨之術, 旋覺輕安, 公大喜, 厚謝之, 且贈以詩云, 幾載相扶藉瘦笻, 一針還覺有奇功. 出門放杖兒童笑, 不是從前勃窣翁. 道人得詩, 徑去. 未數日, 足疾大作甚於未針時. 亟令人尋逐道人, 已莫知其所往矣. 公歎息曰, 某非欲罪之, 但欲追索其詩, 恐其持此誤他人爾) 또한 반영인(潘永因)이 편집한 《송패류초(宋稗類鈔)》 권30 〈괴이(怪異)〉 제50에도 이 이야기를 언급하여놓았는데 끝부분에서 「이날 밤 꿈에 신이 말하기를 『공의 일념이 하늘을 감동시켰도다.』라 하였으며 다리 병은 곧 나았다.」(是夜夢神曰, 公一念動天矣. 足疾旋瘳)라 하였다. 이로써 문집에 수록된 시와는 문자가 상당히 다름을 알 수 있다.

64~65. 戲答楊庭秀問訊離騷之句, 二首[1]

양정수가 〈이소〉의 구절을 물어 장난삼아 대답하다. 두 수

64

昔誦離騷夜扣舷[2]	지난날 〈이소〉 외우며 밤에 뱃전 두드릴 때는,

1 양정수(楊庭秀): 남송 양만리(楊萬里: 1124~1206)의 자이다. 길주(吉州) 길수(吉水) 사람으로, 호는 성재(誠齋)이다. 우무(尤袤), 범성대(范成大), 육유(陸游)와 함께 남송사대가(南宋四大家)로 불린다. 보문각대제(寶文閣待制)로 치사하였으며, 시호는 문절(文節)이다. 양만리의 《성재집》 권38에는 〈주원회의 초사해에 장난삼아 발문을 적다(戲跋朱元晦楚辭解)〉라는 시가 두 수 있는데, 바로 이 시의 원운시이다. 소개해보면 다음과 같다. 「《주역》 주석하고 《시경》 주석 달며 《노논어》 풀이하여, 돛 한번 펼쳐 곧장 건너 기수의 하늘아래서 몸 씻었다네. 무단히 또한 상수에 걸리어 불리고, 서천에서 다투어 배 건넘 구경한다네.」(注易箋詩解魯論, 一帆徑度浴沂天. 無端又被湘纍喚, 去看西川競渡船) 이상은 첫째 시이고 두 번째 시는 다음과 같다. 「서리 내린 후 아욱 말라 국 끓일 수 없고, 굶어가며 읊조리니 오래도록 들으며 벌레 소리 기다리네. 장신이 위로 호소하니 하늘이 흐느끼어, 또한 붉은 강리와 두형 내려줄 것이네.」(霜後藜枯無可羹, 飢吟長聽候蟲聲. 藏神上訴天應泣, 又賜紅蘺與杜衡) 또한 《성재집》 권108에는 〈주시강에게 담함(答朱侍講)〉이란 편지가 수록되어 있는데 내용은 다음과 같다. 「받자온 편지에서 말하기를 『고굉의 병이 가슴까지 옮아가 또한 오피궤(烏皮几)에 기대고 청사를 보고 신음하기도 어렵다』고 하였는데, 이는 의법을 돌아보고 살피지 않은 데 있을 따름입니다. 장신불이 말하기를 『나로 하여금 주리고 목말라도 구휼하지 않는 것이 있다면 책이 아니겠는가? 나로 하여금 눈을 상처 입히고 심장을 찌르며 위와 신장을 뽑아내게 하는 것이 있다면 책이 아니겠는가?』라 하였습니다. 내가 여러 번이나 벼루를 자루에 넣고 붓을 함에 넣는 방책을 말씀드렸고 물을 돌에 던짐을 고함으로써 좋아하는 것을 권고하였지만 차제에는 병들어 힘이 부족한 것을 한할 따름입니다. 마침 (춘추시대 秦나라의 양의인) 화와 완이 다시 태어난다면 이 옛 것을 배우는 마음을 씻고 이 토탄을 좋아함에 침을 놓을 수 있겠습니까? …… 듣자하니 지으신 《초사해》가 매우 기이하다고 하는데 얻어 살펴볼 수 있겠습니까? 방법을 보내드린 지 얼마 되지도 않았는데 또 종용하는 것이 또한 이공택이 동파에게 시를 짓지 말게끔 경계하면서도 도리어 먹을 보낸 것과 비슷합니다. 한번 웃습니다.」(得書云, 股肱之疾移及腹心, 且艱于憑烏皮呻青竹, 是在醫法顧不察耳. 藏神不曰, 孰使我飢渴之不恤者, 非書乎? 孰使我劌目鉥心掐擢胃腎者, 非書耶? 某屢陳囊研櫝筆之方, 而以水投石諗以酷嗜, 在此第恨病而力不足耳. 政使和緩復生, 能浣此學古之胸, 而砭此土炭之嗜耶……以聞所著楚辭解甚奇, 可得而窺見否? 獻方之未既, 而又縱臾之, 又似李公擇戒東坡勿作詩而反送墨也. 一笑) 《고금사문유취》 별집 권2에는 제목이 〈주시강에게 책을 짓지 말 것을 권함(勸朱侍講勿著書)〉으로 되어 있다. 당나라 유종원 〈최암 수재가 글을 짓는 것을 논한 데 대한 답장(報崔黯秀才論為文書)〉「무릇 사람이 글을 좋아하고 글씨를 잘 쓰는 것은 모두 병적인 버릇이다. …… 내 일찍이 가슴속이 병든 사람을 보았는데 흙과 숯을 먹고 신 것과 짠 것을 좋아하려고 생각하여 그렇게 되지 못하면 크게 슬퍼하였다.」(凡人, 好辭工書皆病癖也……吾嘗見病心腹人, 有思啗土炭嗜酸鹹者, 不得則大戚)

2 구현(扣舷): 《차보》「뱃전을 치는 것이다.」(扣舡邊也)

江湖滿地水浮天[3] 강호 한 가득
물에 하늘 떠 있었다네.
只今擁鼻寒窓底[4] 지금은 코 막고
추운 창 아래서 읊조리는데,
爛却沙頭月一船[5] 모래톱 어지럽고
달 배 한 척 비추네.

65

春到寒汀百草生[6] 봄 되니 차가운 물가에
온갖 풀 돋아나고,
馬蹄香動楚江聲 아욱풀 향기 진동하고
초나라 강에서는 소리 난다네.
不甘強借三峰面[7] 달갑지 않네, 억지로
세 봉우리 풍습 빌려와서,
且爲靈均作杜蘅[8] 또한 영균이
두형이라 함.

3 강호~부천(江湖~浮天): 《차의보》「《연주시격》의 주석에서는 이것은 〈이소〉의 넓어서 끝이 없는 뜻이라고 하였다.」(聯珠詩格注, 此言騷經泛然無涯之意)

4 옹비(擁鼻): 권3 47번 시의 주 26)을 보라.

5 난각(爛却): 난(爛)은 어지럽다는 뜻이고, 각(却)은 조사(助詞)로 동사의 뒤에 쓰여서 동작이 완성되었음을 나타낸다.

월일선(月一船): 《윤씨수초》「양만리는 이때 배 경주를 하고 있었다. 대체로 선생의 주와 소를 말하고 있으므로 배 한 척이 버려졌다고 대답한 것이다.」(楊時競船. 盖言先生注疏, 故以一船之爛却答之) 당나라 백거이(白居易)의 〈강의 나그네에게 드림(贈江客)〉「그대 홀로 모래톱 보고 묵는 것 근심스러운데, 물은 갈대꽃 두르고 달빛은 배에 가득하네.」(愁君獨向沙頭宿, 水遶蘆花月滿船) 《차의》「고시에 『웃으며 갈대꽃 가리키는데 달이 배 한 척 비추네』라는 구절이 있다.」(古詩, 笑指蘆花月一船) 이 시는 명나라 박문창(朴文昌)의 〈곽산 운흥관의 그림 병풍에 적다(題郭山雲興館畫屏)〉에 나오는 구절이다.

6 춘도~백초생(春到~百草生): 《장자·경상초(庚桑楚)》「대체로 봄의 기운(양기)이 발하면 온갖 풀이 돋아나고 가을이 되면 만물은 열매를 맺는다.」(夫春氣發而百草生, 正得秋而萬寶成)

7 삼봉(三峰): 《차보》「태화산(곧 華陰山)에는 부용과 명성, 옥녀의 세 봉우리가 있다.」(太華山有芙蓉明星玉女三峯)

8 영균(靈均): 《초사》〈슬픔을 만나다(離騷)〉를 지은 초나라의 삼려대부(三閭大夫) 굴원(屈原)을 말한다. 〈슬

佛法不怕爛却禪家語也. 杜蘅一名馬蹄香. 本草辨爲藥云, 細辛則杜蘅, 水浸令直. 三峰謂華陰也

「불법은 완전히 어지러워지는 것을 두려워하지 않는다」라는 말은 불가의 말이다. 두형은 마제향이라고도 한다. 《본초》에서는 약이 되는 것을 구분하여 말하기를 「가늘고 맛이 매우면 두형이라 하고 물에 잠기면 영직이라고 한다」라 하였다. 삼봉은 화음이다

픔을 만나다〉에 「내 이름을 정칙이라 하셨음이여, 내 자를 영균이라 하셨다네.」(名余曰正則兮, 字余曰靈均)라는 구절이 있다.

두형(杜蘅): 향초 이름으로 두형(杜衡)이라고도 한다. 〈슬픔을 만나다〉 「두둑에 유이와 게거 심음이여, 두형과 향기로운 방초 섞어 놓았다네.」(畦留夷與揭車兮, 雜杜衡與芳芷)

9 세신두형(細辛杜蘅): 진나라 장화(張華)의 《박물지(博物志)》 권4 「위문제가 기록한 여러 가지 사물 가운데 비슷하여 진짜를 어지럽히는 것으로는 ……사상은 미무를 어지럽히고 ……두형은 세신을 어지럽힌다.」(魏文帝所記諸物相似亂眞者……蛇床亂蘼蕪……杜蘅亂細辛)

66. 孝宗皇帝挽歌詞[1]

효종황제를 애도하는 글

阜陵[2]發引, 詔許近臣進挽歌辭. 熹恭惟盛德大業不易形容, 方將攄竭鄙思, 以效萬一, 冥搜連日, 纔得四語, 而忽被閔勞之詔, 罷遣東歸,[3] 遂不敢成章以進. 杜門累年, 每竊私恨. 戊午之春, 大病瀕死, 黙念平生仰孤恩遇, 無路補報, 感激涕泗, 不能自已. 謹因舊篇, 續成十有六韻, 略敍本末, 以見孤臣亡狀, 死不忘君之意云

부릉의 발인 때 가까운 신하들에게 애도하는 글을 지어도 좋다는 명이 내렸다. 희가 삼가 생각건대 성덕과 대업을 쉽게 형용할 수 없어 바야흐로 비루한 생각이나마 다 펴서 만분의 일이라도 드러내고자 하여 연일 심사숙고하여 겨우 네 마디 말을 얻었는데, 갑자기 휴직의 명령이 내려져 직책을 그만두고 동쪽으로 돌아오느라 마침내 감히 문장을 이루어 바치지 못하였다. 몇 년이나 문을 닫아걸고 지내면서 늘 한스럽게 생각하였다. 무오년(1198) 봄에 큰 병에 걸려 거의 죽을 지경에 이르러 가만히 생각해보니 평생토록 높은 은혜를 입었는데도 갚을 길이 없어 감격의 눈물이 흘러내림을 금할 수가 없었다. 삼가 지난날의 글에 따라 16운으로 이어 완성하였으니 대략 본말을 서술하여 외로운 신하가 무례하게 죽어

1 효종(孝宗: 1127~1194): 송나라의 11대 황제 조신(趙眘)의 묘호이다. 자는 원영(元永)이고, 소희(紹熙) 5년 6월 무술일에 죽었으며 부릉(阜陵)에 장사지냈다.

2 부릉(阜陵): 송나라 효종의 묘는 영부릉(永阜陵)인데 절강(浙江) 소흥(紹興)의 보산(寶山)에 있다. 송나라 사람들은 효종을 통산 부릉(阜陵)이라 하였다. 《차보》「광종 소희 갑인년(1194) 6월에 효종이 죽자 11월에 영부릉에 장사지냈다.」(光宗紹熙甲寅六月, 孝宗崩, 十一月葬永阜陵)

3 주자는 당시 환장각시강(煥章閣侍講)으로 경연(經筵)을 하다가 관직을 그만 두고 귀향을 했었다. 《송사(宋史)》 권429 〈도학(道學) 3·주희(朱熹)〉「경연을 하고 남아 다시 전의 상소를 펴서 말씀드리고 시행해줄 것을 청하였다. 물러나자 즉시 비답을 내려서 말하였다.『경이 나이가 든 것이 안타깝고 바야흐로 이런 한 겨울에 진강을 하기가 어려울 것 같아 이미 경을 궁관에 제수하였노라.』」(講筵留身, 復申言前疏, 乞賜施行. 旣退, 卽降御批云, 憫卿耆艾, 方此隆冬, 恐難立講, 已除卿宮觀)

도 임금을 잊을 수 없다는 뜻을 드러내었다

仗便之便, 一本作更 「장편」의 「편」은 어떤 판본에는 「경」으로 되어 있다

精一傳心妙[4]	정일집중 마음의 오묘함 전하였고,
文明撫運昌	문덕 밝음 시운에 순응하여 창성하였다네.
乾坤歸獨御[5]	건곤 홀로 거느림으로 돌아가고,
日月要重光[6]	일월 다시 빛나려 했다네.
不値亡胡歲[7]	오랑캐 멸망시킬 해 만나지 못하면,
何由復漢疆[8]	어떻게 한나라 강토 회복하겠는가?
遽移丹極仗[9]	갑자기 궁전의 의장 옮기시어,
便上白雲鄉[10]	곧장 하늘나라로 오르셨네.
九有哀同切[11]	온 천지 슬픔 한가지로 간절했으나.

4 정일(精一): 《서경·대우모(大禹謨)》「사람의 마음은 위태롭기만 하고 도를 향한 마음은 미약하기만 하니 정(精)하게 하고 한결같이 하여야 진실로 그 중도(中道)를 잡을 것이다.」(人心惟危, 道心惟微, 惟精惟一, 允執厥中)

5 독어(獨御): 《차의》「신하에게 맡기지 않았음을 말한다.」(謂不任臣下也) 《주자어류(朱子語類)》 권127 「계속해서 효종 말년의 정치를 언급하시며 선생께서 말씀하셨다. 『내 일찍이 효종의 만사를 지었는데, 한 연을 얻어 말하였다. 「건곤은 홀로 다스림에 돌아가고, 일월은 중광을 요하네!」』」(因言孝宗末年之政, 先生曰, 某嘗作孝宗挽辭, 得一聯云, 乾坤歸獨御, 日月要重光) 《주자어류》 같은 권 「수황은 줄곧 천하에 뜻이 있어 사람을 등용하려고 하였다. 일찍이 스스로가 손중모처럼 많은 사람을 얻을 수 없음을 탄식하였다.」(壽皇直是有志於天下, 要用人. 嘗歎自家不如箇孫仲謀, 能得許多人)

6 중광(重光): 《서경·고명(顧命)》「옛날 군주이신 문왕과 무왕이 거듭 빛난 덕을 베푸시어 (백성들이) 의지하여 살 바를 정해주고 가르침을 펴시자, 백성들이 익혀 익히고 어기지 아니하여 능히 은나라에 도달해서 큰 명을 모으셨다.」(昔君文王武王, 宣重光, 奠麗陳敎, 則肄, 肄不違, 用克達殷, 集大命)

7 망호세(亡胡歲): 당나라 두보(杜甫)의 〈북쪽으로 가다(北征)〉「화 바뀌어 오랑캐 망할 해이고, 세 이루어 오랑캐 사로잡을 달이라네.」(禍轉亡胡歲, 勢成擒胡月)

8 한강(漢疆): 여기서는 북송의 실지(失地)를 가리켜 말하였다.

9 단극장(丹極杖): 단극은 궁전의 붉은색 동우(棟宇)인데, 보통 궁궐을 가리키는 말로 쓰인다. 《차의》「사병들이 잡는 것을 장이라고 한다. 당나라의 제도에 의하면 궁전 아래의 사병과 무기 등을 장이라고 하였다.」(兵人所執曰仗. 唐制, 殿下兵衛曰仗) 당나라 두보의 〈서울을 수복하다(收京)〉 제1수 「천자의 의장 궁궐 떠나고, 요망한 별 궁전의 옥 섬돌 끼고 있네.」(仙仗離丹極, 妖星帶玉除)

10 백운향(白雲鄉): 원래는 선경(仙境)을 나타내는 말이었다. 《장자·천지(天地)》「저 흰 구름을 타고 제향에서 놀았다.」(乘彼白雲, 游於帝鄉) 여기서는 죽어서 하늘나라로 올라간 것을 말한다. 송나라 소식(蘇軾)의 〈조주의 한문공 사당의 비문(潮州韓文公廟碑)〉의 시 「공 옛날에 백운향에서 용 타고, 손으로 구름 헤쳐 천장 나누었다네.」(公昔騎龍白雲鄉, 手抉雲漢分天章)

11 구유(九有): 구주(九州)와 같은 말. 온 천지, 천하. 《시경·상송·현조(商頌·玄鳥)》「사방으로 그 제후들에게 명하사, 곧 구유를 소유하셨다네.」(方命厥后, 奄有九有) 모씨의 주석[毛傳] 「구유는 구주이다.」(九有, 九州也)

孤臣淚特滂[12]	외로운 신하 눈물 특히 펑펑 쏟았다네.
詎因逢舜日[13]	어쩌다 순임금 같은 세월 만나게 되어,
曾得厠周行[14]	일찍이 조정의 한자리에 끼이게 되었다네.
但憶彤墀引[15]	다만 대궐에서의 일 회상해 보니,
頻趨黼坐旁[16]	자주 임금님 가까이서 모셨다네.
袞華叨假寵[17]	높은 관직 외람되이 은총 입어,
縞素識通喪[18]	흰 상복 입고 통상적인 상 모셨다네.

12 누방(淚滂): 방은 눈물을 흘리는 모양. 당나라 한유(韓愈)의 〈영스님이 금 타는 것을 듣다(聽穎師彈琴)〉「손 내밀어 갑자기 멈추게 하니, 옷 적시며 눈물 펑펑 흘린다네.」(推手遽止之, 濕衣淚滂滂)

13 순일(舜日): 성군이 다스리는 태평성대를 말한다. 남조 양(梁)나라 심약(沈約)의 〈사철 흰 모시를 노래함(四時白紵歌)〉「요초 차고 다니니 용모와 신색 머무르고, 순임금과 요임금의 세월 즐거움 끝이 없다네.」(佩服瑶草駐容色, 舜日堯年歡無極)

14 거인~주행(詎因~周行): 《차의》「선생의 겸사이다. 재능이 없다면 어찌 조정의 반열에 끼일 수 있겠는가? 측은 섞이다, 끼이다, 머무르다의 뜻이다.」(先生謙言. 未有才能, 何由而得厠周行乎. 厠, 雜也, 間也, 次也)《시경·주남·권이(周南·卷耳)》「아! 내 임을 그리워하는지라, 저 주나라의 열위에 있다네.」(嗟我懷人, 寘彼周行) 한나라 정현(鄭玄)의 주석[箋]「주나라의 열위는 조정의 신하를 이른다.」(周之列位, 謂朝廷臣也) 한나라 사마천(司馬遷)의 〈임소경에게 답함(報任少卿書)〉「지난날 저 또한 하대부의 항렬에 있을 때 외정의 말석에 참여한 적이 있습니다.」(嚮者僕亦常厠下大夫之列, 陪外廷末議) 진(晉)나라 반악(潘岳)의 〈추흥부(秋興賦)〉「관직을 대리하고 빈자리를 충원하여 외람되이 관리의 반열에 들었다.」(攝官承乏, 猥厠朝列) 당나라 이선(李善)의 주석「측은 머무르는 것이다, 섞이는 것이다.」(厠, 次也, 雜也)

15 동지(彤墀): 단지(丹墀)와 같다. 궁전의 붉은색 섬돌이나 적색의 지면을 말하는데, 궁전을 가리키는 말로 쓰인다. 송나라 왕응린(王應麟)의 《옥해(玉海)》 권159에서는 《한관의(漢官儀)》를 인용하여「상서가 명광전에 일을 아뢰어 성중을 붉은색으로 땅을 칠하였으므로 단지라고 한다.」(尚書奏事於明光殿, 省中以丹朱漆地, 故曰丹墀)라 하였다.

16 빈추보좌방(頻趨黼坐旁): 《차의》「보좌단의이며 형태는 병풍 그림과 같고 무늬와 도끼를 수놓았다. 결단한다는 뜻을 취하였는데, 대체로 임금의 자리이다. ○ 선생은 효종 계미년(1163)에 수공전에서 입대하였고 신축년(1181)에 연화전에서 일을 아뢰었으며, 무신년(1188)에도 또한 연화전에서 일을 아뢰었다.」(黼坐丹扆也. 狀如屛畫, 黼文黼斧也. 取其斷, 盖人君之坐也. ○ 按先生於孝宗癸未入對垂拱殿, 辛丑奏事延和殿, 戊申又奏事延和殿)

17 곤화도가총(袞華叨假寵): 곤화(袞華)는 권8 44번 시의 주 44) 영포곤(榮褒袞)을 보라. 《차보》「선생은 여러 번이나 효종이 기리고 총애하는 은혜를 입었는데, 아래 구절을 가지고 고찰해보건대 무신년(1188)에 등대하였을 때의 칭찬한 논의를 가리키는 것 같다.」(先生屢蒙孝宗褒寵之恩, 而以下句考之, 似指戊申登對時奬論也)

18 호소식통상(縞素識通喪): 천하가 공통으로 거행하는 상례로 곧 3년 상을 말한다. 《사기·고조본기(高祖本紀)》「신성의 삼노 동공이 한왕을 가로막고 의제가 죽은 일을 말하니 한왕이 듣고 왼쪽 소매를 벗고 큰 소리로 통곡하였다. 마침내 의제를 위해 발상하고 사흘간 임곡하였으며 사자를 보내어 제후들에게 알렸다. 『……과인이 친히 발상을 할 것이니 제후들은 모두 흰 상복을 입을지니라.』」(新城三老董公遮說漢王以義帝死故. 漢王聞之, 袒而大哭. 遂爲義帝發喪, 臨三日. 發使者告諸侯曰……寡人親爲發喪, 諸侯皆縞素)《논어·양화(陽貨)》「삼년상은 온천하의 공통된 상이다.」(夫三年之喪, 天下之通喪也)《차의》「정미년에 고종이 죽었을 때

似有鹽梅契　소금과 매실 같은 연분 있는가 했더니,
還嗟貝錦傷[19]　도리어 남의 참소에 상해 입었다네.
戴盆驚委照[20]　물동이 이고 밝게 맡기시니 놀라겠고,
增秩待行香[21]　벼슬을 높이시어 분향하는 것 모셨다네.
手疏攄丹悃[22]　소를 올려 마음 속 정성 펴고,
衡程發皂囊[23]　정사 바로잡으려 의견 늘어놓았다네.

재상 왕애 등이 역월의 영을 따를 것을 청하였으나 효종이 따르지 않고 삼년상을 행하였기 때문에 이렇게 말한 것이다.」(按丁未高宗崩, 宰相王淮等請遵易月之令, 而孝宗不聽, 行三年之喪故云) 정미년은 1187년이며, 고종이 죽은 해는 임오년(1162)이므로 《차의》에 착오가 있는 것 같다.

19 염매~패금(鹽梅~貝錦): 《서경·부열의 명령(說命) 하》「술이나 단술을 만들려거든 그대가 곧 누룩이 되어주고, 양념을 맞춘 국을 만들려거든 그대가 곧 소금과 매실이 되어 주시오.」(若作酒醴, 爾惟麴蘖, 若作和羹, 爾惟鹽梅) 《시경·소아·항백(巷伯)》「조금 문채가 있는 것으로 이 패금을 이루도다. 저 남을 참소하는 자여 또한 너무 심하도다.」(萋兮斐兮, 成是貝錦, 彼譖人者, 亦已大甚) 《송사·주희전》「(淳熙) 15년(무신, 1188) 왕회가 승상에서 물러나자 마침내 입조하여 상주하였다. …… 상주하니 천자가 말했다.『오래도록 경을 보지 못하였으나 절동에서 있은 일을 짐이 다 알고 있으니 이제 마땅히 경을 청요직에 두어 다시는 주현을 맡아 다스리게 하는 번거로움을 끼치지 않겠노라.』…… 다음날 …… 본부시랑 임률이 일찍이 주희와 더불어 《주역》과 《서명》에 대해서 논한 적이 있었는데 뜻이 맞지 않자 주희를 탄핵하였다.」(十五年, 淮罷相, 遂入奏……及奏, 上曰, 久不見卿, 浙東之事, 朕自知之, 今當處卿淸要, 不復以州縣爲煩也……翌日……本部侍郎林栗嘗與熹論易·西銘不合, 劾熹) 《차의》「이 일은 〈무신봉사〉와 〈육자정서〉에 상세히 보낸다.」(事詳見戊申奉事及答陸子靜書)

20 대분경위조(戴盆驚委照): 한나라 사마천(司馬遷)의 〈임소경에게 답함(報任少卿書)〉「저는 물동이를 머리에 이고 하늘을 바라볼 수 없다고 생각합니다.」(僕以爲戴盆何以望天) 당나라 이백(李白)의 〈선성태수 조열에게 드림(贈宣城趙太守悅)〉「원컨대 복희의 빛 얻어서, 남 위하여 동이 이고 비추어주었으면.」(願借羲皇景, 為人照覆盆) 《문집》 권22 〈강서제형을 사양하는 장(辭免江西提刑狀)〉 3「(1188년) 6월 26일에『주희가 병든 몸을 이끌고 입대하여 아뢴 차자는 모두 새로운 직책의 직사를 논했는데 짐은 그의 정성을 믿으니 다시 청한 것에 따라서 내렸던 지휘에 의거하여 빨리 나아가라.』는 성지를 받들었습니다.」(六月二十六日奉聖旨, 朱熹力疾入對, 奏箚皆論新任職事, 朕諒其誠, 復從所請, 可依已降指揮, 疾速之任)

21 증질대행향(增秩待行香): 《한서·순리전(循吏傳)》「2천석으로 다스리어 효과가 드러나면 즉시 조서를 내려 면려하고 승진을 시키고 금을 내렸다.」(二千石有治理效, 輒以璽書勉厲增秩賜金) 《차의》「생각건대 선생은 (1188년) 6월에 임률의 탄핵을 받았으며 8월에는 조봉랑으로 전직되었고 숭복궁에 임명되었다. 관직이 더하여진 것은 조봉랑이다. 행향은 숭복궁에서 분향을 행하는 것이다.」(按先生六月遭栗劾, 八月轉朝奉郎除崇福宮. 增秩, 朝奉郎也. 行香, 行香於崇福宮也) 《차보》「대(待)자는 《사문유취》에는 시(侍)로 되어 있는데 옳은 것 같다.」(待事文類聚㫰侍恐是)

22 수소터단곤(手疏攄丹悃): 《차의》「무신년(1188) 11월에 만여 언에 달하는 봉사를 올렸다.」(戊申十一月, 封事萬餘言)

23 형정(衡程): 임금이 국정에 부지런히 힘을 쓰다. 《사기·진시황본기(秦始皇本紀)》「황제는 문서를 저울로 재어 처리하는데 밤낮으로 정해진 양이 있어서 맞지 않으면 쉬지도 않았다.」(上至以衡石量書, 日夜有呈, 不中呈不得休息)

조낭(皂囊): 검은 비단 주머니. 옛날에는 상소를 할 때 검은 비단 주머니에 밀봉하여 올렸으므로 상소문을 가리키는 말로 쓰이게 되었다.

神心應斗轉[24]	임금님의 마음 북두성이 회전하는 것 같은데,
巽令亟風揚[25]	왕령 또한 자주 북돋우어 주셨네.
未答隆儒厚	선비를 우대하는 뜻 보답도 못하였는데,
俄聞脫蹤忙[26]	갑작스레 왕위 물려진 소식 들었네.
此生知永已	이 생명 다했음 알겠으나,
沒世恨空長	세상 떠난 한 부질없이 길구나.
內難開新主[27]	궁중에서 어려움 겪어 새 임금 들어서고,
遄歸立右廂[28]	속히 들어와 궁전의 오른쪽에 들게 되었네.
因山方慘憺[29]	인산은 바야흐로 참담했고,
去國又愴惶[30]	도성 떠나옴에 경황 없었다네.

24 신심응두전(神心應斗轉): 《차의》「임금의 마음이 북두성이 돈다는 것과 같다는 것을 말하였다.」(謂上心如北斗之轉也) 면재(勉齋) 황간(黃榦)의 〈주자행장(朱子行狀)〉「상소가 들어갔을 때는 한밤중으로 칠각이 지난 시간인지라 임금께서는 이미 취침하셨으나 급히 일어나 촛불을 잡고 끝까지 다 읽으셨다. 다음날 주관태을궁에 제수하고 숭정전설서를 겸직하게 하였다. 당시 임금께서는 이미 정사에 지쳐 물러나려는 뜻이 있었는데, 대체로 장차 황제가 될 황태자를 위하여 계책을 세운 것일 것이다.」(疏入, 夜漏下七刻, 上已就寢, 急起秉燭, 讀之終篇. 明日, 除主管太乙宮, 兼崇政殿說書. 時上已有倦勤之意, 蓋將以爲燕翼之謀)

25 손령기풍양(巽令亟風揚): 《주역·십익(十翼)》 손괘(巽卦)의 상사(象辭)「바람을 따르는 것이 손괘이다. 군자는 그것으로 명령을 펴서 일을 행한다.」(隨風, 巽. 君子以申命行事)

26 탈종망(脫蹤忙): 《차의》「종(蹤)자는 당본에는 사(蹝)자로 되어 있다. 아마 효종이 선위한 것을 이를 것이다.」(蹤, 唐本作蹝. 蓋謂孝宗禪位也) 《맹자·진심(盡心) 상》「순임금은 천하를 버림을 보시되 마치 헌신짝을 버리듯이 하여, 몰래 업고 도망하여 바닷가를 따라 거처하면서 종신토록 흔쾌히 즐거워하면서 천하를 잊으셨을 것이다.」(舜視棄天下, 猶棄敝蹝也, 竊負而逃, 遵海濱而處, 終身訢然樂而忘天下)

27 내난개신주(內難開新主): 《차의》「광종이 병으로 집상을 못하여 영종이 즉위한 것이다.」(光宗以疾不執喪, 寧宗卽位)

28 천귀립우상(遄歸立右廂): 《차의》「상은 정전의 협실이다. ○ 광종 소희 5년 갑인년(1194) 7월 영종이 즉위하여 행재소로 불리어 갔다. 8월에 환장각대제에 임명되었으며, 10월에 도성의 문으로 들어가 행궁의 편전에서 일을 아뢰었다.」(廂, 正殿之夾室. ○ 光宗紹熙五年甲寅七月, 寧宗卽位, 召赴行在. 八月除煥章閣待制, 十月入國門奏事行宮便殿)

29 인산(因山): 《사기·효문본기(孝文本紀)》「패릉의 산천은 옛 모습을 그대로 따르도록 하고 바꾸지 말도록 하라.」(霸陵山川因其故, 毋有所改) 남조 송(宋)나라 배인(裴駰)의 주석서인 《집해(集解)》에서는 응소(應劭)의 말을 인용하여「산에 의지하여 능을 썼는데 다시는 무덤을 세우지 않아 산 아래의 내의 흐름이 막히거나 끊어지지 않는다는 것이다.」(因山爲藏, 不復起墳, 山下川流不遏絕也)라 하였다.

30 거국(去國): 《예기·곡례(曲禮) 하》「사대부들은 도성을 떠나 경계를 넘으면 단을 설치하여 도성을 향하여 곡을 한다.」(大夫士去國踰境, 爲壇位鄕國而哭) 《차의》「생각건대 한탁주의 참소로 윤11월 병술일에 어명으로 궁관에 임명되었고, 11월 정미일에는 집으로 돌아왔다.」(按以侂胄讒, 閏十月丙戌, 御批除宮觀, 十一月丁未還家)

疾病今如許	질병 지금 이러하니,
形骸可自量	내 모습 헤아리겠는가?
報恩寧復日	은혜 갚을 날 어찌 다시 있으리?
忍死續殘章	죽음 견디며 남은 글 잇는다네.

67~69. 詩送碧崖甘叔懷游廬阜，兼簡白鹿山長吳兄唐卿及諸耆舊，三首[1]

벽애 감숙회가 여산 기슭에서 놂에 시를 보내드리고 아울러 백록산장 오당경 형 및 명망 있는 늙은이들에게 부친다, 세 수

67

羌廬不見幾經年[2] 여산 보지 못한지
  몇 년이나 지났던가?
一話清游一悵然 맑은 놀이 한번 이야기 하다가
  한번 탄식한다네.
此日送君憑問訊 이날 그대 보내며
  내친 김에 소식 물어 보리니,
千峰影裏舊潺湲 천 봉우리 그림자 속
  옛날처럼 졸졸 흐르리.

68

知君掛席下清江[3] 그대 돛 걸고
  청강 내려가리니,

1 감숙회와 오당경은 이름은 알 수 없다. 《차보》「벽애 감숙회는 선생의 〈하도락서의 뒤에 씀〉에 『각조의 감숙회가 ……』라 하였는데, 아래의 권84에 보인다. 퇴계의 《이학통록》에서는 각조는 임강에 있다고 하였으니 숙회는 필시 임강 사람일 것이다. 오당경은 《보기》에서 남강 사람이라고 하였다. 《별집》(권4)의 〈낙성사〉에 이름을 적은 것이 보인다.」(碧崖甘叔懷, 先生書河圖洛書後閣皂甘叔懷云云, 見下八十四卷. 退溪理學通錄, 閣皂在臨江, 叔懷必臨江人. 吳唐卿寶記南康人. 見別集落星寺題名) 〈서하도낙서후〉는 《문집》 권84에 보이며, 이 외에도 같은 권에 또 〈주익공과 양성재가 감숙회에게 보낸 시문권 뒤에 발문을 붙임(跋周益公楊誠齋送甘叔懷詩文卷後)〉이라는 글이 있다. 《표보》「벽애 감숙회는 임강 사람으로 선생의 문인이다. 당경은 성자 사람으로 선생의 문인이다.」(碧崖甘叔懷, 臨江人, 先生門人. 唐卿, 星子人, 先生門人)

2 강려(羌廬): 권6 6번 시의 주 3) 강산(康山)을 보라.

3 괘석(掛席): 석(席)은 여기서 배의 돛이라는 뜻으로 쓰였다. 남조 송(宋)나라 사령운(謝靈運)의 〈적석에서 놀며 범해로 나아가다(游赤石進帆海)〉「돛 올리고 굴

未見香爐意已降[4]　　향로봉 아직 보이지 않아도
　　뜻 이미 항복하리라.
直上新泉得雄觀[5]　　곧장 신천까지 올라
　　웅장한 경치 얻어,
便將傑句寫長杠[6]　　곧 빼어난 구절
　　긴 깃대에다 쓰리라.

69

遺君蹤跡莽荊榛[7]　　은자의 자취와 흔적
　　우거진 가지나무 안에 있다네.
曾把詩書爲作新[8]　　일찍이 시와 글
　　새로 만들어 주었다네.
今日總輸吳季子[9]　　오늘 모두 오나라
　　계자에게 보내주리니,
枕流漱石自由身[10]　　흐르는 물 베고 돌로 양치질하며
　　몸 자유자재롭다네.

캐며, 돛 걸고 키조개 줍는다네.」(揚帆采石華, 掛席拾海月) 당나라 이선(李善)의 주석「양범과 괘석은 그 뜻이 마찬가지이다.」(揚帆挂席, 其義一也)

4 향로(香爐): 《차보》「봉우리 이름이다.」(峯名) 곧 여산의 향로봉이다.

5 신천(新泉): 지명이다. 《차보》「여산 오로봉 아래에 있다. 선생이 일찍이 황상백과 진화성에게 부탁하여 본떠서 그려 본 적이 있다. 《별집》 권6에 보인다. 황상백과 양백기 등에게 보낸 편지에 보인다.」(在廬山五老峯下. 先生嘗托黃商伯陳和成摹畵以看. 見別集六卷與黃商伯楊伯起等書) 실제로는 《별집》 권3이다.

6 장강(長杠): 송나라 구양수(歐陽脩)의 〈같은 해 진사가 된 사람 유중충이 남강으로 돌아감에 여산은 높고라는 시를 지어 준다(廬山高贈同年劉中允歸南康)〉「사나이 씩씩한 절개 그대 같은 사람 적으니, 아아 내 말하고자 하나, 어찌 긴 장대 만한 큰 붓 얻을 수 있으리.」(丈夫壯節似君少, 嗟我欲說安得巨筆如長杠)

7 유군(遺君): 《차의》「은거하는 사람으로, 당나라 이발을 가리킨다.」(遺逸之人, 指唐李渤) 《차보》「아마 그가 습유가 되었기 때문에 말하였을 것이다.」(恐以其爲拾遺故云)

8 작신(作新): 《차의》「경학으로 여러 학생들을 새롭게 한 것이다.」(以經術作新諸生也)

9 오계자(吳季子): 《차의》「당경을 가리킨다.」(指唐卿) 당경의 성이 오씨이기 때문에 이렇게 말하였다.

10 침류수석(枕流漱石): 은거함을 말한다. 남조 송(宋)나라 유의경(劉義慶)의 《세설신어·배조(排調)》「손초(孫楚)는 젊었을 적부터 은거를 하고자 하여 왕제(王濟)에게 『돌을 베고 흐르는 물에 양치하려 한다.』라 말해야 할 것을 『돌로 양치하고 흐르는 물을 벤다.』라고 하였다. 왕제가 말하기를 『흐르는 물을 벨 수 있고, 돌로 양치를 할 수 있는가?』 하니, 손초가 대답했다. 『흐르는

諸人已致書者, 此不復及. 此外更有陳勝私在九疊屛下[11]田舍, 彭師范[12]在隔江都昌縣界中, 皆勝士也. 趙南紀病臥[13]城中, 不知今能出入否. 叔懷皆可爲一訪, 致鄙意, 不敢輒以僞跡相汚染也.[14] 山間勝處, 皆有前賢題詠可尋, 獨新泉近出, 最名殊勝, 非三峽漱石所及, 而余未之見, 故詩中特言之. 黃石巖絶高, 而漱玉之原眼界特曠遠, 余嘗一詣而不能及. 近聞故吏張生棄家居之, 其勇猛精進, 老守蓋有愧焉.[15] 叔懷儻至其處, 試爲物色, 頗存問之爲佳

이미 편지를 보낸 여러 사람은 여기서 다시 언급하지 않는다. 이밖에 또 진승사가 구첩병 아래의 전사에 있고, 팽사범이 강 건너 도창현 경계에 있는데 모두 뛰어난 선비들이다. 조남기는 성에서 병들어 누워 있는데 출입을 할 수 있는지 없는지 모르겠다. 숙회가 모두 한번 방문할 수 있어서 비루한 뜻을 드렸는데 감히 문득 거짓 자취로 서로 오염시키지는 않을 것이다. 산간의 빼어난 곳에는 모두 전현이 짓고 읊은 것을 찾을 수 있는데 다만 신천이 가까이서 나 가장 이름나고 특히 빼어난 곳으로 삼협과 수석이 미칠 바가 아니며 내가 아직 보지 못하였으므로 시 중에서 특별히 언급하였다. 황석암은 매우 높고 수옥의 들은 시계가 특히 넓고 멀어 내가 일찍이 한번 이르렀는데 미칠 수가 없었다. 요즈음 듣자니 옛 관리 장생이

물을 베는 까닭은 귀를 씻고자 함이요, 돌로 양치를 하는 까닭은 이빨을 갈고자 함이요.」』(孫子荊, 年少時欲隱, 語王武子當枕石漱流, 誤曰枕流漱石. 王曰, 流可枕石可漱乎. 孫曰, 所以枕流, 欲洗其耳, 所以漱石, 欲礪其齒)

11 구첩병(九疊屛): 《차보》「오로봉 아래에 있는데 아홉 겹으로 둘러쳐 병풍 같다.」(在五老峯下, 九疊如屛) 당나라 이백(李白)의 〈여산요를 전중시어사(殿中侍御史)이신 노유진(盧幼眞)에게 부침(廬山謠寄盧侍御虛舟)〉「여산은 남두성 곁에서 빼어나, 아홉 폭 병풍에 비단 같은 구름 펼쳤다네.」(廬山秀出南斗傍, 屛風九疊雲錦張)

12 팽사범(彭師范): 《차의》「팽려인 듯하며, 남강 사람이다. 호는 매파선생으로 남군군수로 있을 때 의문스럽고 어려운 것을 질문하였다.」(似是彭蠡, 南康人. 號梅坡先生, 守南康時質疑問難) 《표보》「팽려는 자가 사범이며 〈실기〉에 분명히 실려 있으므로 의문사를 쓸 필요가 없다.」(彭蠡字師范, 明載實紀, 不必作疑辭)

13 조남기(趙南紀): 《차의》「이름은 희한이다.」(名希漢)

14 위적(僞迹): 《차보》「당시 위학 당금이 있었으므로 말하였다.」(時有僞學黨禁故云)

15 노수(老守): 《차의》「선생이 스스로 이르신 것이다.」(先生自謂)

집을 버리고 그곳에 거처한다는데 그 용맹히 정진함은 늙은이가 부끄러움이 있을 것 같다. 숙회가 갑자기 그 곳에 이르면 찾아볼 만할 것인데 자못 안부를 묻는 것이 좋을 것이다

70~72. 丘子服來訪道間, 得古梅折以爲贈. 劉叔通江文卿俱來, 各有佳句, 因各次韻爲答, 三首[1]

구자복이 나를 찾아오는 길에서 늙은 매화를 꺾어서 주었다. 유숙통, 강문경이 함께 왔는데 각기 아름다운 시를 지었으므로 각기 같은 운자를 써서 답한다. 세 수

70

老枝橫出數花新　　늙은 가지 옆으로 뻗었고
　　몇 송이 꽃 새로 피었으니,
誰寄寒齋雪夜春　　누가 이 쓸쓸한 집
　　눈 오는 밤에 봄 부치는가?
江路猶應有幽伴　　강 옆길 오히려
　　은근한 짝 있으리니,
祇愁難得賞心人[2]　　다만 근심스럽기는 마음으로
　　좋아하는 이 얻기 어려운 것이라네.

用子服韻 자복의 시운을 썼다

1 구자복(丘子服): 주자의 외사촌으로 이름은 응(膺)이다. 권6 98번 시의 주 1)에 보인다.
유숙통(劉叔通): 주자의 제자로 이름은 회(淮)이며, 호는 천계(泉溪)로, 건양(建陽) 사람이다. 주자가 그의 시집에 발문(跋文)을 지어준 적이 있는데, 권84에 보인다.
강문경(江文卿): 주자의 문인으로 강사(江嗣)의 자이다. 건양 사람이다.

2 상심인(賞心人): 남조 송나라 사혜련(謝惠連)의 〈상봉행(相逢行)〉「마음으로 좋아하는 이 다시 만나, 나와 함께 회포 기울인다네.」(邂逅賞心人, 與我傾懷抱)

71

獨樹臨孤岸	한 그루 나무 외로운 언덕 굽어보고,
橫枝放淺花[3]	옆으로 뻗은 가지에 옅은 색 꽃 피었다네.
不須煩驛使[4]	부디 역리 번거롭게 하여,
正耐雪斜斜[5]	펄펄 내리는 눈을 맞지 않게 하라.

用叔通韻 숙통의 시운을 썼다

72

西湖居士尋詩處[6]	서호의 거사 시 찾던 곳에,
今墮軟紅車馬塵[7]	지금 연 분홍빛 말과 수레의 먼지 내려앉네.

3 횡(橫): 「성글 소」(疏)자로 된 판본도 있다.

4 번역사(煩驛使): 원(元)나라 도종의(陶宗儀)가 《설부(說郛)》 권13의 상(上)에서 인용한 《형주기(荊州記)》 「육개는 범엽과 사이가 좋았는데, 강남 땅으로부터 매화 한 가지를 부치면서 시를 지어보내기를 『매화 가지 꺾다가 역마 달리며 문서 전달하는 관원을 만나, 부쳐 보내노라, 고개 위에 사는 이에게. 강남 땅에서 아무것도 특별히 가진 것이 없음에, 오로지 보낼 뿐일세, 한 가지 봄을』이라 하였다.」(. 陸凱與范曄善, 自江南寄梅一枝贈詩曰, 折花逢驛使, 寄與隴頭人. 江南無所有, 聊贈一枝春)

5 설사사(雪斜斜): 송나라 황정견(黃庭堅)의 〈눈을 읊어 삼가 광평공에게 드리다(詠雪奉呈廣平公)〉 「밤에 들으니 드문드문한듯하다가 또 빽빽하고, 새벽에 보니 가지런한듯하더니 다시 비끼네.」(夜聽疎疎還密密, 曉看整整復斜斜)

6 서호거사(西湖居士): 송대의 은사인 임포(林逋: 자는 君復)를 말한다. 평생 결혼하지 않고 서호(西湖)에 은거하면서 매화를 처로 삼고 학을 자식으로 삼았다[梅妻鶴子]는 인물이다.

7 연홍거마진(軟紅車馬塵): 송나라 소식의 〈장지기(蔣之奇)와 전협권(錢勰權)이 경령궁으로 수행하면서 지은 시의 각운자를 써서 짓다(次韻蔣穎叔錢穆父從駕景靈宮)〉 두 수 중 첫째 시 「반백의 머리 목까지 드리운 것 부끄럽지 않고, 연분홍의 먼지는 오히려 수레바퀴 따르는 것 그리워하네.」(半白不羞垂領髮, 軟紅猶戀屬車塵) 소식 자신의 주석 「선배들의 우스갯소리에 『서호의 바람과 달이 동화궁의 향기로운 연분홍 먼지보다 못하다.』라는 것이 있다.」(前輩戲語, 有西湖風月, 不如東華軟紅香土) 동화문은 백관이 출입하는 문이다. 당나라 장손정은(長孫正隱)의 〈상원절 밤에 소유의 시체를 본떠 함께 「봄 춘」자를 써서 짓다(上元夜, 效小庾體, 同用春字)〉 「저녁 무렵에 나그네 휘파람 부는데, 수레와 말 어지러이 먼지 날리며 달리네.」(薄晚嘯遊人, 車馬亂驅塵)

半樹橫枝空好在[8] 나무의 반 되는 옆 가지
부질없이 잘 있는데,
只應無地覓高人 다만 뜻 고상한 사람
찾을 땅 없을 것이라네.

用文卿韻 문경의 시운을 썼다

8 반수횡지(半樹橫枝): 송나라 임포(林逋)의 〈매화(梅花)〉 제1수「눈 온 후의 동산 숲 겨우 나무 반인데, 물가의 울타리 별안간 가지 옆으로 뻗었다네.」(雪後園林纔半樹, 水邊籬落忽橫枝)

73. 用子服韻, 謝水僊花

자복이 지은 시의 운자를 써서 수선화를 보내준 것에 감사하다

水中僊子來何處	물 속의 신선 어디에서 왔는가?
翠袖黃冠白玉英	푸른 소매 누런 관에 백옥 같은 꽃이라네.
報道幽人被渠惱[1]	그윽한 은자 그 꽃에 부추김 당하였다 알렸더니,
著詩送與老難兄[2]	시 지어 늙은 어려운 형에게 보내주었다네.

1 피거뇌(被渠惱): 당나라 두보(杜甫)의 〈강변을 홀로 걸으며 꽃을 찾다(江畔獨步尋花)〉 제1수 「강가 꽃으로 덮여 부추김 끝이 없는데, 알릴 곳 없어 다만 미칠 것 같네.」(江上被花惱不徹, 無處告訴只顚狂)

2 노난형(老難兄): 남조 송나라 유의경(劉義慶)의 《세설신어·덕행(世說新語·德行)》「진기(陳紀)의 아들 진군(陳群)은 영특한 재주가 있었는데, 진심(陳諶)의 아들 진충(陳忠)과 더불어 각기 자기 아버지의 공덕을 논하면서 다투었으나 결론이 나지 않아서 할아버지인 진식(陳寔: 태구)에게 물었더니, 진식이 말하기를 『원방은 형이라고 더 낫다고 하기 어려우며, 계방은 동생이라서 더 못하다고 하기 어렵다.』라 하였다.」(陳元方子長文有英才, 與季方子孝先, 各論其父功德, 爭之不能決, 咨於太丘. 太丘曰, 元方難爲兄, 季方難爲弟) 《차의》「이는 아마 선생 스스로를 이를 것이다.」(此蓋先生自謂)

74. 引年得請, 伏蒙致政學士契丈特垂慶問, 寵以佳篇, 捧玩之餘, 感愧亡量, 輒借高韻, 少見謝誠, 伏幸笑攬[1]

나이가 많아 벼슬에서 물러나려 한 청이 받아들여지자 치사하신 학사계장께서 특별히 축하하고 찾아주시어 훌륭한 시를 베풀어주시니 받들어 감상하던 끝에 부끄러움이 무량함을 느끼어 문득 고상한 운자를 빌어 조금이나마 감사와 정성을 드러내어 엎드려 웃으시며 받아주시기를 바라다

一氣無私物自槃	하나의 기운도 사사로움 없이 사물 절로 돌아가는데,
放臣偏荷主恩寬	쫓겨난 신하 특히 임금님의 은혜와 너그러움 받았다네.
方慙妄竊老夫號[2]	늙은이란 호칭 함부로 훔침 바야흐로 부끄러운데,
詎敢重簪博士冠[3]	어찌 감히 다시 박사의 관 쓰겠는가?

1 인년(引年): 고례(古禮)에 연로하고 어진 자를 높이어 봉양해주는 것. 나중에는 연로하여 벼슬에서 사직하는 것을 가리키는 말로 쓰이게 되었다. 《예기·왕제(王制)》「무릇 (夏·殷·周) 삼왕의 양로하는 예는 모두 인년으로 하였다. 80세가 된 자는 아들 한 사람의 부역이 면제되었고, 90세가 된 자는 그 집의 부역이 면제되었다.」(凡三王養老, 皆引年. 八十者一子不從政, 九十者其家不從政) 《차의》「연로하여 사직하는 청이 받아들여진 것은 경원 4년 무오년(1198)으로 연세 70으로 치사하기를 청하여 조칙으로 청한 바에 따라 학사로 벼슬에서 물러났다. 아래의 시로 보건대 진소원인 것 같다.」(引年得請, 慶元四年戊午, 以年七十乞致仕, 詔從所請致政學士. 以下篇觀之, 似是陳昭遠)

2 망절로부호(妄竊老夫號): 《한서·남월열전(南粵列傳》「늙은이가 망령되이 가만히 칭제하여 애오라지 스스로 즐긴 것입니다」(老夫故敢妄竊帝號, 聊以自娛) 《여췌록(餘贅錄)》「《예기》(〈曲禮 上〉)에서는『대부가 치사하면 자칭 노부라 한다』라 하였는데, 선생께서는 이 말을 썼을 것이다.」(禮記云, 大夫致仕自稱曰老夫. 先生蓋用此語)

3 중잠(重簪): 잠은 원래 관모(冠帽) 따위를 고정시키는 관잠(冠簪)인데, 여기서는 동사로 모자를 쓴다는 뜻으

身退未妨閑養病　　몸 물러나니 한가로이
병 돌봄에 거리낌 없고,
年豊何幸且偸安　　해 풍년 드니 짐짓
편안함 도모함 얼마나 다행스러운가?
新篇似許參同社　　새 시 마치 같은 동아리
들 것 허락하시는 것 같으니,
願刺仙舟上釣灘[4]　　바라건대 신선 배 저으며
여울 올라 낚시나 하였으면.

賈生鵩賦, 大鈞播物, 史記, 作大專槃物. 索隱云, 專讀作鈞, 槃猶轉也. 與播同

가생의 〈복조부〉에 「대균이 만물을 기른다」는 말이 있는데 《사기》에는 「자연이 사물을 돌린다」로 되어 있다. 《색은》에서는 「『전』(專)자는 『균』(鈞)자로 읽는다. 『반』(槃)은 『전』(轉)자와 같고 『파』(播)자의 뜻과도 같다」라 하였다

로 쓰였다. 당나라 장위(張謂)의 〈위시어가 상도에 감에 송별하다(送韋侍御赴上都)〉「다시 기린전에 아뢰고, 다시 해치관 썼다네.」(更謁麒麟殿, 重簪獬豸冠)
박사관(博士冠): 《한서·왕식전(王式傳)》「왕식은 자가 옹사이다. …… 왕식은 창읍왕의 스승이 되었는데 소제가 죽고 창읍왕이 왕위를 이었으나 행실이 음란하여 폐위되었으며 창읍의 뭇 신하들은 모두 하옥되어 죽었고 …… 왕식도 옥에 갇혀 죽게 되었으나 …… 사형이 감면되어 집으로 돌아가 교수를 하지 않았다. …… 왕식은 불려와 박사의 옷만 입고 관은 쓰지 않고서는 말하기를 『죄를 지은 몸이 어찌 다시 예관으로 충원되겠습니까?』라 하였다.」(王式字翁思……式為昌邑王師. 昭帝崩, 昌邑王嗣立, 以行淫亂廢, 昌邑羣臣皆下獄誅……式繫獄當死……得減死論, 歸家不教授……式徵來, 衣博士衣而不冠, 曰, 刑餘之人, 何宜復充禮官?)
4 자주(刺舟): 배를 노저어가는 것을 말한다.

75. 蒙恩許遂休致, 陳昭遠丈以詩見賀, 已和答之, 復賦一首[1]

임금의 허락을 받고 마침내 벼슬을 그만두게 되었는데 진소원 어른께서 시로써 축하를 보이심에 이미 화답하여 드렸는데 다시 한 수를 읊었다

闌干苜蓿久空槃[2] 들쭉날쭉한 거여목
오래되어 공중으로 퍼졌더니,
未覺清羸帶眼寬[3] 맑고 파리해져 허리띠 눈
느슨해졌음 느끼지 못하였다네.

1 면재(勉齋) 황간(黃榦)의 〈주자행장(朱子行狀)〉「(慶元) 4년(1198) 12월에는 이듬해면 70세가 된다고 하여 치사하기를 청하였다. 5년 청한 대로 되었다.」(四年十二月, 以來歲年及七十, 申乞致仕. 五年, 依所請)

2 난간목숙(闌干苜蓿): 《차보》「난간은 들쭉날쭉하고 이리저리 굽었다는 뜻이다.」(闌干參差屈曲之意) 목숙(苜蓿)은 식물 이름인데 우리말로는 거여목이라고 한다. 말이나 소 등의 사료 및 비료로 쓰이며, 약에도 들어가고 어린 싹은 나물로 먹기도 한다. 오대(五代) 왕정보(王定保)의 《당척언(唐摭言)》 권15 〈민중진사(閩中進士)〉「설령지는 …… 거듭 승진하여 좌서자가 되었다. 당시 개원의 동궁의 관료들이 청담을 하니 설령지가 시를 지어 스스로 애도하고 다시 관공서에 적어놓고 말하였다.『아침 해 위로 둥글둥글 떠올라, 선생의 쟁반 비추어 보인다네. 쟁반에는 무엇 있는가? 거여목만 자라서 들쭉날쭉 엉겨 있다네. 밥은 떫어 숟가락 대기 어렵고, 국은 멀개 젓가락 놀리기 쉽네. 아침저녁 도모할 방법도 없으니, 무슨 연유로 추운 겨울 보전하겠는가?」(薛令之……累遷左庶子. 時開元東宮官僚清淡, 令之以詩自悼, 復紀于公署曰, 朝旭上團團, 照見先生盤. 盤中何所有, 苜蓿長闌干. 飯澁匙難綰, 羹稀筯易寬. 無以謀朝夕, 何由保歲寒) 이 때문에 목숙반(苜蓿盤)은 미관말직의 청빈한 생활을 비유하는 말로 쓰이게 되었다. 주희는 일생 동안 관직에 있은 것이 9년이었으며 입조한 것은 겨우 40일 뿐이었다. 주희는 19세에 진사가 되면서부터 71세로 죽기까지 대부분의 시간을 박봉으로 궁관을 주관하는 부임을 하지 않아도 되는 사관(祠官)을 맡아 집에서 한가로이 보냈다. 《송사·주희전》에「한 그릇의 밥과 물에다 양식은 자주 비어도 이를 편안히 여기었다.」(簞瓢屢空, 晏如也)라는 말이 보인다.

3 대안관(帶眼寬): 대안(帶眼)은 혁대의 눈금이다. 송나라 왕안석(王安石)의 〈여온경에게 부치다(寄余溫卿)〉「평소에 이별의 근심으로 혁대 눈금 느슨해졌는데, 봄되니 돌아갈 생각 거문고에 가득하네.」(平日離愁寬帶眼, 訖春歸思滿琴心) 명나라 진요문(陳耀文)의 〈천중기(天中記)〉 권21「심약이 …… 서면에게 편지를 보내어 마음을 늘어놓아 말하였다.『이미 늙어 병으로 백 수십 일이 되니 혁대를 항상 구멍에 맞춰 옮겼으며 손으로 팔을 잡을 수 있을 정도고 대충 기록하기를 한 달에 반푼은 준 것 같소.』」(沈約……與徐勉書陳情, 言已老病百日數旬, 革帶常應移孔, 以手握臂, 率記月小半分)

老去光華姦黨籍[4] 늙어가며 간악한
　무리들이 빛을 봐,
向來羞辱侍臣冠[5] 이제껏 시신들이
　수모를 당하였다네.
極知此道無終否 이 도 끝내 막히지
　않을 것임을 잘 알리니,
且喜閒身得暫安 또한 한가로운 몸
　잠시 편안하여졌음 기뻐하네.
漢祚中天那可料[6] 한나라의 국운 하늘 한가운데 있음
　어찌 헤아릴 수 있겠는가?
明年太歲又涒灘[7] 내년은 지지(地支)가
　또 원숭이 해라네.

4 간당적(姦黨籍): 《차의》「휘종 숭녕 원년(1102) 채경은 원우와 원부 및 재상과 집정을 적몰하고 사마광 등 120명을 간사한 당파의 명부에 넣어 황제에게 쓰게 하고 단례문에 새겼다. ○ 영종 경원 3년(1197) 조여우와 주희 등 59명을 위학의 역당의 명부에 넣었다.」(徽宗崇寧元年, 蔡京籍元祐元符宰執司馬光等百二十人爲姦黨, 請帝書之, 刻石于端禮門. ○ 寧宗慶元三年, 籍僞學逆黨趙汝愚朱熹等五十九)

5 시신관(侍臣冠): 송나라 황정견(黃庭堅)의 〈자첨[蘇軾]이 지난해 봄 이영각에서 모셨는데 자유[蘇轍]가 가을과 겨울 사이에 이어서 들어가 모셨다. 시를 지어 각자 생각한 것을 말하였으며 나도 같은 운자를 써서 지었다(子瞻去歲春, 侍立邇英, 子由秋冬間相繼入侍. 作詩各述所懷, 予亦次韻)〉 제2수 「크게 옛 것 고찰할 힘 입지 못한 것 같은데, 지금은 오히려 모시는 신하의 관 쓰고 있다네.」(大似不蒙稽古力, 只今猶着侍臣冠)

6 한조중천(漢祚中天): 《차의》「양자[揚雄]의 《법언》(권10)에서는 『한나라가 흥하고 2백여 년에 해가 하늘 한복판에 있게 될 것이다!』라 하였다. 가만히 그 뜻을 생각해보니 한나라는 4백여 년을 지나 양웅의 때로부터 거꾸로 헤아리면 흡사 그 절반에 있는 것 같으며, 또한 한나라는 화덕으로 왕이 되었는데 화는 해이다. 이른바 중천이라는 것은 아마 해가 하늘 가운데 있다는 것일 것이다. 대체로 양웅이 도참의 수를 가지고 거꾸로 미루어 한가운데가 있게 된 것일 것이다. 본뜻이 과연 이와 같은 지의 여부는 알지 못하겠다.」(楊子法言, 漢興二百有餘歲, 而中天其庶矣乎! 竊考其義, 漢之歷年四百有餘, 自雄時逆數恰居其半, 且漢以火德王, 火者, 日也. 所謂中天, 恐取日之中乎天也. 盖雄以圖讖之數逆推而有中也. 未知本旨果如此否也) 「漢興二百有餘歲」는 실제 《법언》에는 「한나라가 흥하고 210년에」(漢興二百一十載)로 되어 있다. 한나라의 재이(災異)를 예언하는 사람이 한나라가 개국 후 210년이 지난 뒤에 재앙을 만날 것이라 하였는데, 한나라가 중도에 쇠퇴하니 왕망(王莽)이 마침내 이 설에 응하여 조대를 바꾸어 한나라를 찬탈하고 신(新)나라를 세웠다. 주희는 여기서 한탁주(韓侂胄) 등을 왕망에다 비유하였다.

7 태세(太歲): 옛날에는 세성(歲星, 곧 木星)이 12년(실제로는 11.86년)에 한번 하늘을 돈다고 알았으므로 황도(黃道)를 12등분하여 세성이 있는 부분을 해의 이름으로 삼았다. 또한 세음(歲陰) 혹은 태음(太陰)이라고도 한다.

建隆庚申,[8] 距今己未二百四十年矣. 嘗記年十歲時, 先君慨然顧語熹曰, 太祖受命,[9] 至今百八十年矣. 歎息久之. 銘佩先訓, 於今甲子又復一周, 而衰病零落, 終無以少塞臣子之責, 因和此詩, 幷記其語, 以示兒輩, 爲之䀌然感涕云[10]

건륭 경신년(960)은 지금 기미년(1199)부터 240년이 되었다. 일찍이 14세 때의 일을 기억해보니 선군께서 개탄하시면서 나를 돌아보고 말씀하시기를「태조께서 천명을 받으신 지가 지금 180년이 되었다」라 하시고 오래 동안 탄식하셨다. 선고의 가르침을 명심하고 지녔는데 지금 갑자기 또 한 바퀴 돌아 쇠하고 병들어 쇠락해지도록 끝내 조금도 신하의 책무를 채울 길이 없어 이에 이 시에 화답하고 아울러 그 말을 적어 아이들에게 보이니 그것 때문에 슬피 눈물이 흐름을 느낀다

톤탄(涒灘):「涒」은 원주에서 음이「톤」(湯昆反)이라 하였다.《차의》「옛 간지로 신(申)이다.」《이아·석천(爾雅·釋天)》「(太歲가) 신에 있는 것을 톤탄이라고 한다.」(在申曰涒灘)《여씨춘추·서의(呂氏春秋·序意)》「진나라 8년은 해가 신에 있다.」(維秦八年, 歲在涒灘) 한나라 고유(高誘)의 주석「해가 신에 있는 것을 톤탄이라고 한다. …… 톤탄은 과장하는 사람의 짧은 혀가 말을 할 수 없는 것이 톤탄이다.」(歲在申名涒灘……涒灘, 誇人短舌不能言為涒灘也) 이 해에는 사람이 말을 많이 하는 것을 허락지 않으므로 내 차라리 입을 다물어버리는 것이 낫겠다는 말이다.

8 건륭(建隆):《차보》「송나라 태조의 연호이다.」(宋太祖年號)

9《차의》에서는「『아들 자』(子)자는 당본에는『할아비 조』(祖)자로 되어 있다.」(子, 唐本作祖)라 한 것으로 보아 태조(太祖)가 태자(太子)로 된 판본도 있는 것 같다.

10 진(䀌):《차의》「가슴이 아픈 것이다.」(傷痛也)

76. 己未九日, 子服老弟及仲宣諸友載酒見過, 坐間居厚廟令出示佳句, 歎伏之餘, 次韻爲謝, 幷呈同社諸名勝[1]

기미년(1199) 9월 9일에 자복 노제 및 중선 등 여러 벗이 술을 싣고 들렀는데, 좌중에서 거후 묘령이 아름다운 시구를 꺼내어 보여주어 탄복하던 끝에 같은 운자를 써서 지어 감사해하고 아울러 같은 동아리의 여러 명류들에게 드린다

籬菊斑斑半吐黃[2]　　울타리의 국화 또렷하게
　　반은 노란색 토해내고,
泮中又報紫萸香　　물가에는 또한 보라색
　　수유가 향기롭게 보답하네.

輞川有茱萸, 泮字與泮同[3]

《망천집》에 〈수유〉가 있으며, 반(泮)자는 반(泮)자와 같다

裝成令節秋還晚　　아름다운 절기 꾸미어 이루니
　　가을 도리어 늦고,
撩得高情老更狂[4]　　높은 정 다스려 얻게 되니
　　늙어가며 더욱 미친다네.

---

1 중선(仲宣): 범염조(范念祖)의 자로 범여규(范如圭)의 아들이다. 권6 68번 시의 주 1)에 보인다.
거후(居厚): 엄사돈(嚴士敦)이다. 위 41번 시에 보인다.

2 반반(斑斑): 여러 가지 뜻이 있는데 여기서는 선명한 모양이라는 뜻으로 쓰였다.

3 수유(茱萸): 당나라 왕유(王維)의 〈망천집·수유반(輞川集·茱萸泮)〉「산 속에 손님이라도 머무른다면, 이 수유주 술잔 차려내리.」(山中倘留客, 置此茱萸杯)
반(泮): 《시경·위풍·맹(衛風·氓)》「기수에는 벼랑 있고, 습지에는 물가 있다네.」(淇則有岸, 隰則有泮) 주희의 주석 「반은 물가이다.」(泮, 涯也)

4 노갱광(老更狂): 당나라 두보의 〈미치광이(狂夫)〉「도랑과 골짜기 메우고자 하나 오직 호방하고, 미치광이 늙어갈수록 더 미침 스스로 웃는다네.」(欲塡溝壑唯疎放, 自笑狂夫老更狂)

載酒極知乖勝踐[5]　　술 싣고 오니 빼어난
놀이 어그러졌음 잘 알겠고,
沾衣却免歎斜陽[6]　　옷 적시니 오히려
해 비낌 탄식함 면하였다네.

是日本約會於周園, 屬予有故不果出, 因集予舍[7]

이날 본래 주원에서 만나기로 약속하였는데 마침 내가 일이 있어 나가지 못하게 되었으므로 나의 집에서 모였다

餘年只恐逢辰少　　남은 해 다만
때 만남 적음 두려워하는데,
吟罷君詩引興長[8]　　그대 시 읊조림 끝나니
흥 길게 끌린다네.

5 재주(載酒): 《한서·양웅전(揚雄傳)》「집이 평소에 가난하여 술을 좋아하였으나 사람들이 그 문에 거의 이르지 않았다. 당시 어떤 일 꾸미기 좋아하는 자가 술과 안주를 싣고 와서 따라 배웠다.」(家素貧, 耆酒, 人希至其門. 時有好事者載酒肴從游學)
승천(勝踐): 승유(勝遊)와 같은 말이다.

6 첨의(沾衣): 당나라 두목(杜牧)의 〈9월 9일 제산에서 높이 오르다(九日齊山登高)〉「다만 흠뻑 취함으로 아름다운 절기에 보답하니, 높은 곳에 올라 석양 한탄할 필요 없다네. 예로부터 지금까지 다만 이와 같으니, 우산에서 하필이면 눈물 옷을 적시겠는가?」(但將酩酊酬佳節, 不用登臨怨落暉. 古往今來只如此, 牛山何必淚沾衣)

7 주원(周園): 《차의》「주씨의 계원은 권6의 1판에 나오는데, 곧 이것이다.」(周氏溪園, 出六卷一板, 卽此也) 바로 권6의 3번 시 〈주씨의 계원을 제목삼아 짓다(題周氏溪園)〉를 말하는데 모두 3수이다.

8 음파~인흥장(吟罷~引興長): 당나라 두보(杜甫)의 〈번민을 풀다(解悶)〉 제7수「성령 도야함 무슨 사물 두리오? 새 시 다 고치고 스스로 길게 읊조린다네.」(陶冶性靈存底物, 新詩改罷自長吟)

77~78. 奉和子服老弟黃楊游巖, 二詩[1]

삼가 자복 노제의 황양산과 유주암 두 시에 화답하다

77

聞道黃楊山上頭	듣자 하니 황양산 산 꼭대기,
千峰環抱百泉幽	천 개의 봉우리가 둘러 안고 백 개의 샘 그윽하다네.
羨君拄杖年年去	부럽구나 그대 지팡이 괴고 해마다 이곳 떠나서,
飽看人間萬頃秋[2]	인간세상 만 이랑 가을 실컷 봄이.

78

游洲巖下水泠泠	유주암 아래 물 맑디 맑은데,
枕石何妨夢裏聽	돌 베고 누워 꿈 속에서 들음 무엇 거리끼리오?
要與他年成故事	함께 다른 해에 옛 일 이루고자,
謾尋幽處著新亭	되는대로 그윽한 곳 찾아 새 정자 짓는다네.

1 황양유암(黃楊游巖): 황양산은 건양현(建陽縣) 동남쪽 홍산(洪山) 북쪽에 있으며, 유주암도 이 근처에 있을 것이다.

2 만경추(萬頃秋): 《차의》「벼를 이른다.」(謂禾稻)

79. 和劉叔通懷游子蒙之韻[1]

유숙통이 유자몽을 그리워하는 시운에 화답하다

扣角聽君悲復悲[2]	뿔 두드림 그대 노래 듣자니 슬프고 또 슬픈데,
壯心未已欲何之	씩씩한 마음 채 끝나지 않았으니 어디로 가려는가?
交游半落丘山外[3]	교유하던 자 반은 무덤 저 밖으로 떨어졌고,

1 유자몽(游子蒙): 이름은 유개(游開)로 이정자(二程子)의 직전제자인 유작(游酢)의 종손자이다. 건안 사람이며, 호는 당림(塘林)으로 주희와 종유하였다.

2 청군(聽君): 《고이》에서는 「유랑」(劉郞)으로 된 판본도 있다고 하였다.

구각(扣角): 《사기·추양열전(鄒陽列傳)》에 「영척은 수레 아래서 소를 먹였는데 환공은 그에게 나라(의 정치)를 맡겼다.」(甯戚飯牛車下, 而桓公任之以國)는 구절이 나오는데, 응소(應劭)는 다음과 같이 주석을 달았다. 「제환공이 밤에 나가 손님을 맞는데 영척은 그가 먹이는 소의 뿔을 빠르게 두드리며 상성의 노래를 불렀다. 『남산의 돌 새하얗고 흰 돌 빛나는데, 태어나서 요임금이 순임금에게 선양하는 것 만나지 못하였네. 짧은 베홑옷 겨우 정강이까지 미치는데, 저녁부터 소 먹여 한밤중이 다되도록 하니, 긴 밤 느릿느릿 어느 때나 아침 오려나?』 환공이 불러 함께 이야기를 해보고는 기뻐하며 그를 대부로 삼았다.」(齊桓公夜出迎客, 而甯戚疾擊其牛角商歌曰, 南山矸, 白石爛, 生不遭堯與舜禪. 短布單衣適至骭, 從昏飯牛薄夜半, 長夜曼曼何時旦? 公召與語, 說之, 以爲大夫) 영척의 노래는 《여씨춘추·어려움을 듦(擧難)》편에도 언급되어 있는데, 그 주석에서 《삼재기(三齋記)》(《삼재기략(三齋記略)》)에서 나왔다고 하였다. 또 《문선》 진(晉)나라 성공수(成公綏)의 〈휘파람을 부체로 읊음(嘯賦)〉에도 「영척이 손을 들여다보며 한숨을 지었다」(甯子檢手而歎息)는 구절이 나오는데, 당나라 이선(李善)의 주석에서 위와는 조금 다른 내용의 노래를 인용하였다. 「영척은 위나라 사람이다. 쇠붙이를 팔았는데 목소리가 맑아 곡조를 지어서 노래 불렀다. 『동쪽문 나섬이여 거친 숫돌 나누고, 위에 소나무 잣나무 있음이여 푸르고 또 빛나네. 거친 베옷 해졌고 때는 요와 순 만나지 못했네. 소야 열심히 잔 풀 먹거라. 대신 네 곁에 있으니, 내 너와 함께 초나라로 가리라.』」(甯戚衛人. 商金聲淸, 故以爲曲, 歌曰, 出東門兮厲石班, 上有松柏兮青且蘭. 麤布衣兮縕縷, 時不遇兮堯舜. 牛兮努力食細草. 大臣在爾側, 吾當與爾適楚國)

3 락(落): 《고이》에서는 「수」(數)으로 된 판본도 있다고 하였다.

구산(丘山): 분묘(墳墓), 무덤을 말한다. 진(晉)나라 장재(張載)의 〈칠애(七哀)〉 제1수 「지난날에는 만승의 군주였으나, 지금은 동산의 흙이라네.」(昔為萬乘君, 今為丘山土) 당나라 이선의 주석 「《방언》에서는 『무덤 가운데 큰 것을 구라고 한다.』라 하였다.」(方言曰, 冢大者為丘)

離別偏傷老大時　이별은 특히
늙었을 때 가슴 아프다네.
尙喜淵潛容賈誼[4]　깊은 못에 숨음
가의 용납함 오히려 기쁘고,
不須日飮教袁絲[5]　날로 마심 원앙
가르침 필요 없다네.
病餘我更無憀賴[6]　병 끝이라 내 더 이상
믿고 의지할 곳 없고,
勉爲同懷一賦詩　힘써 마음 같은 이에게
한번 시 읊어주네.

余素不能作唐律, 和韻尤非所長. 年來追逐, 殊覺牽疆. 子服乃令更爲手寫此三詩者, 不知欲以何用. 晨起書罷, 欲記歲月, 方覺是庚申開基節日.[7] 此亦難逢之會, 感歎久之

나는 평소에 당률을 짓는데 능하지 못하며 운에 화답하는 것은 특히 뛰어나지 못하다. 근년에 좇아서 따라해 보고 특히 견강부회한 것임을 알았다. 자복이 이에 다시 손수 이 세 시를 쓰게 하였는데 어

4 연잠용가의(淵潛容賈誼): 권7 46번 시의 주 7) 투문물구연(投文沕九淵)을 보라.

5 불수일음(不須日飮): 《고이》에서는 「미수통음」(未須痛飮)으로 된 판본도 있다고 하였다.

일음교원사(日飮教袁絲): 사(絲)는 한나라 원앙(袁盎)의 자이다. 《사기·원앙열전(袁盎列傳)》「오나라 승상으로 옮기게 되어 작별을 하고 떠나려는데 (조카인) 원종이 원앙에게 말하였다. ……『숙부님은 매일 술이나 마시고 아무 일도 하지 마시고 이따금 왕에게 모반하지 말라고만 말하시면 될 따름입니다. 이렇게 하시면 아마 벗어날 수 있을 것입니다.』」(徙爲吳相, 辭行, 種謂盎曰……君能日飮, 毋何, 時說王曰毋反而已, 如此幸得脫)

6 이 구절은 《고이》에서는 「나 이제 꺾이고 무너짐 심해진 지 오래 되었네.」(我今久矣摧頽甚)로 된 판본도 있다고 하였다.

무료(無憀): 《차의》「요와 료는 모두 믿는다는 뜻이다.」(憀聊, 同賴也)

7 경신~절일(庚申~節日): 《차의》「경신년(960)은 태조가 즉위한 해이다. 개국절일은 아마 당시 즉위한 날을 명절로 하였을 것이다.」(庚申, 太祖卽位之年. 開基節日, 疑當時以卽位之日爲名節) 《표보》「《송사·의례지》(권112)에 정화 연간 정월 4일에 태조의 초상이 있는 주와 부의 궁전에서 분향하고 개기절로 삼았는데, 곧 개국일이다.」(宋史儀禮志, 政和中, 以正月四日, 有太祖神御之州府宮殿行香爲開基節, 卽開國日也)

디에 쓰려는 것인지를 알지 못했다. 새벽에 일어나 쓰기를 끝내고 날짜를 적으려다 바야흐로 경신년 개국절 날임을 깨달았다. 이 또한 만나기 어려운 기회여서 오래 동안 감탄하였다

80. 叔通老友探梅, 得句不鄙, 垂示且有領客携壺之約, 次韻爲謝, 聊發一笑

숙통 노우가 매화를 찾아 시구를 얻었는데 뜻이 속되지 않았다. 보여주고는 또한 손님을 이끌고 술병을 가질 약속을 잡았다. 같은 운자를 써서 지어 감사하고 문득 한번 웃음을 유발한다

迎霜破雪是寒梅	서리 만나고 눈 무릅쓰는 것이 한매인데,
何事今年獨晩開	무슨 일로 올해는 유독 늦게 피었는가?
應爲花神無意管	응당 꽃 신 관장할 뜻 없어서,
故煩我輩著詩催[1]	일부러 우리 번거롭게 시 붙이도록 재촉하는 것이리라.
繁英未怕隨淸角[2]	빽빽한 꽃잎 청각의 음조(音調) 따름 두려워 않고,

1 저시최(著詩催): 송나라 축목(祝穆)의 《고금사문류취(古今事文類聚)》 권6 「명황(당 현종) 때 봄 경치가 맑고 아름다워 황제가 말하였다. 『이를 대하고도 어찌 그와 더불어 판단하지 않을 수 있겠는가?』 갈고를 가져오게 명하고 직접 곡명을 지었다. 봄 풍경이 아름답자 버들과 살구나무를 돌아보았는데 모두들 웃음을 터뜨리면서 말하기를 『이 일은 내가 지은 것이 아니라 천공이 하였다고 하는 것이 옳지 않겠는가?』라 하였다.」(明皇時, 春景明媚, 帝曰, 對此, 豈可不與他判斷. 命取羯鼓, 自製曲名, 春光好. 回顧柳杏, 皆發笑曰, 此事不喚我作天公可乎) 송나라 소식(蘇軾)의 〈양공제의 삼가 매화를 품평하다라는 시의 운자를 써서 짓다(次韻楊公濟奉議梅花)〉 제6수 「그대는 아는가? 일찍 짐 먼저 피어서이기 때문이니, 새 시 구절구절 재촉하는 일 없었으면.」(君知早落坐先開, 莫著新詩句句催)

2 번영(繁英): 번(繁)은 《고이》에서 「떨어질 락」(落)자로 된 판본도 있다고 하였다.

청각(淸角): 《한비자·십과(十過)》 「사광이 말하였다. 『청각만 못합니다.』 …… 사광은 어쩔 수 없어 연주하였다. 한번 연주하니 검은 구름이 서북방에서 일어났으며, 두 번째 연주하니 큰 바람이 이르고 큰 비가 따랐으며 휘장이 찢어지고 조두 같은 제기가 깨어졌으며 복도의 기와가 무너져내렸다.」(師曠曰, 不如淸角……師曠不得已而鼓之. 一奏而有玄雲從西北方起. 再奏之, 大風至, 大雨隨之, 裂帷幕, 破俎豆, 隳廊瓦)

疎影誰憐蘸綠盃	성긴 그림자 녹색 술잔에 잠김 누가 사랑하는가?
珍重南隣諸酒伴[3]	진중하게나, 남쪽 이웃의 여러 술 친구들,
又尋江路覓香來[4]	또 강의 길 찾고 향기 찾아 온다네.

3 남린제주반(南隣諸酒伴): 당나라 두보의 〈강가에서 홀로 걸으며 꽃을 찾다(江畔獨步尋花)〉 제1수 「걸으며 남쪽 이웃의 술 좋아하는 짝 찾는데, 열흘 지나도록 나와서 술 마시니 다만 침상 비었다네.」(走覓南隣愛酒伴, 經旬出飮獨空牀)
이 구절은 《고이》에서 「듣자하니 남쪽 이웃에 술 친구 많다는데」(聞道南鄰多酒伴)로 된 판본도 있다고 하였다.

4 우(又): 《고이》에서 「옳게 여길 긍」(肯)자로 된 판본도 있다고 하였다.
멱향(覓香): 원나라 방회(方回)의 《영규율수(瀛奎律髓)》(권20) 에는 「탐향」(探香)으로 되어 있고 향(香)은 「봄 춘」(春)으로 된 판본도 있다고 하였다.

81. 病中, 承子伏老弟同居厚叔通居中居晦諸兄友載酒見過, 子服有詩, 牽勉奉和, 幷呈在席, 幸發一笑[1]

병중에 자복 노제가 거후, 숙통, 거중, 거회 등 여러 형과 함께 술을 싣고 들러주었는데 자복이 시를 지어 억지로 삼가 화답하고 아울러 좌중의 사람들에게 드리니 한번 웃음이나 유발하였으면 한다

心期萬壑與千巖[2]	마음으로 만 골짜기와 천 봉우리 기약하였더니,
屢向君詩得指南[3]	여러 번이나 그대 시에서 방향 얻는다네.
久恨泠然孤宿諾[4]	오래도록 영연에 홀로 허락 묵혀둠 한스러웠는데,
偶逢兀者便同參[5]	어쩌다 절름발이 만나 동참하게 되었네.

1 거중(居中): 이름은 주명좌(周明佐)로 거회(居晦)의 형이다.
거회(居晦): 이름은 주명중(周明仲)으로 건양(建陽) 사람이며, 순희(淳熙) 연간에 작은 관직을 지냈다. 《표보》「위의 판의 주에 나오는 주원 주인일 것이다.」(似是上板注周遠主人也)

2 만학여천암(萬壑與千巖): 당나라 이백(李白)의 〈왕옥산인 위만이 왕옥으로 돌아감에 전송하다(送王屋山人魏萬還王屋)〉「만 골짜기와 천 봉우리, 경호 속에서 가파르네.」(萬壑與千巖, 崢嶸鏡湖裏)

3 지남(指南): 《차의》「지남거는 주공이 주석으로 만들었다. 월상씨의 사자가 수레로 선도가 되어 귀국할 수 있었다. ○ 왕원감이 《규류(糾謬)》 등 수십 편의 책을 지었는데 위지고가 말하기를 『이는 오경의 지남이다』라 하였다.」(指南車周公所制以錫. 越裳氏使者車爲先導, 得歸國. ○ 王元感撰書糾繆等數十篇, 魏知古曰, 此五經指南) 두무(糾繆)는 《신당서》에는 「규류」(糾謬)로 되어 있다.

4 숙락(宿諾): 《고이》에서는 「독왕」(獨往)으로 된 판본도 있다고 하였다. 《논어·안연(顔淵)》「자로는 승낙함을 묵힘이 없었다.」(子路無宿諾) 주희의 주석 「숙(宿)은 머무름이니, 숙원이라 할 때의 숙(宿)자와 같다. 말을 실천함에 급해 그 승낙함을 머물러 두지 않은 것이다.」(宿, 留也, 猶宿怨之宿, 急於踐言, 不留其諾也)
영연(泠然): 《차보》「정자 이름인 것 같다.」(疑亭名)

5 올자(兀者): 권6 183번 시의 주 8)을 보라. 월형(刖刑)을 받은 사람이다. 《장자·덕충부(德充符)》에 보인다.
변(便): 《고이》에서는 「마침내 수」(遂)자로 된 판본도 있다고 하였다.

儻蒙大藥分金匕[6]	대약 금 숟가락으로 나눔 갑자기 입었으니,
豈羨奇方出玉函[7]	기이한 처방 옥함에서 꺼냄 어찌 부러워하리오.
誰識留連今夕意[8]	누가 오래도록 남아 있는 오늘 저녁 뜻 알리오?
沈痾未散莫回驂	깊은 병 흩어지지 않아 말 돌리지 못한다네.

子服數有詩言黃楊之勝, 未及往而得足疾, 故有兀者之句. 是夕坐客, 皆以霜寒欲亟歸, 因又有末後句云

자복이 여러 차례나 시를 지어 황양의 빼어남을 말하였는데 미처 가보지도 못하여 발병을 얻었으므로 「올자」라는 구절이 있게 되었다. 이날 저녁 좌중의 손님들은 모두 서리와 추위로 빨리 돌아가고자 하였으므로 마지막 구절에서 말했다

6 몽(蒙): 《고이》에서는 「만날 봉」(逢)자로 된 판본도 있다고 하였다.
대약분금비(大藥分金匕): 대약(大藥)은 단사, 황금 따위로 만든 선약(仙藥)을 말한다. 당나라 두보(杜甫)의 〈이백에게 주다(贈李白)〉 「선약의 재료 정말 적어, 숲속에는 그 흔적조차 쓸어버린 듯하네.」(苦乏大藥資, 山林跡如掃) 또 〈옛 놀이(昔游)〉 「어찌 푸른 짚신의 굽은 살 사양하리오? 금 숟가락 약 슬프다네.」(豈辭靑鞋胝, 惆悵金匕藥)

7 기방출옥함(奇方出玉函): 출(出)은 《고이》에서는 「두드릴 구」(扣)자로 된 판본도 있다고 하였다. 진(晉)나라 갈홍(葛洪)의 《신선전·위숙경(神仙傳·衛叔卿)》 「위숙경은 중산 사람으로 운모를 복용하고 신선이 되었다. …… 숙경의 아들은 이름이 도세였는데 …… 부친이 여러 사람과 함께 바위 위에서 즐겁게 노는 것을 바라보았다. …… 숙경이 말하였다.『…… 내게 신선이 되는 방법이 있는데 집의 서북쪽 기둥 아래에 있다.』…… 파서 옥으로 된 함을 얻었는데 나는 신선의 향기로 봉해져 있었으며 …… 바로 오색의 운모였으며 …… 마침내 함께 신선이 되어 떠났다.」(衛叔卿者, 中山人也, 服雲母得仙……叔卿子名度世……望見其父與數人於石上嬉遊……叔卿曰……我有仙方在家西北柱下……掘得玉函, 封以飛仙之香……乃五色雲母……遂俱仙去)

8 이 구절은 《고이》에서 「또한 친한 벗 서로 따뜻함 다행스럽네」(且幸親朋相暖熱)로 된 판본도 있다고 하였다.

82~84. 寄江文卿劉叔通

강문경과 유숙통에게 부침

82

文卿句律如師律[1]	문경의 글 쓰는 법 마치 군율과 같고,
通叔詩情絶世情[2]	숙통의 시정은 세속 넘어섰다네.
政使暮年窮到骨[3]	바로 늘그막까지 가난 뼈에 사무치게 하여,
不敎吟出斷腸聲	애끊는 소리마저 내지 못하게 하는구나.

83

詩人從古例多窮[4]	시인 예로부터 으레 궁함 많았는데,

1 구율여사율(句律如師律): 송나라 황정견(黃庭堅)의 〈다시 같은 운자를 써서 짓고 아울러 이중과 남옥에게 부치다(再次韻兼簡履中南玉)〉 제1수 「이후의 시율 엄하고도 맑아, 여러 사람 이어서 짓느라 붓 종횡으로 달리네.」(李侯詩律嚴且清, 諸生賡載筆縱橫) 같은 사람의 〈자첨[蘇軾]의 시구는 일세에 절묘한데 이에 이르기를……(子瞻詩句妙一世, 乃云……)〉 「구법은 군율 하나 들고, 견고한 성 나의 항복 받아내네.」(句法提一律, 堅城受我降)

2 통숙~세정(通叔~世情): 《주자어류》 권140 〈논문 하·시(論文下·詩)〉 「유숙통과 강문경 두 사람은 모두 시에 능한데, 숙통은 시체를 자유롭게 구사하며 구속되지 않는 시가 좋고, 문경은 격률이 법도에 들어맞는 시가 좋다.」(劉叔通江文卿三人皆能詩, 叔通放體不拘束底詩好, 文卿有格律入規矩底詩好) 《윤씨수초》 「숙통을 바꾸어서 염에 맞도록 하였다.」(變叔通以叶簾)

3 정(政): 정(正)과 같은 뜻으로 쓰였다.
궁도골(窮到骨): 당나라 두보(杜甫)의 〈또 오랑께 드림(又呈吳郎)〉 「이미 징수하여 가난이 뼈에 사무친다 하소연하였고, 마침 융마 생각하니 눈물 수건 가득 적시네.」(已訴徵求貧到骨, 正思戎馬淚盈巾) 송나라 소식(蘇軾)의 〈밀주가(蜜酒歌)〉 「선생 줄곧 가난함 뼈에 사무쳤는데, 사람에게 묻고 쌀 구하였으나 어찌 일찍이 얻었으리오!」(先生年來窮到骨, 問人乞米何曾得)

4 시인다궁(詩人多窮): 권4 20번 시의 주 5) 도수교한(島瘦郊寒)을 보라. 송나라 위경지(魏慶之)의 《시인옥

林下如今又兩翁[5]	숲 아래 지금 또 두 늙은이 있다네.
應笑湖南老賓友	호남의 늙은 친구 비웃으리니,
兩年吹落市塵中[6]	두 해 동안 날려 저자의 티끌 속에 떨어졌음이라네.

此戱子蒙恐落窮籍不便,[7] 可發一笑也

이는 자몽이 궁한 처지로 떨어져 불편함을 걱정하자 놀린 것으로 한번 웃을 만하다

설(詩人玉屑)》 권15에서 인용한 《만수시화(漫叟詩話)》 「맹호연의 (〈歲暮歸南山〉) 시에 『재주 없어 밝으신 임금께서 버리시고, 병 많아 옛 친구들과 소원해졌네.』라는 구절이 있다. 당나라 원종(玄宗을 말함)이 듣고서 말하였다. 『경이 짐을 스스로 버린 것이니 짐이 어찌 경을 버렸는가?』라 하였다. 맹관의 (〈贈棲隱洞譚先生〉) 시에 『둥지 있는 나무 베지 않았는데, 주인 없는 꽃 많이 옮겼다네.』라는 구절이 있다. 주나라 세종이 듣고 말하기를 『짐은 배반한 백성을 죽인 것인데 어찌 둥지가 있느니, 주인이 없느니 하는가?』라 하였다. 두 사람은 바로 시 때문에 궁해진 것으로 이른바 목청을 높이어 기휘하는 것을 저촉한다는 것이다.」(孟浩然詩, 不才明主棄, 多病故人踈. 唐元宗聞之曰, 卿自棄朕, 朕何棄卿? 孟貫詩, 不伐有巢樹, 多移無主花. 周世宗聞之曰, 朕伐叛弔民, 何謂有巢無主? 二子正坐詩窮, 所謂轉喉觸諱) 송나라 구양수(歐陽脩)의 〈매요신의 시집의 서문(梅聖兪詩集序)〉「세상에서는 시인으로 현달한 이는 적고 궁한 이는 많다고 한다. …… 시가 사람을 곤궁하게 할 수 있는 것이 아니라 아마도 곤궁한 사람이라야 시가 공교롭게 될 것이다.」(世謂詩人少達多窮……非詩之能窮人, 殆窮者而後工也) 《차의》「동파의 시에서 스스로 이르기를 『비록 술을 마시는 것을 두려워하지만 마시는 것을 거절하지 않았고, 비록 시 때문에 곤궁해졌지만 그래도 시를 짓는다.』라 하였다.」(東坡詩自謂, 雖畏酒而不辭飮, 雖緣詩窮而猶作詩) 송나라 소식(蘇軾)의 〈숙필이 말하기를 이상은 술을 마시지 않기 때문에 시를 짓지 않는다하여 이상에게 술 마실 것을 권한다(叔弼云, 履常不飮, 故不作詩, 勸履常飮)〉「내 본래 술 마시는 사람 두려워하지만, 술잔 앞에서는 하소연한 적이 없다네. 평생토록 시 때문에 곤궁해져서, 시구 얻으면 차마 뱉어내지 못했네.」(我本畏酒人, 臨觴未嘗訴. 平生坐詩窮, 得句忍不吐)

5 양옹(兩翁): 《차의》「강문경과 유숙통이다.」(文卿叔通)

6 시진중(市塵中): 《차의》「성시의 티끌먼지를 말하여, 당시 자몽이 벼슬길을 추구하였으므로 말한 것이다.」(謂成市塵中也. 時子蒙從宦故云) 진(晉)나라 도잠(陶潛)의 〈전원으로 돌아가다(歸園田居)〉 제1수「잘못 속세의 그물로 떨어져, 한번 떠난 지 30년이나 되었네.」(誤落塵網中, 一去三十年)

7 자몽(子蒙): 유개(游開)인데 당시 호남에서 작은 관직을 지냈던 것 같다.

84

我窮初不爲能詩　　나는 궁한데다 애초에
　　시도 잘 짓지 못하여,
笑殺吹竽濫得癡[8]　　피리 부는데 외람되이
　　어리석은 이 끼었음 매우 우습네.
莫向人前浪分雪[9]　　남 앞에서 함부로
　　분변하지 말리니,
世間眞僞有誰知　　세상의 참과 거짓
　　누가 알아 주겠는가?

僕不能詩, 往歲爲澹菴胡公, 以此論薦,[10] 平生僥倖, 多類此云

나는 시를 잘하지 못하는데, 전에 담암 호전공에 의해서 이것으로 논하여 천거되었으니 평생의 요행이 대부분 이와 비슷하였다

8 취우(吹竽): 재능이 없으면서 어떤 일에 끼는 것을 말한다. 《한비자·내저설(內儲說) 상》「제나라 선왕은 사람을 시켜 피리를 불게 하면 반드시 삼백 명이 함께 불어야만 했다. (피리를 잘 불지 못하는) 남곽처사는 왕에게 피리를 불어 주기를 청하여 (삼백 명 안에 들어) 제선왕이 기뻐해서 (피리 부른 것으로) 창고의 곡식을 수백 사람이 얻는 정도로 대우해 주었다. 후에 제선왕이 죽자 혼왕(즉 襄王)이 즉위해서 한 사람 한 사람씩 들려주는 것을 좋아 하자, 남곽처사는 도망가 버렸다.」(齊宣王使人吹竽, 必三百人. 南郭處士請為王吹竽, 宣王說之, 廩食以數百人. 宣王死, 湣王立, 好一一聽之, 處士逃) 당나라 두보(杜甫)의 〈장인산(丈人山)〉「백발 깨끗이 청소하니 황정 있는데, 그대 보라 훗날 얼음과 눈 같은 모습.」(掃除白髮黄精在, 君看他時冰雪容)

9 분설(分雪): 《차의》「설은 닦는다는 뜻이다. 《사기》(〈酈生陸賈列傳〉)에『패공은 급히 발을 닦았다』라는 말이 있다. 또한 씻는다는 뜻이다. 《공자가어》(〈子路初見〉)에『기장으로 복숭아를 씻는다』는 말이 있다.『분설』은『분소』라는 말과 같다.」(雪拭也. 史記, 沛公遽雪足. 又洗也. 家語, 以黍雪桃. 分雪猶言分疏) 분소는 분명하게 변별하는 것이다.

10 담암호공~논천(澹菴胡公~論薦): 호공은 호전(胡銓)이다. 《차보》「담암이 조정에 시인 10명을 추천하였는데 선생도 거기 들었으므로 이렇게 말한 것이다.」(澹菴薦十詩人於朝, 先生與焉, 故云) 《송사·주희전(朱熹傳)》「(乾道) 6년(1170)에는 공부시랑 호전이 시인으로 천거하여 왕정규와 함께 부름을 받았으나 상을 마치지 않았다 하여 사양하였다.」(六年, 工部侍郎胡銓以詩人薦, 與王庭珪同召, 以未終喪辭 詳見跋胡澹菴詩解)

85. 梅

매화

姑射仙人氷雪容[1] 고야산의 신선
얼음과 눈 같은 모습에,
塵心已共彩雲空 속세의 생각 이미
채색 구름과 함께 사라졌다네.
年年一笑相逢處 해마다 한번 웃으며
서로 만나는 곳,
長在愁煙苦霧中[2] 언제나 시름 자아내는 연기와
괴로운 안개 속에 있다네.

1 고야~빙설용(姑射~氷雪容): 《장자·소요유(逍遙遊)》「막고야라는 산에 신비한 사람이 살고 있다. 살과 피부는 마치 얼음과 같고, 부드럽고 아름답기는 마치 처녀와 같다. 오곡을 먹지 않고 바람을 들이마시고 이슬을 먹는다. 구름을 타고 나는 용을 몰며 이 땅 밖에 나가서 논다.」(藐姑射之山, 有神人居焉. 肌膚若冰雪, 綽約若處子, 不食五穀, 吸風飮露, 乘雲氣, 御飛龍, 而遊乎四海之外) 권5 67번 시의 주 6)을 참조하라. 고야산인은 주로 매화를 묘사하는데 사용된다. 송나라 정해(鄭獬)의 〈설중매(雪中梅)〉「고야산의 신선 얼음이 몸 되고, 진나라 공주는 분이 몸 된다네.」(姑射仙人氷作體, 秦家公主粉爲身)

2 수연고무(愁煙苦霧): 송나라 구양수(歐陽脩)의 〈꽃잎이 천 개인 홍리화(千葉紅梨花)〉「시름 자아내는 연기와 괴로운 안개에 향기 적고, 들의 풀과 남쪽의 꽃 붉은빛과 보랏빛 다투네.」(愁煙苦霧少芳菲, 野卉蠻花鬪紅紫)

86~87. 香茶供養黃蘗長老悟公故人之塔, 幷以小詩見意, 二首[1]

황벽사의 장로 오공고인의 탑에 향과 차로 제사를 올리고 아울러 짧은 시로 뜻을 드러내다. 두 수.

86

擺手臨行一寄聲[2]	손 휘저으며 떠날 무렵에 한 마디 소리 부쳤는데,
故應離合未忘情[3]	그래서 헤어지고 합함에 정 잊지 못한다네.
炷香瀹茗知何處	향 피우고 차 끓이니 어느 곳인 줄 알겠는가?
十二峰前海月明[4]	열두 봉우리 앞에 바다에 뜬 달 밝다네.

1 공양(供養)은 봉사(奉祀), 곧 제사를 받듦을 말한다. 오공(悟公)은 곧 중 조원(祖源)으로 호는 정오(凈悟)이며, 건양(建陽) 사람이다. 건안 존승원(尊勝院)의 주지를 지낸 적이 있으며, 주희의 부친인 주송(朱松)과 친분이 깊었다. 《차보》「황벽사는 복청현에 있다. 오공은 정오인 것 같은데 (주희의 부친) 위재가 친하게 지내던 중이다. (《문집》) 권84 〈선친 이부랑이 정오 스님에게 준 편지 뒤에 씀〉에 상세히 보인다.」(黃蘗寺在福淸縣. 悟公似是凈悟, 韋齋所親僧. 詳見八十四卷書先吏部與凈悟書後) 이외에 권64 〈공중지에게 답함(答鞏仲至)〉에서도 정오의 죽음에 대하여 언급하는 부분이 몇 군데 보인다. 한편 《주희시사선주(朱熹詩詞選注)》(武夷山朱熹研究中心)에서는 원오선사(圓悟禪師)라고 하였다. 호는 긍암(肯庵)이며 또한 황벽장로라고도 하였는데, 건안 사람으로 오부리(五夫里)의 개선원(開善院)에 거처하였으며, 주희와 친분이 두터웠다고 하였다. 탑(塔): 스님이 죽으면 사리를 수습해서 봉안하는 부도(浮圖), 곧 사리탑을 말한다.

2 파수(擺手): 파(擺)는 《고이》에서 「뿌릴 살」(撒)자로 된 판본도 있다고 하였다. 《차의》「《운회》에서 음은 파라고 하였고, 열다, 다스리다의 뜻이라고 하였다. 또한 밀어서 떨쳐 흔든다는 뜻이다.」(韻會, 擺補買切, 開也, 撥也. 又排而振之也) 이 구절은 오공이 입적하여 세상을 떠나려는 것을 비유하였다.

3 응(應): 《고이》에서 「알 지」(知)자로 된 판본도 있다고 하였다.

4 십이봉(十二峯): 《차의》「무산이다.」(巫山) 《차보》「이는 오공의 탑이 있는 곳으로 반드시 무산은 아니다.」(此悟公塔處, 非必巫山) 당나라 영호초(令狐楚)가 지은 《어람시(御覽詩)》에 이단(李端)이 지은 〈무산은 높고(武山高)〉를 수록하였는데 「무산 열두 봉우리, 모두 푸른 허공에 있다네.」(武山十二峰, 皆在碧虛中)라 하였는

87

一別人間萬事空　　한번 인간세상 이별하면
　　　　　　　　　　만사 헛되고 마니,
他年何處却相逢　　훗날 어느 곳에서
　　　　　　　　　　도리어 서로 만날까?
不須更話三生石[5]　　모름지기 다시 삼생석
　　　　　　　　　　이야기할 필요 없으리니,
紫翠參天十二峰[6]　　보라와 비취빛 하늘의
　　　　　　　　　　열두 봉우리에 든다네.

데, 원나라 유훈의 《은거통의》에서는 《촉강도》에 의거하여 열두 봉우리의 이름이 독수(獨秀)와 필봉(筆峯), 집선(集仙), 기운(起雲), 등룡(登龍), 망하(望霞), 집학(集鶴), 서봉(棲鳳), 취병(翠屛), 반룡(盤龍), 송만(松巒) 그리고 선인(仙人)이라 하였다.

5 삼생석(三生石): 절강성 항현의 천축사 뒷산에 있는 돌. 당나라 때 중 원관과 이원이 다시 태어나 만났다는 곳. 당나라 원교(袁郊)의 《감택요·원관(甘澤謠·圓觀)》「원관은 대력 말 낙양 혜림사의 중이다. …… 간의 이원은 …… 원관과 말을 잊을 정도의 교유를 맺었다. …… 두 사람은 어느 날 아침에 촉천에서 놀며 청성의 아미산에 이르기로 하여 …… 형강에서 협곡을 오르다가 가는 길에 남포의 유주산 아래에 머물다가 부인 여럿이 비단 잠방이에 항아리를 매고 물을 긷는 것을 보았는데, 원관이 바라보고는 눈물을 흘리며 말하였다.『…… 그 가운데 성이 왕씨인 아이를 밴 부인은 내가 몸을 맡긴 곳인데 3년이 지나도 아직 해산을 하지 않은 것은 내가 아직 오지 않았기 때문이다. …… 다시 12년이 지나 8월 달밤에 항주의 천축사 바깥에서 공과 서로 만날 기약을 하겠소.』…… 12년 후 가을 8월에 곧장 여항을 가리키며 약속한 곳으로 갔더니 …… 어떤 더벅머리 목동이 〈죽지사〉를 노래하면서 소를 타고 뿔을 두드리며 양 갈래로 머리를 묶고 짧은 옷을 입고 언뜻 절 앞에 이르는데 바로 원관이었다. …… 막 절 앞에 이르자 노래하기를『삼생석 위의 옛 정신과 혼백, 달 감상하고 바람 읊조림 논할 필요 없다네. 정인 멀리서 서로 찾아줌 부끄러우니, 이 몸 비록 다르나 본성 언제나 남아 있다네.』라 하였다.」(圓觀者, 大歷末雒陽惠林寺僧……李諫議源……與圓觀為忘言交……二公一旦約遊蜀川抵青城峨眉……自荊江上峽, 行次南浦維舟山下, 見婦人數人錦襠負甖而汲, 圓觀望見泣下曰……其中孕婦姓王者, 是某託身之所, 逾三載, 尙未娩懷, 以某未來之故也……更後十二年, 中秋月夜, 杭州天竺寺外, 與公相見之期……後十二年秋八月, 直指餘杭赴其所約……有牧豎歌竹枝詞者, 乘牛叩角, 雙髻短衣, 俄至寺前, 乃觀也……初到寺前歌曰, 三生石上舊精魂, 賞月吟風不要論. 慙愧情人遠相訪, 此身雖異性常存) 이 고사는 송나라 소식(蘇軾)이 〈승원택전(僧圓澤傳)〉으로 고쳐서 지은 적도 있다. 인연이 전부터 정하여져 있다는 고사로 쓰인다.

6 자취(紫翠): 신화와 전설상의 상서로운 빛과 기운.

88. 庚申立春前一日[1]

경신년 입춘 전날에

雪花寒送臘[2]	눈꽃 차갑게 섣달 보내고,
梅萼暖生春[3]	매화꽃은 따뜻하게 봄 내네.
歲晚江村路	해 저문 강 마을 길에,
雲迷景更新	구름 흐릿하니 경치 더욱 새롭네.

1 경신년은 주희가 죽은 해인 송나라 영종(寧宗) 경원(慶元) 6년(1200)이다.

2 납(臘): 납(腊)이라고도 하며, 주나라 때 모든 신에게 제사를 지내는 것을 칭하였다. 여기서는 연말을 가리킨다. 섣달.

3 매악(梅萼): 매화. 악(萼)은 꽃받침이라는 뜻인데, 여기서는 꽃을 가리킨다.
난(暖): 《차의》에는 난(暎)으로 되어 있으며, 「난은 따뜻하다는 뜻이다. 『暎』이라고도 한다. ○ 『暎』은 당본에는 『날 일』부로 되어 있다.」(煖, 溫也. 或作暎. ○ 暎, 唐本從日)

89. 南城吳氏, 社倉書樓, 爲余寫眞如此, 因題其上, 慶元庚申二月八日, 滄洲病叟, 朱熹仲晦父[1]

남성 오 씨가 사창의 서루에 내 초상화를 이렇게 그리고 거기에 「경원 경신 이월 팔일, 창주병수 주희 중회보」라고 적어주었다

蒼顏已是十年前[2] 늙어서 얼굴 창백해진 지도
벌써 십 년 전,
把鏡回看一悵然 거울 잡고 되돌아보니
온통 슬프기만 하네.
履薄臨深諒無幾[3] 살얼음을 밟고 깊은 연못 내려다 봄
실로 얼마 남지 않은 것 같지만,

1 이 시는 주희의 절필시(絶筆詩: 마지막으로 지은 시)로 알려졌다.
남성(南城): 건창군(建昌軍)의 속현으로 지금의 강서성(江西省) 남성현을 가리킨다.
오씨(吳氏): 남성현 공사(貢士)인 오신(吳伸)과 그의 동생 오륜(吳倫)을 가리킨다. 이들 형제는 초상화를 잘 그리는 것으로 유명하였다. 그들은 주자의 오부리 사창(社倉)을 본받아 마을에 사창을 건립하여 사재(私財)로 곡식 사천 곡(斛)을 비축해 두었다가 이재민의 구휼(救恤)에 대비하였다. 주희는 그들을 위해 〈건창군남성현오씨사창기(建昌軍南城縣吳氏社倉記)〉를 지어주었는데, 《주문공집》 권80에 보인다.
사진(寫眞): 초상화를 그리는 것을 말한다.
2 창안(蒼顏): 창백한 얼굴. 노인의 얼굴을 형용하는 말로 쓰인다. 송나라 구양수(歐陽脩)의〈취옹정의 기문(醉翁亭記)〉「창백한 얼굴에 백발을 하고 그 사이에서 스르르 넘어지는 것은 태수가 취한 것이다.」(蒼顏白髮, 頹然乎其間者, 太守醉也)
3 이박림심(履薄臨深): 《논어·태백(泰伯)》「증자가 병이 나자 자기의 제자들을 불러 모아 말하기를 『내 발을 살펴보아라! 내 손을 살펴보아라! 《시경》에서 말하기를 「조심하고 신중 할진저! 마치 깊은 연못을 내려다보듯, 살얼음을 밟듯.」이라 했으니, 지금 이후에야 내가 비로소 (내 자신의 몸을 망치는 화를) 면하였음을 알겠노라! 제자들이여!』」(曾子有疾, 召門弟子曰, 啓予足! 啓予手! 詩云, 戰戰兢兢, 如臨深淵, 如履薄冰. 而今而後, 吾知免夫! 小子)라는 말이 있다.
무기(無幾): 시간이 많지 않음, 오래지 않음을 말한다. 《시경·소아·규변(頍弁)》「죽을 날 얼마 남지 않아, 서로 만날 날 얼마 남지 않았다네.」(死喪無日, 無幾相見) 주희는 「죽을 날이 얼마 남지 않아 오랫동안 서로 만나보지 못할 것임을 말하였다.」(言死喪無日, 不能久相見矣)라 하였다.
《문집》 권81 〈정경원간 발문(跋鄭景元簡)〉「육경은 성

且將餘日付殘編[4]　　또한 남아 있는 나날

이루지 못한 책에 맡기려네.

현의 행사에 대해서는 기록하여 구비하였지만, 삶과 죽음의 경계에 대해서는 기술한 것이 없으니, 대체로 삶과 죽음을 상사로 여겼기 때문일 것이다. 단지 《논어》와 《예기·단궁》에서만 증자가 질병으로 앓아누웠을 때의 일을 상세하게 기록하고 있지만, 그 말은 몸을 보전하고 예를 삼가는 것과 학자가 지켜야할 방법을 말하는 것에 불과할 뿐이다. 여기에서 성현의 학문을 충분히 볼 수 있고, 성현의 학문에서 귀중하게 여기는 것이 곧 여기에 있으니. 이치를 살피지 않고 한갓 앉은 채로 죽어 육신을 떠나는 것과 같은 기이한 것을 일삼는 불교와는 같지 않다.」(六經記載聖賢之行事備矣, 而於死生之際無述焉, 蓋以是爲常事也. 獨論語檀弓記曾子寢疾時事爲詳, 而其言不過保身謹禮, 與語學者以持守之方而已. 於是足以見聖賢之學, 其所貴重乃在於此, 非若浮屠氏之不察於理, 而徒以坐亡立脫爲奇也)

4 이박~잔편(履薄~殘編): 송나라 왕백(王柏: 시호는 文憲)은 〈주자시선발(朱子詩選跋)〉에서 이 시를 인용하여「이 시는 돌아가실 날을 한 달 앞두고 그 맡은 책임은 무겁고 갈 길은 멀다는 뜻이 열 네 자에 늠름하게 표현되었다.」(此詩去易簀一月, 其任重道遠之意, 凜凜乎十四字之間)라 하였다.

朱熹 詩 譯註

제10권

1. 謁表伯余宋祐[1]

표백이신 여송우 어른을 찾아뵙다

江上雪意滿	강가에는 눈 내리려는 기색 가득하고,
風吹竹林平	바람은 대나무 숲으로 평평하게 부네.
先生但堅坐	선생 다만 굳게 앉아 있을 뿐,
稚子開柴荊[2]	어린 아이가 삽짝문 열어주네.

1 표백(表伯): 부친의 외종형을 이르는 말.
여송우(余宋祐): 유정(兪靖)의 자. 무원(婺源) 사람으로 달리 자를 중유(仲猷)라고도 하였으며, 호는 서교(西郊)이다. 학행을 연마하여 주희의 부친 주송(朱松)과 함께 「성계십우」(星溪十友)에 들었다. 왕무횡(王懋竑)의 《주자연보》 소흥(紹興) 20년(1150, 주희 21세) 조에 「이에 앞서 무원의 어르신인 유중유가 일찍이 선생이 젊었을 때 쓴 글을 얻어 보고는 그 벗인 동영에게 보여주면서 함께 감탄을 하며 감상을 하였다.」(先是, 婺源鄕丈人兪仲猷嘗得先生少年翰墨, 以示其友董穎, 相與嗟賞)는 기록이 보인다.

2 시형(柴荊): 섶과 가시나무 따위를 얽어서 만든 초라한 문. 뜻이 변하여 시골집을 가리키기도 하나 여기서는 원래의 의미로 쓰였다. 남조 송나라 사령운(謝靈雲)의 〈막 영가군(永嘉郡)을 떠나다(初去郡)〉 「옛 사람 뜻 공경하고 계승하여, 행장 꾸림 재촉하여 삽짝문(달린 고향집)으로 돌아간다네.」(恭承古人意, 促裝返柴荆) 당나라 유량(劉良)의 주석. 「시형은 시문과 형비를 이른다.」(柴荆謂柴門荆扉也) 당나라 두보(杜甫)의 〈봄이 머니(春遠)〉 「해 기니 오직 새들 뿐이요, 봄 머니 다만 삽짝문 뿐이라네.」(日長唯鳥雀, 春遠獨柴荊)

2. 趂韻[1]

같은 각운자를 써서 짓다

千山木脫但空林　　모든 산의 나무 잎 떨어져
　　다만 숲 비었고,
天外哀鴻亦叫音　　하늘 바깥의 슬픈 기러기
　　또한 소리 내어 우네.
認取溪亭今日意　　시냇가 정자에서 오늘
　　뜻 취하여 알겠는데,
四更山月湧波心[2]　　4경에 산의 달
　　물결 한가운데서 솟아오르네.

1 진운(趂韻): 「趁韻」 또는 「趁韵」이라고도 하며, 시를 지을 때 타인이 지은 시의 운각만 고려할 뿐 내용의 타당성은 전혀 고려하지 않는 것을 말한다. 이 시는 주희 초년의 습작시로 보인다. 《차의》 「차운이라는 말과 같다.」(猶言次韻) 《차보》에서는 「먼저 제목을 정하여두지 않고 운각에 의거하여 말을 만드는 것을 진운이라 한다. 《양사》에 의하면 왕균이 흔히 쓰지 않는 운자[强韻; 險韻]에 압운을 잘하였지만 왕왕 운각만 맞추는 실수가 있었다고 한다. 한유 시의 주석에도 진운에 대한 실수를 제기하였다.」(不先置題而依韻成語, 謂之趂韻. 梁史王筠善押强韻, 然往往有趂韻之失. 韓詩注亦有提對趂韻之失) 왕균의 일화는 《양서(梁書)》 권33 〈열전〉 27에 나온다.

2 사경(四更): 하룻밤을 오경(五更)으로 나눈 오야(五夜: 저녁 7시부터 다음날 새벽 5시까지)의 넷째 시각으로 오전 1시부터 3시까지를 말한다.

3~4. 次晦叔寄弟韻. 二首[1]

오익이 아우에게 부친 시의 각운자를 써서 짓다, 두 수

3

聞道君歸湘水東[2]	듣자하니 그대 상수 동쪽으로 돌아왔다는데,
經行長在白雲中	지나는 길 오래도록 흰 구름 속에 있었다네.
詩成天柱峰頭月[3]	천주봉 꼭대기의 달에서 시 이루고,
酒醒朱陵洞裏風[4]	주릉동 안의 바람에서 술 깬다네.
舊學難酬香一瓣[5]	옛날 배움 한 줄기 오이씨 향 대답하기 어렵고,

1 회숙(晦叔): 오익(吳翌: 1129~1177)의 자. 호는 징재(澄齋)이며, 건녕(建寧) 사람이다. 형산(衡山)에서 유학(游學)하며 호굉(胡宏)을 사사했는데, 그의 학문이 명리(明理)와 수신(修身)을 중시함을 보고 과거공부를 그만 두었다. 호굉이 죽자 그의 종제인 호실(胡實), 종자인 호대원(胡大原) 및 장식(張栻)과 교유하였으며 상중(湘中)의 학자들에게 도(道)로 일컬어졌다. 장식과 함께 형산 아래에다 집을 지어놓고 정자(程子)의 「징탁구청」(澄濁求淸)의 말을 취하여 징재란 편액을 달았다. 주희가 그의 행장(《주문공집》 권87의 〈南岳處士吳君行狀〉)을 지어주었으며, 장식은 제문(《남헌집》 권44)을 지어주었다.

2 상수(湘水): 상강(湘江)을 말하며, 호남 일대에서 가장 큰 강이다. 형주부(衡州府) 성 동쪽에 있으며, 광서(廣西) 흥안현(興安縣) 양덕산(陽德山)에서 발원하여 분수령(分水嶺) 북쪽에 이르러 상수가 된다. 또 북으로 흘러 장사(長沙)의 경계로 유입된다.

3 천주봉(天柱峯): 《차의》 「형산에 있다.」(在衡山) 송나라 황상(黃裳)의 〈도중에서 지어 최풍자께 드리다(道中有作呈崔風子)〉 「얼굴 활짝 폄 잠산 가까워져 가기 때문이니, 천주봉 언저리의 달 밤에 차다네.」(解顏為向潛山近, 天柱峯頭月夜寒)

4 주릉동(朱陵洞): 호남(湖南) 형산현(衡山縣)에 있으며, 도가에서 말하는 삼십육동천(三十六洞天)의 하나이며 또한 수렴동(水簾洞)이라고도 한다. 두광정(杜光庭)의 《동천복지기(洞天福地記)》에 보인다.

5 구학~향일판(舊學~香一瓣): 「일판향」(一瓣香)은 「일주향」(一炷香)과도 뜻이 통한다. 오이씨 모양의 향불로 불교의 선종에서 장로가 법당에서 도를 강학할 때 세 번째 주향을 태우면서 「이 판향은 도법을 전수한 모모

流年誰管鬢雙蓬[6] 세월 흘러 양쪽 귀밑머리
쑥대 되었음 누가 상관하리오.
書來爲指諛訛處[7] 편지 보내와
잘못된 곳 가리켜주니,
不涉言詮不落空[8] 말로 설명해주지 않아도
공허한 곳에 떨어지지 않네.

4

試上閩山望楚天 민산에 올라 초땅의
하늘 바라보게나,
鴈飛欲斷勢還連[9] 기러기 날 끊어지려는 듯하다가
형세 또 이어지네.
憑將袖裏數行字 소매에서 꺼낸
여러 행 글자 가지고서,
與問雲間雙髻仙[10] 더불어 구름 사이
쌍계봉의 신선에게 묻네.

법사께 경건하게 바칩니다.」라 한 데서 유래하였다. 나중에는 사승(師承)이나 누구를 추앙할 때 쓰이게 되었다. 송나라 진사도(陳師道)의 〈연문충공의 집에 있는 육일당의 도서를 보고(觀兗文忠公家六一堂圖書)〉「다음 한 줄기 외씨 향불로, 남풍 증공선생님을 공경합니다.」(向來一瓣香, 敬爲曾南豐) 증공이 진사도의 스승이었으므로 이렇게 읊었다. 《차의》「오익은 오봉의 제자인데 당시 오봉이 이미 죽었으므로 그렇게 말하였다.」(晦叔是五峰弟子, 而時五峰已歿故云)

6 빈쌍봉(鬢雙蓬): 《시경·위풍·내 님(衛風·伯兮)》「내 님이 동쪽으로 가시니, 머리 날리는 쑥대 같네.」(自伯之東, 首如飛蓬) 《차의》「고시에 『짧은 머리 한 쌍 쑥대로 변하네.』라는 구절이 있다.」(古詩, 短髮變雙蓬) 권3 61번 시의 주 25)를 참고하여 보라.

7 청효(請設): 효(設)자는 말을 삼가지 않는다는 뜻이다. 《차의》「(設는) 효(誵)자와 같을 것이다. 대체로 선생은 오익과 왕복하며 변론한 것이 매우 많을 것이다.」(誵同. 蓋先生與晦叔往復辨論甚多)

8 언전(言詮): 전(詮)은 해석[釋]이라는 뜻이다. 이 구절은 오익의 의논이 공평하여 어느 한쪽으로도 치우침이 없다는 것을 말한다.

낙공(落空): 《차의》「규당이 말하기를 『실로 공허한 데로 떨어질 수 있다면 실로 공허하지 않다.』라 하였다.」(圭堂曰, 眞能落空, 則眞不空) 송나라 소식(蘇軾)의 〈같은 각운자를 써서 양회(楊繪)에게 답함(次韻答元素)〉「깜짝 놀람 모두 반드시 꿈은 아닐 것이며, 분명해져야 바야흐로 공허한 데로 떨어지지 않음을 알 것이다.」(蘧蘧未必都非夢, 了了方知不落空)

9 욕단세환련(欲斷勢還連): 송나라 구양수(歐陽脩)의 〈우는 매미(鳴蟬賦)〉「찢어지는 듯 바야흐로 울어대다가 다시 목이 메고, 처절하게 끊어지려는 듯하다가는 다시 이어진다네.」(裂方號而復咽, 凄欲斷而還連)

我訪舊遊終有日	내 옛 놀던 곳 찾음 결국 날 있겠지만,
君歸故里定何年	그대 옛 고을로 돌아감 정녕 어느 해런가?
秖今千里同心事[11]	지금 천리 먼 곳에서 마음 함께 하는 일,
靜對簞瓢獨喟然[12]	조용하게 대밥그릇에 표주박 마주하고 홀로 아아 탄식하네.

10 쌍계선(雙髻仙): 쌍계는 곧 쌍계봉을 말한다. 권1에 쌍계봉을 읊은 시(150번 시)인 〈쌍계봉(雙髻峯)〉이 있는데 「지나가는 사람 다만 푸른 산 좋다고만 말하는데, 구름 사이로 양 쪽진 신선 애 끊는다네.」(行人但說靑山好, 腸斷雲間雙髻仙)라는 구절이 있다.

11 동심사(同心事): 금란지우(金蘭之友)를 말한다. 《주역·계사 상(繫辭上)》「두 사람이 마음을 함께 하면 그 날카로움은 쇠를 끊고, 마음을 함께하여 한 말은 그 향기가 난초와 같다.」(二人同心, 其利斷金, 同心之言, 其臭如蘭)

12 단표(簞瓢): 《논어·옹야(雍也)》에서 나온 말로 안빈낙도(安貧樂道)의 생활을 즐김을 말한다. 권2 119번 시의 주 9) 단표무개락(簞瓢無改樂)을 보라.

5. 次范碩夫題景福僧開窓韻[1]

범석부의 경복사의 스님이 열어놓은 창문에 적다라는 시의 각운자를 써서 짓다

昨日土墻當面立[2]	어제는 흙담에 얼굴 마주보고 섰는가 싶더니,
今朝竹牖向陽開	오늘 아침에는 대나무 창 햇빛 향해 열려 있다네.
此心若道無通塞[3]	이 마음 통하고 막힘 없다고 말한다면,
明暗何緣有去來[4]	밝고 어두움 무슨 까닭으로 왔다갔다 함 있겠는가?

1 범석부(范碩夫)는 미상.
경복(景福): 경복사를 말한다. 건양현(建陽縣) 성 서쪽에 있으며 오대(五代) 말에 시중(侍中) 진회(陳誨)가 창건하였다. 원래 이름은 보은오백나한원(報恩五百羅漢院)이며, 송나라 대중상부(大中祥府) 원년에 사액(賜額)을 받아 절 이름을 바꾸었다.
이 시는 제목이 《성리군서(性理群書)》(권4)에는 〈열린 창문을 읊다(詠開牕)〉로 되어 있다. 《성리대전(性理大全)》 권70에도 이 시가 수록되어 있는데, 웅강대(熊剛大)는 「이 시는 막힌 것이 이미 떠나고 밝은 것이 저절로 옴을 읊었다.」(此篇詠塞者既去明者自來)라 하였다.
2 토장당면립(土墻當面立): 《서경충론(書經衷論)》 권4 〈주관(周官)〉 「옛 것을 배우고 관직에 들어가면 담장을 마주보는 것은 배우지 않는다.」(學古入官, 不學面墻) 《논어·양화(陽貨)》 「사람이 〈주남〉과 〈소남〉을 배우지 않는다면 그것은 담장을 정면으로 마주보고 서 있는 것과 같지 않겠는가?」(人而不爲周南召南, 其猶正牆面而立也與?)
3 도(道): 《고이》 「『이를 위(謂)』자로 되어 있는 판본도 있다.」(一作謂)
무통색(無通塞): 당나라 섭이중(聶夷中)의 〈세상살이의 어려움(行路難)〉 「나아가고 물러남 전적으로 사람에게 있으며, 길 또한 통하고 막힘 없다네.」(出處全在人, 路亦無通塞)
4 차심~거래(此心~去來): 《성리군서구해(性理群書句解)》 권4 「어제는 벽을 보고 섰으니 막히고 어두웠는데 오늘 아침에는 창문이 열려 있으니 통하고 밝음이 어떠하겠는가! 어둠이 가고 밝음이 왔으니 이것이 곧 밝고 어두움에 가고 옴이 있는 것이다.」(如何昨日牆立則塞而暗, 今朝牖開則通而明乎! 暗之去, 明之來, 是即明暗有去來也)

6. 題謝安石東山圖[1]

사안의 〈동산도〉에 적다

家山花柳春[2]	고향의 꽃 피고 버들 늘어진 봄에,
侍女髻鬟綠	시중 드는 여인 머리 검다네.
出處亦何心[3]	나아가고 물러남 또한 어떤 마음인가?
晴雲在空谷[4]	갠 하늘 빈 골짜기에 있다네.

1 사안석(謝安石)은 진(晉)나라 사안(謝安: 320~385)의 자. 사안은 양하(陽夏) 사람으로, 어려서부터 유명하여 여러 번 조정에서 불렀으나 나가지 않고 동산(東山)에서 은거하였는데 놀 때마다 기녀를 따르게 하여 시중을 들게 하였다. 이에 당시에 「사안이 출사를 하지 않으려 하니 장차 창생들은 어떻게 할 것인가?」(安石不肯出, 將如蒼生何)라는 말이 나돌 정도였다. 40세 되던 해에 비로소 벼슬에 뜻을 두어 요직을 두루 역임하였다. 태원(太原) 8년(383) 조카인 사현(謝玄) 등을 파견하여 비수(肥水)에서 부견(苻堅)을 대파하여 그 공로로 태보(太保)에 임명되었다. 《진서》 권79에 그의 전기가 수록되어 있다. 동산은 회계(會稽)에 있다. 사안이 동산에서 노닌 고사는 중국의 회화에서 상용하는 제재로, 《선화화보(宣和畫譜)》에 북송의 최백(崔白)이 그린 〈사안동산도(謝安東山圖)〉 두 폭이 저록되어 있었으나 지금은 일실되었다.

2 화류춘(花柳春): 당나라 왕유(王維)의 〈왕존사가 촉중으로 돌아가 성묘를 함에 전송하다(送王尊師歸蜀中拜掃)〉「대라천의 신선 나그네요, 탁금강 가의 꽃 피고 버들 늘어진 봄이라네.」(大羅天上神仙客, 濯錦江頭花柳春)

3 출처역하심(出處亦何心): 당나라 두보의 〈초겨울(初冬)〉「전쟁 아직 그치지 않았는데, 나아가고 물러남 마침내 어떤 마음이리오?」(干戈未偃息, 出處遂何心)

4 청운재공곡(晴雲在空谷): 구름은 보통 은자(隱者)로, 빈 골짜기[空谷]는 보통 은거하는 곳의 비유로 많이 쓰인다. 남조 양(梁)나라 도홍경(陶弘景)의 〈임금님[齊 高帝]이 산 속에 무엇이 있느냐고 물으시어 시를 지어 답하다(詔問山中何所有賦詩而答)〉「산 속에 무엇이 있는가? 재 위에 흰 구름 많다네.」(山中何所有, 嶺上多白雲) 《시경·소아·흰 망아지(小雅·白駒)》「하얗디 새하얀 흰 망아지, 저 빈 골짜기에 있네.」(皎皎白駒, 在彼空谷) 당나라 공영달(孔穎達)은 주[疏]를 달기를 「어진 이는 은거할 때면 반드시 산골짜기 깊은 곳에 숨어서 거처한다.」(賢者隱居, 必當潛處山谷)라 했다.

7. 江月圖

강월도

江空秋月明[1]　　강 비었는데 가을 달 밝고,
夜久寒露滴[2]　　밤 오래되니 차가운 이슬 듣는다네.
扁舟何處歸[3]　　조각배 어느 곳으로 돌아가는가?
吟嘯永佳夕[4]　　길고 아름다운 밤 큰 소리로 읊조리네.

1 강공추월명(江空秋月明): 당나라 권덕여(權德輿)의 〈가을 강을 건너다(渡秋江)〉 제1수 「가을 강 평평하고 가을 달 밝은데, 외로운 배 외로운 밤 만 리에 정 부친다네.」(秋江平, 秋月明, 孤舟獨夜萬里情)

2 한로적(寒露滴): 당나라 수목(修睦)의 〈삼생석(三生石)〉 「맑은 밤에는 차가운 이슬 듣고, 밝은 낮에는 들의 구름 굽이에 있네.」(清宵寒露滴, 白晝野雲隈)

3 편주하처귀(扁舟何處歸): 당나라 이야(李冶)의 〈한규가 강서로 감에 송별하다(送韓揆之江西)〉 「만 리 강서의 물에, 외로운 배 어디로 돌아가는가?」(萬里江西水, 孤舟何處歸)

4 영가석(永佳夕): 송나라 주송(朱松: 朱熹의 부친)의 〈가을 회포(秋懷)〉 「돌아가 함께 침상 마주한 집에서, 만나 길고 아름다운 저녁에 이야기한다네.」(歸同對牀第, 晤語永佳夕)

8. 吳山高

오산은 높고

行盡吳山過越山[1]　　오땅의 산 다 가서
　　월땅의 산 지나는데,
白雲猶是幾重關　　흰 구름 여전히
　　몇 겹으로 닫혀 있네.
若尋汗漫相期處　　드넓어 끝없음
　　서로 기약할 곳 찾는다면,
更在孤鴻滅沒間[2]　　다시 외로운 기러기
　　사라져 없어진 사이에 있다네.

1 과(過): 「바랄 망」(望)자로 된 판본도 있다.
오산·월산(吳山·越山): 송나라 이치(李廌)의 〈원훈이 어버이 모시는 것을 자랑하지 않고 천남으로 관직생활을 하러 가므로 송별하다(送元勛不伐侍親之官泉南)〉 제3수 「오나라 산 다 봤나싶더니 월나라 산 보이는데, 돛배 한 척 천리에 바람 물결에 흔들리네.」(看罷吳山看越山, 一帆千里玩風瀾)

2 고홍멸몰간(孤鴻滅沒間): 송나라 소식(蘇軾)의 〈단 동년이 덕흥 유씨의 취원루 시를 구하다(單同年求德興俞氏聚遠樓詩)〉 제3수 「은자 안석에 파묻혀 고요히 말 없고, 마음은 나는 기러기 사라져 없어진 곳에 있다네.」(幽人隱几寂無語, 心在飛鴻滅沒間)

9. 題蕃騎圖[1]

오랑캐의 기마도에 적다

傳聞姑狚欲南侵[2]　전하여 듣자니 아골타 남쪽으로 쳐들어오려 한다하여,

愁破雄邊老將心[3]　씩씩한 변방의 늙은 장수 마음 매우 근심스럽다네.

却是燕姬能捍虜[4]　오히려 연나라 여자도 오랑캐 막을 수 있으니,

不敎行到殺胡林[5]　살호림까지 이르도록 하지 말게나.

1 《차의》「『藩』은 『番』이 되어야할 것 같다. 『번기』는 『호기』와 같은 말이다.」(藩恐當從番, 番騎猶言胡騎)《주자어류(朱子語類)》 권135 〈역대(歷代) 2〉「말하기를 ……『아골타 같은 사람은 처음에 요나라를 깨뜨릴 때는 용감하고 날카로워 적수가 없었다. 이미 요나라로 내려왔을 때 그 자녀들을 석권하여 북으로 쫓아냈다. 제멋대로 남의 마음을 미혹하게 하여 그 나라에 이르지도 못하고 죽었다.』라 하자, 이에 웃으면서 조에게 이르기를 『근년에 여승기(呂勝己)의 거처에서 그림을 하나 보았는데, 오랑캐의 추장과 한 오랑캐의 여인이 말을 나란히 하고 말을 하는 것을 그렸다. 여승기가 간절하게 시를 구하므로 내가 힘써 지어주었는데 끝의 두 구에서 "오히려 연나라 여자 오랑캐 막을 수 있으니, 살호림까지 이르도록 하지 말게나."라 한 것은 바로 아골타의 일을 따다 쓴 것이다.』」(曰……如阿骨打初破遼國, 勇銳無敵. 及旣下遼, 席卷其子女而北, 肆意蠱惑, 行未至其國而死. 因笑謂趙曰, 頃年於呂季克處見一畫卷, 畫虜酋與一胡女並轡而語. 季克苦求詩, 某勉爲之賦, 末兩句云, 却是燕姬解迎敵, 不敎行到殺胡林. 正用骨打事也)

2 고단(姑狚): 곧 「골타」(骨打)의 다른 음역. 금(金)나라 태조 완안아골타(完顏阿骨打)를 가리킨다. 《표보》「『고(姑)』자는 『고(羊古)』자의 잘못일지도 모르겠다. 『고(羖)』는 숫양이다. 자서에는 『단』자가 없다. 혹 『羯』자의 잘못인지나 아닌지 모르겠다. 《급취편》의 주석에서는 『고를 거세한 것이 갈이다.』라 하였다.」(姑或是着羖字之訛, 羖牡羊也. 字書無狚字, 或是羯字之訛, 急就篇注, 羖之犗者爲羯)

3 파(破): 동사 뒤에 쓰이면 매우라는 뜻으로 쓰인다. 살(煞)과 뜻이 통한다.

4 연희능한로(燕姬能捍虜): 《주자어류》 권133 〈본조(本朝) 7·이적(夷狄)〉「북쪽 오랑캐의 일을 논급하면서 처음 일어났을 때는 산림의 호랑이와 표범처럼 들판을 제멋대로 날뛰었으니 어찌 이런 사람들이겠는가! 이에 백모가 말하기를 『당시 곡단이 계책을 바친 지 10년이 되지도 않았는데 저들은 주색으로 망할 것이니 바야흐로 취할 만합니다.』라 하니 선생이 말씀하시기를 『아골타는 겨우 유주를 얻고는 죽어버렸다.』라 하였다.」(論及北虜事, 當初起時, 如山林虎豹縱於原野, 豈是人! 伯謨曰, 當時曲端獻策, 不出十年, 彼必以酒色死, 方可取. 先生曰, 阿骨打纔得幽州, 便死) 같은 책 같은 권에서 계속 말하기를 「진회가 오랑캐 땅에서 돌아오다가 오랑캐들이 성색과 안일함에 푹 빠져 있는 것을 보고 중국을 얻은 자가 밤낮으로 흥청대는 것을 알게 되었다.」(秦檜自虜中歸, 見虜人溺於聲色宴安, 得之中國者日夜爛熳)

10~11. 題尤溪宗室所藏二妃圖[1]

우계의 종실에서 소장하고 있는 두 왕비를 그린 그림에 적다

10

瀟湘木落時[2]	소수와 상수에 낙엽 질 때,
玉佩秋風起[3]	옥 패물소리 울리니 가을바람 이네.
日暮悵何之[4]	해 저무니 슬피 어디로 가는가?
寂寞寒江水	차가운 강물 쓸쓸하다네.

湘夫人 상부인

1 《차의》「우계는 연평의 속현으로 계주가 있다. 우씨 성이 많으므로 그런 이름이 붙었다.」(尤溪延平屬縣, 有溪州. 多尤姓故名焉) 주희는 우계에서 태어났기 때문에 외가의 친척들이 그곳에 많이 살고 있어서 여러 번 왕래하였다. 이 시는 우계에서 지은 것으로 《초사·구가(九歌)》 중의 2편에서 뜻을 취하여 썼으며 용어도 많이 갖다 썼다.

이비도(二妃圖): 《차의》「두 시는 아마 마땅히 호응해야할 것이다.」(兩詩恐當互) 이비(二妃)는 요(堯)임금의 두 딸 아황(娥皇)과 여영(女英)으로 순(舜)임금이 선양을 받은 후에 두 딸을 시집보내어 아황은 후(后)가 되고 여영은 비(妃)가 되었다. 남조 양(梁)나라 임방(任昉)의 《술이기(述異記)》에 의하면 순임금이 남순(南巡)을 하다가 창오산(蒼梧山)에서 죽자 두 비가 분상(奔喪)을 할 때 눈물이 흘러 대나무를 얼룩지게 하였다고 하는데 그 대나무를 상죽(湘竹)이라고 한다. 또한 두 사람은 순임금이 죽자 비통해하여 함께 상수(湘水)에 투신하여 상수의 신이 되었으며, 상부인이라고 불리게 되었다고 한다.

2 소상(瀟湘): 소수와 상수가 합류하는 동정호 일대.

3 목락~추풍기(木落~秋風起): 《산해경·중산경(山海經·中山經)》「다시 동남쪽으로 120리를 가면 동정산(지금의 君山)이라고 한다. …… 임금(堯)의 두 딸이 그곳에 살고 있는데 그들이 늘 장강의 깊은 곳에서 노닐면 예수와 원수의 풍파가 소상의 깊은 곳에서 맞부딪히는데 그것은 구강 근처에서이다. 드나들 때는 반드시 회오리바람과 폭우를 동반한다.」(又東南一百二十里, 曰洞庭之山……帝之二女居之, 是常遊于江淵, 澧沅之風, 交瀟湘之淵, 是在九江之間, 出入必以飄風暴雨) 《초사·구가·상부인(湘夫人)》「산들산들 가을바람에, 동정호에 물결 이니 나뭇잎 지는구나. …… 흰 옥으로 (자리) 누르고, 석란 펴서 꽃으로 삼는다네.」(嫋嫋兮秋風, 洞庭波兮木葉下……白玉兮爲鎭, 疏石蘭兮爲芳)

옥패(玉佩)는 상부인의 신상에 착용한 옥으로 만든 노리개. 상부인이 출유할 때 패옥이 움직이면 가을바람이 일어난다고 한다.

4 일모창하지(日暮悵何之): 당나라 유장경(劉長卿)의 〈빗속에 원직의 파릉산의 거처에 들러 증별하다(雨中過員稷巴陵山居贈別)〉「망망한 한수와 강수의 가에서, 해 저무는데 다시 어디로 가는가?」(茫茫漢江上, 日暮復何之)

11

夫君行不歸[5]　　부군 떠나시어 돌아오지 않아,

日夕空凝佇　　해 저물도록 공연히 우두커니 서 있네.

目斷九疑岑[6]　　눈 구의산 봉우리에서 막히어,

回頭淚如雨　　고개 돌리니 눈물 비처럼 흐르네.

湘君 상군

5 부군(夫君): 《차의》「순임금을 이른다.」(謂舜) 《초사·구가·상군(湘君)》「부군 바라나 아직 오지 않으니, 퉁소 불며 누구 생각하는가?」(望夫君兮未來, 吹參差兮誰思)

6 구의잠(九疑岑): 《차보》「〈구의도기〉에 의하면 도주 영원현 남쪽 60리 지점에 구의산이 있는데, 산에는 아홉 봉우리가 있다. 첫째는 소소이고, 둘째는 여영이며, 셋째는 석성, 넷째는 아황, 다섯째는 주명, 여섯째는 계림, 일곱째는 화개, 여덟째는 파림, 아홉째는 석루이다. 둘레가 4백여 리로 그 모습이 서로 비슷하여 본 사람이 헷갈렸으므로 그렇게 말하였다.」(九疑圖記, 道州寧遠縣南六十里有九疑山, 山有九峯. 一曰簫韶, 二曰女英, 三曰石城, 四曰娥皇, 五曰朱明, 六曰桂林, 七曰華蓋, 八曰巴林, 九曰石樓. 周回四百餘里, 其形相似, 見之者疑之, 故云)

《초사·구가·상부인(九歌·湘夫人)》「구의산 어지러움이여 함께 맞이하고, 혼령 옴이여 구름 같도다.」(九嶷繽兮幷迎, 靈之來兮如雲) 이에 대하여 주희는「구의는 산 이름으로 순임금을 장사지낸 곳이다.」(九嶷, 山名, 舜所葬也)라고 주석을 달았다. 그 산은 지금 호남성(湖南省) 영원현(寧遠縣) 남쪽에 있다.

12. 夜

밤

獨宿山房夜氣淸[1]	홀로 산방에 묵으니 밤 기운 맑고,
一窓凉月共虛明	온 창에 서늘한 달 함께 비어 빛나네.
隣鷄未作人聲絶	이웃집 닭소리 나지도 않았는데 사람 소리 끊이고,
時聽高梧滴露鳴[2]	이따금 높다란 오동나무에 이슬 들어 울리는 소리 들리네.

1 산방야기청(山房夜氣淸): 송나라 여본중(呂本中)의 〈왕주사 등 여러분께 드림(贈王周士諸公)〉「빈 방 밤 기운 맑은데, 떨어지는 달은 처마 곁에서 밝게 빛나네.」(空房夜氣淸, 落月傍簷明)

2 고오적로명(高梧滴露鳴): 권1 63번 시 〈달밤에 마음을 적음(月夜述懷)〉에 「높다란 오동나무에 이슬 듣는 소리 울리고, 머리 흩어지니 하늘의 바람 차구나.」(高梧滴露鳴, 散髮天風寒)라는 구절이 있다.

13~15. 醉作三首 七月二十六日夜

취하여 세 수를 짓다 7월 26일 밤에

13

淅淅西風起[1]	솨솨 -- 가을 바람 이니,
嗷嗷寒鴈多[2]	끼룩끼룩 겨울 기러기 많네.
稻粱隨處有	벼와 곡식 곳곳에 있으나,
珍重采薇歌[3]	진중하게나 〈채미가〉의 뜻.

1 석석서풍(淅淅西風): 석석(淅淅)은 바람이 부는 소리를 나타내는 의성어. 서풍은 금풍(金風)이라고도 하며 추풍(秋風), 곧 가을바람을 말한다. 오행에서 가을은 금(金)에 해당하고 방향으로는 서쪽을 가리키기 때문에 이렇게 말한다. 당나라 두보의 〈가을바람(秋風)〉 제1수「가을바람 솨솨 내 옷에 불어오고, 동으로 흐르는 물결 바깥에는 서쪽으로 지는 해 희미하네.」(秋風淅淅吹我衣, 東流之外西日微) 당나라 이중(李中)의 〈여관에서 다듬잇돌 소리를 듣다(旅次聞砧)〉「다듬이 방망이 누구 집에서 밤에 옷 다듬이질 하는가? 가을바람 솨솨 부는데 이슬 작고 가볍다네.」(砧杵誰家夜搗衣, 金風淅淅露微微)

2 오오한안(嗸嗸寒鴈): 오오(嗸嗸)는 슬피 우는 소리를 나타내는 의성어. 《시경·소아·홍안(小雅·鴻鴈)》「기러기 나니, 끼룩끼룩 슬피 운다네.」(鴻鴈于飛, 哀鳴嗸嗸) 주희의 주「(기러기 가운데) 큰 것을 홍이라 하고, 작은 것을 안이라 한다.」(大曰鴻, 小曰鴈)

3 채미가(采薇歌): 《차의》「〈채미가〉는 주나라의 곡식을 먹지 않겠다는 뜻이다. 위의 구절을 이어 곡식을 말하였지만 비록 아무 곳에나 있어도 감히 함부로 먹지 않겠다는 것을 말하였다.」(采薇歌是不食周粟之意. 乘上句言稱粱, 雖隨處有而不敢妄食) 《사기·백이열전(伯夷列傳)》「서백이 죽고 (그의 아들) 무왕이 나무 신주를 수레에 싣고 문왕이라 추존하고 동쪽으로 은나라의 주왕을 치려고 하였다. 이에 백이와 숙제가 말고삐를 잡고 간언하였다. …… 무왕이 이미 은나라의 어지러움을 평정하자 천하의 나라들은 주나라를 종주국으로 받들었다. 그러나 백이와 숙제는 그것을 부끄럽게 여기고 의리를 지켜 주나라의 곡식을 먹지 않았고 수양산에 숨어서 고사리를 캐어 먹고 살았다. 굶주려 죽으려 할 때 노래를 지었는데, 그 가사는 다음과 같다.『저 서산에 오름이여, 고사리를 캐는도다. 포악함으로 포악함을 바꿈이여, 그 잘못됨을 모르는도다. 신농씨와 순임금·우임금의 도 홀연히 사라짐이여, 내 어디로 가서 의탁하리오? 아아 죽어야겠구나, 운명 다하였으니!』 그리고는 마침내 수양산에서 굶어 죽었다.」(西伯卒, 武王載木主, 號爲文王, 東伐紂. 伯夷·叔齊叩馬而諫……武王已平殷亂, 天下宗周, 而伯夷·叔齊恥之, 義不食周粟, 隱於首陽山, 采薇而食之. 及餓且死, 作歌. 其辭曰, 登彼西山兮, 采其薇矣. 以暴易暴兮, 不知其非矣. 神農·虞·夏忽焉沒兮, 我安適歸矣? 于嗟徂兮, 命之衰矣! 遂餓死於首陽山)

14

淅淅西風起　　쇄쇄 -- 가을 바람 이니,
候蟲寒夜分[4]　　제철 벌레 차가운 한밤중에 우네.
千山杳沈寂　　모든 산 아득하니 적막한데,
竟夕斷知聞　　저녁 내내 알아들음 끊었다네.

15

淅淅西風起　　쇄쇄 -- 가을 바람 이니,
濺濺石瀨鳴[5]　　콸콸 돌여울 울리네.
有情從是妄　　정 있다 망령되이 따르는데,
箇裏定無情[6]　　그 안에는 정녕코 정 없다네.

4 후충(候蟲): 철 따라 나오거나 소리를 내는 곤충. 여름의 매미나 가을의 귀뚜라미 등과 같다. 보통은 곤충을 총칭하는 말로 많이 쓰인다.

5 천천(濺濺): 「濺」은 「淺」과도 통하여 쓰며, 물이 빨리 흐르는 모양을 나타내는 의태어. 《초사·구가·상군(九歌·湘君)》「돌 여울이여 콸콸 흐르고, 비룡이여 훨훨 난다네.」(石瀨兮淺淺, 飛龍兮翩翩) 주희의 주석 「천천은 물결의 흐름이 빠른 것이다.」(淺淺, 流疾貌)

6 유정~무정(有情~無情): 《차의》「범어로는 보살이라고 하고 여기서는 깨달음에 정이 있다고 한다. 생이 있으면 모두 정이 있는데 보살은 이에 곧 정이 있는 가운데 깨달음이 있다고 하는 것일 따름이다. 부처는 본성을 깨달으면서도 정이 있는데 보살 또한 정이 있음을 면치 못하므로 깨달음에 정이 있다고 한 것이다.」(梵云菩薩, 此云覺有情也. 有生皆有情, 菩薩乃有情中之覺者爾. 佛有覺性而無情, 菩薩亦未免有情, 故云覺有情)

16. 苦雨, 用俳諧體[1]

비를 괴로워하다, 배해체로

仰訴天公雨太多	하느님 우러러 비 너무 많이 내린다고 호소하여,
纔方欲住又滂沱[2]	이제 겨우 멎으려는가 싶더니 다시 좍좍 퍼붓네.
九關虎豹還知否[3]	하늘의 아홉 관문 지키는 호랑이와 표범은 또 아는지 모르는지,
爛盡田中白死禾	논의 희게 말라죽은 벼 남김없이 쓸어버리네.

楚詞招魂云, 虎豹九關, 啄害下人些[4]

《초사·초혼》에서는「호랑이와 표범이 아홉 겹의 관문에서 아래의 인간을 쪼네.」라 하였다.

1 배해체(俳諧體): 해학, 재담, 익살, 농담체를 말한다.

2 방타(滂沱): 여러 가지 뜻이 있는데 여기서는 큰 비가 내리는 모양이라는 뜻으로 쓰였다. 《시경·소아·삼삼지석(漸漸之石)》「달이 필성(畢星)에 걸려 있으니, 비 좍좍 내리리로다.」(月離于畢, 俾滂沱矣)

3 구관호표(九關虎豹): 한(漢)나라 송옥(宋玉)의 《초사·혼을 부름(招魂)》「혼이여 돌아오라, 그대 하늘에 오를 수 없으니. 호랑이와 표범이 아홉 겹의 관문에서 아래의 인간을 쪼네.」(魂兮歸來, 君無上天些. 虎豹九關, 啄害下人些) 한(漢)나라 왕일(王逸)의 주석「천문은 무릇 아홉 겹이 있는데 귀신과 호랑이·표범으로 하여금 그 닫힌 문을 지키게 하여 주로 천하의 올라오려는 사람을 쪼고 깨물어 죽인다.」(言天門凡有九重, 使神虎豹執其關閉, 主啄齧天下欲上之人而殺之也) 송나라 주송(朱松)의 〈아침에 비가 내리기를 바라다라는 시의 운자를 써서 짓다(次韻希旦喜雨)〉「아홉 겹 관문에서 호랑이와 표범이 지키니, 이 마음 품고 어디로 가려는가?」(九關虎豹守, 懷此欲安適)

4 초혼(招魂): 《차의》「『숨을 은』자는 당본에는 『넋 혼』자로 되어 있다.」(隱, 唐本作魂)

17~20. 杉木長澗, 四首[1]

삼목과 장간에서, 네 수

17

我行杉木道	내 삼목의 길 가는데,
弛轡長澗東	장간의 동쪽에서 고삐 늦추었다네.
傷哉半菽子[2]	슬프도다! 콩 반 섞어 먹는 백성들,
復此巨浸攻[3]	다시 여기 큰 홍수 들이쳤다네.
沙石半川原	모래와 돌 내와 들판 반이나 덮고,
阡陌無遺蹤[4]	두둑길은 남은 자취 없다네.

1 《주문공집·속집》 권2 〈채계통에게 답함(答蔡季通)〉「저는 사계에서 장간으로 들어갔으며, 양촌을 거쳐 나왔는데 지나는 곳은 차마 눈을 들 수가 없었습니다. 짧은 시를 지었는데 『이쪽저쪽 두둑길 가로세로 찾을 수 없고……』라 하였습니다.」(某自寺溪入長澗, 由楊村以出, 所過不堪擧目. 有小詩云, 阡陌縱橫不可尋……) 청나라 왕무횡(王懋竑)의 《주희연보》 건도(乾道) 3년(1167) 정해년 38세 조「가을 7월에 숭안에 큰 물난리가 나서 부의 격문을 받들고 가서 수재를 시찰하였다.」(秋七月, 崇安大水, 奉府檄, 行視水災) 《주문공집》 권43 〈임용중(林用中)에게 답함(答林擇之)〉「나는 숭안의 수재로 여러 격문을 받고 와서 현의 관리와 진휼하는 일을 의논하였으며, 이 때문에 산골짜기 사이를 두루 뛰어다니다가 열흘 후에야 돌아왔습니다. 대체로 지금의 고기를 먹는 자들은 백성들에게 막연하게 별 뜻이 없어 곧 일을 도모하기가 어렵습니다.」(熹以崇安水災, 被諸司檄來, 與縣官議賑恤事, 因爲之遍走山谷間, 十日而後返. 大率今時肉食者漠然無意於民, 直是難與圖事) 《차보》「『아비육식도』 및 『소참월준조』 등의 구절로 살펴보건대 마땅히 그때 지은 것일 것이다.」(以我非肉食徒及所慙越尊俎之句觀之, 當是其時所作)

2 반숙자(半菽子): 굶주려도 배불리 먹지 못하는 백성을 가리키는 말. 《한서·항적전(項籍傳)》「지금 해는 기아가 들고 백성들은 가난하며 병졸들은 콩 반 되만 먹을 뿐 군에서 양식을 볼 수가 없습니다.」(今歲飢民貧, 卒食半菽, 軍無見糧) 맹강(孟康)의 주석「반은 5되 들이 기물의 이름이다.」(半, 五升器名也) 신찬(臣瓚)의 주석「사졸들이 나물에다 콩을 반 섞어서 먹는 것이다.」(士卒食蔬菜以菽雜半之) 안사고(顔師古)의 주석「숙은 콩을 말한다.」(菽謂豆也) 송나라 소식(蘇軾)의 〈황사시가 양절헌으로 부임함에 송별하다(送黃師是赴兩浙憲)〉「원컨대 그대 선정 베푸는 손, 이 콩 반 섞어 먹는 혼 불렀으면.」(願君五袴手, 招此半菽魂)

3 거침공(巨浸攻): 거침(巨浸)은 홍수를 말한다. 《장자·소요유(逍遙遊)》「이런 사람은 외물에 의해 피해를 입는 일도 없고 홍수가 나서 물이 하늘에까지 닿아도 빠지는 법이 없다.」(之人也, 物莫之傷, 大浸稽天而不溺)

4 천맥(阡陌): 원래는 남북으로 난 길을 천(阡), 동서로 난 길을 맥(陌)이라고 하였다. 뜻이 확장되어 논밭 사이로 난 소로(小路)를 가리키게 되었고, 나아가 전야(田野)를 두루 가리키는 말로 쓰이게 되었다.

室廬或僅存 집과 오두막 어쩌다 겨우 남아 있어도,
釜甑久已空[5] 가마솥이며 시루 오래 전에 이미 비었다네.
壓溺餘鰥孤[6] 깔려죽고 빠져죽어 홀아비와 고아만 남았는데,
悲號走哀恫 슬피 부르짖으며 애통하게 내달리네.
賻恤豈不勤[7] 부조하고 도와줌 어찌 부지런하지 않겠는가만,
喪養何能供 조상하고 도와줌 어찌 능히 대리오?
我非肉食徒[8] 내 고기 먹는 무리 아니니,
自閉一畝宮[9] 스스로 일무의 작은 집 닫는다네.
簞瓢正可樂 대밥그릇 표주박 마침 즐길 만하니,
禹稷安能同[10] 우임금과 후직 어찌 같을 수 있겠는가?
堨來一經行 가고 오는 길에 한번 지나치니,
歔欷涕無從[11] 아아! 눈물 까닭 없이 흐를까?

5 부증(釜甑): 솥과 시루. 《맹자·등문공(滕文公) 상》「허자는 가마솥과 시루로 밥을 지으며, 쇠붙이로써 밭을 가는가?」(許子以釜甑爨, 以鐵耕乎) 주희의 주석「부는 삶는 것이고, 증은 밥을 짓는 것이다.」(釜所以煮, 甑所以炊)

6 환고(鰥孤): 의탁할 곳이 없고 생활능력이 없는 독거자를 두루 가리키는 말. 곧 환과고독(鰥寡孤獨)을 가리킨다.

7 부휼(賻恤): 천재지변을 당한 백성들을 두루 구제하는 일. 부(賻)는 상사를 당한 사람에게 물건을 보내주는 것. 휼(恤)은 무휼(撫恤)하는 것.

8 육식도(肉食徒): 매일 끼니 때마다 고기반찬이 오르는 봉록이 많은 사람들로 대부(大夫) 이상의 벼슬을 하는 사람들을 말한다. 《좌전·장공(莊公) 10년》「제나라 군사가 우리 노나라를 침에 장공이 나아가 싸우려 하였다. 조귀가 뵙기를 청하니 그 마을 사람들이 말했다. 『고기를 먹는 사람들이 도모할 것인데 또 어찌하여 간여하려 하오?』 그러자 조귀가 말하기를 『고기를 먹는 자들은 비루해서 원대한 도모를 할 수 없소.』라 하였다.」(齊師伐我, 公將戰. 曹劌請見, 其鄉人曰, 肉食者謀之, 又何間焉? 劌曰, 肉食者鄙, 未能遠謀)

9 자폐(自閉): 《맹자·이루(離婁) 하》「향리와 이웃에 다투는 사람이 있으면 머리를 흩뜨리고 갓끈만 매고 가서 말린다면 혹한 것이니 문을 닫는다고 하여도 괜찮을 것이다.」(鄕鄰有鬪者, 被髮纓冠而往救之, 則惑也, 雖閉戶可也)

무궁(畝宮): 권8 22번 시의 주 11)을 보라.

10 단표~우직(簞瓢~禹稷): 《논어·옹야(雍也)》「한 대나무 그릇의 밥과 한 표주박의 마실 것으로 누추한 골목에 있는 것을 남들은 그 근심을 견디어 내지 못하는데 안회는 그 즐거움을 바꾸지 않는다.」(一簞食, 一瓢飮, 在陋巷, 人不堪其憂, 回也不改其樂) 곤궁을 견디어 냄을 비유하는 말이다. 우직(禹稷)은 우임금과 후직(后稷)을 말한다. 《맹자·이루(離婁) 하》「우임금과 후직과 안회는 도가 같다. 우임금은 생각하시기를 천하에 물에 빠진 자가 있으면 자기가 빠뜨린 것과 같이 여기셨으며, 후직은 생각하기를 천하에 굶주린 자가 있으면 자기가 굶주리게 한 것으로 여겼다. 이 때문에 이와 같이 급하게 하신 것이다.」(禹稷顏回同道. 禹思天下有溺者, 由己溺之也, 稷思天下有飢者, 由己飢之也, 是以如是其急也)

11 허(歔): 「탄식할 우」(吁)자로 된 판본도 있다.

체무종(涕無從): 《예기·단궁(檀弓) 상》「공자께서 위나라에 가셨는데 먼저 왔던 때의 옛 사관(舍館) 주인의 상을 만났다. 공자는 조상하러 가서 슬프게 곡을 하고 나와 자공을 시켜 참마를 떼어 팔아 부의하게 하니, 자공

所慙越尊俎[12] 주제넘게 주기와 제기 듦 부끄러우니,
豈憚勞吾躬 내 몸 수고로움 어찌 꺼리겠는가?
攀躋倦冢頂 무덤 꼭대기 기어오르다 지치고,
永嘯回淒風 길게 탄식하다 돌아오니 바람 처량하네.
眷焉撫四海 흘끗 돌아보며 사해 위로하나,
失志嗟何窮[13] 뜻 잃음 아! 어찌 끝이 있으리오?

18

朝發長澗頭 아침에 장간 어귀 떠나,
夕宿長澗尾 저녁에 장간의 꼬리에서 묵네.
傷哉長澗人 슬프도다! 장간 사람이여,
禍變乃如此[14] 화의 변화 곧 이와 같다네.

19

縣官發廩存鰥孤[15] 현의 관리 창고 열어
홀아비 고아 살려도,

이 말하기를『문인의 상에도 참마를 떼어 부의한 일이 없었는데 옛 여관집 주인의 상에 참마를 떼어 부의하는 것은 너무 과중하지 않습니까?』라고 하였다. 이에 공자가 말하기를『내가 저번에 들어가 곡할 때 상주가 나를 보고 애통해하는 것을 보고 나도 모르게 눈물을 흘렸다. 내 어찌 까닭 없이 눈물을 흘렸겠느냐?』」(孔子之衛, 遇舊館人之喪, 入而哭之, 哀. 出, 使子貢說驂而賻之. 子貢曰, 於門人之喪未有所說驂. 說驂於舊館, 無乃已重乎? 夫子曰, 予鄉者入而哭之, 遇於一哀而出涕, 予惡夫涕之無從也)《차의》「고시에『눈물 흐르니 까닭 없는가 묻네.』라는 구절이 있다.」(古詩, 流涕問無從)

12 월준조(越尊俎): 준(尊)은 술을 담는 기물이고, 조(俎)는 고기를 담는 기물. 제기를 두루 가리키는 말로 쓰인다.《장자·소요유(逍遙遊)》「요임금이 천하를 허유에게 양위하려 하자 …… 허유가 말하였다.『…… 주방장이 음식을 잘 못 만든다고 하더라도 시동이 주제넘게 주기와 제기를 가지고 그를 대신할 수는 없는 노릇 아니겠소?』」(堯讓天下於許由……許由曰……庖人雖不治庖, 尸祝不越樽俎而代之矣)

13 권언~하궁(眷焉~何窮): 천하에 이 같은 고통을 호소할 데 없는 사람이 어찌 수천 수만에 그치겠는가 하는 뜻.

14 화복내여차(禍福乃如此):《차의》「위 시의『깔려죽고 빠져죽은』것과『슬피 부르짖는』것을 가리킨다.」(指上詩壓溺悲號)

15 현관(縣官): 천자(天子)를 가리킨다.《한서·동평사왕우전(東平思王禹傳)》「지금 날씨는 더운데 현관은 어립니다.」(今暑熱, 縣官年少) 장안(張晏)의 주「감히 성제를 손가락질하여 가리킬 수가 없으므로 현관이라고 하였다.」(不敢指斥成帝, 謂之縣官也)

름(廩): 미곡(米穀)을 저장하는 창고. 나락[稻]을 저장하는 창고는 창(倉)이라고 한다.

民氣未覺回昭蘇[16]	백성들 기운 소생하여 깨어나 돌아옴 깨닫지 못하네.
老農向我更揮涕	늙은 농부 나 보고 다시 눈물 흩뿌리니,
陂壞渠絶田苗枯	둑 허물어지고 도랑 끊겨 밭의 싹 말라서라네.

阡陌縱橫不可尋	이쪽저쪽 두둑길 가로세로 찾을 수 없고,
死傷狼籍正悲吟	죽은 이며 다친 사람 널브러져 정말 슬피 읊조리네.
若知赤子元無罪[17]	갓난 아이 본래 죄 없음 안다면,
合有人間父母心[18]	정녕 인간 부모의 마음 있으리.

16 소소(昭蘇): 원기를 회복함을 말한다. 《예기·악기(樂記)》「겨울잠 자는 벌레들을 깨운다.」(蟄蟲昭蘇) 한나라의 정현(鄭玄)의 주「소는 깨는 것이다. 식은 숨을 쉬는 것이다. 겨울잠을 자는 벌레들이 모두 깨어나는 것을 말한다.」(昭, 曉也. 蘇, 息也. 言蟄伏之蟲, 皆得昭曉)

17 적자(赤子): 원래의 뜻은 갓난아기인데, 주로 백성들을 비유하는 말로 쓰인다. 《한서·공수전(龔遂傳)》「그곳 백성들이 굶주림과 추위에 고생을 하고 있지만 관리들이 이를 보살피지를 않아서 폐하의 백성들로 하여금 도적이 되어 습지대에서 폐하의 병사들과 다투게 하고 있습니다.」(其民困於飢寒而吏不恤, 故使陛下赤子盜弄陛下之兵於潢池中耳) 당나라의 안사고(顏師古)의 주석「적자는 갓 태어나서 어리고 작다는 뜻이다.」(赤子猶言初生幼小之意也)

18 합(合): 부사로, 응(應)자와 같은 뜻으로 쓰였다.

21. 題中峰杉徑[1]

중봉령의 삼나무 오솔길에서 짓다

盤回山腹轉脩蛇[2]　　산허리 빙 도니
　　　　　　　　　　　긴 뱀처럼 돌아서,
橫入中峰小隱家[3]　　횡으로 중봉령의
　　　　　　　　　　　작은 은자 집에 드네.
好把穉杉緣徑插　　어린 삼나무 오솔길 따라
　　　　　　　　　　　잘 꽂아 놓아,
待迎凉月看淸華[4]　　서늘한 달 맞아
　　　　　　　　　　　수려한 경치 보네.

1 중봉령은 숭안현(崇安縣) 상매리(上梅里) 적력산(寂歷山)에 있으며, 주희가 부친을 장사지낸 곳. 주희가 부친을 위해 지어준 〈주송행장(朱松行狀)〉에 보인다.

2 반회산복(盤回山腹): 「배 복」(腹)자는 「골 곡」(谷)자로 된 판본도 있다. 「回」는 「迴」와 서로 통하여 쓴다. 당나라 한유(韓愈)의 〈도원도(桃源圖)〉 「흐르는 물 빙 돌아 산을 백 번이나 굽어 도는데, 생사 여러 폭이나 대청 가운데로 드리워져 있네.」(流水盤迴山百轉, 生綃數幅垂中堂)
전수사(轉脩蛇): 송나라 소식의 〈교시주를 보내다(送喬施州)〉 「강가 푸른 산 절벽 가로 놓이고, 구름 사이 좁은 길 나는 뱀 올라가네.」(江上青山橫絶壁, 雲間細路躡飛蛇)

3 소은가(小隱家): 진(晉)나라 왕강거(王康琚)의 〈은자를 부름의 뜻에 반하여(反招隱)〉 「평범한 은자는 산 숲속에 들어가서 숨고, 큰 은자는 도회지에 들어가서 숨네.」(小隱隱陵藪, 大隱隱朝市) 송나라 황정견(黃庭堅)의 〈치천이 저녁에 진숙에게 들르기로 약속하였다. 앞 시의 각운자를 써서 지어 치천에게 드리고 아울러 진숙에게도 드린다(稚川約晚過進叔次前韻贈稚川幷呈進叔)〉 「사람 한 필 말 타니 개구리처럼 둔한데, 성 동쪽의 작은 은자 집 향하여 가네.」(人騎一馬鈍如蛙, 行向城東小隱家)

4 청화(淸華): 여러 가지 뜻이 있는데, 여기서는 경치가 수려하다는 뜻으로 쓰였다. 진나라 사혼(謝混)의 〈서지에서 놀다(游西池)〉 「해 기우니 우는 새 모여들고, 물과 나무 맑고 아름답네.」(景昃鳴禽集, 水木湛淸華) 당나라의 이주한(李周翰)은 「『화』자는 곱다는 뜻이다.」(華, 麗也)라고 하였다.

22. 山寺逢僧談命[1]

산사에서 중을 만나 천명을 이야기하다

此地相逢亦偶然[2]	이곳에서 서로 만남 또한 우연일진대,
漫將牛斗話生緣[3]	되는대로 우수와 두수 가지고 속세의 연분 이야기하네.
時行時止非人力[4]	때로 가고 때로 멈춤 사람의 힘 아니니,
莫問流年祗問天[5]	흐르는 세월일랑 묻지 말고 다만 천명 묻게나.

1 이 시의 제목은 〈상승이 시를 지어줄 것을 구하다(相僧求詩)〉로 된 판본도 있다.

2 차지상봉(此地相逢): 차지(此地)는 「고사」(古寺)로 되어 있는 판본도 있다. 당나라 서현(徐玄)의 〈사명을 받들던 중 구화산의 길에서 청양의 설낭중을 우연히 만나다(奉使九華山中途遇靑陽薛郎中)〉「옛 친구와의 이별 서로 그리워하는 마음 움직였으니, 이곳에서 서로 만남 어찌 평소의 바람이었으리?」(故人相別動相思, 此地相逢豈素期)

3 생(生): 「인할 인」(因)자로 되어 있는 판본도 있다.
우두화생연(牛斗話生緣): 당나라 한유(韓愈)의 〈삼성을 노래함(三星行)〉「나 태어난 때, 달 남두의 별자리에 있었다네. 우성은 그 뿔 떨쳤고, 기성은 주둥이 벌렸다네. 우성 수레 꿂 보이지 않았고, 두성은 술 푸지 않았다네. …… 아! 너 우성과 두성, 너희만 유독 신령할 수 없는가?」(我生之辰, 月宿南斗. 牛奮其角, 箕張其口. 牛不見服箱, 斗不挹酒漿……嗟汝牛與斗, 汝獨不能神) 《동파지림(東坡志林)》 권8「나는 평생토록 구어를 무수히 만났다. 대체로 태어난 때가 한퇴지와 비슷하여, 나의 명은 두성 사이에 있고 퇴지의 신궁은 거기에 있다.」(吾平生遭口語無數. 蓋生時與韓退之相似, 吾命在斗間而退之身宮在焉) 《차의》「생각건대 이 시는 명에 대하여 이야기하고 있기 때문에 이 고사를 썼다.」(按此詩爲談命而作故用此事) 생연(生緣)은 불교용어로 사람의 길흉화복이 모두 기수(氣數)에서 말미암으며, 연분(緣分)에 의하여 결정된다는 것을 말한다.

4 시행시지(時行時止): 《주역·건괘·문언전(乾卦·文言傳)》의 《이천역전(伊川易傳)》「혹 뛰어오르고 혹 머물러 있어서 오르내림에 일정함이 없고, 혹 나아가고 혹 물러나 거취가 마땅함을 따름이 간사하거나 굽은 것이 아니요, 여러 동류(同類)와 떨어짐이 아니니, 진덕하고 수업함은 때에 미치고자 할 뿐이다. 때로 행하고 때로 멈추어 항상성을 띨 수 없다.」(或躍或処, 上下无常, 或進或退, 去就從宜, 非為邪枉, 非離群類, 進德修業, 欲及時耳. 時行時止, 不可恒也)

5 유년(流年): 옛날에 점을 보는 사람들이 한 사람의 1년의 운수를 일컬어 유년이라고 하였다. 모든 사람 모든 해의 운수는 각기 달라 어떨 때는 운수가 좋기도 하고 어떨 때는 운수가 나쁘기도 한데 이는 모두 그해 그해의 간지와 사람의 기수(氣數)가 상호 작용하여 결정되는 것이므로 이렇게 말한다.

23. 贈書工[1]

서방의 직공에게 주다

平生久要毛錐子[2] 평소에 송곳 같은 붓과
오래도록 언약하였는데,
歲晩相看兩禿翁[3] 세밑에 두 머리
벗어진 늙은이 서로 보네.

1 서공(書工): 복건(福建) 건양(建陽) 영충리(永忠里)와 숭화리(崇化里)에 있는 서방(書坊)의 공인을 말한다. 건양 영충리(지금의 麻沙)와 숭화리(지금의 書坊鄕)의 서방은 송나라 때 3대 서방의 하나로 절강(浙江) 항주(杭州)와 사천(四川) 미산(眉山)에서 찍어낸 판본과 함께 정본(定本)이라 일컬어졌다. 건양의 서방은 중당 때 비롯되어 북송 때 흥성하였으며 남송 때 최고조에 달하였다. 이곳에서 찍어낸 책을 마사판(麻沙版)이라고 하였는데, 경사자집(經史子集)은 물론 모든 방면의 서적을 총 망라하였다. 기록에 의하면 당시 유명한 서방으로는 만권당(萬卷堂), 근유당(勤有堂), 일경당(一經堂), 군옥당(羣玉堂), 건안당(建安堂) 등등이 있었다. 여씨(余氏)의 만권당에서 인쇄한 서적은 멀리 조선과 일본에까지 팔려나갔다고 한다. 주희는 당시 일찍이 서방에서 동문서원(同文書院)의 장서를 찍어내느라 서공과 우의관계가 돈독하였다.

2 구요(久要): 《논어·헌문(憲問)》「자로가 완성된 사람에 대하여 묻자 공자께서 대답하셨다. 『…… 오래된 언약에 평소의 말을 잊지 않는다면 이 또한 완성된 사람이 될 수 있을 것이다.』」(子路問成人. 子曰……久要不忘平生之言, 亦可以爲成人矣) 주희는 「구요는 오래된 약속이다.」(久要, 舊約也)라 하였다. 삼국시대 위나라 조식(曹植)의 〈공후인(箜篌引)〉「오랜 언약은 잊을 수 없는 것이니, 끝에 박정한 것은 의리상 그릇된 것이라네.」(久要不可忘, 薄終義所尤) 당나라의 유량(劉良)은 「구요는 오랜 사귐이다.」(久要, 久交也)라 하였다.

모추자(毛錐子): 붓의 별칭. 《자치통감》 권289 〈후한기(後漢紀) 4〉에 「사홍조(史弘肇)가 또 고함을 버럭 지르며 말하였다. 『국가를 안정시키는 것은 장창과 대검에 있으니 붓이 어디에 쓸모가 있다는 말인가!』 이에 왕장이 말하기를 『붓이 없으면 재화며 부세는 어디서 나올 수 있겠소?』라 하였다.」(弘肇又厲聲曰, 安定國家, 在長槍大劍, 安用毛錐! 王章曰, 無毛錐, 則財賦何從可出?) 《윤씨수초(尹氏手抄)》「모추는 본래 모수의 고사에서 따왔기 때문에 풍환을 끌어다 짝이 되는 말로 썼다. 모수의 송곳의 공이 장검을 퉁긴 식객보다 뛰어나다는 말이다.」(毛錐本因毛遂之事, 故引馮驩爲偶語. 言毛錐之功, 勝於彈鋏客也)

3 양독옹(兩禿翁): 「독옹」에 대해서는 권8의 66번 시를 보라. 여기서 두 대머리는 사람과 붓을 말한다. 당나라 한유의 〈모영전(毛穎傳)〉「임금이 씨익 웃으면서 말하기를 『중서군은 늙고 머리가 벗겨져 나의 쓰임을 감당하지 못하오.』라 하였다.」(上嘻笑曰, 中書君, 老而禿, 不任吾用) 《차의》「아마 붓과 화공을 이르는 것일 것이다.」(盖謂筆與書工) 《차보》「붓과 선생 자신을 일컬어서 한 말인 것 같다.」(恐謂筆與先生自稱) 송나라 소식(蘇軾)의 〈왕희지의 서첩에 적다(題王逸少帖)〉「장 이 마 취한 회소 두 머리 벗어진 늙은이, 잇따라 세상에서 서예가로 잘 일컬어졌다네.」(顚張醉素兩禿翁, 追逐世好稱書工)

却笑孟嘗門下士	오히려 맹상군 문하의 선비 비웃네,
祇能彈鋏傲西風[4]	다만 긴 칼 뚱기며 서쪽 바람에 거만함.

4 맹상~탄협(孟嘗~彈鋏): 《사기·맹상군열전(孟嘗君列傳)》「풍환이 말하기를 『그대가 선비를 좋아한다는 말을 듣고 가난한 몸을 그대에게 의탁하고자 하오.』라 하였다. 맹상군이 전사에 두게 한 지 10일이 되어서 전사의 장에게 묻기를 『손님이 무슨 일을 하던가?』라 하니, 답하기를 『풍선생은 매우 가난하여 장검 한 자루를 갖고 있을 뿐인데 새끼줄로 칼을 감고 있었습니다. 장검을 뚱기면서 말하기를 "장검아 돌아가자꾸나! 식사에 생선이 없구나."라 하더군요.』라 하였다. ……」(馮驩曰, 聞君好士, 以貧身歸於君. 孟嘗君置傳舍十日, 孟嘗君問傳舍長曰, 客何所爲? 答曰, 馮先生甚貧, 猶有一劍耳, 又蒯緱. 彈其劍而歌曰, 長鋏歸來乎, 食無魚……)

24. 蘭[1]

난초

謾種秋蘭四五莖	내키는 대로 가을 난초 　너덧 줄기를 심었더니,
疎簾底事太關情	성긴 발은 무슨 일로 　그렇게 마음을 쏟을까?
可能不作涼風計	아마도 서늘한 바람 　일지 않게 할 계책 있어,
護得幽香到晚清[2]	그윽한 향기 저녁까지 　맑게 지켜주었으면.

1 경원(慶元) 2년(1196) 이후에 지었는데, 이때는 그의 학설이 위학(僞學)으로 규정되었으며, 주희 자신도 「위학역당적」(僞學逆黨籍)으로 몰렸던 때이다. 이 시는 은연중에 자신의 만년의 절개를 지켜 나갈 것과 역경에 처하여서도 굴복하지 않는 정신을 표현하고 있다.

2 만청(晩淸): 《차의》 「가능의 뜻은 여기까지 미친다. 대체로 이렇게 될 수 있었으면 하는 것이다.」(可能之意止此. 盖謂可能如此乎也)

25. 讀十二辰詩卷, 掇其餘作此, 聊奉一笑[1]

12진 시권을 읽고 그 나머지를 주워 이 시를 지어 애오라지 한바탕 웃음을 바친다

夜聞空簞齧饑鼠	밤에 빈 대밥그릇 굶주린 쥐가 갉아먹는 소리 들리고,
曉駕羸牛耕廢圃	새벽에는 비쩍 마른 소 멍에 지워 버려진 밭 간다네.
時才虎圈聽豪夸[2]	당세의 인재 호랑이 우리에서 호기 자랑함 듣고,
舊業兎園嗟莽鹵[3]	옛날부터 저술에 종사하였거늘 거칠고 소략함 탄식하네.

1 《차의》「12진은 자축에서 술해까지이다.」(十二辰自子丑至戌亥) 《관보》「《사문유취》에 12진을 쓴 시가 심형에게서 처음으로 보인다. 황정견 또한 일찍이 그것을 본떠서 지은 적이 있다.」(事文類聚用十二辰詩者始見於沈炯. 山谷亦嘗效之) 《전민시화(全閩詩話)》 권4「송나라 황산곡에게는 〈28수 간지시〉가 있다. 주문공이 이에 말하기를『〈십이진시권〉을 읽고 그 나머지를 주워 이것을 지어 애오라지 삼가 한번 웃으며 말한다……』라 하였다.」(宋黃山谷有二十八宿干支詩. 朱文公乃云, 讀十二辰詩卷, 掇其餘作此, 聊奉一笑曰……)

2 호권(虎圈): 《사기·장석지열전(張釋之列傳)》「장석지는 임금의 행차를 수행하여 범을 기르는 호권에 갔다. 임금이 상림위에게 여러 가지 짐승의 명부에 대해서 물어보는데 십여 가지를 물어보았으나 위는 좌우를 둘러보기만 할 뿐 하나도 대답을 할 수가 없었다. 호권의 색부가 곁에서 위를 대신하여 임금이 묻는 짐승의 장부에 대해 매우 상세하게 대답하였다. …… 장석지에게 명하여 색부를 상림의 령으로 임명하게 하였다. 장석지가 한참 있다가 앞으로 나가서 말하였다.『…… 지금 폐하께서 색부의 구변 때문에 그를 몇 등급이나 승진시키신다면 천하에서는 바람에 불린 듯 쓸리어 다투어 구변에만 힘쓰고 실리는 없어지게 될까 걱정됩니다. 또한 아랫사람이 윗사람에게 동화되는 것은 빛과 메아리보다 빠릅니다. 따라서 사람을 등용하는 일은 상세히 살피지 않을 수 없습니다.』 문제가 말하기를『좋다.』라 하였다.」(釋之從行, 登虎圈. 上問上林尉諸禽獸簿, 十餘問, 尉左右視, 盡不能對. 虎圈嗇夫從旁代尉對上所問禽獸簿甚悉……詔釋之拜嗇夫爲上林令. 釋之久之前曰……今陛下以嗇夫口辯而超遷之, 臣恐天下隨風靡靡, 爭爲口辯而無其實. 且下之化上疾於景響, 擧錯不可不審也. 文帝曰, 善)

3 토원(兎園): 곧 《토원책(兎園册)》을 말한다. 당나라 태종의 아들 장왕(蔣王) 이운(李惲)이 두사선(杜嗣先)을 시켜 지었다. 대책문 형식으로 글을 짓고 경사를 인용하여 훈주(訓注)를 달아서 엮었다. 일설에는 당나라의 우세남(虞世南)이 지은 10권 본이 세상에 유행하여, 오대 때까지 시골 서당의 교재로 쓰이다가 없어졌다고 한다. 나중에는 내용이 천근(淺近)한 통속적인 책이란

君看蟄龍臥三冬[4] 그대 보게나 숨어 있는 용
겨울 석 달 엎드려,
頭角不與蛇爭雄 머리의 뿔 뱀과
자웅 겨루지 않는다네.
毀車殺馬罷馳逐[5] 수레 부수고 말 죽여
달려가 쫓음 그만두고,
烹羊酤酒聊從容 양 삶고 술 사오니
애오라지 느긋하다네.
手種猴桃垂架綠[6] 손수 미후도 심으니
드리운 가지 푸르고,
養得鵾鷄鳴角角[7] 곤계 기르니
꼬끼오 하고 울어대네.

뜻으로 쓰였으며, 또 뜻이 변하여 자기의 저술을 겸손하게 일컫는 말로 쓰이게 되었다. 당나라 고적(高適)의 〈위참군과 이별함(別韋參軍)〉「토원에서 농사 지으니 해 풍년 들지 않고, 안지에서 낚시 드리우니 마음 오래도록 괴롭네.」(免苑爲農歲不登, 雁池垂釣心長苦)
망로(莽鹵): 조소(粗疏), 곧 거칠고 소략함을 말한다. 《장자·즉양(則陽)》「장오의 국경지기가 자뢰에게 말하기를 『임금이 정치를 할 때는 조잡하고 소략해서는 안 되고 백성을 다스릴 때 되는대로 아무렇게나 해서는 안 된다.』라 하였다.」(長梧封人問子牢曰, 君爲政焉勿鹵莽, 治民焉勿滅裂)

4 칩룡(蟄龍): 당나라 두보의 〈흥을 보냄(遣興)〉 첫째 시「숨은 용은 겨울 석 달 엎드려 있고, 늙은 학은 만 리 날고자 하는 마음 있다네.」(蟄龍三冬臥, 老鶴萬里心)

5 훼거살마(毀車殺馬): 《후한서·주섭전(周燮傳)》「풍량(馮良)은 자가 군랑이다. …… 30세에 위가 되어 수행하였다. 격문을 받들어 독우를 맞이하는데, 길에 나서자 개탄하며 남의 밑에서 종으로 있는 것이 부끄러워서, 수레를 부수고 말을 죽였으며 옷과 관모를 찢어버리고는 건위로 가서 숨어 두무를 좇아 배웠다. 처자들이 그를 찾았지만 종적이 끊겨버렸다. 나중에야 풀 더미 속에서 부서진 수레며 죽은 말, 옷이 썩어 있는 것을 보고 호랑이와 도적에게 살해된 것이라 하고 상례를 행하고 상복을 입었다. 10여 년이 흐른 후에 비로소 고향으로 돌아왔다.」(良字君郎……年三十, 爲尉從佐. 奉檄迎督郵, 卽路慨然, 恥在廝役, 因壞車殺馬, 毀裂衣冠, 乃遁至犍爲, 從杜撫學. 妻子求索, 蹤跡斷絶. 後乃見草中有敗車死馬, 衣裳腐朽, 謂爲虎狼盜賊所害, 發喪制服. 積十許年, 乃還鄉里) 송나라 소식의 〈황충을 잡으려 부운령에 이르렀는데 산길을 가다가 피곤하고 힘들어 아우인 자유[蘇轍]가 생각나다(捕蝗至浮雲嶺山行疲苦有懷子由弟)〉「말 죽이고 수레 부수어 여기서 가는데, 그대 어디서 와서 행하고 숨음 묻는가?」(殺馬毀車從此逝, 子來何處問行藏)

6 후도(猴桃): 《차의》「산과로 미후도이다.」(山果獼猴桃)

7 명각각(鳴角角): 당나라 왕건(王建)의 〈양주행(涼州行)〉「성 어귀에선 산닭 꼬끼오 하고 울고, 낙양에선 집집마다 오랑캐 음악 배운다네.」(城頭山雞鳴角角, 洛陽家家學胡樂) 당나라 한유의 〈이날 슬퍼할 만하여 장적에게 드림(此日足可惜贈張籍)〉「백 리에 사람 만나지 못하였는데, 깍깍 숫퀑 울어대네.」(百里不逢人, 角角雄雉鳴)

客來犬吠催煮茶[8]	손님 오니 개 짖어 차 끓이라 재촉하니,
不用東家買猪肉[9]	동쪽 집에서 돼지고기 살 필요 없다네.

8 객래견폐(客來犬吠): 당나라 왕유(王維)의 〈이읍의 집을 들르다(過李揖宅)〉「손님 깊은 골짜기로 들어오니, 개 차가운 숲 아래서 짖네.」(客來深巷中, 犬吠寒林下)

9 동가매저육(東家買猪肉): 《소학·계고(小學·稽古)》「맹자가 어렸을 때 묻기를『동쪽 집에서 돼지를 잡는 것은 무엇 때문입니까?』라 하자 어머니는『너를 먹이려는 것이다.』라 하였다. 조금 있다가 후회하여 말하기를『내가 듣건대 옛날에는 태교가 있었다고 들었는데 지금 바야흐로 알면서도 속이면 이는 불신을 가르치는 것이다.』라 하고는 마침내 돼지고기를 사서 먹였다. 이미 자라서 배움에 나아가 마침내 큰 유학자가 되었다.」(孟子幼時, 問東家殺猪何爲. 母曰, 欲啖汝. 旣而悔曰, 吾聞古有胎敎. 今適有知而欺之, 是敎之不信. 乃買猪肉, 以食之. 旣長就學, 遂成大儒)

26. 伏承示及毛公平仲墓銘, 且索挽詩. 熹不及識毛公, 而愛重其文舊矣. 義不可辭顧, 已不及其虞殯, 姑以數句題於墓銘後. 幸辱裁訂, 或轉而致之其家, 幸甚[1]

삼가 받들어 모공 평중의 묘지명을 보게 되었으며 또한 만시를 찾아보게 되었다. 나는 미처 모공을 알지 못하였으나 그의 글을 아끼고 중시한 지가 오래되었다. 의리상 돌보심을 거절할 수가 없었으며 이미 그 초빈에 미치지를 못하여 잠깐 여러 구절을 지어 묘지명 뒤에다 적는다. 요행히도 욕되이 교정을 받아 어쩌다가 전하여져 그 집에 이르게 되면 매우 다행이겠다

毛公神仙骨[2]	모공 신선의 풍골 지녔는데,
誤落世網中[3]	잘못하여 속세의 그물로 떨어졌다네.

1 모공평중(毛公平仲): 모견(毛幵)의 자. 호는 초은거사(樵隱居士)이며 신안(信安: 《송시기사》에는 三衢 사람으로 되어 있음) 사람으로 모우(毛友)의 아들이다. 완릉(宛陵)과 동양(東陽) 두 고을의 원을 지낸 적이 있다. 《초은거사집》 15권과 《초은사》를 남겼다. 《표보》「평중의 이름은 견이며, 신안 사람이다. 재주를 믿고 세상 사람들을 업신여겼으며 관직은 통판에까지 이르렀다. 수초 우무와 교분이 두터웠다. 임종시에 편지를 써서 이별을 고하고 묘지명을 위촉하였다. 우무는 묘지명을 지어주었을 뿐만 아니라 그의 문집인 《초은집》에 서문까지 지어주었다. 시의 제목에서 이른바 『삼가 받들어 보게 되었다』라 한 것은 우무가 모견의 묘지명을 보내어 보여준 것이므로 선생이 이 시를 지어 답한 것이다.」(平仲名幵, 信安人. 負才傲世, 官至通判. 與尤遂初袤厚善, 臨終以書別之, 囑以志墓. 袤旣爲銘, 又序其樵隱集. 詩題所謂伏承示及者, 尤公以毛誌送示先生, 故先生作此詩以答之)

우빈(虞殯): 《좌전·애공(哀公) 11년》「싸우려할 때 공손하는 그 부하들에게 장송곡을 부르게 했다.」(將戰, 公孫夏命其徒歌虞殯) 진나라 두예(杜預)의 주석「우빈은 장송곡이다. 반드시 죽을 것임을 보여주는 것이다.」(虞殯送葬歌曲, 示必死)

수구(數句)의「글귀 구」(句)자는「말씀 어」(語)자로 된 판본도 있다.

2 공(公):「임금 군」(君)자로 되어 있는 판본도 있다.

3 오락세망중(誤落世網中): 진나라 도연명(陶淵明)의 〈전원으로 돌아와 살다(歸園田居)〉 첫째 시「잘못하여 속세의 그물 속으로 떨어져, 어느새 삼십 년이 지나갔다네.」(誤落塵網中, 一去三十年) 진나라 육기(陸機)의 〈낙양으로 가는 도중에 짓다(赴洛道中作)〉 첫째 시「묻노니 그대 어디로 가는가? 세상의 그물이 내 몸 얽었다네.」(借問子何之, 世網嬰我身) 송나라 소식의 〈왕정국이 지은 시의 운자를 써서 단원자의 영극재에 쓰다(次韻王定國書丹元子寧極齋)〉「잘못 세상의 그물 속으로 떨어졌는데, 속물이 내 정신을 시름스럽게 하네.」(誤落世網中, 俗物愁我神)

髫齔出奇語[4]	머리채 늘어뜨리고 이 갈 무렵 기이한 말 하여,
砉然驚乃翁[5]	희야! 하며 그대 부친 놀라게 하였다네.
弱齡翰墨場[6]	약관의 나이에 문단에서,
不言已收功	말하지 않아도 공 이미 거두었다네.
亭亭絕世姿	우뚝하니 절세의 자태요,
皎皎氷雪容[7]	희디희니 얼음과 눈 같은 모습이라네.
顧步一長嘯	발걸음 돌아보며 한번 길게 휘파람 부니,
笙鶴翔秋空[8]	신선 학 가을 하늘 빙빙 나네.
調高聽者稀[9]	가락 높아지니 알아듣는 이 드물어,
老去竟不逢	늙어가며 마침내 만나지 못했다네.

4 초촌(髫齔): 초(髫)는 머리를 땋아서 길게 늘어뜨린 유년기의 아동을 말한다. 진나라 도연명의 〈도화원기(桃花源記)〉에 「머리카락이 누런 노인과 머리를 땋아 아래로 늘어뜨린 어린 아이」(黃髮垂髫)라는 말이 나온다. 츤(齔)은 배냇니가 빠지고 간니가 나는 것을 말하는데, 뜻이 변하여 이를 갈 무렵의 어린이를 가리키게 되었다. 초츤은 곧 7~8세 정도의 어린 아이를 가리키는 말로 주로 쓰인다.

5 획연(砉然): 위 권5 31번 시의 주석 9)를 보라.
내옹(乃翁): 내부(乃父)라고도 하며, 아버지가 자식에 대하여 쓰는 자칭. 《표보》「모견은 예부상서 모우의 아들이다.」(平仲, 禮部尙書友之子)

6 한묵장(翰墨場): 문단과 같은 말. 당나라 두보의 〈씩씩한 놀이(壯遊)〉「지난 옛날 열네댓 살 때, 문단에 나가 놀았다네.」(往昔十四五, 出遊翰墨場)

7 빙설용(氷雪容): 《장자·소요유(逍遙遊)》「막고야라는 산에 신비한 사람이 살고 있다. 살과 피부는 마치 얼음과 같고, 부드럽고 아름답기는 마치 처녀와 같다.」(藐姑射之山, 有神人居焉. 肌膚若冰雪, 綽約若處子)

8 생학(笙鶴): 신선이 타는 학을 말한다. 《열선전(列仙傳)》「왕자 교는 주나라 영왕의 태자이다. 생을 불기를 좋아하여 〈봉황명〉이란 곡조를 지었다. 이수와 낙수 사이에서 노닐다가 도사인 부구공을 만나서 숭산에 올라 30여 년을 지냈다. 나중에 산에서 그를 찾으니 (그 집안 사람인) 환량을 보고 말하기를 『우리 집에다 칠월 칠석에 구지산 입구에서 나를 기다리라고 일러라.』 하였다. 과연 흰 학을 타고 산마루에 머물러 있었다.」(王子喬者, 周靈王太子也. 好吹笙, 作鳳凰鳴. 遊伊洛之間, 道士浮邱公接以上嵩山三十餘年. 後求之於山, 見桓良曰, 告我家, 七月七日待我於緱氏山頭. 果乘白鶴駐山嶺)

9 조고청자희(調高聽者稀): 초나라 송옥(宋玉)의 〈초왕의 물음에 답함(對楚王問)〉「나그네에 (초나라의 서울인) 영에서 노래를 하는 자가 있었는데, 그가 처음에 (낮은 곡조인) 〈하리파인〉을 부르자 나라에서 이어 따라 부르는 자가 수천 명이 되었다. 그가 (중간 곡조인) 〈양아해로〉를 부르자 나라에서 이어 부르는 자가 수백 인이 되었다. 그가 (높은 곡조인) 〈양춘백설〉을 부르자 나라에서 이어 따라 부르는 자가 수십 명 뿐이었다. 상·각·우의 음조를 끌어 섞어서 치의 음조로 흐르자 나라에서 이어 따라 부르는 자는 수 명에 지나지 않았다. 이는 그 곡조가 높아지면 질수록 따라 부르는 자는 더욱 적어졌기 때문이다.」(客有歌於郢中者, 其始曰下里巴人, 國中屬而和者數千人. 其爲陽阿薤露, 國中屬而和者數百人. 其爲陽春白雪, 國中屬而和者數十人. 引商角羽雜而流徵, 國中屬而和者不過數人而已. 是其曲彌高, 其和彌寡) 송나라 유자휘(劉子翬)의 〈쟁 소리를 듣고 짓다(聞箏作)〉「매번 한스럽기는 (곡조가 격조 높아) 듣는 사람 드물어, 은갑에 먼지 끼는 것이라네.」(每恨聽者稀, 銀甲生浮埃)

一朝謝塵濁[10]	하루 아침에 속세의 탁함 떠나,
泠然跨剛風[11]	맑게 굳센 바람 탔다네.
回頭呌安期[12]	고개 돌려 안기생 부르고,
擧手邀韓終[13]	손 들어 한종 맞는다네.
千秋有遺想	천추에 남긴 한 있는데,
一往無留蹤	한번 가더니 자취 남기지 않았다네.
平生故人心[14]	평생토록 옛 친구 마음,
灑涕銘幽宮[15]	눈물 뿌리며 묘지명 쓴다네.
斯人不可見[16]	이 사람 볼 수 없으나,
斯文鬼神通[17]	이 문장 귀신과 통한다네.

10 일조사진탁(一朝謝塵濁): 권7 〈백록동 옛터를 찾았는데 그 그윽하고 깊숙함을 사랑하여 다시 세울 것을 의논하고 감탄하여 짓는다(尋白鹿洞故址, 愛其幽邃, 議復興建, 感歎有作)〉에 같은 구절이 있다.

11 강풍(剛風): 《천중기(天中記)》 권2에 《포박자(抱朴子)》를 인용한 글 「굳센 바람에는 솔개가 날개를 펼쳐도 움직일 수 없다. 땅에서 40리만 떨어지면 바람의 힘이 맹렬하고 굳세어 굳센 바람의 세계가 있음을 징험할 수 있다.」(剛風鴟鳶展翅不能動. 去地四十里, 風力猛壯, 可驗有剛風世界) 《포박자》에는 이 말이 나오지 않는다.

12 안기(安期): 안기선생(安期先生)을 말한다. 한나라 유향(劉向)의 《열선전(列仙傳)》 「안기선생은 낭야군 부향 사람이다. 동해가에서 약을 팔았는데, 당시 사람들이 모두 그를 『천세노인』이라 불렀다.」(安期先生者琅邪阜鄕人也. 賣藥於東海邊, 時人皆言千歲翁)

13 한종(韓終): 《문선》 한나라 장형(張衡)의 〈어진 이를 생각함(思玄賦)〉 「아! 선인과 악인 나란히 하기 어려움이여, 한종에 의지하여 멀리 도망가고 싶네.」(咨姤嫮之難竝兮, 想依韓以流亡) 당나라 유량(劉良)의 주석 「한종은 신선의 도를 터득하여 몸이 가벼워져 하늘로 올라간 사람이다.」(韓終獲仙道輕擧者) 한편 이선(李善)은 한중(韓衆)이라 하였다. 굴원의 《초사·멀리 나가 놂(遠遊)》 「부열이 성신에 몸 기탁한 것 기이하게 여기고, 한중이 신선의 도 터득한 것 부러워하네.」(奇傅說之託辰星兮, 羨韓衆之得一) 송나라 홍흥조(洪興祖)는 《열선전》을 인용하여 「제나라 사람 한종은 왕을 위하여 약을 캐었는데 왕이 먹으려하지 않자 마침내 스스로 복용하여 드디어 신선이 되었다.」(齊人韓終, 爲王採藥, 王不肯服, 終自服之, 遂得仙也)라고 하였다. 지금 전하는 《열선전》에는 이 기사가 수록되어 있지 않다.

14 고인(故人): 《차의》 「묘지명을 보여준 사람이 누구인지 모른다.」(示墓銘之人不知誰某) 주석 1)의 《표보》에 의하면 묘지명을 보여준 친구는 우무(尤袤)이다.

15 유궁(幽宮): 《차의》 「무덤을 이른다.」(謂墓也)

16 사인불가견(斯人不可見): 송나라 황정견(黃庭堅)의 〈화광산의 중인이 진관과 소식의 시권을 꺼내놓고 두 국사를 다시 볼 수 없음을 생각하여 시권을 펼쳐놓고 매우 탄식하다. ……(花光仲仁出秦蘇詩卷, 思二國士不可復見, 開卷絶歎……)〉 「아 사람 다시 볼 수 없어 크게 한숨짓는데, 내 아직 서리 앞의 풀 배우지 않았음 기뻐한다네.」(歎息斯人不可見, 喜我未學霜前草)

17 사문(斯文): 《차의》 「묘지명을 이른다.」(謂墓銘)

27~28. 挽鹿伯可郎中, 二首[1]

녹백가 낭중을 애도하는 시. 두 수

27

造辟謀謨遠[2]	나아가 임금 뵙고 계책 도모함 멀었고,
勤民志慮專[3]	민생에 부지런하여 뜻 오로지 하셨네.
中身謝軒冕[4]	중년에 초헌과 면류관 사직하고,
畢志友林泉	필생의 뜻 숲과 샘 벗하셨네.
出祖傾群彦[5]	가시는 길 보내느라 뭇 선비들 한쪽으로 쏠리게 하고,
歸來足二賢[6]	돌아오니 두 어지신 대부에 충족하네.

1 녹백가(鹿伯可): 녹하(鹿何: 1127~1183)의 자. 태주(台州) 임해(臨海) 사람으로 호는 견일(見一)이다. 태학을 거쳐 소흥(紹興) 30년(1160)에 진사가 되었고, 수주(秀州)와 화정위(華亭尉)에 제수되었으며, 효종(孝宗) 때 상서둔전원외랑(尚書屯田員外郎)이 되었으나 치사(致仕)하였다.

2 조벽(造辟): 《곡량전·문공(穀梁傳·文公) 6년》「선비는 임금이 계신 곳으로 나아가 말을 하며, 사실이 아닌 말을 하면 나온다.」(士造辟而言, 詭辭而出) 당나라 육덕명(陸德明)은 「벽은 임금이다.」(辟, 君也)라 하였다. 《표보》「임금이 계신 곳으로 나아가는 것을 말한다.」(言進於君所也)

3 근민(勤民): 민정을 살피는 일에 마음을 다하는 것을 말한다. 《좌전·희공(僖公) 28년》「영윤이 백성을 다스리는 일에 마음을 다하지 않으니 실로 스스로 패하게 하는 것입니다.」(令尹其不勤民, 實自敗也) 진나라의 두예(杜預)는 「마음을 다하고 힘을 다하여 애석해함이 없는 것을 근이라고 한다.」(盡心盡力, 無所愛惜爲勤)라 하였다.

4 중신(中身): 《차의》「『和』는 당본에 『가운데 중』자로 되어 있다. 중신은 50을 말한다.」(和, 唐本作中. 中身謂五十) 중신은 중년(中年), 중세(中歲)라고도 하며, 4,50세 안팎의 나이를 말한다. 녹하는 나이 40여 세에 치사하였다.

5 출조(出祖): 먼 길을 나설 때 길의 신[路神]에게 제사 지내는 일. 뜻이 변하여 전송의 뜻으로 쓰인다. 《시경·대아·위대한 한나라(韓奕)》「한나라 임금 길에다 제사 지내고, 도당에 가서 머무르셨네.」(韓侯出祖, 出宿于屠) 주희는 「조는 행제[路祭]이다.」(祖, 行祭也)라 하였다. 당나라 이백(李白)의 〈선성에서 유부사가 진으로 들어감에 송별하다(宣城送劉副使入秦)〉「여러 장수들 모두 길 나서니, 영명한 동료들 헤어지는 것 안타까워하네.」(列將咸出祖, 英僚惜分離)

6 족이현(足二賢): 《한서·소광전(疏廣傳)》「소광이 태부로 옮기고, 소광의 형의 아들인 소수는 …… 소부에 배수되었다. …… 소광이 소수에게 일러 말했다. 『내가 듣기에 "스스로 만족할 줄을 알면 욕되지 않으며, 또한 그칠 줄을 알면 위태롭지가 않다."고 했고, 또한 "공이 이루어지면 물러나는 것이 하늘의 도이다."라고 했다.』 …… 소광은 마침내 (소수와 함께) 병이 위독함을 아뢰고 소장을 올려 벼슬에서 물러날 것을 청하였다. 임금은 그 나이가 도탑고 늙었다고 하여 모두 허락하였다. …… 공경대부와 친구들 및 고을 사람들이 나와 노제를 지내고 동도문 밖에서 자리를 펴고 전송하였는데 전송

誰令行樂地[7]	누구로 하여금 가서 즐기던 땅에,
容易鎖寒烟	쉽게 차가운 연기 잠그게 하려는가?

28

疇昔東州路[8]	옛날 동주로에 있을 때,
音書僅一通	편지 겨우 한 통 주고받았다네.
承顏終未遂[9]	웃어른 섬김 끝내 이루지 못하였거늘,
仰德竟何窮	덕 우러름 끝내 어찌 끝이 있으랴?
野哭悲能遽[10]	들판에서 우는 슬픔 빨리 할 수 있지만,
巖居計莫同	암혈에 거처하는 계책 결코 같지 않다네.
關心九原路[11]	구원의 길 마음에 걸리니,
無樹不高風[12]	높은 바람 불지 않는 나무 없다네.

하는 사람의 수레가 수백 량이나 되었으며, 이에 이별을 하고 떠났다. 도로에 구경을 하러 나온 사람들이 모두 말하기를『어질도다, 두 대부여!』라 하였다.」(廣徙爲太傅, 廣兄子受……拜受爲少傅.……廣謂受曰. 吾聞, 知足不辱, 知止不殆. 功遂身退, 天之道也.……廣遂稱篤, 上疏乞骸骨. 上以其年篤老, 皆許之……公卿大夫故人邑子設祖道, 供張東都門外, 送者車數百兩, 辭決而去. 及道路觀者皆曰, 賢哉二大夫)

7 행락지(行樂地): 송나라 소식의 〈한강공을 애도하는 글(韓康公挽詞)〉 제1수「부질없이 즐거이 놀던 곳만 남아 있어, 곳곳에서 남은 백성들 눈물짓게 하네.」(空餘行樂地, 處處泣遺民)

8 동주(東州): 동쪽의 주군(州郡)을 말한다. 여기서는 절동(浙東)의 여러 고을을 말한다. 주희는 절동제거상평으로 있을 때 처음으로 녹하와 문안을 주고 받았다.

9 승안(承顏): 웃어른의 안색을 살피어 순순히 따름. 웃어른을 섬기는 것을 이른다.

10 야곡(野哭):《예기·단궁(檀弓) 상》「공자는 들에서 곡하는 것을 싫어하셨다.」(孔子惡野哭者) 같은 편에 또한「공자께서 말씀하셨다.『…… 아는 사람에 대해서는 내가 들판에서 곡을 하겠다.』」(孔子曰……所知, 吾哭諸野)라는 말이 있다.

11 구원(九原): 원래 춘추시대 진(晉)나라 경대부들의 묘지를 말하였다.《예기·단궁(檀弓) 하》「조문자는 숙예와 더불어 구원의 무덤을 보았다.」(趙文子與叔譽觀乎九原) 나중에는 또한 일반 묘지를 두루 일컫는 말로도 쓰이게 되었다. 당나라 교연(皎然)의 〈단가행(短歌行)〉「쓸쓸한 안개와 비 구천의 언덕을 덮고 있으니, 흰 버들이며 푸른 소나무 있는 곳에 묻힌 자 누구인가?」(蕭蕭煙雨九原上, 白楊靑松葬者誰) 만사에서 상투적으로 쓰이는 말.

12 무수불고풍(無樹不高風): 풍수지탄(風樹之嘆)을 말한다.《공자가어·치사(致思)》「나무는 가만히 있으려 해도 바람이 그치질 않으며, 자식이 봉양을 하고자 하나 양친이 기다려 주지 않는다.」(樹欲靜而風不停, 子欲養而親不待)

29~30. 挽陳檢正庸, 二首[1]

검정이신 진용을 애도하는 글. 두 수

29

厚德高賢躅	두터운 덕은 높은 현인들의 발자취요,
淸名起懦襟	맑은 이름 나약한 마음 일으켰다네.
承宣幾年最[2]	이어 펴심 몇 해 동안 가장 뛰어나셨고,
明恕一生心[3]	밝고 너그러우심은 일생 동안 지니신 마음이었다네.
勢屈飛騰晩	기세 굽히어 날아오르심 늦었고,
忠存獻納深	충성 간직하여 바침 깊으셨다네.
忽騎箕尾去[4]	별안간 기수와 미수 타고 떠나시니,
陵栢爲誰陰[5]	무덤의 잣나무 누구 위해 그늘 드리우는가?

1 진용(陳庸): 자는 시중(時中)이며 태주(台州) 선거(仙居) 사람이다. 소흥 21년(1151) 진사가 되었으며, 지상주(知常州), 태부소경(太府少卿) 등을 역임하였다. 강서제점형옥(江西提點刑獄)으로 치사하였다. 청렴하고 강개함으로 일컬어져 관직을 그만두고 돌아올 때는 고작 책 몇 권이 짐의 전부였다고 한다. 충간(忠簡)이란 시호를 받았다.

2 승선(承宣): 임금의 은덕을 이어받아 백성들에게 교화를 베푼다는 뜻으로, 여기서는 진용이 지방의 관리로 나간 것을 말한다. 《한서·동중서전(董仲舒傳)》「오늘날의 군수와 현령은 백성들의 사표가 되는 자들이라 천자의 은덕을 받아서 백성들에게 교화를 베푸는 사람들입니다. 따라서 백성의 사표가 어질지 못하다면 군주의 덕이 백성들에게 베풀어지지 않고 천자의 은택이 아래로 흐를 수가 없습니다.」(今之郡守·縣令, 民之師帥, 所使承流而宣化也, 故師帥不賢, 則主德不宣, 恩澤不流)

3 명서(明恕): 명찰(明察)과 관후(寬厚)를 말한다. 《좌전·은공(隱公) 3년》「밝고 너그러움으로 행하고 예의로써 긴밀하게 한다면 인질이 없다한들 누가 그들을 떼어놓겠는가?」(明恕而行, 要之以禮, 雖無有質, 誰能間之)

4 기기미(騎箕尾): 기와 미는 모두 28수(宿)의 하나로 동방의 별자리이다. 승천하여 신선이 된다는 표현인데, 죽었다는 완곡한 표현이다. 《장자·대종사(大宗師)》「부열은 도를 터득하여 무정을 도와 천하를 차지하고, (죽은 뒤에는 별이 되어) 동유를 타고 기수와 미수를 올라타 많은 성신과 나란하게 되었다.」(傳說得之, 以相武丁, 奄有天下, 乘東維, 騎箕尾, 而比於列星) 당시 만사에 상투적으로 쓰는 표현이었다. 송나라 왕안석(王安石)의 〈구양수의 단계석으로 만든 베개와 기땅의 대나무 자리 시의 각운자를 써서 짓다(次韻歐陽永叔端溪石枕蘄竹簟)〉「공께서 힘을 합함 보니 태평하여, 오히려 푸른 하늘에 올라 기수와 미수 타네.」(看公戮力就太平, 却上靑天跨箕尾) 송나라 화진(華鎭)의 〈부중온을 애도함(挽傅仲溫)〉「별안간 기수와 미수 타고 떠나시어, 큰 붉은 공 기다리지 않았다네.」(忽騎箕尾去, 不待大丹功)

5 능백(陵栢): 《고금사문유취(古今事文類聚)》에 인용된 《삼보구사(三輔舊事)》「한나라의 능에는 잣나무를 심었다. 한나라의 모든 능묘는 태상의 관할이었으며 군현

30

憶昔都門道	지난 날 도성 문 앞의 길 생각해보니,
光華辱宰卿[6]	밝게 빛나심 재상님 욕되게 하였다네.
丁寧話鹽筴[7]	소금 정책 말함 간절하였고,
纖悉見民情	민정 살피심 세밀하고 상세하셨네.
一別驚時論	한번 헤어진 후 시론 놀라게 하였는데,
三年想頌聲[8]	삼 년 동안 칭송하는 소리 생각하였다네.
祗今空老淚	지금 헛되이 늙어 눈물만 흘리니,

의 관할이 아니었다. 그곳에 들어가 소나무와 잣나무를 도벌하는 자는 저자에서 처형을 당했다.」(漢陵植柏. 漢諸陵皆屬太常, 不屬郡縣, 其入盜松柏者棄市)

6 재경(宰卿): 재상의 아래에 있는 고급 관속. 춘추시대에는 천자와 제후 모두 경을 두었으며 상중하의 삼등급으로 분류하였다. 진한(秦漢) 때는 삼공 아래에 구경이 있었는데 모두 조정의 고급 관원이었다. 이 구절은 진용이 외람되이 자신을 찾아주었다는 표현이다. 《주문공집》 권29 〈황인경에게 보내는 답장(答黃仁卿書)〉에 「소금의 이익을 저번에는 정돈할 겨를이 없었는데, 다만 갓 관문을 나올 때 진시중이 절강정으로 찾아와 이의 이해를 매우 상세하게 이야기하였습니다. 당시에는 그다지 깨닫지 못하였으며 또한 찾아 물어볼 기회를 잃었으며 또한 흉년을 구휼하느라 바야흐로 급하여 거기에 언급할 겨를도 없었는데 얼마 안 있어 후회하게 되었습니다.」(鹽利向時不暇整頓, 但初出關時陳時中, 相訪於浙江亭, 說此利害甚詳. 時不甚曉, 又失於詢訪, 且以救荒方急, 不暇及, 旣而悔之)라는 말이 있는데, 진시중(陳時中) 밑에 주희 자신이 주석을 달고 「이름은 용이며 태주 사람으로 당시 검정직을 지내고 있었는데, 맑고 온화하니 어찌 아우 같은 사람이겠는가?」(名庸, 台州人, 時作檢正, 淸和豈弟人也)라 하였다.

7 염협(鹽筴): 《차의》 「『협』자는 『책』자와 같다. 선생은 계미년(1163)에 진용과 염법에 대하여 논하였다.」(筴與策同. 先生於癸未歲, 與陳論鹽法) 《관자·해왕(管子·海王)》 「해왕의 나라에서는 소금 정책을 삼가 바로잡아야 한다.」(海王之國, 謹正鹽筴) 《표보》 「계미년 운운한 것은 위의 단락을 잘못 이은 것이다. 『도문도』니 『절강정』이란 말을 가지고 살펴보건대 진용과 염법을 논한 것은 갑인년(1194) 겨울 도성을 떠났을 때이다.」(癸未云云, 承上段之誤也. 以都門道浙江亭之語觀之, 與時中論鹽卽是甲寅冬去國時也)

8 일별~송성(一別~頌聲): 이 두 구절은 두 사람이 이별한 후에 오래지 않아 주희 자신은 장리(贓吏)를 탄핵한 일로 인하여 시론의 공격을 받았고, 진용 또한 지무주(知撫州)로 3년간 나가게 된 것을 말한다.

難使濁河清[9]	탁한 황하 맑게 하기 어렵다네.

9 난사탁하청(難使濁河清): 《차의》「앞으로는 태평한 시절을 보지 못하게 될 것이다.」(將不見時平也) 《송사》 권429 〈주희전(朱熹傳)〉「지대주 당중우는 왕회와 동향인으로 인척간이었는데, 이부상서 정병 및 시어사 장대경이 번갈아 추천하여 강서제형으로 옮겼으나 아직 부임은 하지 않았다. 주희가 부처를 순시하다가 태주에 이르렀는데 당중우에 대한 소송이 분분하므로 그 실상을 조사하여 세 번이나 장론을 올렸지만 왕회는 이 일을 숨기고 새 나가지 않도록 하였다. 이에 주희의 논조는 더욱 세어지고 당중우 또한 스스로 변명을 하니 왕회는 그제서야 주희의 장론을 갖다 바쳤고 이에 천자가 재신들에게 상세히 알아보도록 명령을 내리니 도사 진용 등이 명령대로 절서제형의 맑고 강직한 관리에게 실상을 궁구하도록 위탁하였으며, 아울러 주희에게는 한발로 피해를 입은 주군으로 속히 가서 순시하라는 명을 내렸다. 주희는 이때 태주에 머무르면서 부임을 하지 않았는데, 이미 조칙을 받았으며 더욱이 장론을 전후로 여섯 번이나 올리니 왕회도 어쩔 수 없이 당중우에 대한 강서제형의 새로운 발령을 박탈하여 주희에게 제수하였으나 주희는 사퇴하고 배명하지 않았으며 마침내 돌아가서는 또 봉사직을 청원하였다.」(知台州唐仲友與王淮同里爲姻家, 吏部尙書鄭丙侍御史張大經交薦之, 遷江西提刑, 未行. 熹行部至台, 訟仲友者紛然, 按得其實, 章三上, 淮匿不以聞. 熹論愈力, 仲友亦自辨, 淮乃以熹章進呈, 上令宰屬看詳, 都司陳庸等乞令浙西提刑委清强官究實, 仍令熹速往旱傷州郡相視. 熹時留台未行, 旣奉詔, 益上章論, 前後六上, 淮不得已, 奪仲友江西新命以授熹, 辭不拜, 遂歸, 且乞奉祠) 여기서는 당중우의 일을 조사하여 처리하게끔 건의한 진용이 이미 죽고 없으니 자신에게는 영원히 맑게 될 날이 없게 될 것이라는 표현이다.

31. 哭劉嶽卿[1]

유보의 영전에 곡하다

曾說幽棲地[2]	일찍이 그윽이 깃들어 사는 땅 말했더니,
君家近接連	그대 집 가까이 붙어 있었네.
要携邀月酒[3]	잡아 끌고 달과 술 맞고자,
同棹釣溪船	함께 노 저으며 시내에 배 띄우고 낚시 드리웠다네.
遽爾悲聞笛[4]	갑작스레 피리소리 들림 슬프더니,
眞成嘆絶絃[5]	실로 거문고 줄 끊김 탄식하게 되었네.
林猿催老淚	숲의 원숭이 늙은이 눈물 재촉하니,

1 유악경(劉嶽卿): 유보(劉甫)의 자. 유보는 숭안(崇安) 사람으로 유형(劉衡)의 아들. 어버이 섬기기를 극진히 하였으며 무이산 북쪽 수렴동(水簾洞)에 은거하였다. 주희는 그의 오두막을 지나칠 때마다 의리에 대하여 강론하였다고 한다. 유공(劉珙)이 일찍이 그를 관직에 천거하였지만 사퇴하고 오직 주희와 채원정(蔡元定)하고만 강학을 하면서 보냈다. 일찍이 주희와 무이에 오두막을 짓자고 언약했는데 얼마 있지 않아 죽었다. 《팔민통지(八閩通志)》(권66)와 《민중이학연원고(閩中理學淵源考)》(권20)에 사적이 있다. 지금도 무이산의 수렴동에는 삼현사(三賢祠)가 있는데, 그곳에는 주희와 유자휘(劉子翬), 그리고 유보의 상이 모셔져 있다.

2 유서지(幽棲地): 《차의》「선생의 거처이다.」(先生所居) 무이정사(武夷精舍)를 가리키는 것 같다.

3 요월주(邀月酒): 당나라 이백(李白)의 〈달 아래서 홀로 마시다(月下獨酌)〉「잔 들어 밝은 달 맞이하니, 그림자 마주하여 세 사람 되었다네.」(擧杯邀明月, 對影成三人) 송나라 마존(馬存)의 〈요월정(邀月亭)〉「정자 위엔 푸르스름한 미주 가득하고, 쟁반에는 한 꿰미 황금 닭고기 있네.」(亭上十分綠醑酒, 盤中一筯黃金雞)

4 비문적(悲聞笛): 삼국시대 위나라 상수(向秀)의 〈옛 친구를 생각함(思舊賦)〉의 서문 「이웃에 피리를 부는 사람이 있었는데 맑은 소리를 내었으며, 뒤늦게 지난날 연회에서 잘 놀던 것이 생각나 그 소리가 느껴져서 탄식한다.」(鄰人有吹笛者, 發聲寥亮, 追思曩昔遊宴之好, 感音而歎)

5 절현(絶絃): 「絶弦」이라고도 하며, 백아와 종자기의 고사에서 나온 말이다. 지음을 잃은 것을 말한다. 《여씨춘추·본미(本味)》「백아가 거문고를 치면 종자기가 그것을 들었다. 바야흐로 거문고를 쳐서 뜻이 태산에 있으면 종자기가 말하였다. 『훌륭하구나 거문고 치는 것이! 높고 높은 것이 태산과 같구나.』 조금 있다가 뜻이 흐르는 물에 있으면 종자기가 또 말하는 것이었다. 『훌륭하구나 거문고 치는 것이! 콸콸하는 것이 흐르는 물과 같구나.』 종자기가 죽자 백아는 거문고를 부숴버리고 줄은 끊어버리고 종신토록 다시는 거문고를 치지 않았는데, 세상에 다시는 거문고를 친다고 할 만한 이가 없다고 여겼다.」(伯牙鼓琴, 鍾子期聽之. 方鼓琴而志在太山, 鍾子期曰, 善哉乎鼓琴, 巍巍乎若太山. 少選之間, 而志在流水, 鍾子期又曰, 善哉乎鼓琴, 湯湯乎若流水. 鍾子期死, 伯牙破琴絶絃, 終身不復鼓琴, 以爲世無足復爲鼓琴者)

爲爾一潸然[6] 그대 위해 한번 눈물 줄줄 흘린다네.

6 산연(潸然): 산언(潸焉)과 같은 말이다. 눈물을 흘리는 모양을 나타내는 의태어이다. 연(然)과 언(焉)은 모두 부사형 종결어미로 쓰였다. 《시경·소아·대동(小雅·大東)》「빤히 뒤돌아보니, 눈물만 줄줄 흐르네.」(睠言顧之, 潸焉出涕) 당나라 두보의 〈재주의 이사군이 부임함에 송별하다(送梓州李使君之任)〉「그대 사홍현으로 가면서, 나 위해 눈물 줄줄 흘린다네.」(君行射洪縣, 為我一潸然)

32. 詩餞陳兄朝章居士永歸本宅, 授諸挽者[1]

시를 지어 거사인 진조장 형이 땅으로 영원히 돌아감을 보내며 여러 만장을 지은 사람에게 주다

蚤歲醇儒業[2]	나이 젊어서는 순수한 선비의 학업 닦더니,
中年居士身[3]	중년에는 거사의 몸 되었다네.
功名虛竹帛[4]	공과 명예 서책에 남김 비웠는데,
德義滿鄉隣	덕과 의리 고을의 이웃에 넘치네.
一笑藏舟失[5]	감추어둔 배 잃음 한번 웃자니,
千秋宰樹新[6]	천추에 무덤 위 나무 새롭다네.
傷心耆舊傳[7]	《늙은이의 전기》 마음 아프게 하니,
那復有斯人	어찌 다시 이런 사람 있겠는가?

1 본택(本宅)은 무덤과 같은 뜻이다. 《차의》「진형 조장은 고찰을 해보아야 한다. 본택으로 영원히 돌아간다는 것은 (죽어서) 땅속으로 들어가는 것을 이른다.」(陳兄朝章當考. 永歸本宅謂入地也) 《차보》「시로써 전송한다는 것은 장송 또한 전이라고 한다. 두보의 시에도 『또한 호리의 장송 저버렸네.』라는 구절이 있다.」(詩餞送葬亦曰餞. 杜詩亦負蒿里餞) 인용된 두보의 시는 〈팔애시(八哀詩)〉이며, 「또 역」(亦)자는 「길 영」(永)자로 되어 있다. 진(晉)나라 도연명(陶淵明)의 〈자신의 제문(自祭文)〉「도자는 이제 나그네가 머물던 집을 하직하고 영원히 본택으로 돌아가련다.」(陶子將辭逆旅之館, 永歸於本宅)

2 순유(醇儒): 당나라 두보의 〈팔애시·고 비서소감 무공 소원명공(八哀詩·故秘書少監武功蘇公源明)〉「학문은 순수한 선비의 자태 물씬하였고, 문장은 옛 역사 잘 포괄하였다네.」(學蔚醇儒姿, 文包舊史善) 《구가주(九家注)》에서는 「가산은 《서경》과 《예기》를 섭렵하였지만 순수한 선비가 될 수 없었다.」(賈山涉獵書記, 不能爲醇儒)라 하였다. 《차의》「두보 시의 주석에 옛날에 동중서는 한나라의 순수한 선비였다고 하였다.」(杜詩注, 昔董仲舒爲漢醇儒)

3 거사신(居士身): 송나라 오칙례(吳則禮)의 〈정로에게 들르다(過靜老)〉「애오라지 재상의 관직에 있으면서도, 이름은 거사의 몸에 기탁하였네.」(聊作宰官相, 偶名居士身)

4 공명허죽백(功名虛竹帛): 남조 송(宋)나라 포조(鮑照)의 〈행로난을 본떠서 짓다(擬行路難)〉 제4수「공명 서책에 남김 내 일 아니니, 존망과 귀천 황천에 맡긴다네.」(功名竹帛非我事, 存亡貴賤付皇天)

5 장주실(藏舟失): 권2 162번 시의 주 8) 야학주(夜壑舟)를 보라.

6 재수(宰樹): 무덤 가에 심어 놓은 나무. 곧 무덤을 말한다. 권2 60번 시의 주7) 재목(宰木)의 주석을 보라.

7 기구전(耆舊傳): 《차의》「습착치는 《양양기구전》을 지었다.」(習鑿齒作襄陽耆舊傳)

33~34. 宿石岊館, 二首[1]

석절의 관사에 묵다. 두 수

33

春江日東注[2]	봄 강 날로 동쪽으로 흐르는데,
我行遡其波	내 그 물결 거슬러 올라가네.
揚帆指西澨[3]	돛 올려 서쪽 물가 가리키니,
兩岸青山多	양쪽 언덕에 푸른 산 많네.
青山自逶迤[4]	푸른 산 절로 구불구불하고,
飛石空嵯峨[5]	나는 듯한 바위 헛되이 울쑥불쑥하네.
綠樹生其間	푸른 나무 그 사이에서 나고,
幽鳥鳴相和[6]	그윽한 새는 울며 서로 화답하네.
搴篷騁遐眺[7]	배의 덮개 걷고 달리며 멀리 바라보면서,
擊楫成幽歌[8]	노 두드리니 그윽한 노래 이루어지네.

1 이 시의 제목은 〈봄강, 한 수(春江一首)〉로 되어 있는 판본도 있다.
《표보》「《아송》의 주석에서는 『석절은 산 이름으로 후관현에 있다.』고 하였다.」(雅誦注石岊山名, 在候官縣) 궈치(郭齊)는 석절을 복주(福州) 숭안현(崇安縣)의 별칭이라고 하였다.

2 일동주(日東注): 당나라 최융(崔融)의 〈옛 시체를 본떠서(擬古)〉「황하의 물 날로 동쪽으로 흐르는데, 황하의 근원 이에 서쪽 끝까지 미치네.」(河水日東注, 河源乃西極)

3 서서(西澨): 《초사·구가·상부인(九歌·湘夫人)》「아침에 내 말 강 언덕 달림이여, 저녁 때 서쪽 물가 건넌다네.」(朝馳余馬兮江皐, 夕濟兮西澨) 주희의 주석 「서는 물가이다.」(澨, 水涯也)

4 청산자위이(青山自逶迤): 「스스로 자」(自)자는 「굳을 고」(固)자로 된 판본도 있다. 당나라 장적(張籍)의 〈우곡과 헤어지다(別于鵠)〉「문 나서 양쪽으로 서로 돌아보니, 푸른 산 길 구불구불하네.」(出門兩相顧, 青山路逶迤)

5 비(飛): 「어지러울 난」(亂)자로 된 판본도 있다.

6 유조명상화(幽鳥鳴相和): 송나라 왕안석(王安石)의 〈화보의 봄날 금릉에서 대에 오르다라는 시의 각운자를 써서 짓다(次韻和甫春日金陵登臺)〉「하늘 가에서는 그윽한 새 울며 서로 화답하고, 땅위에서는 갠 연기 쓸어도 열리지 않네.」(天邊幽鳥鳴相和, 地上晴煙掃不開)

7 건봉(搴篷): 봉(篷)은 원래 거적 비슷한 것으로 배나 수레의 비바람과 햇빛 등을 가리는 차양, 덮개 등을 말하나 여기서는 돛, 곧 배의 대칭(代稱)으로 쓰였다. 배의 덮개나 돛 등을 벗겨내어 걷는 것을 말한다.

8 유(幽): 「슬플 비」(悲)자로 된 판본도 있다.

獨語無與晤[9] 홀로 말하며 함께 이야기하지 않으니,
玆懷竟如何[10] 이 마음 결국 어떠할까?

34

停驂石岊館[11] 석절의 관사에 말 세우고,
解纜淸江濱 맑은 강가에 닻 풀어놓았다네.
中流櫂歌發 물결 가운데서 노 젓는 노래소리 나고,
天風水生鱗[12] 하늘에 바람 부니 물에서는 고기 나온다네.
名都固多才[13] 이름난 도시라 실로 인재 많은데,
我來友其仁[14] 내 와서 어진 이 벗하네.
玆焉同舟濟[15] 이에 같은 배 타고 건너니,
詎止胡越親[16] 어찌 오랑캐와 월나라가 친함에 그치겠는가?
舞雩諒非遠 서낭당 실로 멀지 않고,

9 독어무여오(獨語無與晤): 송나라 왕안석(王安石)의 〈달아래 걷다(步月)〉 첫째 시 「안타깝도다! 이 아름다운 경치, 홀로 감상하며 함께 이야기할 이 없다네.」(惜哉此佳景, 獨賞無與晤)

10 자회경여하(玆懷竟如何): 당나라 맹교(孟郊)의 〈상비(湘妃)의 슬(瑟)의 원망(湘絃怨)〉 「이 뜻 실로 지키기 어려우니, 이 마음 결국 어떠할까?」(此志諒難保, 此情竟何如)

11 참(驂): 함께 수레를 끄는 3마리 내지 4마리의 말 가운데 양쪽 곁의 말을 가리키는 말이다. 나중에는 마차나 말을 두루 가리키는 말로 쓰이게 되었다.

12 수생린(水生鱗): 《차의》 「고시에 『세 겹의 물결 꽃비늘』이라는 구절과 또한 『바람이 물 거두니 물고기 주네.』라는 구절이 있다.」(古詩三層浪花鱗, 又風收水減鱗)

13 명도(名都): 복주(福州)를 가리킨다.

14 우기인(又其仁): 《논어·위령공(衛靈公)》 「자공이 인에 대하여 묻자 공자께서 말씀하셨다. 『…… 이 나라에 머무르려면 대부 가운데 현명한 이를 섬겨야하고, 선비 가운데 어진 이를 벗해야한다.』」(子貢問爲仁. 子曰…… 居是邦也, 事其大夫之賢者, 友其士之仁者) 당나라 한유의 〈배씨네 열여섯째 공조가 부의 서쪽 역을 순행하던 도중에 부쳐온 시에 답하다(酬裴十六功曹巡府西驛途中見寄)〉 「내 옴 또한 이미 다행이니, 현명한 이 섬기고 어진 이 벗한다네.」(我來亦已幸, 事賢友其仁)

15 동주제(同舟濟): 아랫 구절에서 호월(胡越)을 쓴 것으로 보건대 오월동주(吳越同舟)의 고사를 쓴 것 같다. 《공총자·진사의(孔叢子·陳士義)》 「오나라와 월나라 사람이 같은 배를 타고 강을 건너다가 중류에서 바람에 이는 물결을 만나 서로 구하기를 왼손과 오른손처럼 하는 것은 근심하는 것이 같기 때문이다.」(吳越之人同舟濟江, 中流遇風波, 其相救如左右手者, 所患同也)

16 호월친(胡越親): 오랑캐가 사는 곳은 북쪽이고 월나라는 남쪽에 있다. 삼국시대 위나라 왕필(王弼)의 《역략례(易略例)》 「같은 배를 타고 강을 건너면 오랑캐와 월나라가 마음이 다름을 어찌 근심하겠는가?」(同舟而濟, 胡越何患乎異心也) 서로 멀리 떨어져 있음을 비유한다. 여기서는 자신은 북쪽인 숭안(崇安)에 살고 있는데 남쪽인 복주에 사는 여러 친구들과 천리 먼 곳에서 함께 만났음을 말한다.

春服亦已成[17]	봄옷 또한 이미 이루어졌다네.
相期豈今夕	서로 기약함 어찌 오늘 저녁이겠는가?
歲晩無緇磷[18]	해 늦어도 물들거나 얇아짐 없다네.

17 무우~춘복성(無雩~春服成): 《논어·선진(先進)》편에서 나온 말. 권2 10번 시의 주 7) 영귀동여점(詠歸同與點)을 참조하여 보라.

18 무치린(無緇磷): 「린」(磷)은 갈아서 얇게 말하는 것을 말하며, 「치」(緇)는 「淄」라고도 하며 물들여 검게 만드는 것을 말한다. 《논어·양화(陽貨)》「단단하다고 하지 않겠는가, 갈아도 얇게 할 수 없으니! 희다하지 않겠는가, 물들여도 검어지지 않으니!」(不曰堅乎, 磨而不磷. 不曰白乎, 涅而不緇) 공안국(孔安國)의 주석 「『린』은 얇게 되는 것이다. 『열』은 검게 물들일 수 있는 것이다. 지극히 굳은 것은 갈아도 얇아지지 않으며, 지극히 흰 것은 검게 물들여도 검어지지 않음을 말한 것이다. 군자는 비록 탁하고 어지러운데 있다고 하더라도 탁하고 어지러운 것이 더럽힐 수 없음을 비유하였다.」(磷, 薄也. 涅, 可以染皂者. 言至堅者, 磨之而不薄. 至白者, 染之於涅而不黑. 喩君子雖在濁亂, 濁亂不能汚也) 이 말은 나중에 외부의 영향을 받아도 변화를 일으키지 않는 것을 비유하는 말로 많이 쓰이게 되었다. 《차의》「한유의 시에 『바야흐로 금석의 자태 되었으니, 만세토록 검어지거나 얇아지지 않으리.』라는 구절이 있는데, 주석에서 『린의 여러 음은 모두 거성이지만 《문선》의 반악(潘岳)과 당나라의 진자앙, 이백의 시에서는 모두 평성으로 쓰였다.』라 하였다.」(韓詩, 方爲金石姿, 萬世無緇磷. 注磷諸音皆去聲. 然選潘安仁·唐陳子昻·太白詩皆平聲用) 《차의》에서 인용한 한유 시의 제목은 〈북극 시 한 수를 지어 이관에게 드리다(北極一首贈李觀)〉이다. 당나라 이백의 〈사호로 있는 최문 아우에게 드림(贈崔司戶文昆季)〉「재주는 미약한데 은혜 두텁고, 참소 교묘하여 검어지고 얇아졌다네.」(才微惠渥重, 讒巧生緇磷) 송나라 소식의 〈혜산에서 놀다(遊惠山)〉 제2수 「우리 그대들 가상하리니, 환하여 검어지거나 얇아지지 않으리.」(嘉我二三子, 皎然無淄磷)

35~36. 水口行舟, 二首[1]

수구를 배로 지나가다. 두 수

35

昨夜扁舟雨一蓑[2]	지난밤 조각배에 비 내려 도롱이 적셨더니,
滿江風浪夜如何	온 강 뒤덮은 풍랑 밤사이 어떠했는가?
今朝試卷孤篷看	이 아침 가만히 봉창을 들고 바라보니,
依舊青山綠樹多[3]	청산은 그대로인데 나무에 푸르름 더하였네.

1 수구(水口)는 진(鎭) 이름으로, 지금의 복건성(福建省) 고전현(古田縣) 성 서남쪽 43km지점에 있다. 고전계(古田溪)와 민강(閩江)이 함께 모이는 곳으로 송나라 태평흥국(太平興國) 5년(980)에서 단공(端拱) 원년(988)까지 현치(縣治)를 두었으며, 지금의 고전현 수구진(水口鎭)이다. 경원(慶元) 3년(1197) 주희가 학금(學禁)에 걸리자 문인인 임용중(林用中), 여우(余偶) 등의 청을 받아들여 민현(閩縣) 사람 황간(黃榦)과 함께 고전(古田)으로 가서 강학을 하면서 지어남긴 시이다. 《성리군서구해(性理羣書句解)》(권4)의 주에서 웅강대(熊剛大)는 「이 시는 인욕의 물결이 제멋대로 넘쳐흘러도 천리는 항상 밝다는 것을 형용하였다.」(此篇形容人慾之波自在泛溢, 天理常常昭著)라 하였다.

2 우일사(雨一蓑): 사(簑)는 도롱이. 사의(簑衣)라고도 한다. 띠나 볏짚 등으로 짜서 비가 올 때 어깨에 걸쳐 둘러 입던 우구(雨具)이다. 송나라 소식의 사(詞) 〈정풍파(定風波)〉「대지팡이와 짚신 가볍기가 말을 탄 것보다 나은데, 누가 안개비에 도롱이 하나 평소에 걸침 두려워하겠는가?」(竹杖芒鞵輕勝馬, 誰怕一蓑煙雨任平生)

3 이 시는 송절본(宋浙本)에는 「강가에 닻줄 매니 비 내려 도롱이 하였는데, 온 시내의 안개 비 간밤에 어떠하였는가? 아침 되어 봉창 걷어 올리고 바라보니, 다만 청산에 나무 푸르름 더해졌음 느낀다네.」(繫纜江邊雨一蓑, 滿川烟雨夜如何? 朝來捲起孤篷望, 但覺青山綠樹多)로 되어 있다.

의구청산(依舊青山): 당나라 온정균(溫庭筠)의 〈회정정의 옛 놀던 곳에 적다(題懷貞亭舊遊)〉「처마 앞에는 푸른 산 경치 여전한데, 종일토록 홀로 누대에 오르는 이 없다네.」(簷前依舊青山色, 盡日無人獨上樓)

36

鬱鬱層巒夾岸青	울창한 겹겹의 봉우리 파란 언덕 끼고 있고,
春山綠水去無聲[4]	봄 산의 푸른 물은 소리도 없이 흘러가네.
煙波一棹知何許	안개 낀 물결 속을 노 저으니 어느 멘가?
鶗鴂兩山相對鳴[5]	소쩍새 양쪽 산에서 마주보고 운다네.

4 거무성(去無聲): 송나라 주송(朱松)의 〈업중을 지나다(過鄴中)〉「사슴 쫓느라 이리저리 바빠 한 꿈 놀라 깨었는데, 일 흐르는 물 따라 소리 없이 떠나네.」(逐鹿營營一夢驚, 事隨流水去無聲)

5 제결(鶗鴂): 굴원(屈原)의 초사 〈슬픔을 만나다(離騷)〉「두견새 먼저 욺이여, 온갖 초목 그 때문에 향기롭게 되지 않을까 두렵다네.」(恐鶗鴂之先鳴兮, 使夫百草爲之不芳) 《차보》「두견새는 모두 가을에 우는 새인데 이 시에는 『봄 산』이니 『푸른 물』이라는 말이 있으니 무슨 뜻인지 모르겠다.」(鶗鴂皆鳴秋之鳥, 而此詩有春山綠水之語, 未知何意)

37~38. 詠巖桂, 二首

바위 아래 계수나무를 노래함. 두 수

37

亭亭巖下桂[1]	아름답게 우뚝 솟은 바위 아래 계수나무,
歲晩獨芬芳	해는 저물었는데 홀로 향기롭네.
葉密千層綠	나뭇잎 빽빽하고 겹겹이 푸르른데,
花開萬點黃	꽃은 피어 점점이 노랗다네.
天香生淨想[2]	빼어난 향기 깨끗한 생각 나게 하고,
雲影護仙粧	구름 그림자가 신선의 단장 감싸네.
誰識王孫意	누가 왕손의 뜻을 알아,
空吟招隱章[3]	하염없이 〈초은장〉을 읊는가?

38

露浥黃金蘂	이슬 황금빛 꽃술 적시고,
風生碧玉枝[4]	바람은 푸른 옥 같은 가지에서 생겨나네.
千林向搖落[5]	모든 숲 잎 다 져 가는데,

1 암하계(巖下桂): 송나라 주송(朱松: 주희의 부친)의 〈바위의 계수나무 꽃(巖桂花)〉「홀로 향기로운 꽃 지는 가운데서도, 바위 아래의 계수나무 또렷하다네.」(獨芳搖落中, 粲粲巖下桂)

2 천향(天香): 향기를 아름답게 일컫는 말인데, 특히 계수나무, 매화, 모란 등의 꽃향기를 가리킨다. 당나라 송지문(宋之問)의 〈영은사(靈隱寺)〉「계수나무 열매 달에서 떨어지는데, 빼어난 향기 구름 밖에서 나부끼네.」(桂子月中落, 天香雲外飄)

3 왕손~초은(王孫~招隱): 권1의 96번 시 〈바위의 계수나무(巖桂)〉의 주 5)를 보라.

4 풍생벽옥지(風生碧玉枝): 송나라 왕정규(王庭珪)의 〈그윽한 난초. 상문강에게 부침(幽蘭, 寄向文剛)〉「밤마다 바람 푸른 옥 같은 가지에 부는데, 산 깊고 추위 깊어 향기 늦게 얻었네.」(連夜風吹碧玉枝, 山深寒重得香遲)

5 천림향요락(千林向搖落): 송나라 황정견(黃庭堅)의 〈사언이 봄꽃을 보내다(史彦送春花)〉「모든 숲 잎 지고 가을 하늘 비추는데, 갑자기 짙은 꽃 안중에서 흩어지네.」(千林搖落照秋空, 忽散穠花在眼中)

此樹獨華滋[6]	이 나무만 유독 무성하구나.
木末難同調[7]	나무 끝은 가지런하게 맞기 힘들고,
籬邊不並時[8]	울타리 가에 핀 국화와는 때 함께 하지 못하네.
攀援香滿袖	기어올라 가지 당기니 향기 옷소매에 가득한데,
歎息共心期	함께 하기로 한 마음속의 기약 탄식한다네.

6 화자(華滋): 당나라 이백의 〈가을 생각(秋思)〉「갑자기 못 꽃들 시들어짐 근심하는데, 흰 이슬 무성한 꽃 시들게 하네.」(坐愁羣芳歇, 白露凋華滋) 송나라 소식의 〈공문중 추관이 보내온 시의 각운자를 써서 짓다(次韻孔文仲推官見贈)〉「나의 비쩍 마른 바탕 가련히 여기노니, 윤택함 빌어 꽃 무성하게 해주게나.」(憐我枯槁質, 借潤生華滋) 송나라 유창(劉敞)의 〈언유를 송별함(送彥猷)〉「창창한 남산의 계수나무, 해 저무는데도 홀로 꽃 무성하다네.」(蒼蒼南山桂, 歲暮獨華滋)

7 목말(木末): 《초사·구가·상군(九歌·湘君)》「벽려 물속에서 땀이여, 부용 나무 끝에서 딴다네.」(采薜荔兮水中, 搴芙蓉兮木末)

8 이변(籬邊): 국화를 말한다. 진나라 도연명의 〈술을 마시다(飮酒)〉의 제5수「동쪽 울타리 아래서 국화를 따노라니, 문득 남산이 눈에 보이네.」(採菊東籬下, 忽然見南山) 당나라 두보의 〈가을이 다하다(秋盡)〉「울타리 가에서 늙어 도잠의 국화 물리치고, 강가에서 부질없이 원소의 술잔 만났다네.」(籬邊老卻陶潛菊, 江上徒逢袁紹杯)

39~40. 次韻芮察院送□寶文赴浙漕, 二首[1]

예찰원이 □보문이 절조로 부임함에 송별하다라는 시의 각 운자를 써서 짓다, 두 수

39

遠俗何勞問	속세 멀리함 어찌 수고로이 묻겠는가?
威名舊已孚	위엄과 명예 옛날부터 이미 신실하였다네.
百城方仰澤	모든 성에서 바야흐로 은택 우러르는데,
一節遽還都	한 부절 급히 도성으로 돌아가네.
聖主勤脩政	성스런 임금 부지런히 정치 닦는데,
今年決破胡	올해는 결단코 오랑캐 깨리라.
期公寧餽輓[2]	그대에게 바람 어찌 식량이나 나르는 것이리오?
注想在謀謨	마음 기울여 그리워함 계책 냄에 있다네.

40

考卜川淸曠	밝고 넓은 시내에 터 잡아,
端居柰樂何	편안하게 거처하니 즐거움 어떠한가?
風雲一以便[3]	풍운 한결 같이 편한데,
歲月不勝多	세월 많음 이기지 못한다네.

1 예찰원은 곧 예엽(芮燁)을 말한다. 자는 국기(國器)이다. 예엽에 대해서는 권2 48번 시의 주 1)을 보라. 찰원은 감찰어사(監察御使)를 말한다.
보문(寶文)은 곧 보문각(寶文閣)을 말한다. 《차보》「절조는 절동전운사이다.」(浙漕浙東轉運使)

2 궤만(餽輓): 식량을 운반하다. 《사기·유후세가(留侯世家)》「제후가 안정되면 황화와 위수를 통하여 천하의 식량을 운반하여 서쪽으로 동성에 운반할 수 있습니다.」(諸侯安定, 河渭漕輓天下, 西給京師)

3 풍운일이편(風雲一以便): 《차의》「풍운이 일 때 때마침 그 편함을 얻은 것이다.」(風雲際會得其便也)

節傳無淹駕[4] 부절과 전에 지체 없이 멍에 지워,
林園得屢過 숲과 동산 여러 차례 지나게 되었다네.
功名從迫逐 공명 좇아냄으로부터,
志業豈蹉跎 직분에 뜻 둠 어찌 발 헛디디리?

4 절전(節傳): 《주례·지관·사관(地官·司關)》「무릇 재화를 조달하는 사람은 부절과 전으로 꺼낸다.」(凡所達貨賄者則以節傳出之) 주석에서는 「상인 가운데 혹 민간에서 재화를 취하여 도장이나 부절이 없는 자가 관문에 이르면 관문에서는 그에게 도장과 부절을 및 전을 만들어주어 꺼내게 한다. 도장과 부절이 있는 사람에게도 전을 만들어주는데, 전은 지금의 옮기고 통과하는데 쓰는 문서이다. ○ 전은 거성이다.」(商或取貨於民間無璽節者, 至關, 關爲之璽節及傳出之, 其有璽節亦爲之傳, 傳如今移過所文書○傳張戀反)라 하였다.

41~42. 挽梁文靖公, 二首[1]

양문정공을 애도하다. 두 수

41

擢第初龍首[2]	과거 시험에 뽑히심 애초부터 용의 머리였고,
登庸再鳳池[3]	거듭 봉황지에 등용되었다네.
心期詎溫飽[4]	마음 속 기약 어찌 따뜻하고 배부름 있겠는가?
身任必安危	몸 맡김 반드시 편안함과 위태로움이었다네.
幾歲調娛政[5]	몇 해 동안 정치 조화 이루어 기쁘게 하였더니,

1 양문정공(梁文靖公): 양극가(梁克家: 1128~1187)를 말한다. 자는 숙자(叔子)이며, 천주(泉州) 진강(晋江) 사람이다. 소흥 30년(1160) 진사시에 1등으로 합격하였으며 급사중(給事中)을 비롯하여 내외의 요직을 두루 역임하고 재상에까지 이르렀다. 문정공은 그의 사후 내려진 시호이며 의국공(儀國公)에 봉하여졌다. 《순희삼산지(淳熙三山志)》가 있다. 주희와는 동향인으로 잘 알고 지내던 사이였으며, 정치적으로도 지지를 받았다.

2 용수(龍首): 《차의》「양극가는 소흥 경진년(1160)의 정시의 대책에서 많은 선비들의 으뜸이 되었다. 읍의 사람들이 괴서당을 지어주었다.」(梁克家紹興庚辰廷對魁多士. 邑人爲建魁瑞堂) 《윤씨수초》「장원으로 선발된 것을 말하는 것 같다.」(似是龍頭選也)

3 등용(登庸): 「庸」자는 「쓸 용」(用)자와 통용하여 쓰인다.

봉지(鳳池): 궁궐의 동산[禁苑]에 있는 못인 봉황지(鳳凰池)를 말한다. 위진남북조 때는 중서성을 금원에 설치하였으므로 중서성을 일컫는 말로 쓰인다. 《진서》 권39 〈순욱전(荀勖傳)〉「순욱은 오랫동안 중서성에 있으면서 기밀의 일을 오로지 관장하였다. (尙書令이 되어) 그 직위를 잃었을 때 매우 황망해하며 슬퍼하였다. 혹 그것을 축하하는 사람이라도 있으면 순욱이 말하기를 『나의 봉황지를 빼앗아갔는데 제군들은 나를 경하하는가?』라 하였다.」(勖久在中書, 專管機事. 及失之, 甚罔罔悵恨. 或有賀之者, 勖曰, 奪我鳳皇池, 諸君賀我邪) 양극가는 건도(乾道) 8년(1172)과 순희(淳熙) 9년(1182) 두 차례에 걸쳐 우승상(右丞相)이 되었으므로 이렇게 말하였다.

4 온포(溫飽): 송나라 주희의 《송명신언행록(宋名臣言行錄)》 권5 〈기국문정공 왕증(王曾沂國文正公)〉「공은 청주와 발해, 남성의 정시에서 모두 장원급제를 하였다. 중산의 유자의는 한림학사였는데 장난삼아 말하기를 『장원급제 세 판이면 평생 먹고사는 것은 걱정 없겠네.』라 하였다. 이에 공이 정색을 하고 대답하기를 『저의 평생의 뜻은 따뜻하게 입고 배불리 먹는데 있지 않습니다.』라 하였다.」(公靑州發解南省廷試皆爲首冠. 中山劉子儀爲翰林學士, 戲語之曰, 狀元試三場, 一生喫著不盡. 公正色答曰, 曾平生之志不在溫飽)

5 조오공(調娛攻): 당나라 한유(韓愈)의 〈당나라의 고재상 권덕여(權德輿)공의 묘비(唐故相權公墓碑)〉「그 베푼 조치는 반드시 관대함에 근본을 두었으며, 거의 교화에 가까워 도움을 준 것이 많았고, 바로잡거나 조화를 이루거나 즐기는 것까지 그 올바름을 잃지 않았다.」(其所設張擧措, 必本於寬大, 以幾敎化, 多所助與, 維匡調娛, 不失其正)

今年殄瘁詩[6]	올해는 시 곤궁하여 고달파졌다네.
恭惟袞斂意[7]	공손히 곤룡포 염습한 뜻 생각하니,
不盡鑒亡悲[8]	거울 잃은 슬픔 다하지 못하네.

42

疏寵無前比[9]	은총 나누어 내려주심 전에 비길 바 없고,
騰章又夙心[10]	표장 올림 또한 일찍부터 품은 뜻이라네.
極知求士切	선비 적절히 구할 줄 아주 잘 아셨고,
端爲愛君深	임금 깊이 사랑함 바르게 하였다네.
鹵簿寒笳遠[11]	대신 행차함에 차가운 피리 소리 멀고,

6 진췌시(殄瘁詩): 진(殄)은 다하다[盡]의 뜻이고, 췌(瘁)는 병(病)들다의 뜻. 《시경·대아·우러러 봄(瞻卬)》「어진 사람 없으니, 온 나라 고난에 허덕이네.」(人之云亡, 邦國殄瘁) 주희의 주석「선인으로 하여금 보필하게 함이 없으니 국운이 다하고 병듦은 당연하다.」(無善人以輔之, 則國之殄瘁宜矣)

7 곤렴(袞斂): 옛날 제후의 장례를 치를 때 품등이 더해지면 곤룡포를 입고 염습을 할 수가 있었다. 《차의》「어의를 가지고 염습을 한 것 같다.」(疑似御衣以斂也) 《좌전·희공(僖公) 4년》「허나라 목공이 군중에서 세상을 떠났다. 그를 후작으로 대우하여 장례를 지낸 것은 예의에 맞는 일이었다. 무릇 제후로서 천자를 찾아뵈러 갔다가 홍거하면 그에게 한 등급의 작위를 높여주고, 천자를 찾아뵈러 갔다가 홍거하면 두 등급을 높여준다. 이 경우에는 천자가 입는 곤룡포를 입혀서 염을 한다.」(許穆公卒于師, 葬之以侯, 禮也. 凡諸侯薨于朝、會, 加一等, 死王事, 加二等. 於是有以袞斂)

8 감망(鑒亡): 《신당서·위징전(新唐書·)魏徵傳》「황제[태종]가 나중에 조정에 나와서 탄식하여 말하였다. 『구리로 거울을 삼으면 의관을 바로잡을 수 있으며, 옛것을 거울로 삼으면 흥망을 알 수 있고, 사람을 거울로 삼으면 득실을 밝힐 수 있다. 짐은 일찍이 이 세 거울을 보유하여 안으로 나의 잘못을 방지할 수 있었다. 이제 위징이 죽었으니 한 거울이 없어졌다.』」(帝後臨朝歎曰, 以銅爲鑑, 可正衣冠. 以古爲鑑, 可知興替. 以人爲鑑, 可明得失. 朕嘗保此三鑑, 內防己過. 今魏徵逝, 一鑑亡矣)

9 소총(疏寵): 《차의》「소는 나누어주는 것이다.」(疏分賜也) 높은 사람이 물건을 여러 사람에게 나누어주거나 하사함을 말한다. 《안자춘추·문상(晏子春秋·問上) 19》「임금은 땅을 갈라 봉하여주고 벼슬을 내려주어 귀하게 만들어준다.」(君裂地而封之, 疏爵而貴之) 여기서는 양극가가 임금의 총애를 많이 받았음을 표현하는 말이다.

10 등장(騰章): 《차의》「표장을 올리는 것이다.」(上章)

11 노부한가원(鹵簿寒笳遠): 노부는 옛날 천자가 거둥할 때 호종하던 의장행렬을 말한다. 나중에는 왕공대신이 행차할 때도 사용하였다. 여기서는 양극가의 장례행렬을 가리켜 말한 것이다. 《차의》「《거가행우의》에서는『한 쌍의 길을 노부라고 한다. 진·한 때 비로소 이런 명칭이 있었다. 노는 큰 방패로 적을 막는 것이다. 대오가 행차할 때 모두 부적으로 붙였으므로 노부라고 하였다. 오병에서 유독 노라고 하는 것은 갈 때는 칼과 방패가 밖에 있기 때문이다.』라 하였다. 《오사정의》에서는 말하기를『큰 방패로 한 무리의 사람을 거느리므로 노부라는 명칭이 붙었다.』라 하였다. 또한 승상노부와 자사노부가 있다.」(車駕行羽儀雙道謂之鹵簿, 自秦漢始有其名. 鹵, 大楯也, 所以捍敵. 部伍之次皆着之簿, 故言鹵簿. 五兵獨言鹵者, 以行則刀楯在外. 五祀精義云, 以大

塵埃斷藁侵[12]	흙먼지 남은 원고에 침습하네.
空令殺公掾[13]	공연히 상전 죽이는 아전으로 하여금,
衰涕滿寒襟[14]	늙은이 눈물 차가운 옷깃 가득 적시게 하네.

楯領一部之人, 故名鹵簿. 又有丞相鹵簿刺史鹵簿) 「雙道」는 「도종」(導從)의 잘못인 것 같다. 당나라 송지문(宋之問)의 〈노충왕을 애도함(魯忠王挽詞)〉 제3수 「옛 친구 오래되어 시든 풀 슬퍼하고, 중국의 사신 새벽 피리 슬퍼하네.」(故人悲宿草, 中使慘晨笳)

12 진애단고침(塵埃斷藁侵): 「단고」는 잔고(殘稿)라는 말과 같다. 《신당서·위징전(魏徵傳)》「(魏徵이 죽은 후) 짐이 근자에 그 집으로 사람을 보내어 편지 한 장을 얻었는데 첫 초고 반에서 알아볼 만한 것에서 말하기를 『…… 사랑과 증오 사이에서 상세하고 신중히 하는 것이 마땅합니다.』라 하였다.」(朕比使人至其家, 得書一紙, 始半藁, 其可識者曰……愛憎之間, 所宜詳愼)

13 살공연(殺公掾): 진(晉)나라 주진(周震)을 일컫는 말. 그를 초빙하는 벽서(辟書)가 내려가자 그를 초빙한 장관이 곧 죽었기 때문에 이렇게 말한다. 연은 관부의 속리(屬吏)를 총칭하는 말로 우리 말로는 아전이라고 한다. 《진서·위서전(魏舒傳)》「진류의 주진은 여러 차례 여러 부서에서 부름을 받았는데 그를 부르는 벽서가 내려가자마자 공이 문득 죽었으므로 모든 사람들이 주진을 『상전을 죽인 아전』이라 부르고 부르는 사람이 없었다.」(陳留周震累爲諸府所辟, 辟書旣下, 公輒喪亡, 僉號震爲殺公掾, 莫有辟者) 여기서는 주희 자신을 주진에 비겨서 말한 것이다. 주희가 일찍이 양극가의 추천을 받는 지우를 받았기 때문에 이렇게 말하였다. 《차의》「살공연은 선생이 자신을 이른 것이다.」(殺公椽先生自謂)

14 쇠체(衰涕): 노인이 슬퍼서 흘리는 눈물. 송나라 황정견(黃庭堅)의 〈황영주를 애도함(黃潁州挽詞)〉「완구의 길에 피리소리 슬픈데, 늙은이 눈물 떨침 이길 수 없네.」(哀笳宛丘道, 衰涕不勝揮)

43~44. 挽周侍郎, 二首[1]

주시랑을 애도하다. 두 수

43

德量推容物	덕과 도량 사물 미루어 받아들이셨고,
才猷足濟時[2]	재주와 책모 때 구제하기에 충분하셨다네.
陰功覃遠徼[3]	숨은 공 먼 변경지대까지 뻗어나갔고,
餘算飽雄師[4]	남은 셈 씩씩한 군사 배불리 먹이셨네.
行李淹星歲[5]	관청의 사자로 열두 해 있었는데,
還鄕感羽儀[6]	고향으로 돌아와 일세의 본보기 되심 느꼈다네.
一朝成殄瘁[7]	하루 아침에 시들어 떨어지셨으니,
九牧共傷悲[8]	온 천하 사람들 함께 슬퍼한다네.

1 주시랑(周侍郎)은 주사무(周嗣武)로, 권6(3번 시)에 이미 보인다.

2 재유(才猷): 재능과 모략. 당나라 전기(錢起)의 〈큰 물고기를 큰 골짜기에 놓아주다(巨魚縱大壑)〉「이치 깨달은 선비 밝은 임금 만나, 재능과 모략 베풀어짐 얻었다네.」(喩士逢明主, 才猷得所施)

3 음공(陰功): 음덕(陰德)과 같은 뜻.
담(覃): 「뻗다」의 뜻. 《시경·주남·칡덩굴(周南·葛覃)》「칡덩굴 길게 뻗음이여, 산골짜기까지 퍼졌다네.」(葛之覃兮, 施于中谷) 주희의 주 「담은 뻗어나감이다.」(覃, 延也)
원요(遠徼): 먼 변경지대. 요는 변요(邊徼), 곧 변방을 말한다. 당나라 위응물(韋應物)의 〈담효렴을 송별하다(送別覃孝廉)〉「자귀는 먼 변경과 통하고, 무협은 놀란 물결 쏟아내네.」(秭歸通遠徼, 巫峽注驚波)

4 포웅사(飽雄師): 《차의》「주사무는 일찍이 군량을 운반하는 관리였던 것 같다.」(疑周嘗爲饋運之官)
주사무는 호북제거상평(湖北提擧常平)을 역임하면서 탁지랑(度支郎)으로 촉땅에 사신으로 갔는데, 태부소경(太府少卿)이 되는 등 장기간에 걸쳐 양재(糧財)에 관한 일을 관장하면서 백성들에게 은혜를 베풀고 군량을 풍부하게 공급한 일을 가리킨다.

5 행리(行李): 「리」(李)는 「理」 또는 「吏」와도 통하여 쓴다. 관청의 사자 또는 빈객(賓客)을 맡던 벼슬을 말한다.
성세(星歲): 12년을 가리킨다. 《차의》「세성(목성)은 12년에 한번 하늘을 돈다.」(歲星十二年一周天)

6 우의(羽儀): 《주역·점괘(漸)》 맨 위의 양효[上九] 「기러기가 날아간다. 그 깃털을 의식에 쓸 수 있다.」(鴻漸于陸, 其羽可用爲儀) 당나라 한유(韓愈)의 〈연희정기(燕喜亭記)〉「나는 그가 이곳을 떠나 조정에서 본보기가 됨이 멀지 않았을 것임을 알겠다.」(吾知其去是而羽儀於天朝也不遠矣) 《차의》「공이 조정에서 으뜸가는 본보기가 될 수 있으나 이제 이미 고향으로 돌아갔으므로 개탄을 느낌을 말한 것이다.」(言公可以羽儀朝端, 而今已還鄕, 故感慨也) 《윤씨수초》「『우의』는 쌍도, 곧 위의 『노부』이다.」(羽儀雙道, 卽上鹵簿也)

7 일조성진췌(一朝成殄瘁): 진췌(殄瘁)는 병사하는 것을 말한다. 이 구절은 만사에서 쓰이는 상투적인 표현법인 것 같으며, 권6 185번 시에 똑같은 구절이 있다.

44

憶昔趨丹闕	생각건대 지난날 붉은 궁궐 향하였는데,
看公上玉除[9]	공 보니 옥 섬돌에 올랐다네.
民飢深獻納	백성들 굶주려 충성스런 말 깊이 아뢰었고,
主聖極欷歔	임금 성스러워 매우 탄식하였다네.
解手寒江闊	차가운 강 넓은데 손 놓으시니,
驚心夜壑虛	밤 골짜기 비어 마음 놀랐다네.
揭來空老淚	가고 옴에 공연히 늙은이 눈물 흘리는데,
無地別輀車[10]	상여 이별할 땅 없다네.

頃年熹以浙東荒政入奏,[11] 適公還自荊鄂, 先一日引對. 具奏沿道所見飢民狼狽之狀, 上感其言, 賑恤可厚. 然熹渡江不旬日, 卽聞公訃. 今者會葬, 又以偵伺失期, 追送不及, 故云

근년에 내가 절동에 흉년이 들어 구제하느라 진땅으로 들어가게 되었는데, 마침 공은 형악에서 돌아와 이보다 하루 앞서 임금님의 물음에 답하게 되었다. 길을 따라오면서 본 굶주린 백성들의 낭패를 당한 참상을 두루 아뢰었더니 임금께서는 그 말에 느낀 바가 있어 구휼을 두터이 하셨다. 그러나 내가 강을 건넌 지 열흘이 되지 않아 공의 부고를 듣게 되었다. 이제 아득하게 되었고 또한 시기를 잃었음을 살피어 뒤늦게 보냈으나 미치지 못하였으므로 이렇게 말하였다

8 구목(九牧): 구주(九州), 곧 온 천하라는 뜻이다. 상세한 것은 권6 185번 시의 주 8)을 보라.

9 옥제(玉除): 「除」는 「계」(階)와 같은 뜻. 곧 섬돌이다. 《차보》「〈서도부〉에 『옥 섬돌 붉은 뜰』이라는 구절이 있는데, 주석에서 『황제의 집이다』라고 하였다.」(西都賦, 玉除彤庭. 注, 帝屋也) 삼국시대 위(魏)나라 조식(曹植)의 〈정의에게 드림(贈丁儀)〉「엉긴 서리 옥 섬돌에 의지하고, 맑은 바람은 나는 전각에 나부끼네.」(凝霜依玉除 淸風飄飛閣)

10 이거(輀車): 「輀」는 상여이다. 송나라 왕안석(王安石)의 〈충헌 한공의 만사(忠獻韓公挽辭)〉 제2수 「막부의 소년 지금 백발 되었는데, 마음 아파 영구차 보낼 길 없네.」(幕府少年今白髮, 傷心無路送靈輀)

11 절동~입진(浙東~入秦): 《차의》「순희 8년(1181) 선생은 흉년을 구휼하려고 절동으로 가고자 연화전에서 일을 아뢰었다.」(淳熙八年, 先生以荒政, 將赴浙東, 奏事延和殿)

45~46. 挽董安人, 二首[1]

동안인을 추모하다. 두 수

45

雅望推前輩	올바른 인망 전배를 추앙했고,
承家賴女師[2]	가문 이음은 여인의 본보기 힘입었네.
閨門傳懿範[3]	규문에는 훌륭한 품행과 덕성 전하고,
湯沐盛恩私[4]	봉읍지에는 은혜 내림 풍성하였다네.
萬里驂鸞去	만 리에 난새 타고 떠나니,
千秋宰樹悲	천추에 무덤의 나무 슬프네.
自應銘婦德[5]	분명코 부인의 덕 새길 만하나,
誰與篆豐碑[6]	누가 큰 비석에 새겨 주겠는가?

46

令尹古循吏[7]	영윤은 옛 후덕한 관리요,

1 안인(安人)은 여인에게 내리는 봉호(封號). 송나라 때 정·종(正·從) 6품 봉랑(奉郎) 이상의 관직을 지낸 관리의 모친과 부인에게는 안인에 봉하였다.

2 여사(女師): 여자가 본받아야 할 모범.

3 의범(懿範): 부녀자의 좋은 품행과 덕성을 찬미하는 말. 당나라 심전기(沈佺期)의 〈장회태자 정비의 만사(章懷太子靖妃挽詞)〉「붉은 역사에 아름다운 명성 실려 있고, 푸른 궁전에 품행과 덕성 남아 있네.」(彤史佳聲載, 靑宮懿範留)

4 탕목(湯沐): 곧 탕목읍(湯沐邑)을 말한다. 주나라 때 제후가 천자를 조현(朝見)할 때 묵고 목욕재계할 수 있도록 마련해준 봉지. 후에 국군(國君), 황후(皇后), 공주(公主) 등이 부세를 받는 사유의 영지를 이르기도 한다. 《사기·제도혜왕세가(齊悼惠王世家)》「제 도혜왕 유비는 고조의 장남으로 서자이다. …… 성양군을 바쳐 노원공주의 탕목읍으로 삼았다.」(齊悼惠王劉肥者, 高祖長庶男也……獻城陽郡, 以爲魯元公主湯沐邑)

5 명부덕(銘婦德): 《차의》「장림은 〈부덕비〉를 지었다.」(張林作婦德碑)

6 전풍비(篆豐碑): 풍비는 큰 나무를 비석 모양으로 깎은 것을 말한다. 《예기·단궁(檀弓) 하》「공실에서는 풍비에 준하는 것을 사용한다.」(公室視豐碑) 풍비는 천자가 쓰는 제도이다. 정현(鄭玄)은 「풍비를 사용한다는 것은 당시의 공실에서 천자를 참칭한 것이다.」(視豐碑者, 時公室僭天子也)라 하였다. 풍(豐)은 크다는 뜻으로 쓰였다.

7 영윤(令尹): 지부(知府)나 지현(知縣)의 통칭. 여기서는 동안인의 남편을 가리킨다.

郡君今勝流[8]　　군군은 지금의 명류라네.
平生餘事業[9]　　평생 동안 하신 일 많았고,
晩歲極熏脩[10]　　만년에는 마음 깨끗이 수양함 지극하셨다네.
繐帳眞成夢[11]　　가는 베 휘장 정말로 꿈 되었고,
靈辰竟不留[12]　　길신양일 마침내 남지 않았다네.
遺風被簫挽　　남기신 풍도 퉁소로 만가에 입히니,
未覺九泉幽　　구천 어두운지 깨닫지 못하겠네.

8 군군(郡君): 고대 부녀의 봉호. 당나라 때는 4품관의 부인이 이런 호칭을 얻었다. 송나라 때는 군군을 다시 숙인(淑人), 석인(碩人), 영인(令人) 등의 여러 등급으로 나누었다. 여기서는 동씨를 가리켜 말하였다.

9 평생여사업(平生餘事業): 송나라 풍산(馮山)의 〈이재원 대제를 송별함(送李才元待制)〉 제2수 「하물며 평생 동안 하신 일 많았으니, 이번 가시는 길 고상한 걸음 먼지 바람 벗어나시기를.」(況有平生餘事業, 此行高步脫風埃)

10 훈수(熏脩): 불교어로 정심수양(淨心修養)함을 말한다. 당나라 송지문(宋之問)의 〈완사편을 지어 육상인에게 드림(浣紗篇贈陸上人)〉 「길이길이 편협한 성격 잘라내어, 스스로 조용히 수양하는 싹 키우네.」(永割偏執性, 自長薰修芽)

11 세장(繐帳): 《예기·단궁(檀弓) 상》 「세상」(繐裳)이라는 말이 나오는데, 그 주석에서 「베 가운데 가늘고 성긴 것을 세라고 한다.」(布之細而疎者謂之繐)라 하였다. 남조 제(齊)나라 사조(謝朓)의 〈동작대의 기녀(銅爵臺妓詩)〉 「가는 장막은 우물 난간에서 나부끼고, 바리 술은 평생 갈 것 같네.」(繐帷飄井幹, 尊酒若平生) 여기서는 빈소에 친 가늘고 성긴 비단 장막을 말한다.

12 영신(靈辰): 길하고 상서로운 시각.

47. 題霜傑集[1]

《상걸집》에 적다

先生人物魏晉間[2]	선생은 위진 간에 있음직한 인물이요,
題詩便欲傾天慳[3]	시 지으심에 곧 하늘이 아낌 기울이고자 하셨네.
向來無地識眉宇[4]	여지껏 그 모습 알아주는 곳 없었지만,
今日天遣窺波瀾[5]	오늘 하늘에서 물결 엿보게 하였다네.

1 《상걸집》은 송나라 동영(董穎)의 문집으로 모두 30권이라고 하나 지금은 일실되어 전하지 않는다. 동영은 자가 중달(仲達)로 요주(饒州) 덕흥(德興) 사람이다. 선화(宣和) 원년(1119) 진사가 되었으며, 관직은 학정(學正)을 지냈다. 소흥(紹興) 초에 왕조(汪藻: 자는 彦章)와 서부(徐俯: 자는 師川)를 좇아 교유하였다. 왕조가 그의 문집에 서문을 지어 주었다. 부친인 주송(朱松)과 매우 친하여 주희가 어렸을 때 지은 시문을 보고 감탄하여 시를 지어 「위재 늙은이 함께 감탄하나니, 필세가 솥을 들 만한 아들 있다네.」(共嗟韋齋老, 有子筆扛鼎)라 칭찬하였다. 문집의 제목인 「상걸」(霜傑)이란 말은 진나라 도연명의 〈곽주부에게 화답함(和郭主簿)〉 제2수의 「향기로운 국화 숲에서 피어 빛나고, 푸른 소나무는 바위 위에 늘어서 있네. 이런 곧고 빼어난 자태 그리는데, 우뚝하니 서리 아래의 호걸이라네.」(芳菊開林耀, 靑松冠巖列. 懷此貞秀姿, 卓爲霜下傑)라는 구절에서 따온 것이다.

2 위진간(魏晉間): 송나라 소식의 〈양선, 서환과 함께 뱃놀이를 하면서 임자와 양자를 얻다(與梁先舒煥泛舟得臨釀字)〉 제2수 「풍류는 위나라와 진나라 사이의 인물이요, 담소는 희황 이전 시대의 사람이라네.」(風流魏晉間, 談笑羲皇上) 정연(程縯)의 주석 「위나라와 진나라 사이의 선비들은 청담을 숭상하고 상규에 얽매이지 않으면서 절의에 부합함을 흠모하였고 명교와 관리의 일은 속된 것으로 여겼다.」(魏晉間士尚淸談, 慕達節, 視名教吏事為俗)

3 천간(天慳): 하늘이 아낌. 시재(詩才)가 세간에 드문 것임을 극언하는 말이다.

4 미우(眉宇): 눈썹과 이마 사이. 얼굴에 눈썹과 이마가 있는 것이 집에 처마와 지붕이 있는 것과 같으므로 이렇게 부른다. 용모를 두루 가리키는 말로 쓰인다. 당나라 두보(杜甫)의 〈팔애시·태자태사이신 여양군의 왕진에게 드림(八哀詩·贈太子太師汝陽郡王璡)〉 「여양은 양제의 아들, 모습 실로 하늘에서 내려온 사람이라네.」(汝陽讓帝子, 眉宇眞天人) 《신당서·삼종제자전(新唐書·三宗諸子傳)》 「이진은 외모가 수려하고 단정하였다.」(璡眉宇秀整)

5 파란(波瀾): 원래는 물결, 파도라는 뜻이나 여기서는 시문이 질탕하여 기복이 있음을 비유하는 말로 쓰였다. 송나라 소식의 〈왕문옥의 만사(王文玉挽詞)〉 「오히려

平生尙友陶彭澤　　평생을 위로 팽택 현령
도연명 벗 삼아,
未肯輕爲折腰客[6]　　기꺼이 가볍게 허리 굽히는
나그네 되려하지 않았다네.
胸中合處不作難　　가슴 속에서 합치되는 곳
어려움 일으키지 않으셨고,
霜下風姿自奇特[7]　　서리 아래의 풍모와
자태 절로 기특하다네.
小儒閥閱金匱書[8]　　하찮은 선비 공로
금 궤짝에다 글로 써보니,

여러 자제 조식(曹植)의 뜻 있음 기뻐하고, 문장 게다가 다시 물결 풍부하다네.」(猶喜諸郎有曹志, 文章還復富波瀾)

6 절요(折腰): 《남사·도연명전(陶淵明傳)》「군에서 감찰관을 현에 파견하자 현리들은 의관을 정제하고 뵈어야 한다고 아뢰었다. 도잠이 탄식하여 말하기를 『나는 쌀 다섯 말에 향리의 소인배에게 허리를 구부릴 수 없다.』 하고는 그날로 관인주머니를 끌러놓고는 관직을 떠났다.」(郡遣督郵至縣, 吏曰應束帶見之, 潛歎曰, 我不能爲五斗米折腰向鄉里小人. 卽日解印綬去職)
도팽택·절요객(陶彭澤·折腰客): 당나라 위응물(韋應物)의 〈잡언으로 여육랑을 전송하다(雜言送黎六郎)〉「떠나걸랑 허리 굽히는 나그네 되겠다 말하지 말게나, 어찌 장안의 허리 굽히는 나그네 같겠는가?」(莫言去作折腰官, 豈似長安折腰客) 당나라 유우석(劉禹錫)의 〈흥을 기탁하다(寓興)〉 제2수「무슨 일이었던가 도팽택, 관직 버림 허리 구부려야했기 때문이라네.」(何事陶彭澤, 抛官爲折腰)

7 상하풍자(霜下風姿): 주 1)에 나오는 도연명 시를 참조하여 보라.

8 열벌금궤서(閱閥金匱書): 《차의》「《운회》에서 말하기를 『벌열은 공을 적은 기록이다.』 또 말하기를 『스스로 적는 것이다.』라 하였다. 그 품등을 밝히는 것을 벌이라 하고, 그 공을 쌓는 것을 열이라고 한다.」(韻會, 閥閱, 功狀, 又曰自序也. 明其等曰閥, 積其功曰閱) 《한서·고조본기(高祖本紀) 하》「(한 고조는) 또한 공신들과 더불어 서로 맹서하는 부호를 나타내는 대나무 쪽을 쪼개어 맹서를 하고, 그 맹서하는 말을 붉은 글씨로 적은 책과 그 내용을 담은 쇠로써 표지를 만든 책을 금으로 봉하고 돌로 방을 만들어 종묘에 보관하게 하였다.」(又與功臣, 剖符作誓, 丹書鐵券, 金匱石室, 藏之祖廟) 《사기·태사공자서(太史公自序)》「내가 태사령이 되어 역사책과 석실, 금궤의 책을 꺼내 보았다.」(遷爲太史令, 紬史記石室金匱之書) 당나라 사마정(司馬貞)의 《색은(索隱)》「여순이 말했다. 『옛 책의 고사를 뽑아 통찰하여 편차를 정하여 서술하였다.』…… 석실과 금궤는 모두 국가의 도서를 수장하는 곳이다.」(如淳云, 紬撤舊書故事而次述之……石室金匱皆國家藏書之處) 《차보》「위재(주송)가 일찍이 사관직을 맡은 적이 있기 때문에 태사공의 말을 빌려 썼다. 그러나 사마담이 주남에서 지체하지 않았고 일건의 바닷가에서 지체한 것을 말한 것은 동영이 무원의 이웃마을에 살면서도 선생이 가서 뵌 적이 없었기 때문이다. 동영은 위재의 고향친구로 그가 지은 시가 《연보》에 보인다.」(韋齋曾領史職, 故借用太史公語. 而言不滯司馬談之周南而滯釖建之海隅. 董穎居婺源鄉隣, 而先生不得相見也. 穎卽韋齋鄉友. 其詩句見年譜) 《표보》「소유는 선생 자신을 일컫는다. 『벌열금궤서』는 사마천 부자의 일이다. 위재는 선생과 함께 2대에 걸쳐 사관의 직책을 맡았으므로 끌어다 비유한 것이다. 대체로 동영은 향리의 선친의 친구였으나 선생

不滯周南滯海隅[9]　　주남에 머무시지 않았는데
　나는 바다의 한 모퉁이에 머물렀다네.

枌楡連陰一見晩[10]　　느릅나무 그늘 이어짐
　한번 봄 늦었으니,

何當挽袖凌空虛　　어찌 소매 당기며
　하늘 걸어내겠는가?

이 일찍이 부친을 여의고 고향을 떠나 뵐 수가 없었으므로 오랫 동안 머물렀다는 것을 차용하였다. 주남의 일은 자신이 처한 상황이며 또한 『분유연음일견만』이란 말이 있다.」(小儒先生自謂也. 閱閥金匱書司馬遷父子事. 韋齋與先生兩世皆領史職, 故引以爲喩也. 盖董是鄕里先友, 而先生早孤離鄕, 不及見之, 故借留滯. 周南事以自況, 而又有枌楡連陰一見晩之語也)

9 불체~체해우(不滯~滯海隅): 주남(周南)은 지명으로 성주(成周) 이남을 가리킨다. 《사기·태사공자서(太史公自序)》「이 해에 천자께서 처음으로 한 왕조의 봉선의식을 거행하였는데 태사공은 주남에 체류하느라 그 일에 참여하여 따를 수 없었다.」(是歲天子始建漢家之封, 而太史公留滯周南, 不得與從事)「체주남」은 이로부터 아무것도 한 것이 없다는 뜻의 전고로 쓰이게 되었다. 이 구절은 《상걸집》을 지은 동영에 비하여 자신은 편벽한 곳에 머물러 아무 일도 이룬 것이 없다는 자겸(自謙)의 표현이다. 남조 송나라 배인(裴駰)의 《집해(集解)》에서는 서광(徐廣)의 말을 인용하여 「지우(摯虞)는 옛 주남(周南)은 지금의 낙양(洛陽)이라고 하였다.」라 하였다. 《윤씨수초》「절동이다. 송나라는 남쪽으로 천도하였으므로 주남에 머무르지 못함을 탄식한 것이다.」(浙東也. 宋南渡, 故嘆不滯周南)

10 분유(枌楡): 느릅나무. 한나라 고조 유방의 고향인 풍현(豐縣)에 분유사(枌楡社)라는 사당을 세웠으므로 나중에는 고향을 두루 이르는 말로 쓰이게 되었다. 동영의 관향인 덕흥이 주희의 관향인 무원의 인근에 있으므로 이렇게 말하였다.

48. 謝吳公濟菖蒲[1]

오즙이 창포를 보내줌에 감사하다

翠羽紛披一尺長	비취빛 깃털 한 자 길이로 어지러이 피었는데,
帶煙和雨過書堂	안개 띠고 부드러운 비 서당 지나네.
知君別有臞仙種[2]	그대 따로 바짝 마른 신선 혈통 있음 알겠으니,
容易難教出洞房[3]	쉬움 깊은 방 나가게 하기 어렵네.

1 오공제(吳公濟)는 오즙(吳楫)의 자. 오즙은 권6 77번 시의 주1)에 보인다.

2 구선(臞仙): 권4 75번 시의 주10) 산택구(山澤臞)를 보라. 《윤씨수초》에서는 「매화를 가리키는 것 같다.」(似指梅)라고 하였다.

3 동방(洞房): 깊은 내실을 말한다. 《초사·초혼(招魂)》 「아름다운 모습 긴 자태, 깊은 방 다하였다네.」(姱容脩態, 絚洞房些) 주희는 「『동』은 깊다는 뜻이다.(洞, 深也)」라 하였다. 한나라 사마상여(司馬相如)의 〈장문부(長門賦)〉 「밝은 달 걸려 스스로 빛남이여, 깊은 방 맑은 밤 향해가네.」(懸明月以自照兮, 徂淸夜於洞房)

49~50. 易二首[1]

《주역》, 두 수

49

立卦生爻事有因	괘 서고 효 생기는 일 까닭 있으니,
兩儀四象已前陳[2]	양의와 사상 이미 앞에 펼쳐 있다네.
須知三絶韋編者[3]	모름지기 가죽 끈 세 번 끊어짐 안다면,

1 《주자어류》 권77에 이 시와 관련하여 언급한 부분이 있다. 다음의 주를 보라.

2 양의사상(兩儀四象): 양의는 하늘과 땅, 건곤(乾坤), 음양(陰陽)을 말한다. 사상은 사시(四時)의 상을 말한다. 《주역·계사(繫辭) 상》「이런 까닭에 《역》에는 태극이 있으며, 이것이 양의를 낳고 양의는 사상을 낳으며, 사상은 팔괘를 낳는다.」(是故易有太極, 是生兩儀, 兩儀生四象, 四象生八卦) 주희의 《주역본의(周易本義)》「양의라는 것은 비로소 하나의 획으로 음양을 나누는 것이다. 사상이라는 것은 다음에 두 획으로 태소를 나누는 것이다.」(兩儀者, 始爲一畫以分陰陽. 四象者, 次爲二畫以分太少)

이전진(已前陳): 《차의》「의는 상이 괘와 효가 생겨나기 전에 이미 드러난 것이다.」(儀, 象已著於卦爻未生之前) 이 구절은 먼저 음양의 두 기가 있어야 《역》의 음과 양의 효로 체현 될 수 있으며, 춘·하·추·동의 사시가 먼저 존재하여야 《역》의 소양(少陽)과 노양(老陽), 소음(少陰)과 노음(老陰)의 네 효상(爻象)으로 체현될 수 있음을 말한 것이다.

입괘~이전진(立卦~已前陳): 《주자어류》 권77 〈주역13·설괘(周易十三·說卦)〉「물었다. 『근자에 선생님의 〈역시〉에서 『괘를 세우고 효를 냄에 절로 따름 있고, 양의와 사상은 이미 앞에 널려 있네.』라는 구절을 보았는데, "인"(因)자의 뜻은 어떻습니까?』 말씀하셨다. 『괘와 효는 의상(儀象)에 따라서 생겨난다. 세우는 것은 곧 "양의가 사상을 낳고, 사상은 팔괘를 낳는다"는 뜻이다.』 또 물었다. 『"효를 낸다"는 것은 포개진 괘를 말하여 가리킨 것 아닙니까?』 말씀하셨다. 『그렇다.』」(問, 近見先生易詩云, 立卦生爻自有因, 兩儀四象已前陳. 因字之義如何? 曰, 卦爻因儀象而生. 立, 卽兩儀生四象, 四象生八卦之意. 又問, 生爻指言重卦否? 曰, 然)

3 삼절위편(三絶韋編): 《사기·공자세가(孔子世家)》「공자는 만년에 《주역》을 좋아하여 〈단사〉와 〈계사〉, 〈상사〉, 〈설괘전〉, 〈문언전〉을 지었다. 《주역》을 읽다가 가죽끈이 세 번이나 끊어지자 『나에게 몇 년만 빌려주어 이렇게 된다면 내 《주역》은 빛나게 하겠다.』라 하였다.」(孔子晩而喜易, 序彖·繫·象·說卦·文言. 讀易, 韋編三絶. 曰, 假我數年, 若是, 我於易則彬彬矣) 이로부터 위편(韋編)은 곧 《주역》을 대신 가리키는 말로 쓰이게 되었다.

不是尋行數墨人[4]　　행간에서 몇몇 글자나
　　찾는 사람은 아니리.

50

潛心雖出重爻後　　마음 가라앉힘 비록
　　효 겹친 뒤에 나오지만,
著眼何妨未畫前[5]　　눈길 둠 어찌 획
　　긋기 이전 방해되겠는가?
識得兩儀根太極[6]　　양의 태극에
　　근본함 알 수 있다면,
此時方好絶韋編[7]　　이때 가죽 끈 끊어졌다 해도
　　바야흐로 좋으리.

4 심행수묵(尋行數墨): 자구에만 매달려 이치나 내용을 깊이 따지지 못하는 것을 말한다. 《주문공집》 권28 〈진동보에게 답함(答陳同父書)〉「시골의 수재들과 함께 행간의 자구나 찾는 것도 또한 한 가지 일이다.」(與村秀才子尋行數墨, 亦是一事) 여기서는 독서(讀書)를 가리켜 말한 것이다.

5 잠심~화전(潛心~畫前): 《차의》「〈계사〉에서는 그것을 겹쳤기 때문에 삼효로써 했다고 하였고, 그것을 겹쳐 육효가 되었다고 하였다.」(繫辭因以重之, 謂以三爻, 重之以成六爻也) 《주자어류(朱子語類)》 권62 〈중용(中庸) 1〉「강절선생이 또 말하기를 『모름지기 괘를 긋기 전에 원래부터 《역》이 있음을 믿는다.』라고 하였다.」(康節又道, 須信畫前元有易) 《차의》「이 구절에 의하면 학자가 마음을 두어야 할 곳이 비록 효를 겹친 뒤에 있어야 하더라도 착안하여 잠자코 완상하여야 할 곳은 오직 획을 긋기 전에 있음을 말하였다. 획을 긋기 전이라는 것은 이를 말한다.」(按此一句, 言學者所當潛心者, 雖在於重爻之後, 其所着眼而黙玩者, 惟在未畫之前. 未畫之前謂理也)

6 태극(太極): 음양이 변화하는 이치. 《주역·계사(繫辭) 상》「《역》에는 태극이 있다.」(易有太極) 주희의 《본의》「《역》이라는 것은 음양의 변화이고, 태극이라는 것은 그 이이다.」(易者陰陽之變, 太極者其理也) 이 구절은 주희의 이기관(理氣觀)을 체현한 것이다.

7 이 구절의 뜻은 이때가 되면 비로소 《역경》을 다 배웠다고 할 만할 것이라는 것이다.

51~52. 客來, 二首

객이 오다. 두 수

51

客來何處覓紅雲[1]	나그네 어디서 와서 붉은 구름 찾는가?
唯見風前萬點春[2]	보이느니 바람 앞의 만 송이 봄 꽃이라네.
心賞未妨隨處好	마음 속 감상 곳에 따라 좋아짐 거리끼지 않고,
綠楊陰裏換綸巾[3]	푸른 버드나무 그늘에서 윤건 바꿔 쓴다네.

52

悵望君家嶺上雲[4]	슬피 그대 집 재 위의 구름 바라보고,
便携佳友去尋春	곧 아름다운 벗 데리고 봄 찾으러 떠나네.

1 홍운(紅雲): 붉은 꽃잎을 말한다. 당나라 한유(韓愈)의 〈삼가 괵주 유급사 사군의 삼당에서 새로 지은 21영이란 시에 화답하다·화도(奉和虢州劉給事使君三堂新題二十一詠·花島)〉에 「꽃섬 있는 곳 알고 싶으면, 물 위에서 붉은 구름 찾게나.」(欲知花島處, 水上覓紅雲) 위재(韋齋) 주송(朱松)의 〈복사꽃(桃花)〉「나그네 봄기운 많은 곳 알고자 하여, 다만 붉은 구름 같은 꽃 물 따라 오는 곳 찾는다네.」(遊人要識春多處, 但覓紅雲逐水來)

2 만점춘(萬點春): 《차의》「낙화를 이른다.」(謂落花)

3 환윤건(換綸巾): 윤건은 푸른 색 실로 짠 두건으로 유자의 복식을 말한다. 권3 114번 시의 주 9)를 보라.

4 영상운(嶺上雲): 남조 양(梁)나라 도홍경(陶弘景)의 〈임금님[齊 高祖]께서 산 속에 무엇이 있는가고 물으시어 시를 지어 대답하다(詔問山中何所有, 賦詩以答)〉「산 속에 무엇이 있는가? 재 위에 흰 구름이 많습니다.」(山中何所有, 嶺上多白雲)

論詩劇飮無他意[5] 시 논하고 흠뻑 마심
다른 뜻 없으니,
未管殘紅落佩巾[6] 남은 붉은 꽃 몸에 찬
두건에 떨어짐 개의치 않네.

5 시(詩): 《차의》에서는 「『때 시』자는 당본에는 『시 시』 자로 되어 있다.」(時, 唐本作詩)
극음(劇飮): 술을 흠뻑 마시는 것을 말한다.

6 패건(佩巾): 옛날 사람들이 몸에 차던 두건(頭巾)이나 폭건(幅巾). 모두 정식의 관모(冠帽)는 아니다.

53. 題沈公雅卜居圖[1]

심도의 〈복거도〉에 적다

往者仲長子[2]	지난 날 중장통,
高情世無儔[3]	고상한 마음 세상에 짝할 이 없었다네.
一朝謝塵躅[4]	하루 아침에 속세의 자취 떠나,
卜築娛淸幽[5]	살 곳 정하여 집 짓고 맑고 그윽함 즐겼다네.
茆屋八九間[6]	띳집 여덟아홉 칸에,
下有良田疇[7]	아래로는 좋은 밭과 두둑 있다네.
後簷果垂實	뒤뜰 처마에는 과일 열매 드리우고,
前庭樹相樛	앞뜰에는 나무 서로 얽혀 있다네.

1 심공아(沈公雅)는 심도(沈度)의 자이며 송나라 무강(武康) 사람인데 덕청(德淸)에서 살았고, 심파(沈播)의 증손이다. 진연기(陳淵幾)를 20년 간 사사했으며, 소흥(紹興) 연간에 여간령(餘干令)을 지냈는데 선정을 베풀어 백성들이 그의 공적을 노래하였다. 관직은 병부상서(兵部尙書)까지 올랐다. 이때 심도는 지건녕부(知建寧府)로 있었다.

2 중장자(仲長子): 《후한서》 권49 〈중장통전(仲長統傳)〉 「중장통은 자가 공리이다. …… 어려서 배우기를 좋아하여 각종 서적들을 섭렵하였으며 문사에 재주가 많았다. …… 중장통은 뜻이 크고 재주가 뛰어났으며 과감하게 직언을 하였고 작은 절개 따위는 개의치 않았다. …… 늘 제왕들에게서 노는 것은 입신양명을 하려는 것일 뿐 이름은 영원히 남지 않고 인생은 쉽게 사라지는 것이니 자기 멋대로 놀면서 세상을 스스로 즐길 수 있다고 하였다. 맑고 넓은 곳에 자리 잡아 살면서 그 뜻을 즐겼다.」(仲長統字公理……少好學, 博涉書記, 贍於文辭……統性俶儻, 敢直言, 不矜小節……常以爲凡遊帝王者, 欲以立身揚名耳, 而名不常存, 人生易滅, 優遊偃仰, 可以自娛, 欲卜居淸曠, 以樂其志)

3 고정세무주(高情世無儔): 당나라 위응물(韋應物)의 〈현귀자의 노래(貴遊行)〉 「(누대) 위에는 옥 같은 얼굴 가진 이 있는데, 고상한 마음 세상에 짝할 이 없다네.」(上有顔如玉, 髙情世無儔)

4 일조사진촉(一朝謝塵躅): 권7 17번 시에 「하루 아침에 속세의 탁함 떠났다네.」(一朝謝塵濁)라는 구절이 있다.

5 복축오청유(卜築娛淸幽): 송나라 조훈(曹勛): 〈왕무공 수재의 수야당에 적다(題王懋功秀才秀野堂)〉 「맑고 그윽한 곳에 살 곳 정하니 저자와 속세 멀어, 온 시내 그윽하고 소나무와 대나무는 조용하다네.」(卜築淸幽遠市塵, 一川窈窕靜松筠)

6 묘옥(茆屋): 띳집. 「茆」자는 모(茅)자와 뜻이 통한다. 당나라 장직(張直)의 〈고성에 묵다(宿顧城)〉 「띳집 여덟아홉 집에, 농기구 예닐곱 개 갖추었네.」(茅屋八九家, 農器六七具)

7 하유양전주(下有良田疇): 〈진주를 떠나다(發秦州)〉 「율정 이름 더욱 아름다우니, 아래로는 좋은 밭과 두둑 있다네.」(栗亭名更嘉, 下有良田疇)

勝日賓友來[8]　놀기 좋은 날 손님이며 벗 와,
琴觴共舒憂[9]　거문고 타고 술잔 돌리며 함께 근심 편다네.
言論覈幽妙　말하고 담론함 그윽하고 오묘함 파헤치고,
理亂窮端由　다스려짐과 어지러움 단서와 연유 궁구하였다네.
至今一卷書[10]　지금껏 한 권의 책,
凜然昭千秋[11]　늠연히 천추에 빛난다네.
沈侯經濟業　심후의 세상 다스리고 구제하는 일,
夙尙本林丘　일찍부터 숲과 언덕에 근본함 숭상하였다네.
談笑出幻境[12]　웃고 말하며 허환한 경계 벗어났고,

8 승일(勝日): 오행가에서 말하는 오행의 상극이 되는 닷새. 이날 수레를 타면 악귀를 피한다고 한다. 뜻이 변하여 출유(出遊)하기에 좋은 날을 가리키게 되었다.

9 묘옥~서우(茆屋~舒憂): 후한 중장통의 〈낙지론(樂志論)〉「사는 곳에 좋은 전답과 넓은 집이 있으며 산을 등지고 앞에는 물이 흐른다. 시냇물이 두르고 대나무와 나무가 에워싸고 있다. 마당과 밭을 집 앞에 다지고, 과수원을 집 뒤에 세운다. 배와 수레가 족히 걷고 건너는 어려움을 대신할 수 있고, 충분히 사지를 놀려 하는 일을 쉬게 할 수 있을 것이다. 어버이를 봉양함에 진귀한 반찬을 두루 갖추고, 처자식은 몸을 수고롭히는 노고를 하지 않을 것이다. 훌륭한 벗들이 이르면 술과 안주를 차려놓고 즐길 것이며, 길신양일이면 양과 돼지를 삶아 봉양할 것이다. …… 맑은 물에 씻고 멋진 바람을 쫓으며, 노는 잉어를 낚고 높이 나는 기러기를 쏘아 잡는다. 서낭당 아래서 노래를 하고 높은 대청 위에서 시를 읊조린다. …… 통달한 사람 여럿과 도를 논하고 책을 강론하며 하늘과 땅을 우러르고 숙이어 보고 여러 인물들과 엇섞인다. 〈남풍〉의 우아한 곡조를 타고 청상의 절묘한 곡을 낸다. 일세의 위를 마음껏 노닐고 하늘과 땅 사이를 흘겨본다. 그 당시의 책임을 받지 않고 영원한 생명의 기약을 보전할 것이다. 이와 같이 한다면 하늘과 은하수를 뚫고 우주의 바깥까지 나갈 수 있을 것이다. 어찌 대저 제왕의 문에 드는 것을 부러워하겠는가!」(使居有良田廣宅, 背山臨流, 溝池環帀, 竹木周布, 場圃築前, 果園樹後. 舟車足以代步涉之難, 使令足以息四體之役……養親有兼珍之膳, 妻子無苦身之勞. 良朋萃至, 則陳酒肴以娛之, 嘉時吉日, 則烹羔豚以奉之……濯清水, 追良風, 釣游鯉, 弋高鴻. 諷於舞雩之下, 詠歸高堂之上……與達者數者, 論道講書, 俯仰二儀, 錯綜人物. 彈南風之雅操, 發清商之妙曲. 消搖一世之上, 睥睨天地之閒. 不受當時之責, 永保性命之期. 如是, 則可以陵霄漢, 出宇宙之外矣. 豈羨夫入帝王之門哉)

10 일권서(一卷書): 중장통이 지은 《창언(昌言)》 12권을 말한다.

11 언론~천추(言論~千秋): 《차의》「중장통의 《창언》 2권은 고금 및 시속의 행사를 논설하였다. 《문헌통고》 권214에 보인다.」(仲長子昌言二卷論說古今及時俗行事. 見文獻通考二百十四卷) 《차보》「또한 〈낙지론〉의 『통달한 사람과 도를 논하고 책을 강론한다. ……』는 것을 가리키는 것이다.」(亦指樂志論中與達者論道講書云云也)

소(昭): 「비출 조」(照)자로 된 판본도 있다.

12 환경(幻境): 《차의》에서는 「도가의 송에서는 말하기를 허환한 경지를 참된 본성이라고 말하지 말라고 하였다.」(道家頌云, 休將幻境謂眞如)라 하였다. 명나라 고렴(高濂)의 《준생팔전(遵生八牋)》「《금경대승》에서는 말하기를 『몸은 곧 홀리고 홀렸을 때 변화한 것이며 또한 환영 중의 환영이다.』라 하였다.」(金經大乘法云身便是幻幻時所化, 又是幻中之幻)

寤言躡斯遊	대화하는 가운데 이런 놀이 이루었네.
仰睇白石崗[13]	우러러 백석산 언덕 곁눈질하고,
俯濯青瑤流	숙이어 푸른 구슬 같은 물결에서 씻는다네.
曠然宇宙外[14]	드넓은 우주의 바깥,
邈矣將焉求	아득하여라, 장차 어디서 구하겠는가?

13 백석강(白石崗): 신선인 백석생이 사는 백석산을 말한다. 한나라 유향(劉向)의 《열선전·백석생(列仙傳·白石生)》「백석생은 중황장인의 제자인데 팽조 때 백석산에 가서 살았으며, 백석생으로 불렸다.」(白石生, 中黃丈人弟子, 彭祖時就白石山居, 號白石生) 여기서는 은거지가 선경과 같다는 것을 표현한 것이다.

14 우주외(宇宙外): 《차의》「위의 〈낙지론〉을 보라.」(見上樂志論) 「이와 같이 한다면 하늘과 은하수를 뚫고 우주의 바깥까지 나갈 수 있을 것이다.」(如是, 則可以陵霄漢, 出宇宙之外矣)라 한 부분을 말한다. 당나라 왕유(王維)의 〈더위를 괴로워하다(苦熱)〉「생각 우주 바깥에서 나오니, 드넓어 휑한 곳에 있다네.」(思出宇宙外, 曠然在寥廓)

54. 武林[1]

무림

春風不放桃花笑　　봄바람 복사꽃 피어
　　웃게 하지 않고,
陰雨能生客子愁[2]　　음침한 비는 나그네 근심
　　곧잘 생기게 하네.
只我無心可愁得[3]　　다만 나 무심하기만 하다면
　　근심 생기겠는가?
西湖風月弄扁舟[4]　　서호의 바람과 달 속에
　　조각배 타고 놀리.

1 무림은 남송의 서울인 임안(臨安: 지금의 杭州)의 별칭이다. 이 시는 주희가 아직 젊었을 때 처음으로 서울인 임안에 가서 지은 것으로 서호의 아름다운 경치에 도취된 심정을 잘 드러내고 있다. 《차의》「항주에 무림산이 있기 때문에 항주를 일명 무림이라고도 한다.」(杭州有武林山, 故杭州一名武林)

2 도화소~객자수(桃花笑~客子愁): 송나라 진여의(陳與義)의 〈마음껏 걷다가 동씨의 원정에까지 이르다(縱步至董氏園亭)〉「나그네 근심 어쩔 수 없는데, 복사꽃 웃음 멈추지 않는다네.」(客子愁無奈, 桃花笑不休)

3 무심가수득(無心可愁得): 무심은 불교용어로 망령된 마음에서 벗어난 참된 마음을 가리킨다. 《차의》「내가 스스로 무심하기만 하다면 어찌 근심스럽게 할 수 있겠는가? 또 어떤 사람은 말하기를 근심스런 마음이 없다는 것이라고 하였다. 득은 어기사이다.」(謂我自無心, 豈可以愁乎. 一云無可愁之心也. 得語辭)

4 풍월(風月): 청풍명월(淸風明月)을 말한다. 아름다운 풍경을 가리킨다.

55. 桐廬舟中見山寺[1]

동려의 배 속에서 산사를 보다

一山雲水擁禪居[2]	온 산의 구름과 물 산사를 둘러싸고,
萬里江樓遶屋除[3]	만 리 강가의 누대는 집 앞의 섬돌을 두르네.
行色悤悤吾正爾	총총한 행색은 바로 나의 모습인데,
春風處處子何如[4]	봄바람 곳곳에 부니 그대는 어떠한고?
江湖此去隨漚鳥[5]	이곳 강호를 떠나 갈매기를 따르며,
粥飯何時共木魚[6]	죽과 밥은 언제나 목어와 함께 하려나.
孤塔向人如有意	외로운 탑 사람들에게 무슨 뜻이라도 있는 듯하니,

1 동려(桐廬)는 엄주(嚴州)의 속현으로 절강(浙江)과 동려강이 교차하는 곳에 있으며 주희가 수로로 입경(入京)할 때 반드시 거쳐야 하는 곳이다. 《차의》「동려는 절강 엄주부의 속현으로 옛 부춘현이다.」(桐廬, 浙江嚴州府屬縣, 故富春縣)

2 선거(禪居): 절.

3 옥제(屋除): 집 입구의 계단. 송나라 왕안석(王安石)의 〈오진원(悟眞院)〉「들의 물 이리저리 집앞의 섬돌 씻고, 낮 창가의 남은 꿈 새가 서로 부르네.」(野水縱橫漱屋除, 午窓殘夢鳥相呼)

4 자(子): 절의 중을 가리킨다.

5 구조(漚鳥): 「漚」는 곧 구(鷗)와 같다. 갈매기. 당나라 정상(鄭常)의 〈한양의 백사구에서 귀양살이하면서 물과 비에 막혀 이에 역의 정자에 적다(謫居漢陽白沙口阻水雨因題驛亭)〉「마침내 갈매기 따라 떠나, 다만 바다의 물결 잃만 기다리네.」(終隨鷗鳥去, 秖待海潮生)

6 목어(木魚): 유서(類書)인 《격치경원(格致鏡原)》에서 인용한 유부(劉斧)의 《습유(拾遺)》「승가에서 목어를 쓰는 것은 물고기는 밤낮으로 눈을 감지 않으므로 수행자가 잠자는 것을 잊고 도를 닦아 물고기가 용이 되고

他年來借一蘧蒢[7]	훗날 와서 대자리 하나 빌려보리.

보통 사람이 성인의 경지에 들어갈 수 있다는 뜻을 취한 것을 말한다.」(僧家用木魚者, 謂魚晝夜不合眼, 修行者忘寐修道, 取魚可化龍, 凡可入聖之意) 송나라 소식(蘇軾)의 〈27일 양평에서 사곡에 이르러 남산에 있는 반룡사에서 묵다(二十七日, 自陽平至斜谷, 宿於南山中蟠龍寺)〉「널 누각에서 홀로 잠든 나그네 잠자리 깨었는데, 목어 새벽에 울리고 중의 죽 따르네.」(板閣獨眠驚旅枕, 木魚曉動隨僧粥)

7 거제(蘧蒢): 갈대나 대나무로 짠 거친 자리. 《차의》「대자리이다. 소식의 시에 『얼큰히 취하여 대자리에 누웠네.』라는 구절이 있다.」(竹席. 東坡詩, 醺醺臥蘧蒢) 송나라 진사도(陳師道) 〈소공이 구양수의 필식재에 적은 시의 각운자를 써서 짓다(次韻蘇公題歐陽叔弼息齋)〉「때 모름지기 한번 숙였다 쳐들었다 하리니, 그대 대자리 기다릴만한가?」(時須一俛仰, 君可待蘧篨)

56. 伏讀尤美軒詩卷, 謹賦一篇, 寄呈伯時季路二兄[1]

엎드려 우미헌의 시권을 읽고 삼가 한 편을 지어 백시와 계로 두 형에게 부친다

我聞洞巖幽	내 동암 그윽하다 들었는데,
結友事臨眺	벗 맺어 내려다봄 일삼았다네.
浮言妨勝踐[2]	근거 없는 말 빼어난 경치 가서 봄 가로막아,
悵望空永嘯	슬피 바라보며 부질없이 길게 휘파람 부네.
歸來眩奇語	돌아오니 기이한 말에 아찔하여,
更欲窮窅窱[3]	다시 깊고 그윽한 곳 다하고 싶네.
却尋兩翁意[4]	오히려 두 늙은이 뜻 찾아,
宴坐得觀照[5]	한가로이 앉아 관조하게 되었다네.
鳴泉俯淙琤[6]	울리는 샘 고개 숙여 보니 옥소리 쩔렁이고,

1 주희는 순희(淳熙) 3년(1176) 무원으로 두 번째로 돌아가 부친의 묘를 청소하고 성묘하였는데, 내친김에 구주(衢州)에 이르러 왕응진(汪應辰)을 문상하였다. 돌아오는 길에 우미헌에 가서 유람을 하고자 하였으나 실행을 하지 못하고 집으로 돌아와서 나중에 여본중(呂本中)과 왕응진이 읊은 시에서 승경을 읊은 것을 보고 이에 다시 이 시를 읊게 되었다.
우미헌은 유저(喩樗)가 옥산현위로 있을 때 붙여준 명칭이다. 《차의》「우미헌은 강서 옥산현에 동암이라는 것이 있는데 암석이 기이하고 빼어나며 시냇물이 맑고 씩씩하다. 옛날에 헌함이 하나 있었는데 우미라 하였으며, 〈취옹정기〉의 『골짜기에 다가서니 더욱 아름답다』는 뜻을 취하였다.」(尤美軒江西玉山縣有曰洞巖, 巖石奇秀, 溪水淸壯, 舊有軒曰尤美, 取醉翁亭記臨壑尤美之義) 《차보》「우미헌은 일설에 우무(尤袤)의 호라고 한다. 미헌은 다음의 시 제목으로 보건대 아마 우무일 것이다.」(尤美軒, 一說尤延之號. 美軒以下詩題參看, 恐是延之) 백시(伯時)는 왕응진의 장남으로 이름은 미상이고, 계로(季路)는 왕응진의 차자로 이름은 왕규(汪逵)이다.

2 부언(浮言): 터무니없는 말, 뜬소문. 《서경·반경(盤庚)상》「너는 어찌하여 나에게 알리지 않고 뜬소문으로 서로 충동질하였느냐?」(汝曷弗告朕, 而胥動以浮言)

3 요조(窅窱): 그윽하고 깊은 모양. 「窅」자는 「窈」자와도 통하여 쓴다. 요조(窈窕)와 같은 뜻의 첩운연면자이다.

4 양옹(兩翁): 여본중(呂本中)과 왕응진(汪應辰)을 가리킨다.

5 연좌(宴坐): 한가로이 앉다. 당나라 백거이(白居易)의 〈병중에 한가로이 앉아 있다(病中宴坐)〉「작은 연못가에 한가로이 앉아 있으니, 맑은 바람 이따금 옷깃 움직이네.」(宴坐小池畔, 淸風時動襟)

6 종쟁(淙琤): 궈치(郭齊)는 「원래는 『다툴 쟁』자로 되어 있지만 송민본과 절본에 의거하여 고쳤다.(原作爭, 據

穹石仰蒼峭[7]　큰 바위 우러르니 검푸르고 가파르네.
共與前創古[8]　함께 전인이 세운 것 오래되었음 인정하고,
三歎遺墨妙　여러 번 남긴 묵적 절묘함 탄식하네.
神遊恍不隔[9]　정신 노님 황홀하여 막히지 않고,
仁宅忻有要[10]　인이 깃드는 집 흔쾌히 요령 얻었다네.
回首鹿門期[11]　녹문산 기약하며 고개 돌리니,
寒雲生遠嶠　차가운 구름 산봉우리에서 생겨나네.

熹自林泉紹德寒巖之行, 而同行有不欲者, 遂已. 詩卷之首, 卽東萊舍人呂公[12]·上饒尙書汪公軒,[13] 蓋玉水工部喩公所書[14]

나는 스스로 임천·소덕·한암으로 가려다가 동행 중에 내켜하지 않는 사람이 있어 마침내 그만 두었다. 시권의 첫머리는 동래 사람 사인 여공과 상요 사람 상서 왕공헌인데, 대체로 옥수 사람 공부 유공이 쓴 것이다

宋閩·浙本改)」라 하였다. 《사부총간(四部叢刊)》 본에는 「맑을 정」(淨)자로 되어 있다. 쌍성연면 의성어로 어떤 글자가 와도 의미상의 변화는 없다.

7 궁석(穹石): 큰 바위를 말한다. 한나라 사마상여(司馬相如)의 〈상림부(上林賦)〉「큰 바위와 닿고 높은 언덕에 부딪힌다.」(觸穹石, 激堆埼) 당나라의 이선(李善)의 주 「궁석은 큰 바위이다.」(穹石, 大石也)

8 공여전창고(共與前創古): 《차의》「명천과 궁석이 모두 함께 전인이 세운 헌과 더불어 오래된 것임을 말한다.」(謂鳴泉穹石, 共與前所創軒爲古物) 전창(前創)은 곧 우미헌(尤美軒)을 가리킨다. 아래 구절과 대구로 쓰인 것으로 보면 여(與)는 허여(許與)의 뜻으로 쓰였다.

9 신유(神遊): 《차의》「정신이 함께 노는 것이다.」(精神同遊也)

10 인택(仁宅): 《맹자·공손추(公孫丑) 상》「인(仁)은 하늘의 높은 벼슬이며, 사람의 편안한 집이다.」(夫仁, 天之尊爵也, 人之安宅也)

11 녹문기(鹿門期): 녹문은 산 이름으로 호북성(湖北省) 형양현(衡陽縣)에 있다. 《후한서》 권83 〈일민전·방덕공(逸民傳·龐德公)〉「방공이라는 사람은 남군 양양 사람이다. 현산의 남쪽에 살면서 일찍이 성의 마을에 들어간 적이 없었다. …… 나중에는 마침내 처자를 데리고 녹문산에 올라 약을 캐면서 돌아오지 않았다.」(龐公者, 南郡襄陽人也. 居峴山之南, 未嘗入城府……後遂攜其妻子登鹿門山, 因采藥不反) 당나라 두보의 〈겨울날 이백을 그리워하다(冬日有懷李白)「흥 타고 떠난 것 아닌데, 부질없이 녹문의 기약만 있네.」(未因乘興去, 空有鹿門期)

12 여공(呂公): 《차의》「여본중이다.」(本中)」

13 왕공(汪公): 《차의》「왕응진이다.」(應辰)」

14 유공(喩公): 유저(喩樗: ?~1180)를 말한다. 자는 자재(子才 혹은 子材)이며, 호는 옥천(玉泉) 또는 단석(湍石)이라고 하였다. 선조는 남창(南昌) 사람이었으나 나중에 엄주(嚴州)로 옮겼다. 백시와 계로의 외조부이다.

57. 熹次延之年兄韻, 敬題紹德菴眞如軒, 寫呈伯時·季路二兄[1]

내가 우연지 형이 지은 시의 각운자를 써서 지어 소덕암의 진여헌에 삼가 쓰고 백시와 계로 두 형에게도 적어 드린다

先生可是愛吾廬[2]	선생 가히 나의 오두막 사랑하셨으나,
來往隣菴幾閏餘	이웃의 암자 왕래하신지 그 얼마이신가?
栢下竟開千歲室[3]	측백나무 아래 마침내 천 세대 갈 집 열렸는데,
竹間猶揷萬籤書[4]	대숲 사이에는 오히려 만 권의 책 꽂혀 있네.
悲凉共識臨風處	슬프고 쓸쓸함 함께 알았네, 바람맞는 곳에서,
遊戲誰知落筆初	장난 누가 알리오? 처음 붓 대었을 때.

1 연지(延之)는 우무(尤袤: 1124~1193)의 자이다. 우무는 권7에 보인다. 6번 시의 주 1)을 보라.
소덕암진여헌(紹德菴眞如軒): 왕응진의 무덤 곁에 있는 절의 당 이름. 소덕암은 옥산(玉山)과 상산(常山) 사이에 있다.

2 애오려(愛吾廬): 진(晉)나라 도연명(陶淵明)의 〈산해경을 읽고(讀山海經)〉 제1수 「뭇 새들 기탁할 곳 있음에 기꺼워하고, 나 또한 나의 오두막 사랑하네.」(衆鳥欣有托, 吾亦愛吾廬) 당나라 백거이(白居易)의 〈봄날 한가로이 거처하다(春日閒居)〉 「도연명 내 오두막 사랑한다 하였는데, 나 또한 나의 집 사랑한다네.」(陶云愛吾廬, 吾亦愛吾屋)

3 백하천세실(栢下千歲室): 《차의》「무덤을 말한다.」(謂塚墓) 무덤에는 주로 측백나무를 심기 때문에 이렇게 말한다.

4 첨(籤): 원래는 권축(卷軸)에 책 이름을 써서 다는 아첨(牙籤)을 말하는데, 나중에는 서적(書籍), 권질(卷帙)을 두루 가리키는 말로 쓰이게 되었다. 여기서는 책을 헤아리는 단위사로 쓰였다.

寄語山靈勤守護	산의 정령에게 말 부치나니 부지런히 지키시어,
莫將題柱比相如[5]	기둥에 적은 것 부디 사마상여와 비교하지 마소서.

5 제주비상여(題柱比相如): 북위(北魏) 역도원(酈道元)의《수경주(水經注)》권33「성 북쪽 10리에 있는 것을 승선교라고 하는데 송객관이 있다. 사마상여는 장안으로 들어가려 하면서 그 문에다 적기를『네 마리 말이 끄는 높은 수레를 타지 않으면 네 밑으로 지나가지 않겠다.』라 하였다. 나중에 공촉으로 들어갈 때 과연 그 뜻대로 되었다.」(城北十里曰昇僊橋, 有送客觀. 司馬相如將入長安, 題其門曰, 不乘高車駟馬, 不過汝下也. 後入邛蜀果如志焉)

58~59. 葢公道人相見信安, 道溫陵舊遊, 出示近詩, 因次其韻[1]

익공도인과 신안에서 만났는데 온릉에서의 옛 놀이를 말하며 근자에 지은 시를 꺼내어 보여주므로 이에 그 각운자를 써서 짓는다

58

別來幾度見歸鴻[2]	헤어진 후 기러기 돌아감 몇 번이나 보았던가?
歲月悠悠一夢中	세월 한 꿈속에서 유유히 흘러가네.
莫道相望湖海闊	서로 바라며 호수와 바다 넓다고 말하지 말게나,
爭知千里不同風[3]	천리에 바람 같지 않음 어찌 알겠는가?

1 신안은 지금의 구주(衢州) 서안현(西安縣)이다. 신안은 주희가 수로로 절(浙)지방으로 갈 때 거쳐야 하는 길인데, 동안에서 돌아온 후 모두 7차례 이곳을 거쳤다는 기록이 있다. 《차의》「익공은 도인이다. 도인은 《지도론》에서 『도를 터득한 자를 도인이라 한다.』고 하였다. ○ 선생이 중에게 지어준 시에서는 주로 『아무개 공』이라 하였으며, 혹 『도인』이라고도 하였는데 이를테면 『동봉단공도인』 같은 것이 있다. 이 익공도인도 아마 또한 승려일 것이다. 신안은 광동의 조경부이다.」(葢公, 道人. 智度論得道者, 謂之道人○先生贈僧詩, 多云某公, 或云道人, 如東峯溥公道人是也. 此葢公道人, 恐亦是僧徒. 信安廣東肇慶府) 《관보》「이는 곧 현암의 익로이다. 위 권8의 8판에 보인다.」(此卽顯庵葢老. 見上八卷八板) 권8의 43번 시를 말한다. 《차보》「신안은 《일통지》에서 『신안은 옥산현의 옛 이름으로 강서 신주에 있다.』라 하였으며, 선생이 강의를 한 곳이다. 광동은 곧 영남으로 선생의 발길이 미치지 않은 곳이다. 온릉의 옛 놀이는 권8에 보인다.」(信安, 一統志, 信安, 玉山縣舊名. 在江西信州, 先生講義處也. 廣東卽嶺南, 非先生杖屨所及. 溫陵舊游見八卷) 온릉의 옛 놀이는 주희가 천주(泉州)의 동안주부로 있을 때 두 사람이 교왕한 것을 가리킨다.

2 별래~견귀홍(別來~見歸鴻): 송나라 진여의(陳與義)의 〈장구신의 수묵매에 화답하다(和張矩臣水墨梅)〉 제3수 「반짝반짝 강남의 만 개의 옥비, 헤어지고 봄 돌아옴 몇 번이나 보았던가?」(粲粲江南萬玉妃, 別來幾度見春歸) 기러기는 철새로 추분 무렵 날아왔다가 춘분 무렵이면 돌아가므로 한번 왔다가는 것을 가지고 1년을 비유한다. 곧 이 구절은 「헤어진 지 몇 해나 되었는가?」

59

一身千里伴征鴻	이 한 몸 천리에 날아가는 기러기 짝하는데,
北去南來羈旅中[4]	나그네 살이 하는 중에 북으로 가고 남으로 오네.
珍重故人相認得	진중하게나, 옛 친구 서로 알아줌,
新詩重擧舊家風[5]	새 시 거듭 들어보니 옛 가문의 유풍 있다네.

라는 말과 같다.

3 쟁지~동풍(爭知~同風): 「다툴 쟁」(爭)자는 시어로 쓰이면 「어찌」라는 뜻과 같다. 송나라 소식의 〈자유[蘇轍]가 균에서 〈동헌기〉를 지었는데 혹자는 동헌장로를 위하여 지었다고 놀렸다. ……(子由在筠作東軒記, 或戲之爲東軒長老……)〉「하필이면 눈썹 올림 눈으로 직접 보는 바탕 삼겠는가? 모름지기 천리의 일 바람 같음 알리라.」(何必揚眉資目擊, 須知千里事同風) 송나라 황정견(黃庭堅)의 〈법륜사의 제공에게 드림(贈法輪齊公)〉「늙은이 직접 이를 필요 없이, 자연스레 천리에 곧 바람 같으리.」(不必老夫親到也, 自然千里便同風)

4 북거남래(北去南來): 송나라 진여의(陳與義)의 〈방성에서 여러 형을 모시고 심원정에 앉다(方城陪諸兄坐心遠亭)〉「나그네살이 하느라 하루에 먼지 서 말 마시는데, 북으로 떠나고 남으로 오다가 올해도 끝이 났다네.」(客中日食三斗塵, 北去南來了今歲)

5 구가풍(舊歌風): 송나라 축목(祝穆)의 《고금사문유취(古今事文類聚)》 권35 〈선불부(仙佛部)〉「수청선사에게 어떤 중이 물었다. ……『화상의 가풍이 어떤 것인지요?』 선사가 말하기를 『떡 하나에 바리때 하나면 어느 곳이나 생애지.』라고 하였다.」(守淸禪師有僧問……如何是和尙家風? 曰, 一餠兼一鉢到處是生涯)

60. 次益老韻[1]

익로가 지은 시의 각운자를 써서 짓다

乾坤極處無今古	건곤의 지극한 곳 예와 지금 없고,
道術多岐自短長[2]	학술의 갈래 많음 스스로 단점과 장점 있다네.
儻有新思還告我	만약에 새 생각 있다면 또 내게 알려,
不應無鴈到衡陽[3]	기러기 형양에 이르지 않는 일 없도록 해야 하리.

1 익로(益老): 바로 위의 시에 나온 익공(益公)을 말한다.

2 다기(多岐): 갈림길에 서서 망설이다가 아무런 성취도 없음을 말하는데, 학문의 갈래가 많은 것을 비유하는 말로 쓰인다. 《열자·설부(說符)》「양자(곧 楊朱)의 이웃에 사는 사람이 양을 잃어버렸는데 온 일가를 다 모아놓고 또 양자의 아이종에게도 함께 쫓아갈 것을 청하였다. 양자가 말했다. 『히야! 양 한 마리를 잃어버렸는데 어찌하여 쫓는 사람이 이다지도 많은가?』 그러자 이웃 사람이 말했다. 『갈림길이 많아서입니다.』 돌아옴에 물었다. 『양은 찾았는가?』『잃어버렸습니다.』『어쩌다 잃어버렸는가?』『갈림길 속에 또 갈림길이 있어서 제가 그 간 곳을 몰라 돌아오는 길입니다.』 심도자가 말했다. 큰 길에 갈래가 많아서 양을 잃는다면 배우는 자들은 방법이 많으면 방향을 잃는다.」(楊子之隣人亡羊, 旣率其堂, 又請楊子之豎追之. 楊子曰, 嘻, 亡一羊何追者衆. 隣人曰, 多岐路. 旣反, 問, 獲羊乎. 曰, 亡之矣. 曰, 奚亡之. 曰, 岐路之中, 又有岐焉, 吾不知所之, 所以反也. 心都子曰, 大道以多岐亡羊, 後者以多方喪生)

3 무안도형양(無鴈到衡陽): 형양에는 회안봉(回雁峯)이 있는데, 기러기가 이곳까지 이르렀다가 되돌아온다고 한다. 그래서 「회안단절」(回雁斷絶)은 소식이 끊긴 것을 가리키게 되었다. 곧 소식이 끊어지지 않게 하라는 의미이다. 당나라 왕창령(王昌齡)의 〈목시어께서 유주를 나섬에 부치다(寄穆侍御出幽州)〉「계문에 서신 적다고 말하지 마라, 기러기 날면 오히려 형양에까지 이를 수 있다네.」(莫道薊門書信少, 雁飛猶得到衡陽)

61. 秋日

가을날

一雨生凉杜若洲[1]	한바탕 비로 두약의 모래섬 서늘해졌는데,
月波微漾綠溪流	물결에 비친 달 가볍게 출렁이며 푸른 시내로 흐르네.
茅簷歸去無塵土	띠집으로 돌아오니 흙먼지 없는데,
淡薄閑花遶舍秋[2]	담박하게 핀 한가로운 꽃들이 가을 집 두르네.

1 두약주(杜若洲): 향초의 이름. 두약주는 두약이 나는 모래섬을 말한다. 《초사·구가·상군(九歌·湘君)》「아름다운 모래섬에서 두약 땀이여, 그것 가져다 하녀에게 주려고 하네.」(采芳洲兮杜若, 將以遺兮下女)

2 요사추(遶舍秋): 요(遶)는 요(繞)와 같은 뜻의 이체자이다. 당나라 두보의 〈가을날 완은거가 부추 30묶음을 보내오다(秋日阮隱居致薤三十束)〉「은자의 사립문 안, 밭두둑의 채소 가을 집 두르고 있네.」(隱者柴門內, 畦蔬繞舍秋)

62~63. 放船, 二首[1]

배를 띄우다. 두 수

62

浩蕩清江水[2]　　호탕한 맑은 강물에,
依微綠樹風[3]　　푸른 나무에 부는 바람 가볍기만 하네.
解維春雨外[4]　　봄비 내리는 바깥에서 밧줄 풀고,
弭棹夕陽中[5]　　저녁 놀 속에서 노 멈춘다네.
江草生新徑　　강의 풀 새 오솔길에 나고,
巖花點舊叢　　바위틈의 꽃 옛 떨기에 점점이 있네.
詩翁不愁思[6]　　시 짓는 늙은이 생각 근심스럽지 않으니,
逸興莽何窮　　빼어난 흥취 아득하여 어찌 끝이 있으리.

63

疇昔清溪峽　　지난 날 청계협에서는,
船頭戲彩翰[7]　　뱃머리에서 아름다운 새 놀렸다네.

---

1 이 시는 두 시의 일곱째 구절을 보면 배를 띄우는 그림의 제화시로 지어준 것임을 알 수 있다.

2 호탕(浩蕩): 광활하고 장대한 모양. 진(晉)나라 반악(潘岳)의 〈하양현에서 짓다(河陽縣作)〉「거대한 (황하) 물결 얼마나 호탕한가? 북망산 웅장하고 높이 솟았다네.」(洪流何浩蕩, 脩芒鬱岧嶤)

3 의미(依微): 경미(輕微)와 같은 말. 가볍고 부드러운 모양. 당나라 위응물(韋應物)의 〈장안의 길(長安道)〉「새벽놀 나타났다 사라졌다 하면서 붉은 대궐 놀리고, 봄비는 가볍게 감천궁에서 내리네. 봄비 가벼우나 봄 아직 이르고, 장안의 귀족들 놀이 향기로운 꽃 사랑하네.」(晨霞出沒弄丹闕, 春雨依微自甘泉. 春雨依微春尚早, 長安貴遊愛芳草)

4 해유(解維): 닻줄을 푸는 것을 말한다. 유(維)는 람(纜)과 같은 뜻이다. 곧 배를 출발시키는 것을 말한다.

5 미도(弭櫂): 미는 그치다, 그만두다라는 뜻이다. 《차보》「미는 『수레를 멈추다』라고 할 때의 미와 같은 뜻이다.」(弭, 與弭節之弭同) 《좌전·양공(襄公) 25년》「지금부터는 전쟁이 잠시 동안 없게 될 것이오.」(自今以往, 兵其少弭矣) 진나라의 두예(杜預)는「미는 그친다는 뜻이다.」(弭, 止也)라 하였다.

6 불수사(不愁思): 당나라 두보의 〈이고가 사마제에게 청한 삼수도를 보다(觀李固請司馬弟三水圖〉 제1수「뭇 신선들 근심스런 생각 않고, 너울너울 봉래산으로 내려가네.」(羣仙不愁思, 冉冉下蓬壺)

7 채한(彩翰): 한(翰)은 새의 깃털, 날개라는 뜻이다. 일

十年空往事　　　　십 년 동안 갔던 일 부질없고,
一夢記前灘　　　　한 꿈에서 앞 여울 기억하네.
陡絶垂蒼壁[8]　　　　깎아지른 듯 검푸른 절벽 드리우고,
澄虛列翠巒　　　　맑고 먼 비취빛 봉우리 늘어서 있네.
今宵詩卷裏　　　　오늘 밤 시 두루마리 속에서,
重得縱遐觀　　　　다시 멀리 떠나는 광경 얻었다네.

往年泛舟此峽, 有水鳥數十翙, 集舟前, 舟至轉起, 若相導十餘里乃散

지난해 이 골짜기에서 배를 띄우고 놀 때 물새 수십 마리가 배 앞에 모여 있다가 배가 이르자 돌아서 날아오르는 것이 서로 십여 리나 이끄는 듯하다가 흩어졌다

부를 가지고 전체를 나타내는 말로 쓰였다. 곧 새의 대칭(代稱)으로 쓰였다. 채한은 빛이 고운 새를 말한다.

8 두절(陡絶): 《차의》 「《운회》에서는 『陡』의 음은 『두』이며, 낭떠러지가 가파르게 잘린 것이다라고 하였다. 『말 두』자와 통하여 쓴다.」(韻會 陡, 當口切, 崖壁峭絶也. 通作斗)

64. 水調歌頭[1]

수조가두

富貴有餘樂	부귀하면 즐거움 남음이 있고,
貧賤不堪憂	빈천하면 근심스러워 할 만하지 않네.
誰知天路幽險[2]	누가 하늘의 도리 어둡고 험함 알겠는가?
倚伏互相酬[3]	화와 복 서로 주고 받는다네.
請看東門黃犬[4]	동쪽 성문의 누런 개 보고,

1 《차의》「우조는 (5행 중에) 수에 속하기 때문에 이렇게 불린다. 이 사조는 곧 수양제가 강도에 행차하려할 때 지어진 것으로 성운이 슬프고 처절하다.」(以羽調屬水, 故名. 此調乃隋煬帝幸江都時所製, 聲韻悲切) 《북사(北史)》 권90 〈예술(藝術) 하·만보상전(萬寶常傳)〉「그 때 악인 왕영언 또한 음률에 정묘하고 통달하였다. 대업 말에 양제가 강도로 행차하려고 하는데 왕영언의 아들이 한번은 집 밖에서 호비파를 탄일이 있는데 〈안공자곡〉을 번안한 곡조였다. 왕영언은 그때 침실에 있었는데 그 소리를 듣고 놀라 일어나 말하기를『변고로다! 변고로다!』라 하며 급히 그 아들을 불러 말하였다.『이 곡조는 언제부터 유행하였느냐?』 그 아들이 말하기를『얼마 전부터 유행하였는데요.』라 하였다. 왕영언은 마침내 탄식을 하면서 눈물을 흘리고는 그 아들에게 말하였다.『너는 부디 수행하는 일이 없도록 하라. 황제께서는 반드시 돌아오시지 못할 것이다.』 아들이 그 까닭을 물었더니 왕영언이 말하였다.『이 곡은 궁조로, 가서는 돌아오지 않는다. 궁이라는 것은 임금이므로 내 그것을 아는 것이다. 양제는 결국 강도에서 시해되었다.』(時樂人王令言亦妙達意律. 大業末, 煬帝將幸江都, 令言之子嘗於戶外彈胡琵琶, 作翻調安公子曲, 令言時臥室中, 聞之驚起, 曰, 變! 變! 急呼其子曰, 此曲興自早晚? 其子曰, 頃來有之. 令言遂歔欷流涕, 謂其子曰, 汝愼無從行, 帝必不反. 子問其故, 令言曰, 此曲宮聲往而不反. 宮君也, 吾所以知之. 帝竟被弑於江都) 《수조가두》는 쌍조(雙調) 95자로 이루어진 사(詞)이다.

2 천로유험(天路幽險):「노유」(路幽)는「도이」(道夷)로 되어 있는 판본도 있다. 천로는 원래 천도(天道)와 같은 뜻으로, 하늘의 법칙, 도리라는 뜻이다. 그러나 여기서는 바로 다음의 구절들로 보건대 벼슬길을 비유하는 말로 쓰였다. 후한 반고(班固)의 〈유통부(幽通賦)〉「이미 인 믿음을 얻었음이여, 하늘의 도리 우러르고 궤 같이 한다네.」(旣仁得其信然兮, 仰天路而同軌) 초나라 굴원의 《초사·산귀신(楚辭·山鬼)》「내 깊숙한 대나무 숲에 처하여 하늘 보지 못함이여, 길 험난하여 홀로 나중에 온다네.」(余處幽篁兮終不見天, 路險難兮獨後來) 당나라 한유(韓愈)의 〈8월 15일 밤에 장공조께 드리다(八月十五夜贈張功曹)〉「같은 때의 무리 많이 길에 올랐는데, 하늘의 길 어둡고 험하여 따라 오르기 힘드네.」(同時輩流多上道, 天路幽險難追攀)

3 의복(倚伏):《노자(老子)》「화로만 보이지만 복이 그로 말미암아 생겨나는 수도 있고, 복으로만 보이지만 화가 거기에 도사리고 있을 수도 있다.」(禍前福所倚, 福前禍所伏) 복 속에 화가 있고 화 속에 복이 있어서 화와 복의 변화가 무상함을 말한다. 전화위복, 새옹지마와 같은 뜻. 후한 반고의 〈유통부(幽通賦)〉「어지러움 이와 같이 무성함이여, 북쪽의 늙은이 그 화와 복 번갈아 옴 자못 잘 안다네.」(叛迴穴其若茲兮, 北叟頗識其倚伏)

4 청간(請看):「시문」(試問)으로 되어 있는 판본도 있다. 동문황견(東門黃犬): 진(秦)나라의 승상 이사(李斯)와

更聽華亭淸唳[5]	또 화정의 맑은 울음소리 들어보게나.
千古恨難收[6]	천고의 한 거두기 어렵다네.
何似鴟夷子[7]	어찌 치이자처럼,
散髮弄扁舟[8]	머리 흩뜨리고 조각배 타고 놀겠는가?

鴟夷子	치이자는,
成霸業	패업 이룸에,
有餘謀	지모 충분하였다네.
收身千乘卿相	천승의 경상의 몸 거두어,
歸把釣魚鉤	돌아가 낚싯대 드리우고 고기 낚았다네.
春晝五湖烟浪[9]	봄날 낮에 오호에 안개와 물결 일고,

관련된 고사. 《사기·이사열전(李斯列傳)》「이세(二世; 胡亥) 2년 7월 이사를 오형(五刑)을 갖추어 논죄하고 함양의 저자에서 요참형에 처하였다. 이사는 옥에서 나와 둘째 아들도 함께 잡혀가면서도 그 아들을 돌아보며 말했다.『너와 다시 누런 개를 이끌고 (고향인) 상채(上蔡)의 동문을 나서 토끼를 사냥하고자한들 어찌 될 수 있겠느냐?』마침내 부자는 통곡하였으며, 삼족까지 멸족당하였다」.(二世二年七月, 具斯五刑, 論腰斬咸陽市. 斯出獄, 與其中子俱執, 顧謂其中子曰, 吾欲與若復牽黃犬俱出上蔡東門逐狡兔, 豈可得乎! 遂父子相哭, 而夷三族) 당나라 이백의 〈양양가(襄陽歌)〉「함양의 저자에서 누런 개 한탄하느니, 달 아래서 금빛 술잔 기울임이 어떨까?」(咸陽市上嘆黃犬, 何如月下傾金罍)

5 화정청려(華亭淸唳): 남조 송나라 유의경(劉義慶)의 《세설신어·우회(尤悔)》「육기는 하교에서 패전한 뒤 노지의 참소를 받아 주살당하였다. 처형될 즈음에 탄식하여 말하기를『화정의 학 울음소리를 듣고 싶어도 다시 들을 수 있겠는가?』라 하였다.」(陸平原河橋敗, 爲盧志所讒, 被誅. 臨刑歎曰, 欲聞華亭鶴唳, 可復得乎?) 뜻은 윗 구절의 동문황견(東門黃犬)과 같다.

6 난수(難收):「유유」(悠悠)로 된 판본도 있다.

7 치이자(鴟夷子): 범려(范蠡)를 말한다. 범려는 자가 소백(少伯)이며, 춘추시대 초나라 완(宛) 사람이다. 월나라의 대부로 구천(句踐)을 보좌하여 오나라를 멸망시켰다. 공을 이루자 모든 직위를 버리고 제나라로 들어가 치이자피(鴟夷子皮)라 이름을 바꾸고 민간에 은거하면서 장사를 하여 거부가 되었으며 안락하게 생을 마쳤다. 《사기》의 〈월왕구천세가(越王句踐世家)〉와 〈화식열전(貨殖列傳)〉에 그의 사적이 보인다.

8 하사~편주(何似~扁舟): 《사기·화식열전》의 당나라 사마정(司馬貞)의 주석서인 《색은(索隱)》에서는 이렇게 말하였다.「대안이 말하였다.『술 같은 것을 담는 것이 치이이다. 쓸 때는 많이 받아들이고, 쓰지 않으면 말아서 품을 수 있으니 사물을 거스르지 않는다.』내가 생각건대 《한비자》에서는『치이자피는 전성자를 섬겼는데 전성자가 제나라를 떠나 연나라로 가자 자피는 곧 따라갔다.』라 하였다. 아마 범려일 것이다.」(大顏曰, 若盛酒者鴟夷也, 用之則多所容納, 不用則可卷而懷之, 不忤於物也. 案, 韓子云鴟夷子皮事田成子, 成子去齊之燕, 子皮乃從之也. 蓋范蠡也)라 하였다. 당나라 이백(李白)의 〈옛 시체를 써서(古風)〉「치이자는 어떠한가? 머리 풀어헤치고 조각배 노 젓는다네.」(何如鴟夷子, 散髮棹扁舟)

9 오호연랑(五湖烟浪): 오호는 다섯 호수. 《국어·월어(國語·越語) 하》에 의하면 범려는 관직생활에서 물러난 후 가벼운 배를 타고 오호에 숨었다고 하였는데, 오

秋夜一天雲月	가을 밤엔 온 하늘에 구름과 달이요,
此外儘悠悠[10]	이외에는 모두 유유하다네.
永棄人間事[11]	인간 세상의 일 영원히 버리고,
吾道付滄洲[12]	나의 도 창주에 기탁하려네.

호의 소재지가 어딘지에 대해서는 확실하지 않다. 송나라 양비(楊備)의 〈팽려호 입구(蠡口)〉「월나라 패업의 공과 명성 한가한 세상의 재주, 오호의 안개와 물결에 돛대 하나 펼쳐졌다네.」(霸越勳名閒世才, 五湖煙浪一帆開)

10 진유유(儘悠悠):「갱하구」(更何求)로 되어 있는 판본도 있다.

11 영기인간사(永棄人間事): 영기(永棄)는「기치」(棄置)로 되어 있는 판본도 있다.《사기·유후세가(留侯世家)》「원컨대 인간세상의 일은 버리고 (신선인) 적송자를 좇아 놀고 싶습니다.」(願棄人間事, 欲從赤松子游耳)

12 오도부창주(吾道付滄洲): 창주는 원래 물가를 말하며 또한 은자가 거처하는 곳을 가리킨다. 주희는 만년에 건양의 고정(考亭)에 거처를 정하였는데, 고정은 물가에 있었고 그 안에는 용설주(龍舌洲)라는 섬이 있었다. 주희는 용설주를 창주로 고쳐 불렀으며, 고정에 창주정사를 지었다. 당나라 두보의 〈강물이 불어나다(江漲)〉「가벼운 돛 잘 가는데 편하니, 나의 도 창주에 부친다네.」(輕帆好去便, 吾道付滄洲) 은거하는 것을 말한다.

65. 次袁機仲韻[1]

원기중이 지은 사의 각운자를 써서 짓다

長記與君別[2]	그대와의 이별 오래도록 생각나는데,
丹鳳九重城[3]	붉은 봉황 아홉 겹 궁성에서였다네.
歸來故里愁思[4]	고향으로 돌아와 근심스레 생각하며,
悵望渺難平[5]	아득하여 평평해지기 어려움 슬피 바라보네.
今夕不知何夕[6]	오늘 저녁 어떤 저녁인지 모르겠고,
得共寒潭烟艇	차가운 못의 안개 낀 배 함께 할 수 있으니,
一笑俯空明	함께 웃으며 물에 비친 밝은 달 숙여보네.
有酒徑須醉[7]	술 있으면 빨리 모름지기 취하여,
無事莫關情	일 없으니 마음에 걸리지 않는다네.
尋梅去	매화 찾아 떠나니,

1 원기중(袁機仲)은 원추(袁樞)의 자로, 권4 75번 시의 주 1)에 보인다. 이 사의 사조 또한 앞의 사와 마찬가지로 〈수조가두(水調歌頭)〉이다.

2 장기(長記): 「억석」(憶昔)으로 된 판본도 있다.

3 단봉구중성(丹鳳九重城): 단봉성은 제도(帝都), 곧 서울을 말한다. 당나라 두보의 〈담씨네 둘째 판관을 보냄(送覃二判官)〉「머리 하얗게 센 날에 그대 보내며, 영원히 단봉성 그리워하네.」(餞爾白頭日, 永懷丹鳳城) 구중은 곧 궁궐을 말한다. 천자의 궁궐문은 관문(關門)·원교문(遠郊門)·근교문(近郊門)·성문(城門)·고문(皐門)·고문(庫門)·치문(雉門)·응문(應門)·노문(路門)의 아홉 겹으로 되어 있으므로 이렇게 말한다. 굴원(屈原)의 제자인 송옥(宋玉)의 〈구변(九辯)〉「어찌 답답하게 임금님 생각 않으리오? 임금님의 궁궐 아홉 겹이라네.」(豈不鬱陶而思君兮, 君之門以九重)

4 귀래(歸來): 순희(淳熙) 말에 원추가 권간(權奸)의 모함을 받아 벼슬을 그만두고 건안으로 돌아온 것을 말한다.
수사(愁思): 「창망」(悵望)으로 된 판본도 있다.

5 창망묘난평(悵望渺難平): 「수사묘공평」(愁思眇空平)으로 된 판본도 있다. 해석은 「근심스런 생각 아득하여 부질없이 평평하네.」가 된다.

6 금석~하석(今夕~何夕): 당나라 한유(韓愈)의 〈후씨네 열한 번째와 깜부기를 읊다(同侯十一詠燈花)〉「오늘 저녁 어떤 저녁인지 아는가? 꽃 같이 비단 장막에 있네.」(今夕知何夕, 花然錦帳中)

7 유주경수취(有酒徑須醉): 진나라 도연명의 〈오류선생의 전기(五柳先生傳)〉「이따금 술자리를 마련하여 그를 불렀는데 순식간에 다 비우곤 하였으며 반드시 취하는 데 그 뜻이 있었다.」(或置酒招之, 造次輒盡, 期在必醉)

疏竹外[8]	성긴 대나무 바깥에,
一枝橫	한 가지 비꼈네.
與君吟弄風月[9]	그대와 함께 바람과 달 읊조리고 놀며,
端不負平生	단정함 평생 저버리지 않았다네.
何處車塵不到	어느 곳인들 수레에서 이는 먼지 이르지 않겠는가?
有箇江天如許	하늘 같은 땅 있으니,
爭肯換浮名[10]	어찌 기꺼이 부질없는 이름과 바꾸겠는가?
只恐買山隱[11]	다만 두렵기는 산을 사서 숨어,
却要煉丹成	오히려 단약 달여 이루려 함이네.

8 죽외지(竹外枝): 송나라 장도흡(張道洽)의 〈매화(梅花)〉「듬성듬성 대나무 밖의 가지, 물가의 울타리 짤막짤막하다네.」(疎疎竹外枝, 短短水邊籬

9 여군음(與君吟): 「차시취」(此時吹)로 된 판본도 있다.

10 쟁긍환부명(爭肯換浮名): 《차의》「어찌 기꺼이 이런 경계를 부질없는 명예와 바꾸어 취할 수 있겠는가?라는 것을 말한다.」(謂寧肯以此境界換取浮名乎)

11 매산은(買山隱): 남조 송나라 유의경의 《세설신어·배조(排調)》「지도림이 다른 사람을 통하여 심공에게서 인산을 사려고 하였더니, 심공이 말하기를 『소보와 허유가 산을 사서 은거하였다는 소리는 아직까지 들어본 적이 없습니다.』라 하였다.」(支道林因人就深公買印山. 深公答曰, 未聞巢 · 由買山而隱!) 당나라 이백(李白)의 〈북산에서 홀로 잔질을 하며 위씨네 여섯째에게 부치다(北山獨酌寄韋六)〉「소보와 허유, 은 사서 숨었단 말 듣지 못했다네.」(巢父將許由, 未聞買山隱) 《당시기사(唐詩紀事)》 권51「부대(符戴)는 여산에 거처하였는데 삼척동자에게 수폭의 편지를 가지고 가게하여 우적에게 백만 전에 산을 살 것을 구하니 우적은 즉시 그에게 주었다.」(載居廬山, 遣三尺童子持數幅書, 乞買山錢百萬於于頔, 于頔與之)

66. 滿江紅. 劉知郡生朝[1]

만강홍. 유지군의 생신날에

秀野詩翁	수야 시 짓는 늙은이,
念故山、十年乖隔[2]	고향 산천 생각하니 10여 년이나 떨어져 있어,
聊命駕、朱門舊隱	문득 멍에 지우라 하니 옛 은거지 대문 붉고,
綠槐新陌	새 길에는 홰나무 푸르다네.
好雨初晴仍半暖[3]	좋은 비 갓 개고 이에 반쯤 따뜻해졌는데,
金缸玉斝開瑤席[4]	금 항아리 옥 술잔에 구슬 자리 펼쳤다네.
更流傳、麗藻借江天[5]	다시 널리 전하여 아름다운 문장 강과 하늘 빌려,
留春色	봄 경치 남겼다네.
過里社[6]	마을의 사당 지나며,

1 이 사의 제목은 〈지부이신 유씨 어르신의 백 세 천 세의 장수를 누릴 수 있기를 위하여(爲知府劉丈百千之壽)〉라고 되어 있는 판본도 있다.
《차의》「만강홍은 고악부이다. 유지군은 수야이다. 생조는 생일이다.」(滿江紅, 古樂府. 劉知郡, 秀野. 生朝, 生日) 《차보》「만강홍은 송·원 악부로 모두 옛 명칭이 아니니 고악부라고 하는 것은 마땅하지 않다. 여러 사가 모두 그렇다.」(滿江紅, 宋元樂府皆非古名, 恐不當稱古樂府. 諸詞皆同)
《차의》에서 「고악부」라 한 것은 《차보》에서와 같이 그냥 사(詞)라는 의미로 사용한 것 같다. 《만강홍》은 쌍조 93자로 이루어진 사이다. 수야(秀野)는 유온(劉韞)의 자이다. 유온에 대해서는 권3 32번 시의 주 1)을 보라.

2 괴(乖): 「길 영」(永)자로 된 판본도 있다.

3 잉반(仍半): 「하사」(何乍)로 되어 있는 판본도 있다. 「하사난」(何乍暖)은 「어찌 언뜻 따뜻해지겠는가?」라는 뜻이 된다.

4 금항옥가(金缸玉斝): 가(斝)는 옛날의 주기(酒器)인데, 나중에는 술잔을 가리키는 말로 쓰이게 되었다. 《시경·대아·행위(行葦)》「술잔을 올리기도 하고, 권하며 술잔을 씻고 잔을 올리기도 하네」(或獻或酢, 洗爵奠斝) 주희의 주석 「가는 술잔인데, 하나라에서는 잔이라 하고, 은나라에서는 가라 하고, 주나라에서는 작이라 하였다.」(斝, 爵也. 夏曰醆, 殷曰斝, 周曰爵) 《차의》「《운회》에서는 음은 항이며 『瓨』이라고도 한다라 하였다. 《사기·화식열전》에 『초장 천 항아리』라는 말이 있는데, 주석에서는 『목이 긴 항아리이다. 10되를 담을 수 있다. 옥가는 옥 술잔으로 6되를 담을 수 있다.』라고 하였다.」(韻會, 缸湖江反. 或作瓨. 貨殖傳, 醯醬千瓨. 註, 長頸罌. 受十升. 玉斝, 玉爵, 受六升)

5 여조(麗藻): 아름다운 문장. 진(晉)나라 육기(陸機)의 〈문부(文賦)〉「문장의 숲에서 놀며, 아름다운 문장 즐겁게 여긴다네.」(游文章之林府, 嘉麗藻之彬彬)

6 이사(里社): 원래의 뜻은 마을에서 토지신을 제사지

將兒姪	아이와 손자 이끌고,
談往事[7]	지난 일 이야기하며,
悲陳迹[8]	묵은 자취 슬퍼하네.
喜尊前見在[9]	어른 앞에서 아직 살아계심 기뻐하는데,
鏡中如昔	거울 속 모습 옛날과 같네.
兩鬢全欺煙樹綠[10]	양쪽 귀밑머리 안개 낀 나무의 푸르름 완전히 속이고,
方瞳好暎寒潭碧[11]	모난 눈동자 차가운 못의 짙푸름 잘 비치네.
但一年、一度一歸來[12]	다만 1년에 한 차례 한 번 돌아오니,
歡何極	기쁨 어찌 끝이 있겠는가?

내는 사당이라는 뜻인데 여기서는 향리(鄕里)를 가리키는 말로 쓰였다. 《좌전·소공(昭公) 25년》「청컨대 천사를 드리고 임금의 명을 기다리겠습니다.」(請致千社, 以待君命) 두예(杜預)의 주석「25가가 사이다.」(二十五家爲社) 당나라 공영달의 주석[疏]「25가가 리이므로 25가를 사라 함을 알 수 있다.」(以二十五家為里, 故知二十五家為社也)

7 장아질담왕사(將兒姪談往事): 송나라 주송(朱松)의 〈밤에 앉아(夜坐)〉「앉아서 아이들 지난 일 말하는 것 들으며, 세상에서 마음 모두 잊음 다시 깨닫는다네.」(坐聽兒曹談往事, 世間更覺總忘情)

8 진적(陳迹): 진나라 왕희지(王羲之)의 〈난정기(蘭亭記)〉「저번에 좋아하던 것이 잠깐 사이에 묵은 자취가 되었으니 더욱이 그 감회를 일으키지 않을 수 없다.」(向之所欣, 俛仰之間, 以爲陳迹, 尤不能不以之興懷)

9 존전견재(尊前見在): 《차보》「권8의 제10판 《차의》의 주석을 보라.」(見八卷十板箚疑) 곧 권8의 38번 시를 말한다.

10 기(欺): 여기서는 낫다, 능가하다의 뜻으로 쓰였다.

11 방동(方瞳): 네모난 눈동자. 옛날 사람들은 모난 눈동자를 장수할 상으로 보았다. 진나라 왕가(王嘉)의 《습유기·주령왕(拾遺記·周靈王)》「머리카락이 누런 늙은이 다섯이 있었는데 …… 눈동자가 모두 모났으며 얼굴빛은 옥처럼 깨끗하였다. 손에는 푸른 대지팡이를 잡고서 노자와 함께 천지의 운수에 관한 이야기를 하고 있었다.」(有黃髮老叟五人……瞳子皆方, 面色玉潔, 手握靑筠之杖, 與聃共談天地之數)

12 일년일도일귀래(一年一度一歸來): 송나라 왕안석(王安石)의 〈매화(梅花)〉「다만 봄바람 가장 안타까우니, 1년에 한 차례 한 번씩만 돌아온다네.」(唯有春風最相惜, 一年一度一歸來)

67. 回文[1]

회문시

晩紅飛盡春寒淺[2]	늦게 피는 꽃 다 날려 떨어지니 봄 추위 얕아지고,
淺寒春盡飛紅晩[3]	추위 얕아져 봄 다 되니 늦게 핀 꽃 날리네.
尊酒綠陰繁	동이 술에는 짙은 녹색 많고,
繁陰綠酒尊	짙은 그늘에 푸른 술동이 놓여 있네.
老仙詩句好[4]	늙은 신선 시 구절 좋고,
好句詩仙老	좋은 구절 시 짓는 신선 늙은이가 지은 것이라네.
長恨送年芳	꽃다운 나이 보냄 한스러워하고,
芳年送恨長	꽃다운 나이 긴 한탄 보낸다네.

1 회문(回文)은 글자의 배열이 앞뒤로 같은 것을 말한다. 이 사도 두 구절씩 앞뒤로 배열 순서를 같이 하여, 앞으로 읽어도 되고 뒤로 읽어도 되도록 하였다. 《차보》「(당나라) 피일휴의 〈잡체시〉의 서문에서는 『진나라 온교 때 비로소 회문시가 있었다.』라 하였다.」(皮日休雜體詩序, 晉溫嶠始有回文詩) 이 사의 사패는 쌍조 44자로 된 〈보살만(菩薩蠻)〉이다.

2 만홍(晩紅): 개화시기가 늦은 꽃. 홍(紅)은 보통 각종 꽃을 가리키는 말로 쓰인다.

3 비홍(飛紅): 낙화(落花)와 같은 뜻.

4 노선(老仙): 수야 유온을 가리킨다. 아래 구절의 시선도 마찬가지이다.

68. 次圭父回文韻[1]

유규보의 회문시의 각운자를 써서 짓다

暮江寒碧縈長路	저녁 강 차고 짙푸른데 긴 길 얽혀 있고,
路長縈碧寒江暮	길 길고 짙푸름 얽혔는데 차가운 강 저녁 되었네.
花塢夕陽斜	꽃 핀 둑에 석양 비끼고,
斜陽夕塢花	비낀 햇볕 저녁 둑에 꽃 피었다네.
客愁無勝集[2]	나그네 시름 이루 다 모으지 못하는데,
集勝無愁客	빼어난 경치 모으니 나그네 시름 없다네.
醒似醉多情	술 깨니 다정함에 취한 듯하고,
情多醉似醒	정 많으니 취한 듯 깬 듯하네.

1 이 시의 제목은 〈보살만. 회문(菩薩蠻, 回文)〉으로 되어 있고, 「규보가 지은 시의 각운자를 쓰다」(次圭父韻)라는 주석이 붙어 있는 판본도 있다. 규보(圭父): 유규(劉珪)의 자. 유규는 권2 161번 시의 주 1)에 보인다.

2 승(勝): 여기서는 「다될 진」(盡)자의 뜻으로 쓰였다.

69. 用傅安道和朱希眞梅詞韻[1]

부자득이 주돈유의 〈진매〉라는 사에 화답한 운각을 써서 짓다

臨風一笑	바람 맞아 한번 웃으며,
問羣芳、誰是眞香純白	뭇 꽃들에게 묻네, 누가 참된 향기에 순백색이냐고.
獨立無朋算只有	홀로 서서 벗 없음 생각해보니 다만
姑射山頭仙客[2]	막고야산 어귀의 신선 나그네 뿐이라네.
絶艶誰憐	빼어난 아름다움 누가 사랑하는가?
眞心自保[3]	참된 마음 절로 지키는데,
邈與塵緣隔	아득히 속세의 인연과는 떨어졌다네.
天然殊勝	천연의 모습 특히 뛰어나,
不關風露冰雪	바람이나 이슬, 얼음과 눈 생각 않는다네.
應笑俗李麤桃[4]	응당 웃겠네, 속된 오얏꽃과 거친 복사꽃

1 안도(安道)는 「지킬 수」(守)자로 된 판본도 있다. 이 사는 쌍조(雙調) 100자로 된 〈염노교(念奴嬌)〉의 사조를 써서 지은 사이다. 〈염노교〉의 사조는 달리 〈대강동거(大江東去)〉, 〈뇌강월(酹江月)〉 그리고 〈백자령(百字令)〉이라고도 한다.
부안도(傅安道): 부자득(傅自得)의 자이다. 부자득은 권2 3번 시의 주 1)에 보인다.
주희진(朱希眞): 주돈유(朱敦儒: 1081~1151)의 자이다. 하남(河南: 지금의 洛陽) 사람으로 호는 암학노인(巖壑老人), 또는 이수노인(伊水老人)이라 하였으며 당시에 낙천선생(洛川先生)으로 불렸다. 송나라 소흥 연간에 시와 사로 이름을 떨쳤으며, 여러 차례 조정의 부름을 받았으나 응하지 않았으며 난리로 남도하여 양광(兩廣) 지역을 전전하였다. 소흥 2년(1132)에 부름에 응하여 비서성정자가 되었으며 얼마 후 절동로제형(浙東路提刑)에 임명되었다. 주전파인 이광(李光)과 내왕하다가 파면되었으며, 주화파인 진회(榛會)의 농락에 걸려들어 다시 홍로소경(鴻臚少卿)에 임명되기도 하였으나 진회가 죽자 폐출(廢黜)되었다.

2 고야(姑射): 신선 막고야를 말한다. 《장자·소유유(逍遙遊)》「막고야라는 산에 신비한 사람이 살고 있다. 살과 피부는 마치 얼음과 같고, 부드럽고 아름답기는 마치 처녀와 같다. 오곡을 먹지 않고 바람을 들이마시고 이슬을 먹는다. 구름을 타고 나는 용을 몰며 이 땅 밖에 나가서 논다.」(藐姑射之山, 有神人居焉. 肌膚若冰雪, 綽約若處子, 不食五穀, 吸風飮露, 乘雲氣, 御飛龍, 而遊乎四海之外)

3 진(眞): 「곧을 정」(貞)자로 된 판본도 있다.

4 속리추도(俗李麤桃): 송나라 소식의 〈정혜원 동쪽에 우거하고 있는데 잡꽃이 온산에 가득 피었다. 해당화

無言翻引得狂蜂輕蝶[5]	말 않아도 나부끼며 미친 듯한 벌 가벼운 나비 끌어 얻음
爭似黃昏	어찌 황혼 같으리.
閑弄影、淸淺一溪霜月[6]	한가로이 그림자 놀리고 맑고 얕은 한 시내의 서리와 달이겠는가?
畫角吹殘[7]	그림 뿔나팔 남은 꽃잎에 불어,
瑤臺夢斷[8]	구슬 같은 누대 꿈 끊어지더니,
直下成休歇	곧장 떨어져 쉬게 되네.
綠陰靑子[9]	푸른 그늘의 파란 열매,
莫敎容易披折	쉬 쓰러지고 꺾이게 하지 말게나.

한 그루가 있었는데 토착민들은 귀한 줄을 몰랐다(寓居定惠院之東, 雜花滿山, 有棠一株, 土人不知貴也)〉「싱긋 대나무 울타리 사이에서 한번 웃으니, 산에 어지러이 핀 복사꽃과 오얏꽃이 모두 거칠고 속되다네.」(嫣然一笑竹籬間, 桃李漫山總麤俗)

5 무언~경접(無言~輕蝶): 《사기·이장군열전(李將軍列傳)》「속담에서 말하기를 『복사꽃과 오얏꽃은 아무 말도 하지 않지만 그 아래에는 절로 오솔길이 생긴다.』라 하였다.」(諺曰, 桃李不言, 下自成蹊)

6 황혼~상월(黃昏~霜月): 《차의》「권3의 18판 『미월황혼』의 아래를 보라.」(見三卷十八板微月黃昏下) 권3 90번 시 〈유온(劉韞)이 지은 조매 시의 각운자를 써서(次韻劉秀野早梅)〉의 넷째 구절을 말한다.

7 화각(畫角): 옛날의 관악기로 서강(西羌)족으로부터 전하여졌다. 형태는 대나무 통 같은데 아래쪽은 가늘고 끝은 크며 죽목이나 피혁 등으로 만들고 표면에는 채색 그림이 있어서 화각이라 부른다. 소리가 구성지고 높아서 군중이나 새벽을 알릴 때 주로 쓰인다. 송나라 진관(秦觀)의 〈황법조의 건계의 매화를 생각하다라는 시에 화답하다(和黃法曹憶建溪梅花)〉「떨어지는 달 삼성에 비끼니 그림 새긴 뿔나팔 소리 구슬프고, 그윽한 향기 다 잠기니 사람 늙게 하네.」(月落參橫畫角哀, 暗香鎖盡令人老)

8 요대(瑤臺): 눈이 쌓인 누대를 가리킨다. 남조 송나라 사혜련(謝惠連)의 〈설찬(雪贊)〉「기운 두루 미치고 서리 많은데, 해 풍년 들고 눈 쌓였다네. …… 권세 눈 덮인 누대에 비루하니, 잠깐 한 자 남짓 밟아보네.」(氣徧霜繁, 年豐雪積……權陋瑤臺, 暫踐盈尺) 이 구절은 매화꽃이 진 것을 말하였다.

9 청자(靑子): 청매(靑梅)를 가리킨다.

70. 和西江月[1]

서강월에 화답하다

睡處林風瑟瑟[2]	잠든 곳 숲의 바람 솔솔 불어와,
覺來山月團團	깨어보니 산의 달 둥글둥글하네.
身心無累久輕安[3]	몸과 마음 속박되지 않아 오래도록 가볍고 편안한데,
况有清凉池館	하물며 맑고 시원한 못가의 집이겠는가?
句穩翻嫌白俗	싯구 평온함 도리어 백거이 속됨 싫어하고,
情高却笑郊寒[4]	정조 높아 오히려 맹교 차가움 웃는다네.
蘭膏元自少陵殘[5]	난초 기름 원래 두보 때부터 꺼졌고,
好處金章不換[6]	좋은 곳 금 문장 바꾸지 않는다네.

1 《차의》「〈서강월〉은 고악부이다.」(西江月古樂府) 〈서강월〉은 쌍조 50자로 이루어진 사조(詞調)의 이름이다.

2 림(林): 「창 창」(窗)자로 된 판본도 있다.

3 경안(輕安): 송나라 진사도(陳師道)의 〈요선생이 의산으로 돌아감에 송별하다(送姚先生歸宜山)〉 제2수 「타고난 기품 조용하고 마음 맑으며 얼굴에서 붉은 빛 발하는데, 평상 내려와 지팡이 던져버리니 가볍고 편안함 느끼네.」(宇定心淸面發丹, 下牀投杖覺輕安) 송나라 소식의 〈주동혜의 석요라는 시의 각운자를 써서 짓다(次韻周穜惠石銚)〉「예로부터 소 한 마리 담을 수 있는 큰 솥 발 많이 부러지니, 다리 없음이 가볍고 편안함 알아야 하리니.」(自古函牛多折足, 要知無脚是輕安)

4 백속·교한(白俗·郊寒): 백과 교는 각각 당나라 때의 시인 백거이(白居易)와 맹교(孟郊)를 가리킨다. 송나라 소식의 〈유자옥에게 바치는 제문(祭柳子玉文)〉「원진은 경박하고 백거이는 속되며, 가도는 메말랐고 맹교는 차갑다. 맑은 소리를 울리며 한번 읊조리는데, 뭇사람들이 지은 것은 낮고 비루하다.」(元輕白俗, 島瘦郊寒. 嘹然一吟, 衆作卑陋)

5 난고~능잔(蘭膏~陵殘): 난고는 난초의 향기를 입힌 기름으로, 여기서는 등불을 가리킨다. 《초사·혼을 부름(招魂)》「난초 기름으로 촛불 밝히니, 고운 얼굴 갖추어졌네.」(蘭膏明燭, 華容備些) 주희는 「난고는 난초의 향기로 기름을 정련하는 것이다.」(蘭膏, 以蘭香煉膏也)라 하였다. 《신당서·두보전(杜甫傳)》의 찬(贊) 「다른 사람들은 부족하였지만 두보는 남음이 있었으며 기름이 남고 향기가 넘쳐 후세 사람들에게 큰 영향을 끼쳤다.」(它人不足, 甫乃厭餘, 殘膏賸馥, 沾丐後人多矣) 이 구절은 두보의 뒤로는 참된 시인이 끊겼음을 말한다.

6 호처~불환(好處~不換): 금장(金章)은 화려한 시문을 말한다. 《차의》「시가 좋은 곳에 이르면 부귀와도 바꾸지 않으니 천 수의 시를 가지고 만호의 제후를 가볍게 여긴다는 뜻과 같다.」(謂詩到好處, 富貴不換, 猶千首詩輕萬戶侯之意)

71. 又

또 짓다

堂下水浮新綠　　대청 아래 물에 새로운 푸른 기운 떠 있고,
門前樹長交枝　　문 앞의 나무 큰데 가지 얽혀 있네.
晩凉快寫一篇詩　　저녁 서늘할 때 한 편 시 시원하게 써내니,
不說人間憂喜　　인간 세상 근심과 기쁨 말하지 않네.

身老心閑益壯[1]　　몸 늙었어도 마음 한가로워 더욱 씩씩하고,
形臞道勝還肥[2]　　몸 말랐어도 도 빼어나고 또 윤택해졌다네.
軟輪加璧未應遲[3]　　부드러운 바퀴에 구슬 장식 더하여 늦지 않을 것이니,
莫道前非今是[4]　　예전이 그르고 지금이 옳다고 말하지 말게나.

---

1 신로심한익장(身老心閒益壯): 송나라 소식의 〈황정견의 향을 사르다라는 시에 화답하다(和黃魯直燒香)〉「한 줄기 연기 사라지고 불 차가워졌는데, 반평생 몸 늙자 마음 한가로워졌다네.」(一炷煙消火冷, 半生身老心閒) 당나라 왕발(王勃)의 〈등왕각 시의 서문(滕王閣詩序)〉「늙으면 더욱 씩씩해져야 하리니 어찌 머리 흰 늙은이의 마음을 옮기겠는가?」(老當益壯, 寧移白首之心)

2 도승환비(道勝還肥): 《한비자·유로(喩老)》「자하가 증자를 만났을 때 증자가 물었다.『그대는 어찌하여 그렇게 살이 찌게 되었는가?』대답하여 말하기를『싸움에 이겼기 때문에 살이 쪘다네.』이에 증자가 말하기를『무엇을 말하는 것인가?』라 하니 자하가 말하였다.『나는 집안에서는 선왕의 의를 보면 영화로 삼았지만 나가서는 부귀로운 자의 즐거움을 보면 또 이를 영예로 여겼다네. 이 두 가지가 내 가슴 속에서 싸우며 승부를 가리지 못하였기 때문에 말랐었다네. 지금은 선왕의 의가 이겼기 때문에 살이 찌게 된 것이라네.』」(子夏見曾子. 曾子曰, 何肥也? 對曰, 戰勝, 故肥也. 曾子曰, 何謂也? 子夏曰, 吾入見先王之義則榮之, 出見富貴之樂又榮之, 兩者戰於胸中, 未知勝負, 故臞. 今先王之義勝, 故肥)

3 연륜가벽(軟輪加璧): 연(軟)자는「부들 포」(蒲)자로 된 판본도 있다. 《한서·무제본기(武帝本紀)》「사자를 보내어 바퀴를 부들로 싼 안거와 비단 열 묶음에 벽옥을 더하여 노나라 신공을 불렀다.」(遣使者安車蒲輪, 束帛加璧, 徵魯申公) 당나라의 안사고(顔師古)는「부들로 바퀴를 싸서 편안함을 취한 것이다.」(以蒲裹輪, 取其安也)라 하였다.

4 전비금시(前非今是): 진나라 도연명(陶淵明)의 〈돌아가자꾸나(歸去來辭)〉「이미 가버린 것 간하지 못함 깨달았고 올 것 쫓을 만함 알았다네. 실로 길 잘못 듦 멀지 않았으니 지금이 옳고 지난날이 잘못되었음 깨달았다네.」(悟已往之不諫, 知來者之可追. 實迷塗其未遠, 覺今是而昨非)

72. 江檻詞[1]

강함사

暮雨朝雲不自憐[2]	저녁 비 아침 구름 스스로 어여삐 여기지 않고,
放教春漲綠浮天[3]	봄에 물 불어나고 푸르름 하늘에 뜨게 하네.
秖今畫閣臨無地[4]	지금 그림 누각 임하는 곳 없는데,
宿昔新詩滿繫船[5]	잠깐 만에 새 시 묶어둔 배에 가득해지네.
青鳥外	푸른 새는 멀어지고,
白鷗前	흰 갈매기는 다가오는데,
幾生香火舊因緣[6]	향불 몇 번이나 피어올랐으며 인연 오래되었던가?
酒闌山月移雕檻	술기운 올랐을 때 산의 달 조각한 난간으로 옮겨 가는데,

1 이 사의 제목은 〈자고천·제강함(鷓鴣天·題江檻)〉으로 되어 있는 판본도 있다. 「강함」은 누대의 강쪽으로 난 난간을 말한다. 〈자고천〉은 쌍조 55자로 이루어진 사조이다.

2 모우조운(暮雨朝雲): 송나라 소옹(邵雍)의 〈처음과 끝을 같은 구절로 읊음(首尾吟)〉 제123수 「저녁 비 아침 구름 겨우 한 나절, 봄 꽃 가을 잎 때 많지 않다네.」(暮雨朝雲纔半日, 春華秋葉未多時)

3 방교(放教): 임사(任使)와 같은 뜻. 임용하여 부리다. 방(放)과 교(教)는 호문(互文)으로 처음에는 연용하여 쓰이다가 하나의 용어가 되었다. 「하여금 사」(使)자와 같은 뜻이다.

녹부천(綠浮天): 송나라 양시(楊時)의 〈풍성을 지나다(過豐城)〉 「맑은 강 아득하게 푸름 하늘에 떠 있고, 사물 넓은데 옛 현인 이을 사람 없다네.」(清江渺渺綠浮天, 博物無人繼昔賢)

4 임무지(臨無地): 당나라 두보의 〈초각(草閣)〉 「초각 임하는 곳 없는데, 사립문 언제나 걸려 있지 않다네.」(草閣臨無地, 柴扉永不關)

5 숙석(宿昔): 단석(旦夕)과 같다. 조만간, 경각과 같은 뜻.

만계선(滿繫船): 당나라 두보의 〈가을날 기부에서 마음 속을 읊어 정감과 이빈객에게 삼가 일백 운자를 써서 부친다(秋日夔府詠懷, 奉寄鄭監李賓客一百韻)〉 「씩씩한 검 갑 여니 울리고, 뭇 서적들은 묶인 배에 가득하네.」(雄劍鳴開匣, 羣書滿繫船)

6 기생~인연(幾生~因緣): 기생향화(幾生香火)에 대해서는 권2 110번 시 〈언집과 충보를 받들어 모시고 함께 서암산에서 놀다가 삼가 보전사군께서 남기신 제목의 각운자를 써서 짓는다(奉陪彥集充父同游瑞巖謹次莆田使君留題之韻)〉의 여섯째 구절을 보라. 인연(因緣)에 대해서는 권7 46번 시 〈장언보가 서현원에서 지은 시의 각운자를 써서 짓다(次張彥輔棲賢之作)〉의 넷째 구절을 보라.

歌罷江風拂玳筵[7]　　노래 끝나니 강 바람 대모 자리 떤다네.

7 대연(玳筵): 대모(玳瑁)로 만든 자리를 말한다. 호화롭고 진귀한 자리를 표현할 때 쓰는 말. 《차의》「이경현의 시에 높은 은혜 대모 자리 준다네.」(李敬賢詩, 崇恩給玳筵) 이경현은 미상.

73. 又

또 짓다

已分江湖寄此生[1]	이미 강호에 이 생애 맡김 분수에 맞다 여기어,
長蓑短笠任陰晴[2]	긴 도롱이 짧은 삿갓 흐리고 개임에 맡겨두네.
鳴橈細雨滄洲遠	가랑비에 노 울리니 창주 멀고,
繫舸斜陽畫閣明	묶인 배에 해 비끼니 그림 누각 밝다네.
奇絶處	기이하고 빼어난 곳,
未忘情	정 잊지 않았는데,
幾時還得去尋盟[3]	어느 때나 다시 맹세 다지러 갈 수 있겠는가?
江妃定許捐雙佩[4]	강비 정녕코 한 쌍 패옥 줌 허락하였거늘,
漁父何勞笑獨醒[5]	어부 어찌 수고로이 홀로 깨어 있음 웃겠는가?

1 분(分): 달게 여기다. 《문선》 조식(曹植)의 〈상책궁응조시표(上責躬應詔詩表)〉「스스로 머리털이 누런 늙은이가 됨을 달갑게 여기며 규홀을 잡는 바람은 영원히 없습니다.」(自分黃耈, 永無執珪之望) 당나라의 이선(李善)은「분은 달갑고 흔쾌히 여기는 것을 이른다.」(分, 謂甘愜也)라 하였다.

2 이 구절의 뜻은 비가 오면 긴 도롱이를 걸치고, 날이 개면 짧은 삿갓을 쓴다는 것이다.

3 심맹(尋盟): 옛 우호를 계속하여 이어 닦는다는 뜻이다. 《좌전·애공(哀公) 12년》「이제 그대가 반드시 맹약을 굳게 해야한다 하시는데, 맹약을 굳게 할 수가 있다면 또한 그만 둘 수도 있습니다.」(今吾子曰, 必尋盟, 若可尋也, 亦可寒也)

4 강비~쌍패(江妃~雙佩): 강비는 전설상의 신녀이다. 한나라 유향(劉向)의 《열선전(列仙傳)》 권 상 〈강비이녀(江妃二女)〉「강비라는 두 여인은 어느 곳 사람인지 모른다. 강수와 한수의 기슭으로 놀러 나왔다가 정교보를 만났는데, 그녀들이 마음에 들어 기뻐하였지만 신녀인 줄은 몰랐다. …… 손수 패옥을 풀어 정교보에게 주었다. 정교보는 기뻐하면서 그것을 받아 가슴 한가운데에 품었다. 수십 걸음을 급히 간 뒤에 패옥을 살펴보았더니 가슴은 텅 빈 채 패옥은 온 데 간 데 없었으며, 두 여인을 돌아보았더니 어느덧 보이지 않았다.」(江妃二女者, 不知何所人也. 出遊於江漢之湄, 逢鄭交甫, 見而悅之, 不知其神人也……手解佩以與交甫. 交甫悅, 受而懷之中當心. 趨去數十步, 視佩, 空懷無佩, 顧二女, 忽然不見) 이로부터「강비패」(江妃佩)는 여자가 남자에게 애정을 표시하면서 주는 물건을 가리키게 되었다. 이 구절에서는 신녀가 그가 돌아오는 것을 기뻐하리라는 것을 말한다.

5 어부~소독성(漁夫~笑獨醒): 초나라 굴원의 〈어부(漁夫)〉「온 세상이 모두 흐린데 나 홀로 맑고, 뭇사람들이 다 취하였으나 나 홀로 깨었습니다. 이 때문에 추방을 당하였습니다.」(擧世皆濁我獨淸, 衆人皆醉我獨醒, 是以見放)

74. 浣溪沙. 次秀野酴醿韻[1]

완계사. 유온의 〈도미〉의 각운자를 써서 짓다

壓架年來雪作堆[2]	가지 눌러 근년에 눈 쌓이게 하고,
珍蘗也是近移栽[3]	진기한 떨기 또한 근자에 옮겨 심어,
肯令容易放春回	기꺼이 쉽사리 봄 되돌아오게 하겠는가?
却恐陰晴無定度[4]	오히려 흐리고 갬 정해진 법도 없음 걱정하여,
從教紅白一時開	이에 붉고 흰 한꺼번에 피게 하였으니,
多情蜂蝶早飛來	다정스레 벌과 나비 일찍 날아오네.

1 《차의》「〈완계사〉는 고악부이다.」(浣溪沙古樂府) 완계사는 완사계(浣沙溪) 또는 완계사(浣溪紗)라고도 하며, 본래는 당나라 교방곡(敎坊曲)의 이름이었는데 나중에 사패(詞牌: 사조의 제목)가 되었다. 쌍조이며 42자이다. 도미는 「荼蘼」라고도 한다. 권1 18번 시를 참조하라.

2 설(雪): 「물총새 취」(翠)자로 되어 있는 판본도 있다.

3 총(蘗): 「떨기 총」(叢)자와 같은 뜻의 이체자. 「叢」자로 되어 있는 판본도 있다.

4 각(却): 「다만 지」(只)자로 되어 있는 판본도 있다.

75. 好事近[1]

호사근

春色欲來時	봄 풍경 오려할 때,
先散滿天風雪	먼저 온 하늘에 눈보라 뿌리네.
坐使七閩松竹[2]	칠민의 대나무와 소나무로 하여금,
變珠幢玉節[3]	구슬 같은 가지와 옥 부절로 변하게 하네.
中原佳氣鬱葱葱	중원의 아름다운 기운 빽빽하고,
河山壯宮闕	강과 산에 궁궐 씩씩하다네.
丞相功成千載[4]	승상의 공 천년에 이루어져,

1 《차의》「고악부이다.」(古樂府) 호사근은 사조 이름으로 〈조선적(釣船笛)〉 또는 〈취원지(翠園枝)〉라고도 하며, 쌍조 45자이다.

이 사는 소희(紹熙) 5년(1194) 겨울 주희가 시강(侍講)에서 파직되어 민(閩)으로 돌아와 무이정사에 있을 때 지은 것이다. 《송원학안》 권69 〈창주제유학안(滄州諸儒學案) 상〉에 의하면 「소희 5년 …… 주자는 한탁주(韓侂胄)의 심기를 거슬러 파직되어 귀향하였는데 추관(推官)인 옥봉(玉峯) 장종열(張宗說) 선생이 동료들을 거느리고 무이(武夷)까지 전송해주었으며, 정사에 모여 이 일을 언급하자 분(憤)이 격렬해졌다. 주자가 탄식하며 말하였다. 『암부(巖夫: 장종열의 자)하고만은 실로 말을 할 만하다.』 그를 위하여 술자리를 마련하고 즐거움을 다하였으며 또한 악부(樂府) 1결(闋)을 써주고 문인들에게 노래하게 하여 주었다.」라는 말이 있는데 곧 이 사이다.

2 칠민(七閩): 《주례·하관·직방씨(周禮·夏官·職方氏)》 「그 나라를 국과 도, 비, 사이, 팔만, 칠민, 구학, 오융, 육적의 백성으로 구별하였다.」(辨其邦國、都、鄙、四夷、八蠻、七閩、九貉、五戎、六狄之人民) 당나라 가공언(賈公彥)의 주석[疏]에서는 「숙웅은 복수에서 오랑캐처럼 거처하였는데, 나중에 아들들에 의해 일곱 종족으로 나뉘어졌으므로 칠민이라고 한다.」(叔熊居濮如蠻, 後子從分爲七種, 故謂之七閩)라 하였다. 곧 지금의 복건(福建) 지역이다.

3 주당옥절(珠幢玉節): 얼음과 눈에 뒤덮인 나뭇가지를 형용하는 말. 당(幢)은 동(橦)자와 통하여 쓰며 나뭇가지를 말한다. 송나라 소식의 〈증중석 통판이 경사로 감에 송별하다(送曾仲錫通判如京師)〉 「마땅히 왕손 위하여 상국에 조회하여, 구슬 같은 가지와 옥 부절 함께 양쪽으로 나란히 늘어서겠네.」(應爲王孫朝上國, 珠幢玉節與排衙)

4 승상공성(丞相功成): 승상은 조여우(趙汝愚)를 가리킨다. 이때 경원(慶元) 연간의 당금(黨禁)의 화에 걸려 재상직을 그만두고 도성을 떠났다.

映黃流淸澈[5]	황하의 물결 맑게 비추어지리.

5 황류청철(黃流淸澈): 《시경·대아·한산 기슭(大雅·旱麓)》「산뜻한 구슬 잔에, 황금 주둥이 가운데 붙었네. 점잖으신 군자님께, 복과 녹이 내리는도다.」(瑟彼玉瓚, 黃流在中. 豈弟君子, 福祿攸降) 주자의 주석「옥찬은 규찬이다. 규로 국자자루를 만들고 황금으로 국자를 만들며, 청금으로 밖을 만들고 그 안을 붉게 한 것이다. 황류는 울창주이다. …… 치밀한 옥찬에는 반드시 황류가 그 가운데 들어 있고, 점잖으신 군자는 반드시 복록이 그 몸에 내림이 있음을 말한 것이다. 보기에는 하찮은 맛을 올리지 아니하고, 황류는 질그릇 장군에 담지 않음을 밝힌 것이니, 그렇다면 성한 덕은 반드시 복과 녹을 누리고, 복택은 음탕한 사람에게 내리지 않음을 알 것이다.」(玉瓚, 圭瓚也. 以圭爲柄, 黃金爲勺, 靑金爲外, 而朱其中也. 黃流鬱鬯也. 言瑟然之玉瓚, 則必有黃流在其中, 豈弟之君子, 則必有福祿下其躬, 明寶器不薦於褻味, 而黃流不注於瓦缶, 則知盛德必享於祿壽, 而福澤不降於淫人矣) 주자가 《시경》의 이 구절을 끌어다 쓴 것은 승상을 찬송하기 위함이다. 《차의》「혹자는 말하기를 황하의 물을 황류라 한다고 하였다. 옛 말에 황하가 한번 맑아지는 것은 성스럽게 되는 표징이라고 하였다. 이 사는 먼저 중원의 아름다운 기운이 총총함을 말하고 끝에서는 또 천년토록 누런 물결이 맑게 비친다는 말로 맺고 있다. 가만히 생각건대 그 뜻이 시운의 두터운 형통함에 깊은 바람이 있는 것 같다.」(或云河水謂之黃流. 古語以黃河一淸爲聖之徵. 此詞首言中原佳氣葱葱, 而末又以千載映黃流淸徹爲結. 竊恐其意深有望於時運之重亨)

76. 檃括杜牧之齊山詩, 作水調歌頭[1]

두목의 〈제산시〉를 손질하여 수조가두를 짓다

江水浸雲影	강물에는 구름 그림자 잠겨 있고,
鴻雁欲南飛[2]	기러기들은 남쪽으로 날아가려 하네.
携壺結客何處	술병 들고 어디서 손님과 교유 맺을까?
空翠眇烟霏[3]	푸른 초목에 안개며 아지랑이 아득하다네.
塵世難逢一笑[4]	속세에서 만나기 어려워 한번 웃는데,

1 은괄두목~가두(檃括杜牧~歌頭): 「은괄」(檃栝」이라고도 하며, 굽은 나무를 바로잡는 틀로 우리 말로는 도지개라고 한다. 《증운(增韻)》「굽은 것을 펴는 것을 『은』이라 하며, 뒤틀린 방형을 바로잡는 것을 『괄』이라고 한다.」(揉曲者曰檃, 正方者曰括) 「檃」은 또 「隱」과도 통하여 쓴다. 《대대예기(大戴禮記)》 권6 「공자께서 말씀하시기를 『도지개 곁에는 휜 나무가 많다.』라 하였다.」(孔子曰, 隱栝之旁, 多曲木也) 《순자·성악(性惡)》「호깨나무는 반드시 도지개를 기다려 김을 쐰 후 바로잡아야 곧아진다.」(枸木必將待檃栝烝矯然後直) 나중에는 원래의 문장이나 저작을 다듬어 고쳐 쓰는 일을 가리키게 되었다. 《차보》「은괄은 〈취옹정기〉에는 『단학선』으로 되어 있다.」(隱括醉翁亭記作耑鶴仙)

두목(杜牧: 803~853)은 자가 목지(牧之)이며 경조(京兆) 만년(萬年) 사람이다. 일찍이 하급관리를 지냈으며 성격이 호탕하고 얽매이거나 구속됨이 없었으며 명예 따위를 백안시하였다. 두보와 한유의 영향을 많이 받았으며 두보와 함께 이두(二杜)로 일컬어져 이들을 구별하여 두보를 대두(大杜), 또는 노두(老杜)라 하고, 두목은 소두(小杜)라 하였다. 두목(杜牧)의 〈제산시(齊山詩)〉는 제목이 〈9월 9일 중양절날 제안에서 높은 곳에 오르다(九日齊安登高)〉이며 내용은 다음과 같다. 「강에 가을 그림자 담겨 있고 기러기 처음 나는데, 손님 더불어 술병 지니고 푸른 산에 오르네. 속세에서는 입 벌리고 웃는 일 만나기 어려우니, 국화 모름지기 온 머리에 가득 꽂고 돌아오리라. 다만 좋은 술로 아름다운 절기에 답하니, 높은 곳에 올라 햇빛 아래 모자 떨어뜨릴 필요 없으리. 예로부터 지금까지 다만 이러했으니, 우산에서 하필이면 눈물로 옷 적시겠는가?」(江涵秋影雁初飛, 與客攜壺上翠微. 塵世難逢開口笑, 菊花須插滿頭歸. 但將酩酊酬佳節, 不用登臨嘆落暉. 古往今來只如此, 牛山何必淚沾衣) 제산은 지주부(池州府) 귀지현(貴池縣) 남쪽에 있는데 산의 십여 개의 봉우리가 높이가 같으므로 그렇게 부른다.

2 홍안욕남비(鴻雁欲南飛): 송나라 매요신(梅堯臣)의 〈주중장 태부가 거야로 감에 송별하다(送周仲章太傅之鉅野)〉「기러기 각기 남쪽으로 날아가는데, 깃털 꺾일까 걱정스럽다네.」(鴻鴈各南飛, 羽毛將恐折)

3 공취묘연비(空翠眇烟霏): 송나라 소식의 〈정거사에서 놀다(游淨居寺)〉「대나무 시내에서 달 아래 배회하자니, 하늘의 푸른색이 연기 펄펄 흔들어대네.」(徘徊竹溪月, 空翠搖煙霏)

4 진세난봉일소(塵世難逢一笑): 송나라 왕안석(王安石)의 〈황길보에게 보이다(示黃吉甫)〉「속세에서는 입 벌리고 웃을 기회 만나기 어려우니, 생전에 서로 만나 잠깐 술잔 머금어 보세.」(塵世難逢開口笑, 生前相遇且銜杯)

況有紫萸黃菊[5]	하물며 보랏빛 수유며 누런 국화 있겠는가?
堪插滿頭歸	거뜬히 머리 가득 꽂고 돌아온다네.
風景今朝是	풍경 오늘 아침 괜찮은데,
身世昔人非	신세는 옛 사람 아니라네.

酬佳節	아름다운 절기에 보답함,
須酩酊[6]	모름지기 술에 흠뻑 취함이니,
莫相違	어기지 말게나,
人生如寄	사람 사는 것 맡긴 것과 같으니,
何事辛苦怨斜暉	무슨 일로 고생스럽게 비낀 해 원망하겠는가?
無盡今來古往	지금 오고 옛날 감 끝이 없고,
多少春花秋月	봄꽃과 가을 달은 몇 번이나 지났던가?
那更有危機	어찌 다시 위기 있겠는가?
與問牛山客[7]	우산의 나그네에게 물어보노니,
何必獨沾衣[8]	어찌 반드시 홀로 옷 적시려는가?

5 자유황국(紫萸黃菊): 자유(紫萸)는 수유(茱萸)와 같다. 옛 풍속에 음력 9월 9일 중양절에는 수유를 머리에 꽂아 사악함을 떨어내고 재난을 피하고자 하였다. 《태평어람(太平御覽)》 권30에 인용된 《풍토기(風土記)》「9월 9일 …… 이날에는 수유의 꽃을 꺾어서 머리에 꽂는다.」(九月九日……當此日, 折茱萸房以插頭) 송나라 황정견(黃庭堅)의 〈9월 9일 중양절에 국화를 마주하고 수로가 황하 가에 있음을 그리워하다(九日對菊有懷粹老在河上)〉 제3수 「옛날 중구일 생각해 보니, 보랏빛 수유며 누런 국화 비녀 빗질하여 눌렀다네.」(憶得舊時重九日, 紫萸黃菊壓梳釵)

6 수가절·수명정(酬佳節·須酩酊): 송나라 황정견(黃庭堅)의 사 〈자고천(鷓鴣天)〉「다만 술에 흠뻑 취하여 아름다운 절기 보답하고자, 다시 수유 잡고 자세히 본다네.」(但將酩酊酬佳節, 更把茱萸子細看)

7 여문(與問): 《차보》「『더불 여』자는 『할 위』자를 잘못 쓴 것 같다.」(與疑用爲字疑)

8 우산~첨의(牛山~沾衣): 《안자춘추·간(諫) 상》「경공이 우산의 북쪽에서 놀았는데 나라를 향해 서서 눈물을 흘리며 말했다. 『어떻게 눈물을 줄줄 흘리면서 이곳을 떠나 죽을 수가 있단 말인가?』 이에 애공·양구거 등이 모두 따라서 눈물을 흘렸는데 안자만이 홀로 곁에서 웃었다. ……『임금의 자리에 이르러서 홀로 그 때문에 우는 것은 어진 것이 아닙니다. 어질지 못한 임금이 보이는 것이 그 하나요, 아첨하는 신하가 보이는 것이 그 둘이니, 이것이 신이 홀로 몰래 웃는 까닭입니다.』」(景公游于牛山北, 臨其國城而流涕曰, 若何滂滂去此而死乎. 艾孔·梁丘據, 皆從而泣. 晏子獨笑于旁……至于君也, 而獨爲之流涕, 是不仁也. 不仁之君見一, 諂諛之臣見二, 此臣之所以獨竊笑也) 영생을 누릴 수 없음을 슬퍼한다는 비유로 쓰인다. 당나라 이백의 〈고풍(古風)〉 제23수 「제나라 경공 한번 얼마나 어리석었던가? 우산에 올라 눈물 계속 줄줄 흘렸다네.」(景公一何愚, 牛山淚相續)

77. 南歌子. 次張安國韻[1]

남가자. 장안국의 각운자를 써서 짓다

落日照樓船[2]	떨어지는 해 다락집 배 비추는데,
穩過澄江一片天	편안하게 한 조각 하늘 비치는 맑은 강 지나네.
珍重使君留客意[3]	진중하게나, 사또님께서는 나그네 뜻 유념하시어,
依然	의연하시게나.
風月從今別一川	바람과 달 이제부터 한 냇물로 갈라지네.
離緖悄危紘[4]	이별의 마음 현악 빨라짐에 조금씩 더해가고,
永夜淸霜透幕氈	긴긴 밤 맑은 이슬 장막의 담요에 스미네.
明日回頭江樹遠	내일 강어귀에서 고개 돌리면,
懷賢	어진 이 그리워하겠지.
目斷晴空雁字連[5]	눈에 개인 하늘 기러기 줄지어 낢 보이지 않는다네.

1 남가~안국운(南歌~安國韻): 장안국은 곧 장효상(張孝祥)이다. 이 사는 주희가 형산(衡山)을 유람하려할 때 담주(潭州) 성에서 상강(湘江)을 건너기 전에 지은 것으로, 장효상에게 지어준 이별의 정서를 노래한 것이다. 주희는 장효상과는 평생토록 딱 한 차례, 곧 건도(乾道) 3년에 만났을 뿐인데, 장효상은 당시 지담주로 있었다. 장효상의 〈남향자. 주원회가 장흠부[張栻], 형소련과 함께 만나려고 감에 송별하다(南鄕子. 送朱元晦行張欽夫邢少連同集)〉란 사가 그의 문집에 수록되어 있다. 따라서 「남가자」는 「남향자」가 되어야 할 것으로 보인다. 장효상은 권5의 41번 시에 보인다.

〈남향자〉는 원래 당나라 교방곡의 이름이었는데 나중에 사패(詞牌)로 쓰이게 되었으며 또한 〈남가자(南柯子)〉, 〈춘소곡(春宵曲)〉, 〈풍접령(風蝶令)〉이라고도 한다. 단조와 쌍조 두 체가 있는데, 단조는 23자 혹은 26자, 쌍조는 52자로 되어 있다. 이 사는 쌍조이다.

2 누선(樓船): 다락집이 있는 놀잇배. 당나라 노륜(盧綸)의 〈기주의 반사군 전인을 송별하다(送夔州班使君前人)〉「새벽 해 다락집 배 비추고, 삼군은 골짜기 앞에서 절하네.」(曉日照樓船, 三軍拜峽前)

3 사군(使君): 주군(州郡)의 장관에 대한 호칭.

4 초(悄): 여기서는 동사로 쓰였으며 「조금씩 올라가다」의 뜻으로 쓰였다.

위현(危紘): 소리가 빨라 촉급하고 날카로운 금(琴)의 연주를 말한다. 《문선》 진나라 장협(張協)의 〈칠명(七命)〉「어루만지며 현 조이니 콧날이 시큰하고, 빠른 현 떨치니 눈물 흐른다네.」(撫促柱則酸鼻, 揮危絃則流涕) 당나라의 이선(李善)은 「높고도 빠른 소리」라고 풀이했다.

78. 叔懷嘗夢飛仙爲之賦此, 歸日以呈茂獻侍郞, 當發一笑[1]

숙회가 일찍이 나는 신선 꿈을 꾸어 이를 읊어 돌아가는 날 무헌 시랑께 드리는데 한바탕 웃을 만하다

脫却儒冠著羽衣	유관 벗어 던지고 깃털 옷 입고서,
靑山綠水浩然歸	푸른 산 푸른 물 호탕하게 돌아오네.
看成鼎內眞龍虎[2]	솥 안에서 용과 호랑이 이루어짐 보니,
管甚人間閑是非[3]	인간 세상 한가롭건 아니건 상관치 않는다네.
生羽翼	깃 날개 돋아나,
上烟霏	안개와 놀 위로 올라,
回頭秖見冢纍纍[4]	고개 돌려보니 다만 보이느니 무덤만 첩첩이 이어졌다네.
未尋跨鳳吹簫侶[5]	봉황 타고 피리 부는 짝 찾지 못하겠고,

1 숙회~당발일소(叔懷~當發一笑): 숙회는 각조산(閣皂山)의 도사 감몽숙(甘夢叔)을 말한다. 권9의 67번 시에 보이다.

무숙(茂叔): 장영(章穎: 1140~1217)을 말한다. 강서(江西) 임강군(臨江軍) 사람으로, 병부시랑(兵部侍郎)까지 올랐으며, 경원당적(慶元黨籍)에 올랐다.

이 사는 〈자고천(鷓鴣天)〉의 사조를 쓰고 있다.

2 간성(看成): 다보다의 뜻.

정내·용호(鼎內·龍虎): 용호는 도가에서 연단, 곧 단약을 달일 때의 물과 불, 납과 수은을 가리키는 말이다. 송나라 소식의 〈장씨네 일곱째의 호주태수로 나가다란 시에 화답하다(和章七出守湖州)〉 제2수 「솥 속에 용과 호랑이 있으니 황금이 천해보이고, 소나무 아래 거북과 뱀 있으니 푸른 뼈가 가볍네.」(鼎中龍虎黃金賤, 松下龜蛇綠骨輕)

이 구절은 신선의 단약이 완성되었다는 것을 말한다.

3 관(管): 무론(無論), 불관(不管)과 같은 뜻이다. ~하거나 말거나.

4 총류류(冢纍纍): 당나라 백거이(白居易)의 〈원미지와 함께 곽허주가 군사를 훈련시키러 감에 50운자를 써서 지어 보내드리다(同微之贈別郭虛舟鍊師五十韻)〉 「보지 못했는가? 요성 바깥에, 예로부터 지금까지 무덤 첩첩이 이어졌음.」(不見遼城外, 古今冢纍纍)

5 과봉취소(跨鳳吹簫): 《신선전습유(神仙傳拾遺)》 「진목공에게는 농옥이라는 딸이 있었는데 퉁소를 잘 불었으므로 진목공은 농옥을 (蕭史에게) 시집보냈다. 마침

且伴孤雲獨鶴飛[6]　　또한 외로운 구름 짝하여 외로운 짝 난다네.

내 농옥에게 봉명곡을 지어 가르쳐 수십 년 만에 퉁소를 불면 봉황의 소리와 같게 되었다. 봉황이 와서 그 집에 머무르므로 소사는 봉대를 지었다. 부부가 그 위에 머무르면서 마시지도 먹지도 않고 여러 해 동안이나 내려오지 않다가 어느 날 아침 농옥은 봉황을 타고 소사는 용을 타고 하늘로 올라 날아가 버렸다.」(秦穆公有女弄玉, 善吹簫, 公以弄玉妻之. 遂教弄玉作鳳鳴, 居數十年, 吹簫似鳳聲. 鳳凰來止其玉, 公爲作鳳臺. 夫婦止其上, 不飮不食, 不下數年, 一旦弄玉乘鳳, 簫史乘龍, 昇天而去)

6 고운독학(孤雲獨鶴): 당나라 엄유(嚴維)의 〈설거사의 화주에서 책을 읽다라는 시에 화답하다(送薛居士和州讀書)〉「외로운 구름 짝 없는 학 함께 유유히 나는데, 만 권 경서 일엽편주에 싣고 가네.」(孤雲獨鶴共悠悠, 萬卷經書一葉舟)

79. 水調歌頭聯句, 問訊羅漢[1]

〈수조가두〉 연구를 지어 나한송에게 물어보다

雪月兩相映	눈과 달 둘이 서로 비추고,
水石互悲鳴	물과 돌 서로 슬프게 울리네.
不知巖上枯木[2]	모르겠네, 바위 위의 고목,
今夜若爲情	오늘 밤 정 있는지.
應見塵中膠擾[3]	응당 속세 어지러움 보이는데,
便道山間空曠	산 속 비고 넓었다 말한다네.
與麼了平生[4]	누구와 평생 마치겠는가?
與麼平生了	누구와 평생 마치니,
天命不流行	천명 유행하지 않는다네.
熹	주희
起披衣	일어나 옷 걸치고,
瞻碧漢	짙푸른 은하수 바라보는데,
露華淸	이슬 곱고 맑다네.

1 이 사는 송·절본(宋·浙本)에 의하면 권5의 〈연화봉. 장식의 각운자를 써서 짓다(蓮花峯, 次敬夫韻)〉의 바로 뒤에 놓여 있으며, 「이 사는 악부에 엮음이 합당하나 일단 옛 편차대로 이곳에 붙여둔다.」(此篇合次樂府, 姑仍舊篇附此)라는 주석이 달려 있다. 이 사는 장식과 함께 형산(衡山)에 놀러 갔을 때 지은 것으로, 당시 광방사(廣方寺)의 장로인 수영(守榮)이 죽자 두 사람 모두 시를 지었는데, 위에서 언급한 것처럼 권5에 수록되어 있다. 이 시를 짓고도 뜻이 미진하다고 느껴 마침내 다시 나한송 고목에게 캐묻는 방식을 취하여 그들의 이학에 대한 견해를 드러내고 있다. 한편 이 사는 장식과 1결씩 연구로 지은 것인데 장식의 문집인 《남헌집》에는 수록되어 있지 않다.

2 암상고목(巖上枯木): 미상.

3 교요(膠擾): 《장자·천도(天道)》「요임금이 말하였다. 『세상일에 집착하여 마음을 어지럽히고 있는 것이군. 그대는 하늘의 자연과 화합되어 있지만 나는 인간과 화합되어 있소.』」(堯曰, 膠膠擾擾乎! 子, 天之合也. 我, 人之合也)

4 여마료평생(與麽了平生): 《차보》「불서에서 말하기를 『깨달아 본분을 얻었다.』라 하였다.」(佛書語謂悟得本分也) 《윤씨수초》「『마』는 누구라는 뜻이다.」(麽阿誰之意)

寥寥千載	쓸쓸하구나 천년,
此事本分明	이 일 근본 분명하다네.
若向乾坤識易	만약 저번에 건곤의 변화 알았다면,
便信行藏無間	나가고 처함 사이 없으며,
處處總圓成[5]	곳곳이 모두 둥글게 이루어졌음 알리라.
記取淵氷語[6]	깊은 못 살얼음 같은 말 기억하였다가,
莫錯定盤星[7]	저울대의 눈금 그르치지 말게나.
栻[8]	장식

5 원성(圓成): 권3의 102번 시의 첫째 구절을 보라.

6 연빙(淵氷): 《시경·소아·높은 하늘(小雅·小旻)》「두려워하듯 조심하듯 하기를 깊은 못 가에 임한 듯, 엷은 얼음판을 밟는 듯 해야 하네.」(戰戰兢兢, 如臨深淵, 如履薄氷) 위험한 경지에 처한 듯 조심해야 한다는 말이다.

7 정반성(定盤星): 《차의》「이 아래에 『栻』자가 빠진 것 같다.」(此下疑脫栻字)

정반성은 저울대의 첫 번째 눈금이다. 정확한 기준이나 일정한 주장의 비유로 주로 쓰인다. 《차보》「불서에서는 『만약 사람이 갈고리 끝의 뜻을 알 수 있다면 정반성의 위를 다시 어찌 의심하겠는가?』라 하였다. 또한 잘못 알게 되는 것을 『착』이라 한다. 정반성은 중국인들이 지남침을 가지고 정반이라 한다.」(佛書, 若人知得鉤頭意, 定盤星上復何疑. 又誤入知見謂之錯. 定盤星中國人以指南針稱定盤) 《윤씨수초》「나침반의 침은 향배를 그르치지 않는다는 뜻이다.」(指南針勿誤向背之意)

8 《차의》에는 「현구」(縣句)라는 주석이 달려 있으며 「당본에는 『현』이 『련』으로 되어 있다.」(唐本縣作聯)라 하였다.

朱熹 詩 譯註

별집 제7권

1. 與一維那[1] 以下見陳利用編大同集[2]

일 유나에게 보냄 이하는 진리용이 편집한《대동집》에 보인다

老親比苦重聽,[3] 服上人藥遂良已.[4] 上人索詩, 久廢無次, 聊復此, 殊不佳也. 紹興癸酉九月晦日, 紫陽朱仲晦書

노친이 근래에 귀가 멀어 고생을 하였는데 스님이 준 약을 먹고 마침내 말끔히 나았다. 스님이 시를 지어주기를 구하였으나 오래도록 버려두어 차서가 없었는데, 애오라지 다시 이렇게 지으니 특히 아름답지가 못하였다. 소흥 계유년(1153) 9월 그믐날에 자양의 주중회가 쓰다

當年事幽討[5]	그해에는 그윽한 토론 일삼았는데,
結友窮名山	벗 맺어 이름난 산 다 뒤졌다네.
曾逢許斧子[6]	일찍이 허부자 만났는데,
去採玉芝還[7]	떠나더니 옥영지 캐어 돌아왔다네.

1《차의》「양나라 대통 2년(528) 조칙으로 곡식 3백 석을 내는 사람은 중으로 삼아 본주통 및 군현유나를 주었다. 주석의 유나는 각각 그 군현을 관할하는 중이다. ○ 생각건대 일은 곧 중의 이름이다.」(梁大通二年, 魏詔入粟三百石者, 沙門授本州統及郡縣維那. 註, 維那各管其郡縣之僧○按一卽僧之名)

2 동안(同安):《익증》「동안은 본래 당나라 대동장이었으며, 오대의 후당 때 동안현을 설치하였다.」(同安, 本唐大同場, 五代唐置同安縣)

3 중청(重聽): 청각(聽覺)이 무디어지다, 귀가 먹다. 한나라 매승(枚乘)의 〈칠발(七發)〉「가슴(속의 기)이 허약해져서 귀가 먹고 남의 말소리가 듣기 싫어졌습니다.」(虛中重聽, 惡聞人聲)

4 양이(良已):《익증》「양은 조금 오래라는 뜻이다. 이는 물러난다는 뜻이다.」(良, 少久也. 已, 退也)

5 사유토(事幽討): 송나라 주송(朱松)의 〈사작중의 보국사에서 놀다라는 시의 각운자를 써서 짓다(次韻謝綽中遊報國寺詩)〉「너그럽게 우리 용납하고, 방랑하면서 그윽한 토론 일삼네.」(優游容我輩, 放浪事幽討)

6 허부자(許斧子):《차의》「《진고》에「자미왕 부인이 허장사에게 말하기를『옥례와 금장, 교리, 화조는 내 당연히 산중의 허도사에게 줄 것이지 인간 허도사에게 줄 것이 아니오.』라 하였다는 말이 있다. 이름은 밀이며, 진나라 호군장사이다. 도사는 장사의 셋째 아들이며, 이름은 홰이고 자는 도상이며, 소자가 옥부로 황제를 궁전에서 모시는 사람이다.」(眞誥, 紫微王夫人謂許長史曰, 玉醴·金漿·交梨·火棗, 我當與山中許道士, 不以與人間許長史. 名謐, 爲晉護軍長史. 道士長史第三子, 名翽, 字道翔, 小字玉斧, 爲帝侍宸者也)《진고》 권2에 나오는 내용이다.

7 허부자~옥지환(許斧子~玉芝還): 송나라 황정견(黃庭堅)의 〈손공선과 이중동, 금앵이의 창수시에 화답하다(和孫公善李仲同金櫻餌唱酬)〉「허부자 필요 없으니, 다행히 옥영지 부지런히 캔다네.」(不須許斧子, 幸勤采玉芝)

歸來坐空房[8] 돌아와 빈 방에 앉으니,
神淸骨毛寒 정신 맑고 뼈와 털 차갑다네.
起視塵中人 일어나 속세 사람 보니,
一見了肺肝 한번 보고 속마음 알았다네.
探囊出刀圭[19] 자루 뒤져 도규 꺼내니,
生死毫釐間 죽음 살려냄 터럭 차이라네.
相逢瘴海秋 장기 낀 바다에서 가을에 만났는데,
遺我黃金丹 내게 황금단약 주었네.
高堂得聽瑩[10] 높은 대청에서 분명하게 들을 수 있으니,
班衣有餘歡[11] 색동옷 입고 부모 모심에 큰 기쁨 있다네.
謝師無言說 스님께 감사하나 말하지 않으니,
古井生波瀾[12] 옛 우물에서 물결 인다네.

8 귀래좌공방(歸來坐空房): 송나라 양시(楊時)의 〈현재에서 있었던 일을 써서 장세현에게 부치다(縣齋書事寄張世賢)〉「돌아와 빈 방에 앉아, 책 펴고 번여 대한다네.」(歸來坐虛室, 開編對璠璵)

9 도규(刀圭): 《익증》「환약을 섞는데 쓰는 도규는 오동나무 열매 정도만큼 크며 10푼에 사방 한 치 정도 되는 숟가락의 하나이다. 《본초강목》 권10의 1에 보인다.」(丸散之刀圭, 准如梧桐子大, 十分方寸匕之一. 見本草綱目十之一)

10 청영(聽瑩): 《차의》「《장자·제물론》에 『황제가 들어도 분명하지 못한 말이다.』라는 말이 있다. 주석에서 『청영은 밝지 않은 것이다.』라 하였다.」(齊物論, 黃帝之所聽瑩. 註, 聽瑩不光明也) 「聽瑩」은 《장자》에는 「聽熒」으로 되어 있다. 《절보》「여기서 말한 「청형」의 뜻은 반대인 것 같다. 본문의 뜻은 더 상세히 살펴야 한다.」(此云聽瑩似反. 本文之義更詳之) 《익증》「한유의 시에서는 현해(懸解)를 청영(聽瑩)의 대로 삼았는데, 영(瑩)은 밝게 열렸다는 뜻이다.」(昌黎詩, 以懸解對聽瑩, 瑩作開明之意) 《표보》「영은 밝다는 뜻이다. 청영은 들을 수 없지만 아는 것이다. 반드시 듣고 난 다음에 환해진다. 이른바 거듭 듣는 것이다. 이것이 《장자》의 본뜻인데 선생은 청명의 뜻을 단장취구하였다.」(瑩, 明也. 聽瑩, 不能聞而知之. 必聽而後瑩也. 所謂重聽也. 此莊子本旨而先生則斷取聽明之義) 《첨》「청(聽)과 문(聞)을 대로 하여 말하면 미묘한 차이가 있고, 흩어서 말하면 차이를 용납하지 않는다. 청영(聽瑩)을 청(聽)으로 본 다음에 영(瑩)자가 풀이될 듯하다. 임희일의 《장자》 주석이 바로 선생의 설과 같다. 선생의 《장자》의 해석도 아마 또한 이런 관점으로 하였을 것이다.」(聽與聞對言則雖微別, 而散言則不容差殊, 以聽瑩爲聽而後, 瑩似費解. 林希逸注莊, 正如先生說. 先生解莊子, 恐亦作如是觀)

11 반(班): 「얼룩 반」(斑)자로 된 판본도 있다. 반의(斑衣)로 보는 것이 더 옳다. 노래자(老萊子)의 고사를 썼다. 권2 6번 시의 주 5)를 보라.

12 사사~파란(謝師~波瀾): 《차의》「스님에게 감사하는 말을 하려고 하나 말을 하지 않은 것은 옛 우물에 물결이 일까 걱정을 하였기 때문이다.」(謂欲謝師而無言說者, 恐古井生波瀾也) 당나라 맹교의 〈열녀조(列女操)〉「물결 맹세컨대 일어나지 않았으면, 첩의 마음 우물의 물이랍니다.」(波瀾誓不起, 妾心井中水) 《탁계집(濯溪集)》「고정(古井)은 마음을 비유하였고, 파란(波瀾)은 정을 비유하였다. 선생이 스승에게 감사하는 마음이 있는 것이 옛 우물에 물결이 생기는 것이다. 《차의》의 설은 온당치 못한 것 같다.」(古井比心, 波瀾比情. 先生有感師之情是古井生波瀾也. 箚疑說恐未穩)

2. 上廣文[1]

광문에게 올림

廣文何事創樓居	광문 무슨 일로 다락집 세웠나?
收拾家藏理蠹餘[2]	집에 갈무리한 것 수습하여 좀먹고 남은 것 정리한다네.
尙有簡編充棟宇[3]	그래도 용마루 가득 채울 책 있으니,
擬陳車馬大門閭[4]	큰 이문에 거마 늘어놓으려는 듯하네.
移床客去邀明月[5]	걸상 옮긴 객 떠나고 밝은 달 맞이하고,

1 광문(廣文): 여소위(呂少衛)를 가리킨다. 그가 일찍이 교수(敎授)로 임직했었기 때문에 이렇게 말한다. 이 시는 내집 권2 〈부자득 어르신께서 여소위 교수의 장서각에 지어주신 시의 각운자를 쓰다(次韻傅丈題呂少衛敎授藏書閣)〉와 동시에 지어진 것이다. 아마 한 수는 부자득이 지은 시의 각운자를 써서 지었을 것이고, 한 수는 여소위에게 지어 준 것일 것이다.

2 두여(蠹餘): 《차의》「좀벌레가 파먹고 남은 것이다. 서책을 이르는 말이다.」(蠹蝕之餘. 謂書册也)

3 충동우(充棟宇): 당나라 유종원(柳宗元)의 〈당나라 고급사중 황태자시독 육질(陸質) 선생의 묘표(唐故給事中皇太子侍讀陸文通先生墓表)〉에 「그가 지은 책은 한 곳에 두면 용마루에 가득 차고 가지고 나가면 소와 말이 땀을 흘릴 정도이다.」(其爲書, 處則充棟宇, 出則汗牛馬) 송나라 소철(蘇轍)의 〈공무중 학사가 보내온 시의 각운자를 써서 짓다(次韻孔武仲學士見贈)〉「봉래산 하늘의 은하수에 기대었는데, 각종 책 용마루 가득 채웠다네.」(蓬萊倚霄漢, 簡册充棟宇)

4 대(大): 《사고전서》본에는 「버금 차」(次)자로 되어 있다. 진거마(陳車馬): 《후한서》 권37 〈환영전(桓榮傳)〉에 「환영이 유생들을 크게 모아 거마와 인수 등을 진열하여 놓고 말하기를 『오늘 은혜를 입은 것은 옛것을 상고한 힘이다.』라고 하였다.」(榮大會諸生, 陳其車馬·印綬, 曰, 今日所蒙, 稽古之力也)
대문려(大門閭): 《익증》「한나라 우정국의 부친 우공의 말이다.」(漢于定國父于公語)

5 이상객(移床客): 한나라 때 진번과 서치의 고사를 썼다. 《자치통감》 권54 〈한기·환제(漢紀·桓帝)〉 연희(延熹) 2년 「진번이 예장태수가 되자 예의를 갖추어 (서치를) 태수부의 인사국장으로 초청하였는데, 서치(徐穉)는 취임도 하지 않았는데 면직되자 찾아와서 인사만 하고서 물러났다. 진번은 성격이 바르고 엄격해서 빈객들을 접하는 일이 없었는데, 서치가 올 때만은 특별히 걸상 하나를 설치해 놓았다가 그가 가면 달아두었다.」(陳蕃爲豫章太守, 以禮請署功曹, 穉不之免, 旣謁而退. 蕃性方峻, 不接賓客, 唯穉來特設一榻, 去則縣之) 귀한 손님을 환대하는 것을 말한다.

送酒人來遞異書[6]	술 보낸 사람 와서 기이한 책 번갈아 보네.
縱使淸貧無長物[7]	청빈하여 여분의 물건 없다 하더라도,
猶勝四壁似相如[8]	그래도 네 벽 사마상여 같은 것 보다는 나으리.

6 송주(送酒): 남조 진(晉)나라 손성(孫盛)의 《진양추(晉陽秋)》「도연명이 구월 구일 중양절에 술이 없어 집 가에 나가서 국화 무더기 가운데 앉아 국화를 한 줌 가득 따가지고 있었다. 한참 있자니 흰옷을 입은 사람이 이르는 것이 바라보였는데, 곧 강주자사인 왕홍이 술을 보낸 것이었으며 이에 즉시 혼자 마시다가 취하고 난 뒤에야 돌아갔다.」(陶潛九月九日無酒, 出宅邊菊叢中坐, 摘菊花盈把. 久之, 望見白衣人至, 乃江州刺史王弘送酒, 卽便獨酌, 醉而後歸) 《진양추》는 지금은 이미 산일되고 없다. 여기서는 송나라 소식 시(〈같은 해에 급제한 소영(邵迎)이 장난삼아 가수재에게 지어준 시에 화답하다(和邵同年戲贈賈秀才)〉)의 왕십붕(王十朋) 주를 재인용.

7 무장물(無長物): 《세설신어·덕행(德行)》「대답하여 말하기를 『어르신께서는 저를 잘 알지 못하는군요. 저라는 사람은 쓸데없는 여분의 물건은 두지 않습니다.』라고 하였다.」(對曰, 丈人不悉恭, 恭作人無長物) 당나라 백거이의 〈더위를 삭이다(銷暑)〉「눈앞에 여분의 물건 없고, 창 아래 맑은 바람 있다네.」(眼前無長物, 窓下有淸風)

8 사벽(四壁): 《사기·사마상여열전(司馬相如列傳)》「탁문군이 밤에 상여에게로 도망쳐 달아나자 상여는 이에 함께 성도로 돌아갔는데 집에는 다만 네 벽만 서 있을 뿐이었다.」(文君夜亡奔相如, 相如乃與馳歸成都, 家居徒四壁立) 송나라 부찰(傅察)의 〈모언모의 용슬헌에 적다(題毛彦謨容膝軒)〉「급암(汲黯)처럼 경서 한 권 있으니, 사방 벽 사마상여 같다고 말하지 말라.」(賴有一經如長孺, 休言四壁似相如)

3. 考試感事戲作

시험을 감독하며 느낀 일을 장난 삼아 지음

海邑三年吏	바닷가 고을에서 3년 관리 지냈는데,
勤勞不爲身	근무에 힘쓰느라 몸 돌보지 않았다네.
但令官事了	다만 관가의 일 알게 하여,
從遣黠兒嗔[1]	약은 아이 보내어 성하게 되었으면.

1 힐아진(黠兒嗔): 《표보》「《진서》의 양제가 부함에게 보낸 편지에서 말하기를 『어리석은 아이를 낳았는데 관사를 알면 관사를 쉽게 이해할 수 없다. 일을 알면 정치가 어리석어진다』라 하였다. 그 뜻은 아마 관직을 맡아 직무를 다함이 어리석다는 것일 것이다. 선생은 그 뜻을 뒤집어 말하기를 어리석은 사람이 약다고 하였고 기운이 성한 사람이 어리석은 사람이 되면 그 사람은 반드시 약은 아이가 된다고 하였다. 그러나 공사를 알게 하면 비록 교활한 아이에 의해 나를 어리석게 하더라도 또한 맡긴다는 것이다.」(晉書楊濟與傅咸書曰, 生子癡, 了官事, 官事未易了也. 了事政作癡. 其意盖以當官盡職爲癡也. 先生反其意曰, 癡者黠之, 反嗔人爲癡兒者, 其人必黠兒也. 然但令公事了得, 則雖被黠兒嗔我爲癡, 亦任之也) 《진서·부현전(傅玄傳)》에 나온다. 송나라 황정견 〈쾌각에 오르다(登快閣)〉「어리석은 아이 관가의 일 알고, 쾌각의 동쪽서쪽으로 갠 저녁에 기댈 만하네.」(癡兒了却公家事, 快閣東西倚晩晴)

4. 題米倉壁[1]

미창의 벽에 적음

度量無私本至公[2]	재고 됨 사사로움 없이 본래 지극한 것이거늘,
寸心貪得意何窮[3]	한 치 마음 탐냄 뜻 어찌 끝이 있겠는가!
若敎老子莊周見	노자와 장주에게 보게 한다면,
剖斗除衡付一空[4]	말 쪼개고 저울대 꺾어버림 한번 부질없음에 붙이겠네.

1 미창(米倉): 여기서는 동안현(同安縣)에 있는 관부의 양곡 창고로, 원래는 백성들을 진휼하기 위해서 설치되었다.

2 도량(度量): 도는 자[尺], 양은 말[斗] 따위로 재는 것을 말한다.

3 탐득(貪得): 《표보》「관리의 무리가 말의 용량을 줄였다 늘였다 하는 일을 가리며 말한 것 같다.」(似指官吏輩增減斛面事也)

4 부두제형(剖斗除衡): 《장자·거협(胠篋)》「말과 휘를 만들어주고 재게 하면 말과 휘를 함께 훔쳐버리고, 저울을 만들어주고 달게 하면 저울 째로 훔쳐 버린다. …… 말을 쪼개고 저울대를 꺾어버리면 백성들이 다투지 않는다.」(爲之斗斛以量之, 則竝與斗斛而竊之, 爲之權衡以稱之, 則竝與權衡而竊之……掊斗折衡而民不爭) 「掊」는 「剖」와 같은 뜻으로 쓰였다.

5. 題安隱壁[1]

안은사의 벽에 적다

征車少憩林間寺	먼 길 가는 수레 잠시 숲 사이의 절에서 쉬면서,
試問南枝開未開[2]	남쪽 가지 피었는지 피지 않았는지 물어보네.
日暮天寒無酒飮	날 저물고 날씨 차가운데다 마실 술 없으니,
不須空喚莫愁來[3]	부질없이 막수 불러올 필요 없다네.

1 《차의》「안은은 절 이름이다.」(安隱寺名)

2 남지(南枝): 당나라 때 백거이(白居易)가 지은 시어 사전인 《백첩(白帖)》「대유령의 매화는 남쪽 가지가 이미 지면 북쪽 가지가 바야흐로 피는데, 차갑고 따뜻한 기후가 다르기 때문이다.」(大庾嶺上梅花, 南枝已落, 北枝方開, 寒煖之候異也)

3 막수래(莫愁來): 《차의》「막수는 옛날의 명기이다. 당시 어떤 사람이 선생에게 기생을 보내주려고 하였으므로 시를 지어 사절한 것이다.」(莫愁古之名妓. 意其時有人欲送妓於先生, 故以詩謝之) 막수는 고악부(古樂府)에 등장하는 여인의 이름으로, 일설에 의하면 낙양(洛陽) 사람이며 노(盧)씨 집안에 시집갔다고 한다. 또한 《구당서·음악지(音樂志) 2》에도 막수라는 이름이 나오는데 석성(石城)의 여자로 노래를 잘 불렀다고 한다. 《악부시집》 권48 〈청상곡사(淸商曲辭)〉에 〈막수악(莫愁樂)〉이라는 가사가 수록되어 있는데 다음과 같다. 「막수 어디에 있는가? 막수 석성 서쪽에 있다네. 배에 상앗대질 두어 번 하여, 막수 보내오게 재촉한다네.」(莫愁在何處? 莫愁石城西. 艇子打兩槳, 催送莫愁来)

6. 題梵天方丈壁

범천방장의 벽에 적음

輪盡王租生理微[1]	왕의 세금 다 날라 생계 자질구레한데,
野僧行乞暮還歸	들의 중 다니면서 구걸하여 저녁 때 돌아가네.
山空日落無鐘鼓	산 비고 해 져서 종이며 북소리 울리지 않는데,
只有虛堂蝙蝠飛[2]	다만 빈 대청에 박쥐만 날아다니네.

1 생리(生理): 생계(生計)와 같은 뜻.

2 허(虛): 《사고전서》본에는「선」(禪)자로 되어 있다.
편복비(蝙蝠飛): 당나라 한유의 〈산석(山石)〉「산의 돌 울퉁불퉁 험준하고 가는 길 좁은데, 황혼 무렵에 절에 다다르니 박쥐 날아다니네.」(山石犖确行徑微, 黃昏到寺蝙蝠飛)

7. 五月五日海上遇風雨作

5월 5일 바닷가에서 비바람을 만나 짓다

疾風吹雨滿征衫[1]	빠른 바람 비 불어 나그네 옷에 가득한데,
陸走川行兩不堪	뭍 달리고 내 가니 두 가지 못 견디겠네.
塵事縈人心事遠[2]	속세의 일 사람 얽으니 심사 먼데,
濯纓何必在江潭[3]	갓끈 씻음 하필이면 강과 못에 있는가?

1 질풍취우(疾風吹雨): 《사고전서》본에는 「가을바람 가을비」(秋風秋雨)로 되어 있다.
정삼(滿征衫): 원래의 뜻은 나그네의 옷자락이라는 뜻인데, 보통 먼 길을 가는 사람을 가리키는 말로 쓰인다.
2 영(縈): 《사고전서》본에는 「끌 견」(牽)자로 되어 있다.
3 탁영~재강담(濯纓~在江潭): 초나라 굴원(屈原)의 〈어부(漁父詞)〉「굴원이 쫓겨나 강과 못을 떠돌아다니며 못 가에서 읊조리며 돌아다녔다. …… (어부가) 이에 노래하여 말하기를 『창랑의 물이 맑으면 나의 갓끈을 씻을 만하다.』라 하였다.」(屈原旣放, 游於江潭, 行吟澤畔……乃歌曰, 滄浪之水淸兮, 可以濯吾纓)

8~9. 兩絶句送順之南歸[1]

절구 두 수를 지어 순지가 남쪽으로 돌아감에 송별하다

8

門前三徑長蒿萊[2]	문 앞의 세 오솔길 쑥이며 명아주 길게 자라,
愧予慇懃千里來	그대 은근히 천리에서 옴 부끄럽네.
校罷遺書却歸去	《유서》 교정 끝나고 다시 돌아가는데,
此心元自不曾灰	이 마음 원래부터 일찍이 재는 아니었다네.

9

幾年江海事幽尋	강과 바다에서 그윽함 찾음 일 삼은 지 몇 해인가?
偏與雲僧話此心	오로지 행각승과만 이 마음 이야기 하였다네.
今日肯來論舊學	오늘 기꺼이 와서 옛 학문 논하지만,
歲寒猶恐雪霜侵	해 차가워져서 오히려 눈과 서리에 침습될까 걱정되네.

1 《익증》「이 시는 이미 원집 제6권에 보이며, 여기서는 중복되어 나온다.」(此詩已見原集第六卷, 此重出) 이 시의 주석은 권6 144~145번 시를 보라.

2 삼경(三徑): 「삼경」(三逕)이라고도 하며, 소나무와 국화, 대나무를 심어놓은 길을 말한다. 은자의 거처라는 뜻으로 쓰인다. 내집 권2 47번 시의 주 4)를 보라.

10. 寄陳講師[1] 以下見別編臨江集[2]

진강사에게 부치다 이하는 별편《임강집》에 보인다

聞道山中客	듣자니 산중의 나그네,
年來鬢欲皤	근년 들어 살쩍머리 세려고 한다네.
靜便三徑小[3]	고요하니 세 오솔길 작음 편하고,
貧覺一身多	가난 이 몸에 많음 느껴지네.
且喜詩無病[4]	또한 시에 병폐 없음 기쁘고,
從教睡作魔	가르침 따라 잠 마귀로 삼네.
故人今領衆[5]	옛 친구 지금 무리 거느리니,
猶足慰蹉跎[6]	그래도 족히 때 어긋남 위로할 만하네.

1 진강사(陳講師): 합조산(閣皂山)의 도사 진항례(陳亢禮)를 가리킬 것이다. 강사(講師)는 도를 강론하고 경을 전수하는 고승이나 늙은 도사 따위를 가리킨다.

2 꿔치(郭齊)는 이 이하 6수가 모두 도가의 도관(道觀)과 관련이 있으며 그 가운데는 합조산(閣皂山)에서 놀며 지은 시도 세 수가 있는데, 주희는 한 번도 합조산에 가본 적이 없으므로 사실과 부합하지 않는다고 하였다. 또한《임강집》의 7수는 모두 도가류의 위작일 것 같은데 확증이 없다고 하였다.

3 삼경(三徑): 은자의 거처를 말한다. 권2 47번 시의 주 4)를 보라.

4 시무병(詩無病): 송나라 반랑(潘閬)의 〈늦봄에 장천에서 한가로이 거처하면서 그때의 일을 쓰다(暮春漳川閒居書事)〉「언제나 시에 병폐 없음 기뻐하며, 집 더욱 가난해짐 근심하지 않는다네.」(長喜詩無病, 不憂家更貧)

5 영중(領衆):《차의》「중자는 제자들을 가리키는 것 같다.」(衆疑指弟子)《익증》「본래는 불가의 용어이다.」(本佛家語)

6 족(足):《사고전서》본에는「깨달을 각」(覺)자로 되어 있다.

11. 別陳講師

진강사와 이별함

幾年勞夢想	몇 년이나 수고로이 꿈에서 생각하였던가?
今日慰登臨	오늘 올라 내려다 봄 위로되네.
况入芝蘭室[1]	하물며 지초와 난초방에 들어가고,
又聞金玉音[2]	또한 금과 옥 소리 들린다네.
與君連夜語[3]	그대와 밤 이어 이야기함,
盡我一生心[4]	내 일생의 마음 다하였네.
此外成華髮	이곳 밖에서 머리 희게 되었으니,
無因得重尋	거듭 찾을 이유 없다네.

1 지란실(芝蘭室): 지(芝)자가 《사고전서》본에는 「구슬주」(珠)자로 되어 있다. 《익증》 「지란당은 가의에게서 나온 말이다.」(芝蘭堂, 語出賈誼)

2 금옥음(金玉音): 송나라 이구(李覯)의 〈장시승을 송별함(送張寺丞)〉 「3년 동안 이웃 고을에서 살면서, 금과 옥 소리 듣게 되었다네.」(三載居鄰縣, 得聞金玉音)

3 여군연야어(與君連夜語): 《이정유서(二程遺書)》 권22상 「선생께서 말씀하셨다. 『옛 사람의 말에 「그대와 하룻 밤 이야기한 것이 십년간 책을 읽은 것보다 낫다」라 하였다. 만약 하루 만에 얻은 것이 있다면 어찌 십년간 책을 읽은 것보다 나은 것에 그치겠는가?』」(先生曰, 古人有言曰, 共君一夜話, 勝讀十年書. 若一日有所得, 何止勝讀十年書也)

4 여군~일생심(與君~一生心): 당나라 두순학(杜荀鶴)의 〈경시랑과 헤어지다(別敬侍郎)〉 「그대와 한밤중에 한 말이, 내 일생의 마음 다하였네.」(與君中夜話, 盡我一生心)

12~13. 登閤皀山[1]

합조산에 오르다

12

疊疊層巒鎖閟宮　겹겹의 층진 봉우리
　비궁 잠그고,
我來舊地訪靈蹤[2]　내 옛 땅 와서
　신령스런 자취 찾는다네.
葛仙去後無丹竈[3]　갈홍 신선 떠난 뒤에
　단약 달이는 부엌 없어졌고,
弟子今成白髮翁　제자들은 지금
　백발의 늙은이 되었다네.

13

一派泠泠臺下水　한 갈래 대 아래
　물 맑디 맑고,
半空漠漠嶺頭雲　하늘 반 가린 재 모퉁이의
　구름 막막하다네.

---

1 합조산(閤皀山): 청강(淸江) 동쪽 40여 리 지점에 있으며 낙안(樂安)과 신감(新淦), 풍성(豐城)의 세 현에 걸쳐 있으며, 산 모양이 문설주[閤]처럼 생기고 색깔이 검은 비단[皀]과 같으므로 그런 이름이 붙었다. 도가에서는 제33복지(福地)로 여긴다.

2 방령종(訪靈蹤): 송나라 하송(夏竦)의 〈호구의 승사에서 한가로이 바라보다(虎丘僧舍閒望)〉「경치 빼어난 곳에서 신령스런 자취 찾는데, 층진 누대 사방 난간에서 바람 분다네.」(勝地訪靈蹤, 層樓四檻風)

3 갈선(葛仙): 《익증》「《명산기》에 『갈홍은 자가 치천이며 문을 닫아걸고 우 때에 도를 배워 이룰 수 있었다. 갈현이 처음에 장산에 있을 때 가까이 들어가 대나무로 집을 지었으며 호랑이를 타고 귀신을 부렸다.』라는 말이 있다.」(名山記, 葛洪字稚川, 閉門, 虞時學道得成. 葛玄初在長山近入蓋竹, 乘虎使鬼)

祖師成道冲天去[4]	조사 도 이루어 하늘 뚫고 올라가,
只有無窮受籙人[5]	다만 도가의 명적에 오른 사람 끝 없다네.

4 충(冲): 「찌를 충」(衝)자와 같은 뜻이다.

5 수록인(受籙人): 《翼增》「《후성열기》에서 말하기를 『말 속에 현옥이 있다면 도가의 명적에 이름이 오른 사람은 모두 상선이 될 것이다.』라 하였다.」(後聖列紀曰, 若斗中有玄玉, 籙籍者皆為上仙)

14~15. 送單應之往閤山[1]

단응지가 합산에 감에 송별하다

14

杖頭挑月入煙蘿[2]　　지팡이 끝에 달 매고
　　초목 우거진 곳 들어가니,
城郭塵埃柰爾何　　성곽의 티끌 먼지
　　그대 어찌하겠는가?
若到名山高着眼　　이름난 산에 이르러
　　눈 높이 고정시키면,
洞天深處異人多　　동천 깊은 곳에
　　이인 많다네.

15

回首名山我舊遊　　명산의 내 옛 놀던 곳으로
　　고개 돌리니,
曾將風袂挹浮丘[3]　　일찍이 바람에 나부끼는 소매로
　　부구 당겼다네.

---

1 단응지(單應之): 미상.

2 도월(挑月): 도(挑)자는 여기서 현(懸), 또는 괘(掛)자와 같은 뜻으로 쓰였다. 장대 같은 물건의 끝에 매다는 것이다.
입연라(入煙蘿): 연라(煙蘿)는 초목이 무성하여 안개가 생겨나고 덩굴풀이 얽히는 곳을 말하는데, 보통 은거하거나 수도하는 곳을 가리키는 말로 쓰인다. 송나라 소순흠(蘇舜欽)의 〈서울을 떠난 후에 짓다(離京後作)〉「몸 벗어나 (속세의) 그물 떠나, 웃음 머금고 안개 낀 덩굴풀 속으로 들어가네.」(脫身離網罟, 含笑入煙蘿)

3 읍부구(挹浮丘): 읍(挹)은 《사고전서》본에는 「칠 박」(拍)자로 되어 있다. 부구공은 옛날의 신선이다. 진나라 곽박(郭璞)의 〈유선시(遊仙詩)〉 제3수 「왼쪽으로 부구공의 소매 당기고, 오른쪽으로 홍애의 어깨 치네.」(左挹浮丘袖, 右拍洪崖肩) 송나라 황정견(黃庭堅)의 〈황면중의 쌍전에서 차 끓일 물을 찾다라는 시에 답하고 아울러 양휴에게 보내다(答黃冕仲索煎雙井, 并簡揚休)〉「차사발에 물 대어 나 액운 씻어줄 수 있고, 바람에 나부끼

如今不及臺邊水[4] 지금은 대 가의
물에 미치지 못하는데,
長向山前山後流 오래도록 산
앞뒤로 흘러가리라.

는 소매로 부구옹 당기고자 하네.」(能澆茗椀湔祓我, 風袂欲挹浮丘翁)

4 여금(如今): 《사고전서》본에는 「여하」(如何)로 되어 있다.

16~18. 送李道士歸玉笥, 三首[1]

이도사가 옥사로 돌아감에 송별하다. 세 수

16

偶隨雲去伴雲歸[2] 우연히 구름 따라 떠났다
구름 짝하여 돌아와,
笑指清都在翠微[3] 웃으며 맑은 도성
푸른 산기슭에 있음 가리키네.
爲我中間留一榻[4] 나를 위해 중간에
걸상 하나 남겨 두었으니,

1 《익증》「《옥사산기》에서는『한무제가 신선을 좋아하여 뭇 신선들의 자취를 살피고는 이 산이 영감을 맡은 것임을 알았다. 마침내 산 꼭대기에 강진단을 설치하여 아침저녁으로 기도를 올리니 하늘에서 단상에 백옥사를 내려주었다. 무제가 사신을 보내어 그것을 가져오게 하고 그 단에 이르니 회오리바람이 크게 일어 옥상자를 휘말아 가버렸다. 이로 인하여 옥사산에 봉하였다.』라 하였다.」(玉笥山記曰, 漢武好仙察衆仙之迹, 知此山為靈感之司. 遂以山頂置降真壇, 日夕祈禱, 天乃降白玉笥置壇上. 武帝遣使取, 至其壇, 則飄風大振卷玉笥而去, 因封為玉笥山)

2 거(去): 「날 출」(出)자로 된 판본도 있다.

3 청도(清都): 천제가 산다고 하는 궁궐. 보통 왕의 거처를 가리키는 말로 많이 쓰인다. 《열자·주목왕(周穆王)》「주나라 목왕 때 서쪽 끝땅의 나라에서 화인(육체를 자유자재로 변화시킬 수 있는 도에 통달한 사람)이 왔다. …… (이 화인이) 왕을 뵙고서 하느님이 거처하시는 궁궐에서 함께 놀았는데 …… 하느님이 궁궐에서 연주하는 음악까지 들었다.」(周穆王時西極之國有化人來……謁王同游……清都紫微, 鈞天廣樂帝之所居)
취미(翠微): 공자가 지었다는 설이 있는 중국에서 가장 오래된 글자 사전인 《이아(爾雅)》「(산이) 정상까지 미치지 못한 것을 『취미』라 한다.」(未及上, 翠微) 주석[疏]「풀이하여 말하기를 정상에 미치지 못한 것이라 하였다. 산비탈의 곁에 있는 곳을 취미라 한다. 일설에는 산기운이 푸른 옥색을 띠고 있기 때문에 취미라 한다고 하였다.」(釋曰, 未及頂上. 在陂陀之處, 名翠微. 一說山氣青縹色, 故曰翠微) 당나라 두보의 〈정씨의 동쪽 정자를 다시 소재로 삼아서(重題鄭氏東亭)〉「화려한 정자는 산비탈로 들어가고, 가을날 맑은 빛 어지러이 비치네.」(華亭入翠微, 秋日亂清暉)

4 유일탑(留一榻): 《자치통감》 권54 〈한기·환제(漢紀·桓帝)〉 연희(延熹) 2년「진번이 예장태수가 되자 예의를 갖추어 (서치를) 태수부의 인사국장으로 초청하였는데, 서치(徐穉)는 취임도 하지 않았는데 면직되자 찾아와서 인사만 하고서 물러났다. 진번은 성격이 바르고 엄격해서 빈객들을 접하는 일이 없었는데, 서치가 올 때만은 특별히 걸상 하나를 설치해 놓았다가 그가 가면 달아두었다.」(陳蕃爲豫章太守, 以禮請署功曹, 穉不之免, 旣謁而退. 蕃性方峻, 不接賓客, 唯穉來特設一榻, 去則縣之) 귀한 손님을 환대하는 것을 말한다.

他年去著薜蘿衣[5]	훗날 떠나며 벽라 옷 입으리라.

17

玉笥山連都水坑[6]	옥사산 도수갱과 이어져 있는데,
拂雲樓殿對崢嶸	떠는 구름 누대 전각 가파른 산과 마주하네.
君歸後夜無餘事	그대 돌아가면 훗날 밤 남은 일 없어,
臥聽寒泉落磵聲	누워서 차가운 샘물 시내로 떨어지는 소리 듣겠네.

18

莫惜臨行酒一杯	떠날 즈음에 술 한 잔 안타까워 말게나,
看君上馬古城隈	그대 옛 성 구비에서 말에 오르는 것 본다네.
相望兩地無多遠[7]	바라보니 양쪽 땅 그리 멀지는 않으니,
頻寄音書與雁來	편지 자주 부쳐 기러기 함께 보내오게.

5 벽라의(薜蘿衣): 벽려(薜荔)와 여라(女蘿)로 만든 옷. 은자의 복장을 말한다. 《초사·구가·산귀(九歌·山鬼)》 「사람 있는 듯함이여 산 언덕에, 벽려 걸치고 여라 허리띠 하였다네.」(若有人兮山之阿, 被薜荔兮帶女蘿)

6 도수갱(都水坑): 《차의》에서는 「욱목은 당본에는 도수로 되어 있다. 지명인 것 같다.」(郁木, 唐本作都水. 疑地名)라 하였으니 욱목(郁木)으로 된 판본도 있는 것 같다. 도(都)와 욱(郁)은 자형이 비슷하여 혼동한 것 같고, 목(木)은 수(水)자의 오자인 것 같다.

7 무다원(無多遠): 송나라 소옹(邵雍)의 〈선풍음(旋風吟)〉 제2수 「사람 마음 서로간의 거리 그다지 멀지 않은데, 어찌하여 태평한데 사람은 불평하는가?」(人心相去無多遠, 安有太平人不平)

19. 題赤城觀[1]

적성관에 적음

落日空山秋氣清[2]	해 지니 빈 산에 가을 기운 맑고,
泠泠古木亂蟬鳴	맴맴 고목나무에 매미 울음 어지럽네.
僊人一去鶴不返	신선 한번 떠났는데도 학 돌아가지 않았는데,
劒客重來丹已成[3]	검객 다시 돌아오니 단약 이미 이루었네.
靜對竹爐煙縷直	조용히 대나무 화로에서 연기 실처럼 곧게 올라감 대하고,
細看月窟桂華生[4]	달의 굴에서 계수나무 꽃 핌 자세히 보네.

1 《익증》「《천동진경》에 『적성의 붉은 창은 위는 맑고 경치가 빼어나다.』는 말이 있다. 또한 공령부(孔靈符)의 〈회계기(會稽記)〉에 『적성산의 흙색은 모두 붉으며 바위와 산굴이 연이어져 모양이 마치 운하와 같다. 이 때문에 관의 이름으로 삼았다.』라 하였다. 또한 《영서경》에 『동굴이 있는 관이 있는데 주로 법도를 얻은 사람의 공덕이 가벼웠다. 도관의 이름은 여기에 근본한다.』라 하였다.」(天洞真經, 赤城朱窓上清絶境. 又孫靈符會稽記, 赤城山土色皆赤, 巖峀連沓狀似雲霞. 因此爲觀名. 又靈書經有洞之觀, 主得度之人功德輕. 道觀之名本此)

2 공산추기청(空山秋氣清): 당나라 이단(李端)의 〈무릉에서 산길을 가며 위금부를 모시다(茂陵山行陪韋金部)〉「묵은 비 아침 되어 그치니, 빈 산에 가을 기운 맑다네.」(宿雨朝來歇, 空山秋氣清)

3 검객(劒客): 《차의》「당나라 여동빈의 시에 『아침에 북월 노닐고 저녁에는 창오 노니니, 소매 안의 푸른 뱀 쓸개 기운 거칠다네.』라는 구절이 있는데, 이 일을 쓴 것 같다.」(呂洞賓詩, 朝遊北粵暮蒼梧, 袖裏青蛇膽氣粗. 疑用此事) 여동빈의 시는 《전당시》(권858)에는 제목이 〈절구(絶句)〉(제16수)로 되어 있고, 《고금사문유취(古今事文類聚)》(권34)에는 〈악양에서 놀다(遊岳陽)〉로 되어 있다. 《익증》「《태극진인석정금광장경록형경설(太極眞人石精金光藏景録形經說)》에서 말하기를 『상재총진서성왕군이 옛날에 자양공에게 주었다. 시행하여 도를 이루었다.』라 하였다. 총진은 옛날에 검해(劒解)의 도를 썼다. 또한 구전단약의 비법을 이장선생에게 주었다.」(太極眞人金光藏景録形神經曰, 上宰總眞西城王君昔受於紫陽. 施行道成. 總眞昔用劒解之道. 又授九轉丹方於里長先生)

4 월굴계화(月窟桂華): 《익증》「우희의 〈안천론〉에 『속

此身舊有蓬瀛約[5] 이 몸 옛날에 봉래와
영주의 약속 있었는데,
玉簡歸來問姓名[6] 옥 같은 편지 돌아와
성명 묻는다네.

세에 전하는 바로는 달 속의 신선은 계수나무였는데 지금 그 처음 신선의 발이 생겨날 때 보니 점점 계수나무의 형태로 변하여 나중에는 그곳에서 계수나무가 났다.』라 하였다.」(虞喜安天論, 俗傳仙人月中桂樹今, 視其初生見仙人之足, 漸以成桂樹, 後成焉云云)

5 봉영(蓬瀛): 《열자·탕문(湯問)》「발해의 동쪽은 몇 억만 리나 되는지 모르며 그곳에는 큰 골짜기가 있다. …… 그 안에는 다섯 산이 있는데 첫째는 대여이며, 둘째는 원교, 셋째는 방호, 넷째는 영주, 다섯째는 봉래라고 한다. …… 그 위에 있는 대관은 모두 금옥으로 되어 있고 그 위의 날짐승과 길짐승은 모두 순 흰 색이다. 구슬 같은 나무가 모두 빽빽이 났고 꽃과 열매는 모두 맛이 있으며 그것을 먹으면 모두 늙지도 죽지도 않는다. 사는 사람들은 모두 신선이나 성인 같은 류이며 하루 저녁 하루 낮 만에 날아서 왕래하는 사람이 헤아릴 수 없다.」(渤海之東不知幾億萬里, 有大壑焉……其中有五山焉, 一曰岱輿, 二曰員嶠, 三曰方壺, 四曰瀛洲, 五曰蓬萊……其上台觀皆金玉, 其上禽獸皆純縞. 珠玕之樹皆叢生, 華實皆有滋味, 食之皆不老不死. 所居之人皆仙聖之種, 一日一夕飛相往來者, 不可數焉)

6 옥간~성명(玉簡~姓名): 《익증》「《삼원옥검경》에서 말하기를 『경인년 구월 구일 갑진일에 처음으로 상청궁에서 분명히 밝히며 삼원옥검을 주며 후학 가운데 현의 이름을 가진 사람에게 당부하기를 하늘로 올라 청진인이 될 것이라고 하였다.』라 하였다.」(三元玉檢經曰, 歲庚寅九月九日甲辰, 元始於上清宮告明, 授三元玉檢, 使付後學有玄名應為上清真人者)

20. 尤溪縣學觀大閣 見尤川志及南溪祠堂志

우계현학에서 대각을 봄 우천지 및 남계사당지에 보인다

令尹絃歌不下堂[1]	영윤 음악과 노래로 다스리며 대청 내려오지 않았고,
叱嗟層觀麗扶桑[2]	꾸짖고 탄식하는 사이에 차례로 부상 아름다움 보았다네.
朱甍碧瓦臨無地	붉은 용마루 푸른 기와 보이지 않는 땅 굽어보고,
散帙投壺樂未央	흩어진 책 투호 즐거움 끝이 없네.
得意溪山供徙倚	시내와 산에서 뜻 얻으니 배회하게 하고,
忘情魚鳥共徜徉	물고기와 새 마음 잃고 함께 노니네.
應觀物我同根處	사물과 나 근본 같은 곳 살피어,
剖破藩籬卽大方[3]	울타리 쪼개어 버리면 곧 큰 도라네.

1 현가(絃歌): 음악과 노래를 가지고 다스리는 것으로, 태평성세의 다스림을 말한다. 《논어·양화(陽貨)》「공자가 무성에 가셨는데, 악기와 노래 소리를 들으셨다.」(子之武成, 聞絃歌之聲)
불하당(不下堂): 복자천(宓子賤)의 고사를 썼다. 《여씨춘추·찰현(察賢)》「복자천이 선보를 다스리는데, 거문고를 쳐서 울리며 몸은 대청을 내려가지 않아도 선보는 잘 다스려졌다.」(宓子賤治單父, 彈鳴琴, 身不下堂而單父治) 복자천은 공자의 제자인 복부제(宓不齊)를 말한다.

2 질차~부상(叱嗟~扶桑): 《차의》「꾸짖고 탄식하는 사이에 차례로 부상에서 아름다운 것을 보게 된다는 말이다. 대체로 그 장려함을 말한 것이다.」(謂叱嗟之間, 層觀麗於扶桑也. 盖言其壯麗也) 《익증》「층관(層觀)은 합성(閤成)으로 되어 있다.」(層觀作閤成)

3 번리(藩籬): 《차의》「사물과 나의 한계를 말한다.」(謂物我之限)
대방(大方): 《차의》「(《장자》〈추수〉편에 『내 오래도록 큰 도를 가진 사람의 비웃음을 받았다.』는 말이 있는데, 주석에서 대방(大方)은 대도(大道)라고 하였다.」(秋水篇 吾長見笑於大方之家. 註, 大方, 大道也)

21. 十月上休日，遊臥龍玉淵三峽，用山谷鷩鹿要須野學，盟鷗本願秋江，分韻得鷗字[1] 按大全集但有「秋」字韻，不載此「鷗」字韻. 馮本有之，或云先生命門人所作而後不用.[2] 或又云得兩韻而集軼之. 以下見南康集

10월 상휴일에 와룡과 옥연, 삼협에서 놀면서 황산곡의 「鷩鹿要須野學, 盟鷗本願秋江」이란 시구를 가지고 운자를 나누어 시를 지었는데 「鷗」자를 얻다 《대전집》에 의하면 「秋」자운만 있고 이 「鷗」자운은 수록되어 있지 않다. 풍본에는 있는데 혹자가 말하기를 선생이 문인에게 명하여 지은 것으로 나중에는 쓰지 않았다고 하였다. 혹자는 또 말하기를 두 운자를 얻었는데 문집에서 산일되었다고 하였다. 이하는 《남강집》에 보인다

匡廬霜天後[3]	광려산에 하늘에서 서리 내린 후,
不見雲氣浮	구름 기운 떠 있음 보이지 않네.
木葉紅已疏	나뭇잎 붉어져 이미 성글어졌고,
山顏轉清幽	산 모습 맑고 그윽하게 되어가네.
向聞有絶壑	저번에 빼어난 골짜기 있다 들었는데,
乃在臥龍湫	곧 와룡추에 있다네.
及此遂一往	이때 마침내 한번 가보니,
幸無煙景愁	다행히 안개 낀 경치 시름 없다네.

1 상휴일(上休日): 《차의》 「상순의 휴목일을 말한다.」(謂上旬之休沐日也)
용산곡~원추강(用山谷~願秋江): 산곡은 송나라 황정견을 말하며, 인용된 싯구는 〈차운공택구(次韻公擇舅)〉의 마지막 두 구절이다. 인용구 첫 구절의 「野學」은 《산곡집》에는 「野草」로 되어 있다.

2 선생(先生): 《차의》 「누구를 가리키는 것인지는 모르나 문인이 지은 것이라면 선생은 주선생이 되어야 한다.」(不知指誰某, 若是門人所作, 則此先生當爲朱先生)

3 광려(匡廬): 강서성(江西省)에 있는 여산(廬山, 또 달리 南嶂山이라고도 함)을 말하는데, 은·주(殷周) 교체기에 전설상의 인물인 광속(匡俗: 匡裕라고도 함) 형제 7인이 이곳에다 오두막집을 짓고 살았으므로 이렇게 부른다.

隮攀欲其深	잡고 올라 깊이 들어가고자 함,
泉石固所求	천석 실로 추구함이었다네.
況有百尺崖	하물며 백자나 되는 벼랑 있어,
噴雪飛寒流	눈 뿜고 차가운 물결 날리네.
幽岑自回抱[4]	그윽한 봉우리 절로 돌아 안고,
直下鳴靑璆[5]	곧장 떨어져 맑은 구슬 소리 울리네.
便可洗我耳	곧 내 귀 씻을 만하고,
枕石忘所憂	돌 베니 근심 잊는다네.
精神共虛廓	정신 빈 성곽 함께하니,
方物皆悠悠[6]	담론 모두 유유하다네.
所恨非獨往	한스럽긴 홀로 가지 않아서,
不能恣夷猶[7]	마음껏 머무를 수 없는 것이라네.
仰歎雲間鶴[8]	우러러 구름 사이의 학 감탄하고,
俯羡谷中鷗	숙이어 골짜기의 갈매기 부러워하네.
先生先我來	선생 나보다 먼저 와서,
結屋陽岡頭	볕바른 언덕 모퉁이에 집 지었다네.
虛名付忠武[9]	헛된 명성 충무후에 부치고,
滅迹慕巢由[10]	자취 없앰 소보와 허유 흠모한다네.
是間頗足居	이 사이 자못 거처할 만하니,
不田亦平疇[11]	밭도 아니고 두둑도 아니라네.
野人種椒橘	농부 산초와 귤 심고,

4 잠(岑): 《사고전서》본에는 「거문고 금」(琴)자로 되어 있다.

5 청구(靑璆): 청구(淸璆)와 같은 뜻이다.

6 방물(方物): 사리를 판별하는 것을 말한다.

7 이유(夷猶): 「夷由」라고도 하며, 머뭇거리며 나아가지 못한다는 뜻이다. 여기서는 조용히 자득하였다는 뜻으로 쓰였다.

8 탄(歎): 《사고전서》본에는 「부끄러울 참」(慚)자로 되어 있다.

9 허명부충무(虛名付忠武): 충무는 충무후 제갈량을 말한다. 《차의》 「와룡담이 제갈무후사를 지었기 때문에 말하였다.」(臥龍潭作諸葛武侯祠故云)

10 소유(巢由): 소보(巢父)와 허유(許由)를 함께 이른 말. 모두 요(堯)임금 때의 은사(隱士)로 전하여진다.

11 부전(不田): 《차의》 「불(不)은 석(石)자인 것 같다.」(不, 疑石字)

崖蜜易歲收	벼랑에선 꿀 해마다 쉽게 거둔다네.
西源有老翁[12]	서쪽 언덕에 늙은이 있는데,
卷舌藏戈矛[13]	혀 말고 창과 방패 숨겼다네.
似學辟世士	비슷한 학문 세상의 선비 부르는데,
乃欲邀聖丘[14]	이에 성인 공자 맞으려하네.
先生且無然[15]	선생은 또한 그러지 않아,
但作一月留	다만 한 달만 머무른다네.
俟我有決計	나 계획 결심하기 기다려,
它時卜從游	훗날 좇아 노닐 곳 점친다네.

12 서원노옹(西源老翁): 《차의》「원(源)은 원(原)이 되어야 한다. 노옹은 최가언이다.」(源, 當作原. 老翁崔嘉彦也)

13 과모(戈矛): 《차의》「그 삼엄함을 말한다.」(言其森嚴也) 《관보》「가언은 일찍이 경전(耕戰)의 책문으로 조충간에게 간구한 적이 있다. 이 구절은 곧 이것을 가리킨다. 이는 〈서원암기〉에 보인다.」(嘉彦嘗以耕戰之策干趙忠簡. 此句卽指此. 此見西原庵記) 송나라 구양수의 〈매성유의 영전에 곡하다(哭聖俞)〉「시 이룰 바람 매우 깊어 코 움켜쥐고 노래하였으며, 노나라의 성인 스승삼아 혀 말고 창과 방패 숨겼다네.」(詩成希深叢鼻謳, 師魯卷舌藏戈矛)

14 성구(聖丘): 공자를 말한다.

15 차무연(且無然): 《차의》「노옹의 부름을 믿지 말라는 말이다.」(謂勿信老翁之邀)

22. 次周師溫遊書堂韻, 兼簡坐上諸同志[1]

주사온의 서당에 노닐다라는 시의 각운자를 써서 짓고 아울러 좌중의 여러 동지들에게 부침

疇昔因來行水餘[2]	지난 날 온 김에 물가 충분히 다녔는데,
依依唯認昔人居[3]	완연히 다만 옛 사람 살던 곳 알 뿐이라네.
新堂已幸經重構	새 대청 이미 다행히 새로 짓는 중인데,
舊事難追更特書	옛 일 쫓기 힘듦 더욱 특별히 써놓았네.
所願絃歌聞十室[4]	바라는 것 현악과 노래 열 집쯤 되는 작은 고을에 들리는 것이니,
休誇文字賦三都[5]	문자 〈삼도부〉 자랑하지 말게나.

1 주사온(周師溫): 《내집》 권7의 8번 시에 보이는데, 염계(濂溪) 사람이라고 하였다. 이름은 미상이다.

2 행수(行水): 《차의》「생각건대 행피당(行陂塘)은 곧 〈백록동부〉에서 이른바『지난 날 내 산의 연못을 다녔다』한 것이다.」(謂按行陂塘卽白鹿洞賦所謂夙余駕乎山之塘者也)

3 의의~석인거(依依~昔人居): 《차의》「이발이다.」(李渤) 진나라 도연명의 〈전원으로 돌아와 살다(歸園田居)〉 제4수「언덕과 밭두둑 사이 어슬렁거려 보니, 옛 사람 살던 곳 완연하구나.」(徘徊丘隴間, 依依昔人居)

4 현가(絃歌): 음악과 노래로 고을을 다스리는 것을 가리킨다. 곧 태평성세의 다스림을 말하는데 쓰이게 되었다. 《내집》 권2 124번 시의 주 25)를 보라.
십실(十室): 《논어·공야장(公冶長)》「공자께서 말씀하셨다.『10호쯤 되는 조그만 읍에도 반드시 나처럼 충신한 자는 있지만, 나처럼 학문을 좋아하는 이는 없을 것이다.』」(子曰, 十室之邑, 必有忠信如丘者焉, 不如丘之好學也) 주희의 주석「십실은 10호의 작은 읍이다.」(十室, 小邑也)

5 부삼도(賦三都): 《차의》「좌사가 〈오도부〉와 〈촉도부〉, 〈위도부〉를 짓고 황보밀이 거기에 서문을 써서 이름이 천하에 떨쳤다.」(左思作吳都賦蜀都魏都賦, 皇甫謐序之名聞天下)

同來況有濂溪裔[6]	함께 온 이 하물며 염계의 후예 있으니,
心印相傳儘未疏[7]	마음으로 증명하여 서로 전하여 조금도 성글어지지 않았네.

6 염계예(濂溪裔): 《箚疑》「사온을 가리킨다.」(指思溫)

7 심인(心印): 《차의》「불교용어로, 조사가 마음으로 증명하여주는 것을 심인이라고 한다.」(佛語. 祖師以心相證曰心印)

23. 西源居士斸寄秋蘭小詩爲謝

서원거사가 가을 난을 쪼아 부쳐주어 짧은 시로 감사드림

知有幽芳近水開	그윽한 꽃 물 가까이 피어 있음 알고서,
故攀危磴斸蒼苔	일부러 아찔한 돌비탈 올라 푸른 이끼 쪼았다네.
却憐病客空齋冷	오히려 병든 나그네 빈 서재 썰렁함 불쌍히 여겨,
帶雨和煙遠寄來	비 띠고 안개 함께 멀리 부쳐왔다네.

朱熹 詩 譯註

유집 제1권

1~3. 贈內弟程允夫[1]
내제인 정윤부에게 드림

1

外家人物有吾子	외가의 인물 그대 있는데,
我乃平生見未嘗	내 평소에 일찍이 보지 못했었네.
文字只今多可喜	문자 지금 많이 기뻐할 만한데,
江湖他日莫相忘	강호에서 훗날 서로 잊지나 마세.

2

故家歸來雲樹長	고향에 돌아오니 나무 구름에 걸릴 만큼 자랐고,
向來辛苦夢家鄉	지난 날 고생스레 고향 꿈꾸었다네.
行藏正爾未堅決[2]	나가고 물러나 숨음 딱히 굳게 결정하지 않았는데,

1 내제(內弟)는 원래 아내의 남자 동기(同氣), 곧 처남이라는 뜻인데 여기서는 그냥 존칭으로 쓰인 것 같다. 정윤부(程允夫): 정순(程洵: 1135~1196)의 자. 처음에는 자를 흠국(欽國)이라고 하였으며, 무원(婺源) 사람으로 호는 극암(克庵), 취림일민(翠林逸民)이라고 하였다. 주희와 교유하였으며 그의 서재를 존덕성(尊德性)이라 지어주기도 하였다. 여릉녹참(廬陵錄參)을 지낸 적이 있는데 위학(僞學)으로 지목되어 관직을 떠났다.

2 행장(行藏): 출처(出處), 곧 나아가고 머무름을 말한다. 《논어·술이(述而)》「쓰면 나가고 버려지면 숨는다.」(用之則行, 舍之則藏)

又見春風登俊良	또 봄바람 빼어나게 어진 이에게 불어옴 보네.

3

我憶當年諸老翁	내 생각건대 그해의 여러 늙은이들,
經綸事業久參同	경륜 사업에 동참한지 오래 되었다네.
只今零落三星曉	지금 삼성 새벽에 지는데,
未厭棲遲一畝宮[3]	한 이랑 집에서 편히 쉼 싫어하지 않네.

《신안문헌지(新安文獻志)》 권58

3 서지(棲遲): 《시경·진풍·오막살이(陳風·衡門)》「오막살이 집일망정, 푹 쉬고 놀 수 있네.」(衡門之下, 可以棲遲) 주희의 주석「서지는 놀고 쉬는 것이다.」(棲遲, 遊息也)
일무궁(一畝宮): 권8 22번 시의 주 11)을 보라.

4. 題梵天法堂門扇 紹興中

범천사 법당의 문짝에 적음 소흥 연간에

神光不昧	신령스런 빛 어둡지 않고,
萬古徽猷	만고에 계책 아름답네.
入此門來	이 문으로 들어오면,
莫存知解	이해하여 앎 존재하지 않으리.

《주자대동집(朱子大同集)》

5. 題陳廷佐亭 紹興中

진정좌의 정자에 적음 소흥 연간에

圓荷暮方展	둥근 연꽃 저녁에 바야흐로 펴지고,
閑花曉日紅	한가한 꽃 새벽 해에 붉네.

《주자대동집(朱子大同集)》

6. 夜嘆 紹興中

밤에 탄식함 소흥 연간에

秋夜不可晨	가을 밤 새벽은 오기 어렵고,
秋日苦易暗	가을 낮 실로 쉬 어두해지네.
我無汲汲志	내 급급한 마음 없으니,
何以有此憾云云[1]	어떻게 이 유감 있겠는가? ……
煉形羽化眞寓言	육신 단련하여 우화등선함 실로 말 부치고,
世間哪得有神仙	세상에서 어떻게 신선 얻으리오?
要須力穡乃逢年	모름지기 힘껏 거두어 풍년 만나고,
畫犁十載甑空懸	십년 동안 쟁기 그려 시루만 공중에 매달렸네.
君不見	그대는 보지 못하였는가?
黄鶴樓前金色鮮	황학루 앞의 금색 선명한데,
何如歸煮白石員云云	어떻게 돌아가 둥근 흰 돌 삶겠는가? ……

《심수집(沁水集)》 권9 〈여춘 사경도가 소장한 주회암의 「가을밤 길게 탄식하다」란 글의 뒤에 적다(書犂春謝耕道所藏朱晦菴夜嘆長篇後)〉[2]

1 이상은 당나라 한유의 〈추회시(秋懷詩)〉 제7수에 나오는 구절이다.

2 《심수집(沁水集)》은 《명수집(洺水集)》이 되어야 하며 송나라 정필(程珌)의 문집이다.

7. 淳熙戊戌七月廿九日，早發潭溪西登雲谷，取道芹溪友人丘子野留宿，因題芹溪小隱以貽之，作此以紀其事 淳熙五年

순희 무술년 7월 29일 일찍 담계를 출발하여 서쪽으로 운곡에 올라 길을 취하여 근계의 친구인 구자야에게 머물러 자면서 〈근계소은〉이란 제목으로 지어서 주고 이것을 지어 그때의 일을 기록한다 순희 5년

我來屛山下　　내 병산 아래로 오는데,
奔走倦僮僕　　바삐 달리자니 동복들 지쳤다네.
亭亭日已中　　쨍쨍 해 이미 한가운데 있으니,
冠巾濕如沐　　갓과 두건 머리 감은 듯 젖었네.
訪我芹溪翁　　나 근계의 늙은이 찾아,
解裝留憇宿　　짐 풀고 머물러 쉬며 투숙하네.
茗椀瀹甘寒　　차 사발 씻으니 달고 차가우며,
溫泉試新浴　　온천에서 시험 삼아 새로 목욕해보네.
抖擻神氣清　　신령한 기운 맑게 떨고,
散步搘筇竹　　산보하며 지팡이에 의지하여 버티네.
廬峯在瞻望　　노봉 눈앞에 바라보이고,
隱隱見雲谷　　은은히 운곡 보이네.
頓覺塵慮空　　갑자기 속세의 걱정 빔 깨닫고,
豁然洗心目　　마음의 눈 환하게 씻었다네.
君居硯山西　　그대 연산 서쪽에 거처하는데,
高隱志不俗　　높은 은자의 뜻 속되지 않네.
窗几列琴書　　창과 서궤에는 거문고며 책 늘어놓았고,

庭皐富花木	뜰과 언덕에는 꽃과 나무 많다네.
往來數相過	오가며 여러 차례 들렀었는데,
主賓情意熟	주인과 손님 정의 익숙하다네.
開尊酌香醪	술잔 꺼내어 향기로운 술 따르고,
謦欬話衷曲	기침해가며 마음속 곡진하게 이야기하네.
從容出妙句	조용하게 절묘한 구절 써 내니,
滿幅粲珠玉	온 종이에 구슬과 옥 넘치네.
邀約登赫曦	맞아들여 혁희대 오를 약속하여,
襟期伴幽獨	마음 속 기약 그윽이 홀로 짝하네.
玆遊得良朋	이곳에서 노닐다 훌륭한 벗 얻었는데,
道義推前夙	도의 전부터 추앙하였다네.
扁字爲留題	편액 글씨 적어 남기나,
深愧毛錐禿	뾰족한 머리 벗겨진 붓에 부끄럽네.

《신안문헌지(新安文獻志)》 권51

8~9. 挽崔嘉彥 淳熙中

최가언을 애도함 순희 연간

8

關陝遺耆老	관중과 섬서에 늙은이 버렸는데,
天資得勇多	천부적 자질 용기 많았다네.
雙瞳光射日	두 눈동자 빛 해를 쏘는 것 같았고,
寸舌辨傾河	한 치 혀 변설 황하 기울이는 듯.
居俯三江近	사는 곳 굽어보니 세 강 가깝고,
鄰從五老過	이웃 다섯 늙은이 따라 들렀었다네.
廬空人不見	오두막 비어 사람 보이지 않으니,
猿鶴奈愁何[1]	원숭이와 학 근심 어찌하리!

9

林下相從舊	숲 아래서 옛날 서로 좇은 지,
回頭一十年	고개 돌려보니 벌써 십년이라네.
君論金鼎訣	그대는 금정의 비결 논하고,
我賦白雲篇	나는 〈백운편〉 읊었었지.
泉石無閒意	천석은 한가로운 뜻 없고,
丹砂結世緣	단사는 세상과 인연 맺었다네.
康山空葬骨	강산에 장사지낸 뼈 없어지고,
已作洞中仙	이미 동굴 속 신선 되었다네.

《영락대전(永樂大典)》 권2741

1 원학(猿鶴): 남조 제(齊)나라 공치규(孔稚圭)의 〈북산의 산신령이 가짜 은사 출신인 해염현령에게 보내는 공문(北山移文)〉「(은사가 떠나가서) 향기로운 풀로 기운 커튼을 친 방이 비게 됨이여, 밤 학이 원망하고, 산에 살던 도사 떠나감이여, 새벽 원숭이조차 놀라네.」(蕙帳空兮夜鶴怨, 山人去兮曉猿驚)

10. 半月

반달

間離別最堪憐	인간세상 이별 가장 슬퍼할 만한데,
天上嫦娥恐亦然	천상의 항아 아마 또한 그러하리라.
昨夜廣寒分破鏡	어젯밤 광한전에 거울 깨어졌는데,
半奩飛上九重天	상자 반은 구중의 하늘로 날아올랐다네.

《후촌천가시(後村千家詩)》 권12

11. 睢陽五老圖卷跋幷詩

휴양의 오로도권의 발문과 시

拜瞻五老圖像, 儼然儀刑. 當代以來, 遇時否塞, 遭家多故, 支同派別, 遷播不一, 南北之溷, 其來尙矣. 得其畢氏之傳再見於江南, 豈勝幸哉! 使人企仰, 以續將來, 非獨表大宋隆德興盛之時, 實起後世為人臣子孫亘古永錫無替之昭鑒, 垂不朽云爾, 以踵其祖韻而已矣. 後學朱熹拜手敬題

다섯 늙은이의 도상을 절하고 바라보니 의용(儀容)이 의젓하였다. 당대 이래 때가 막히고 만난 집이 많았던 까닭으로 가지는 같으나 갈래가 달라지고 옮기어 감이 하나가 아니고 남북의 어지러움으로 남으로 와서 북쪽을 숭상하였다. 필씨가 전한 것을 강남에서 다시 보았으니 어찌 다행함을 이기겠는가! 사람들로 하여금 바라고 우러르게 하여 올 것을 이어 대송의 덕이 융성하고 홍성할 때 뿐만 아니라 실로 후세의 신하와 자손들의 예 것을 이어 영원히 내려 바꾸지 않는 밝은 귀감을 일으켜 불후의 것을 드리울 따름이며 이로써 조상의 운치를 뒤쫓을 따름이다. 후학 주희가 배수하고 삼가 적는다

同支派別胄遙遙	가지 같으나 갈래 달라져 후손 아득한데,
南渡衣冠尙北朝	남으로 건너와 살고 있으나 북조 숭상하네.
千載畫圖文獻在	천년토록 그림과 문헌 남아 있으니,
兩朝開濟政明昭	두 조정에서 열어 구하여 정치 맑고 밝았다네.

公卿倡和遵皇運	공경들은 창화하여 황조의 운 따르고,
嗣子傳家念祖饒	사자는 집에 전하여 조상 굶주림 생각하네.
幸得慶源流自遠	요행히 복된 근원 얻어 흐름 절로 멀어지면,
匡扶人世釋塵囂	세상 바로잡고 도와 속세의 시끄러움 벗어나겠네.

《식고당서화휘고(式古堂書畫彙考)》 권45

朱熹 詩 譯註

외집 제1권

1. 春日過上竺

봄날 상축을 지나다

竺國古招提[1]	축국의 옛 절,
飛甍碧瓦齊	용마루 날고 푸른 기와 가지런하네.
林深忘日午	숲 깊어 한낮임 잊고,
山迥覺天低	산 멀어 하늘 낮음 느끼네.
琪樹殊方色	옥 같은 나무 먼 곳에서 색 비치고,
珍禽別樣啼	보배로운 새 다른 모양으로 우네.
沙門有文暢	중 가운데 문창이라는 사람,
啜茗漫留題	차 마시며 질편하게 글 지어 남기네.

《석광빈항주상천축강사지(釋廣賓杭州上天竺講寺志)》 권14 〈시문기술품(詩文紀述品)〉. 또 《무림범지(武林梵志)》 권5와 《고금도서집성(古今圖書集成)》〈산천전(山川典)〉 권290에도 보임.

1 초제(招提): 절, 사찰(寺刹)을 말한다. 범어(梵語) Caturdeśa를 「拓鬪提奢」로 음역하였는데 줄여서 「拓提」라 하였고, 나중에는 「招提」로 잘못 쓰게 되었다. 그 의미는 「사방」이라는 뜻인데, 사방의 중을 「招提僧」, 사방의 중이 모여서 머무는 곳을 「招提僧坊」이라 하였다. 북위(北魏) 태무제(太武帝)가 가람을 세우고 처음으로 「초제」라는 명칭을 썼는데, 이후로는 사원의 별칭으로 쓰이게 되었다.

2. 訪昂山支公故址

앙산에 있는 지공의 옛 유지를 찾다

支公肯與世相違	지공 기꺼이 세상과 서로 어그러져,
故結高堂在翠微[1]	고당 산 언덕에 지었다네.
青菜漫隨流水去	푸른 나물 질펀하게 흐르는 물 따라 가고,
黃彪時逐暮雲歸	누런 표범 이따금 저녁 구름 좇아 돌아오네.
喬林挂月猿來嘯	높은 숲에 달 걸리니 원숭이 와서 휘파람 불고,
幽草生風鳥自飛	그윽한 풀 바람 일으키니 새 절로 나네.
八萬妙門能測度	팔 만의 오묘한 문 헤아릴 수 있으니,
個中獨露祖師機	그 가운데 홀로 조사의 기틀 드러내네.

《광신부지(廣信府志)》 권1의 2.

1 취미(翠微): 《별집》 16번 시의 주 3을 보라.

3. 題爛柯山

난가산에 적음

局上閑爭戰　　바둑판 위에서 한가로이 다투느라,
人間任是非　　인간세상의 시비 되는대로 맡겨두네.
空教采樵客　　공연히 나무꾼더러,
柯爛不知歸[1]　　자루 썩게 하여 돌아갈 줄 모르게 하네.

《구주부지(衢州府志)》. 또한《고금도서집성(古今圖書集成)》〈산천전(山川典)〉 권129에도 보임.

1 가란부지귀(柯爛不知歸): 남조 양(梁)나라 임방(任昉)의《기이한 일을 적은 책(述異記)》「신안군의 석실산에 진나라 때 왕질이란 사람이 나무를 하러 왔는데, 동자 여럿이 바둑을 두며 노래를 부르고 있는 것을 보았다. 왕질은 그에 끌리어 듣게 되었다. 동자가 어떤 것을 하나 왕질에게 주었는데 대추씨와 같았으며 왕질이 그것을 삼키자 시장기를 느끼지 않게 되었다. 조금 있다가 동자가 말하기를『어째서 가지 않습니까?』라 하여 왕질이 일어나 보니 도끼 자루가 다 썩고 없었다. 돌아와 보니 당시인들은 하나도 없었다.」(信安郡石室山, 晉時王質伐木至, 見童子數人, 棋而歌. 質因聽之. 童子以一物與質, 如棗核, 質含之, 不覺飢. 俄頃, 童子謂曰, 何不去? 質起, 視斧柯爛盡. 旣歸, 無復時人)

4. 山茶花
산다화

江南池館厭深紅　　강남의 못가 집
　　짙은 붉은 색 싫어하여,
零落荒煙山雨中　　산에 비오는 가운데
　　거친 안개 속으로 떨어지네.
却是北人偏愛惜　　오히려 북쪽 사람들
　　유독 애석히 여겨,
數枝和雪上屛風　　여러 가지 눈에 맞추어
　　병풍으로 올라오네.

《주자문집대전유편(朱子文集大全類編)》에서 인용한 《휘각시집(徽刻詩集)》.

5. 梅
매화

幽香淡淡影疏疏	그윽한 향기 담담하고 그림자는 드문드문 성근데,
雪虐風威只自如	모진 눈 두려운 바람에도 다만 유유자적하다네.
正是花中巢許輩	바로 꽃 중의 소보(巢父)와 허유(許由)의 무리이니,
人間富貴不關渠	인간세상의 부귀 그리 상관하지 않는다네.

《주자문집대전유편(朱子文集大全類編)》에서 인용한 《휘각시집(徽刻詩集)》.

6. 岱山巖訪陳世德光同年

대산암으로 진세 덕광 동년을 찾다

一錢一劍出新州	한 푼 칼 한 자루에 신주 나섰는데,
五柳凭誰添酒籌	오류선생 누구 의지하여 술 산가지 더하였던가?
岱壑何嫌松共老	대산 골짜기 어찌 소나무 늙은이 함께 함 싫어하겠는가?
碧波偏向桂招游	짙푸른 물결 다만 계수나무 향하여 나그네 부른다네.
不爲身後百年計	죽은 후 백년 계책 세우지 않아도,
自是人間第一流	절로 인간 세상 첫째가라네.
我欲門前張雀網	내 문 앞에 참새 그물 치려하여,
先將車轍到山頭	먼저 수레바퀴 산 어귀에 이르네.

《영춘현지(永春縣志)》 권14.

7. 過飛泉嶺

비천령을 지나다

梯雲石磴羊腸繞	사다리 같은 구름 돌 비탈 양 창자처럼 휘감고,
轉壑飛泉碧玉斜	골짜기 돌아드니 나는 샘 벽옥처럼 쏟아내리네.
一路風煙春淡泊	온 길의 바람과 운무 봄 풍경 담박한데.
數聲鷄犬野人家	닭소리 개소리 여러 번 농가에서 들리네.

《도광광동통지(道光廣東通志)》 권106. 또 《남악지(南岳志)》 권7, 《광서호남통지(光緒湖南通志)》 권285에도 보임.

8. 豐城榮光書院

풍성의 영광서원

一道榮光帶碧山	한 갈래 영광 짙푸른 산 띠고 있고,
天風吹雨度雲關	하늘의 바람 비 뿌리며 구름 관문 넘는다네.
樹浮空翠迷村塢	나무 비취빛 공중에 떠 있고 마을의 둑 흐릿한데,
泉落飛虹瀉石灣	샘물 나는 무지개 떨어뜨리며 바위 물굽이로 쏟아내네.
赤嶺豹棲朝氣隱	붉은 재에 표범 깃들어 아침 기운에 숨어 있고,
劍潭龍起夜光寒	검담에선 용 일어나는데 밤 빛 차갑네.
咿唔何處經年韻	웅얼웅얼 어느 곳에서 해 넘도록 운 읊조리는가?
多在湖東喬木間	호수 동쪽 큰 나무 사이에 많다네.

《옹정강서통지(雍正江西通志)》 권154.

9. 重過南塘弔徐逸平先生

다시 남당을 지나며 서일평 선생을 애도함

不到南塘久	남당에 이르지 못한 지 오래 되었는데,
重來二十年	20년 만에 다시 왔다네.
山如龜背厚	산은 거북의 등 같이 두껍고,
地與馬鞍連	땅은 말 안장과 이어져 있네.
徐子舊書址	서자의 옛 서당터,
毛公新墓田	모공의 새 묘지라네.
青松似相識	푸른 소나무는 알 것도 같은데,
無語重凄然	말 없이 다시 쓸쓸하다네.

《강산현지(江山縣志)》 권4.

10~18. 芹溪九曲詩

근계구곡시

10

一曲移舟采澗芹	일곡에서 배 옮겨가며 시내의 미나리 따는데,
市聲只隔一江雲	저자의 소리 다만 한 강의 구름만큼 떨어져 있네.
沙頭喚渡人歸晩	모래톱에서 불러 건너니 사람 돌아감 늦고,
回首蘆峯月一輪	노봉으로 고개 돌리니 달 수레바퀴 같네.

11

二曲溪邊萬木林	이곡은 시냇가 온갖 나무 숲 이루었는데,
水環竹石四時淸	물 대와 바위 돌며 사철 맑다네.
漁歌櫂入斜陽裏	뱃노래 부르며 노 저어 비낀 석양으로 드니,
隔岸時聞一兩聲	강 언덕 저편에서 이따금 한두 소리 들리네.

12

三曲舟行龍尾灘　삼곡에선 배 타고
용미탄 가는데,
推篷把酒見南山[1]　배 밀고 술잔 잡으니
남산 보이네.
回頭檢點仙踪跡　고개 돌려 신선의
자취 살펴보니,
萬頃白雲時自閑　만 이랑 흰 구름
때마침 한가롭네.

13

四曲煙雲鎖小樓　사곡은 안개 구름이
작은 누대 잠그고,
寺臨喬木古溪頭　절은 옛 냇가 어귀의
큰 나무 굽어보네.
僧歸林下柴門靜　중 숲으로 돌아가니
사립문 조용하고,
麋鹿啣花自在游　고라니와 사슴 꽃
물고 자유롭게 노네.

14

五曲峯巒別翠屛　오곡은 봉우리며 메
취병과 다르고,

1 봉(篷): 원래는 거적 비슷한 것으로 배나 수레의 비바람과 햇빛 등을 가리는 차양, 덮개 등을 말하나 여기서는 돛, 곧 배를 대신 가리키는 말로 쓰인다. 당나라 피일휴(皮日休)의 〈편지를 부쳐 남양의 윤경을 그리워함(寄懷南陽潤卿)〉「무슨 일로 그대를 대해도 부끄러우리니, 배가 한번 눈을 만나 화양으로 돌아왔기 때문이라네.」(何事對君猶有愧, 一篷衝雪返華陽)

白雲深處隱仙亭　　흰 구름 깊은 곳에
　　신선의 정자 숨었다네.
子期一去無消息　　종자기 한번 가더니
　　소식 없고,
惟有喬松萬古青　　높은 소나무만이
　　만고에 푸르다네.

15

六曲溪環處士家　　육곡은 시내
　　처사의 집 두르고,
鼓樓栖下樹槎枒　　북 누대 깃든 아래로는
　　나무 엉켜 있네.
龍去潭空名不朽　　용 떠나고 못 비었어도
　　이름 썩지 않고,
時見平汀湧白沙　　이따금 평평한 물가에
　　흰 모래 솟음 보이네.

16

七曲靈祠瞰水濱　　칠곡에는 신령한 사당
　　물가 내려다 보는데,
聚龜石上耀金鱗[2]　　취귀석 위에는
　　금빛 비늘 빛나네.
林凹路入桃源近　　숲속 오목한 길
　　도원에 가까이 드는데,

2 금린(金鱗): 비늘이 금색인 물고기. 여기서 린(鱗)은 기를 말한다.
부분을 가지고 전체를 지칭하는 말로 쓰였다. 곧 물고

時有漁郎來問津	이따금 어부 와서 나루 묻는다네.

17

八曲硯峯倚碧虛	팔곡은 벼루 바위 짙푸른 허공에 기대고,
泉流瀑布世間無	샘물 흘러 폭포 이루니 속세에는 없다네.
凭誰染就丹青筆	누구에게 의지하여 단청하는 붓 가져다가,
寫出芹溪九曲圖	근계 구곡의 그림 써내겠는가?

18

九曲悠悠心最幽	구곡은 유유하여 마음 가장 그윽한데,
참巖峽石束寒流	가파른 골짜기의 바위 차가운 물 묶네.
源深自是舟難到	근원 깊어 이로부터 배 닿기 어려운데,
更有龍池在上頭	더욱이 용 연못 위쪽에 있다네.

《가정건녕부지(嘉靖建寧府志)》 권3. 또 《주자문집대전유편보유(朱子文集大全類編補遺)》에도 보임.

19. 渡興樂江望祝融次擇之韻

홍락강을 건너 축융봉을 바라보며 임용중이 지은 시의 각운자를 써서 짓다

江頭曉渡野雲遮	강어귀 새벽에 건너자니 들판의 구름에 막히고,
惆望山岐映暮霞	슬피 산 갈래 바라보니 저녁놀 빛나네.
人值風波幾千里	사람 바람 물결 몇 천리나 만났던가?
濟川舟楫我儂誇	시내 건너 배 노 저으며 너 나 자랑하네.

《남악창수집(南岳唱酬集)》.

20. 岳後步月[1]

남악 뒤에서 달빛에 산보하다

淸光氷魄浩無邊	맑은 빛 얼음 같은 넋 끝없이 넓은데,
桂影扶疏吐玉娟	계수나무 그림자 성글게 기대어 고운 옥 토해내네.
人在峰頭遙指望	사람 봉우리 끝에서 멀리 가리키며 바라보고,
擧杯對影夜無眠[2]	잔 들어 그림자 대하니 밤에 잠 못 이루네.

《남악창수집(南岳唱酬集)》.

1 이 시는 《사고전서(四庫全書)》본에는 장식(張栻)의 시로 되어 있다. 주희의 시로 수록된 시는 다음과 같다. 「형악 산 가의 서리 낀 밤의 달, 푸른 소나무 그림자 안에서 고운 모습 보네. 때마침 우리 생각 알아차렸는지, 추위 옷깃에 들어 잠 이루지 못하네.」(衡嶽山邊霜夜月, 靑松影裏看嬋娟. 正須我輩爲領略, 寒入衣襟未得眠)

2 거배대영(擧杯對影): 당나라 이백의 〈달 아래서 홀로 마시다(月下獨酌)〉 첫째 시 「꽃 사이에서 한 병 술을, 홀로 마시니 가까이할 이 없네. 잔 들어 밝은 달 맞이하여, 그림자 마주하니 세 사람 되었네.」(花間一壺酒, 獨酌無相親. 擧杯邀明月, 對影成三人)

21. 自上封下福巖道傍訪李鄴侯書堂, 山路榛不可往矣, 遂賦此[1]

상봉에서 복암으로 내려와 길 옆에서 이업후의 서당을 찾았는데 산길에 가시가 있어서 가보지 못하고 마침내 이 시를 짓는다

山道榛蕪大道荒	산길 가시덤불 우거지고 큰 길 황폐하여,
令人瞻望鄴侯堂	사람으로 하여금 업후의 서당 바라보게 만드네.
懷賢空自悲今昔	현자 그리워하여 공연히 절로 예와 지금 슬퍼하고,
淚滴西風恨夕陽	서풍에 눈물 흘리며 석양 한하네.

《남악창수집(南岳唱酬集)》.

1 위 시와 같음. 「석벽 가파르고 길 이미 황폐해졌는데, 사람들 말하기를 상국의 옛 서당이라 하네. 시기에 임함 예로부터 남긴 한 많은데, 그 해의 묘책 범양 취했다네.」(石壁巉巘路已荒, 人言相國舊書堂. 臨機自古多遺恨, 妙策當年取范陽)

22. 題南臺[1]

남대에 적음

步入招提境[2]	절의 경계로 걸어 들어가니,
雲間有古臺	구름 사이에 옛 대 있다네.
管弦山鳥弄	관악과 현악 산새들 지저귐이요,
瓊玖雪花開	옥은 눈꽃 핀 것이라네.
方外人稀到	방역 외에 사람 드물게 이르고,
山頭勢更巍	산 어귀 형세 더욱 높다네.
登臨思不盡	올라가 내려다보니 생각 끝이 없어,
何日再重來	어느 때나 다시 오려나.

《남악창수집(南岳唱酬集)》

1 위와 같다. 「몇몇 절 서로 바라보는데, 빼어난 곳 남대라네. 누각 아득한데 규모 평온하고, 문 비어 밤낮으로 열려 있네. 회오리 바람 때로 호탕하고, 높은 고개 더욱 아찔하다네. 아무렇게나 말 하자니 돌 미끄러워, 지팡이 짚어야 오갈 수 있다네.」(相望幾蘭若, 勝處是南臺. 閣迥規模穩, 門空晝夜開. 回風時浩蕩, 高嶺更崔巍. 漫說石頭滑, 支笻得往來)

2 초제(招提): 절을 말한다. 위 1번 시의 주 1)을 보라.

23. 將下山有作[1]

산을 내려오려 하여 짓다

芒鞋踏破萬重山[2]	짚신 신고 만 겹 산 다 갔다가,
五日淹留在此間	닷새 머물러 이 사이에 있었다네.
行客歸來山下望	나그네 돌아와 산 아래서 바라보니,
却疑身自九天還	오히려 의심스럽네, 이 몸 구천에서 돌아온 듯.

《남악창수집(南岳唱酬集)》

1 위와 같다. 「닷새 산길 가다가 다시 하산하니, 산 사랑해도 산간에 머물려하지 않네. 이 마음 드러나지 않고 절로 씩씩해지니, 내년 가을 하늘 높으면 다시 돌아가야지.」(五日山行復下山, 愛山不肯住山間. 此心無著自長健, 明歲秋高却往還)

2 망혜(芒鞋): 망갹(芒屩)이라고도 하며, 짚신을 말한다.

24. 送汪大猷歸里

왕대유가 고을로 돌아감에 송별하다

濯濯才華耀禁林[1]	번쩍번쩍 재화 한림원에 빛났는데,
翩然忽起故園心	훨훨 갑자기 고향 동산 생각나는 마음 일었네.
九天得請恩方重	구천 청함 얻음 은혜 바야흐로 무겁고,
一舸東歸春未深	한 척 배 동쪽으로 돌아감에 봄 깊지 않았다네.
照眼湖山非昨夢	호수와 산 둘러보니 어제의 꿈 아니고,
及時詩酒合同襟	때 맞춰 시 짓고 술 마시니 흉금 같다네.
不應便作真狂客	곧 진짜 광객 되어서는 안 될 것이니,
講殿行思聽履音	궁전에서 강론하고 생각 행하며 신발 울리는 소리 듣네.

《옹정절강통지(雍正浙江通志)》 권43.

1 금림(禁林): 금원(禁苑)의 임목. 한림원의 별칭.

25. 汪端齋聽雨軒

왕단재의 청우헌

試問池塘春草夢[1]　못 둑의 봄 풀의
꿈 물어보노니,

何如風雨對床詩[2]　비바람에 침상 마주하고
시 지음 어떠한가?

三薰三沐事斯語[3]　세 번 향 바르고 세 번 목욕하며
이 말 섬기는데,

難弟難兄此一時[4]　형인지 아우인지
구별하기 어려운 때라네.

為母静彈琴幾曲　어머니 위해 조용히
거문고 몇 곡조 타고,

遣懐同擧酒千卮　회포 보내며 함께
천 잔 술 드네.

蘇公感寓多遊宦　소공 많은 벼슬살이에
생각 깃들어,

1 지당춘초몽(池塘春草夢): 내집 권1 77번 시의 주 9)를 보라.

2 풍우대상(風雨對床): 당나라 위응물(韋應物)의 〈전 진원 상에게 보임(示全眞元常)〉「어찌 알았으리오, 눈보라 치는 밤에, 다시 여기서 침상을 마주하고 잘 줄을?」(寧知風雪夜, 復此對牀眠)

3 삼훈삼목(三薰三沐): 세 번 목욕하고 향을 바름. 몸을 정중하게 하고 경건하게 함을 이른다.

4 난제난형(難弟難兄): 남조 송 유의경(劉義慶)의 《세설신어·덕행(世說新語·德行)》「진기(陳紀)의 아들 진군(陳群)은 영특한 재주가 있었는데, 진심(陳諶)의 아들 진충(陳忠)과 더불어 각기 자기 아버지의 공덕을 논하면서 다투었으나 결론이 나지 않아서 할아버지인 진식(陳寔: 태구)에게 물었더니, 진식이 말하기를 『원방은 형이라고 더 낫다고 하기 어려우며, 계방은 동생이라서 더 못하다고 하기 어렵다.』라 하였다.」(陳元方子長文有英才, 與季方子孝先, 各論其父功德, 爭之不能決, 咨於太丘. 太丘曰, 元方難爲兄, 季方難爲弟)

豈不臨風尚爾思　　어찌 바람 맞으면서

여전히 그대 생각 않았는가?

《홍치구주부지(弘治衢州府志)》 권13. 《옹정절강통지(雍正浙江通志)》 권48.

26. 過德興縣葉元愷家題

덕흥현을 지나는 길에 섭원개의 집에 적음

蔥湯麥飯両相宜	파 국에 보리밥 둘 다 마땅하니,
蔥煖丹田麥療飢	파는 단전 따뜻하게 하고 보리로는 요기한다네.
莫道儒家風味薄	유가의 풍미 얇다 말하지 말라,
隔鄰猶有未炊時	이웃에는 또 밥도 못해 먹을 때 있다네.

《주자문집대전유편보유(朱子文集大全類編補遺)》. 또《송시기사(宋詩紀事)》 권48,《견호집(堅瓠集)》에도 보임.

27. 題程燁程燧兄弟雙柱書院

정엽 정수 형제의 쌍주서원에 적음

君家構屋積玉堆	그대 집 집 지음에 옥 높이 쌓였는데,
兩種天香手自栽	두 가지 천상의 향기 손수 심었다네.
清影一簾秋淡蕩	한 발 이룬 맑은 그림자 가을에 담담하고,
任渠艶冶鬪春開	제멋대로 아름다움 봄꽃 다투어 피워 꾸미네.

《주자문집대전유편보유(朱子文集大全類編補遺)》. 또한 《옹정강서통지(雍正江西通志)》 권22에도 보임.

28. 仙霞嶺

선하암

道出夷山鄉思生	이산 말 꺼내니 고향 생각 나는데,
霞峰重迭面前迎	놀 낀 봉우리 겹쳐서 번갈아 면전에서 맞이하네.
靈頭雲散丹梯聳	신령스런 꼭대기 구름 걷히니 붉은 사다리 솟아,
步到天衢眼更明	걸어서 하늘의 거리에 이르니 눈 더욱 맑다네.

《동치강산현지(同治江山縣志)》 권1. 또《구주부지(衢州府志)》 권3에 도 보임.

29. 南塘詩

남당시

南塘舊是尙書宅	남당 옛날에
	상서의 집이었는데,
今作僧居水石淸	지금은 중 거처 되어
	수석 맑다네.
半夜月明禪定後	한밤중 달 밝을 때
	좌선 안정된 뒤에,
松風猶帶管弦聲	소나무 소리 여전히
	관악과 현악의 소리 띠고 있네.

《여간현지(餘干縣志)》 권18.

30. 贈劉虛谷

유허곡에게 드림

細讀還丹一百篇	《환단》 일백 편 자세히 읽어보니,
先生信筆亦多言	선생의 붓 가는대로 쓴 글 또한 말 많네.
元機漫向經書覓	으뜸가는 기틀 마구 경서에서 찾고,
至理端於目睫存	지극한 이치 눈 안에 단정히 있다네.
二馬果能爲我馭	두 말 과연 나를 위해 몰 만하고,
五芽應自長家園	다섯 싹 절로 집의 동산에서 자라겠지.
明朝酒醒下山去	내일 아침 술 깨어 산 내려가서,
此話更從誰與論	이 말 다시 누구 좇아 함께 논하리?

모덕기(毛德琦)의 《여산지(廬山志)》 권11. 또 오종자(吳宗慈)의 《여산지(廬山志)》 권10에도 보임.

31. 華蓋石

화개석

醉扶藜杖少盤桓	취하여 청려장 짚고 조금 머뭇거리자니,
四遠煙蘿手自捫	사방 멀리 초목 얽히어 손으로 쓰다듬네.
此石至今無處問	이 돌 지금 물을 곳 없으니,
只因來自太微垣	다만 태미원에서 왔기 때문이라네.

《정덕남강부지(正德南康府志)》 권10.

32. 昭德源
소덕원

幽景人迹少	그윽한 경치에 사람 적고,
惟有此源長	오직 이 소덕원만 길게 놓여 있네.
水接天池綠	물 천지와 푸르게 닿아 있고,
花分繡谷香	꽃은 수놓은 듯한 골짜기 향기 나누네.
僧閒多老大	중 한가롭고 거의가 늙었는데,
寺古半荒凉	절은 오래되어 반은 황량하네.
却怪尋山客	오히려 괴이쩍네 산 찾은 나그네,
何由到上方	어디서 이 절로 이르렀는지.

《정덕남강부지(正德南康府志)》 권10. 또《동치덕화현지(同治德化縣志)》 권49, 모덕기(毛德琦)의《여산지(廬山志)》 권9와 오종자(吳宗慈)의《여산지(廬山志)》 권10,《여산지기사(廬山志紀事)》 권8에도 보임.

33~34. 廬山雙劍峰, 二首

여산 쌍검봉. 두 수

33

山神呵護寶雲遮　　산신이 가호하여
　　보배로운 구름 가리니,
儼若騰空兩莫耶[1]　　엄연하기 하늘에 오른
　　두 막야검인 듯.
光彩飛名震千古　　광채 이름 날려
　　천고에 떨치니,
望中肝膽落奸邪　　바라보는 중에 마음 속의
　　간사함 떨어지네.

34

雙劍峰高削玉成　　쌍검봉 높아
　　옥 깎아 이룬 듯,
芒寒色淬曉霜淸　　차가운 빛 색 담금질한 듯
　　새벽 서리 맑네.
腦脂壓眼人高臥　　백내장 눈 눌러
　　사람 높이 누워 있는데,

1 막야(莫邪): 《오월춘추》 권4 〈합려내전(闔閭內傳 〈합려 원년〉「막야는 간장의 아내이다. 간장이 칼을 만드는데 …… 금철의 정수가 녹아서 흐르지를 않았다. …… 이에 간장의 아내는 곧 머리카락을 자르고 손톱을 잘라 도가니 속에 던졌다. …… 금철이 이에 녹아서 마침내 칼을 다 만들었는데, 양검은 간장이라 하였고, 음검은 막야라 하였으며 양검에는 거북이 무늬를 새겨 넣고, 음검에는 멋대로 새겨진 무늬를 새겨 넣었다.」(莫耶, 干將之妻也. 干將作劍……而金鐵之精不銷淪流……於是干將妻乃斷髮剪爪, 投於爐中……金鐵乃濡. 遂以成劍, 陽曰干將, 陰曰莫耶, 陽作龜文, 陰作漫理)

誰斬天驕致太平[2] 누가 하늘의 굄을 받는 녀석 베어
태평성세 이룰까?

《정덕강남부지(正德南康府志)》 권10. 또한 《동치덕화현지(同治德化縣志)》 권7에도 보임.

2 천교(天驕): 천지교자(天之驕子)의 준말로 흉노를 가리키는 말. 나중에는 북방에 사는 오랑캐를 두루 일컫는 말로 쓰이게 되었다. 《한서·흉노(匈奴)의 전기 상》 「선우가 사신을 보내어 한나라에 편지를 보내어 말했다. 『남에는 대한이 있다면 북에는 강한 호가 있습니다. 호는 하늘이 총애하는 아들입니다.』」(單于遣使遺漢書云, 南有大漢, 北有强胡. 胡者, 天之驕子也) 교(驕)자는 여기서는 총애하다, 굄을 받다 등의 뜻으로 쓰였는데, 주희의 시에서는 선우의 말을 빌려 교만하다는 뜻으로 썼다.

35. 鶴鳴峰

학명봉

不見山頭夜鶴鳴	산 모퉁이 안 보이는데 밤에 학 울고,
空遣山下瀑布聲	부질없이 산 아래로 폭포 소리 보내네.
野人惆愴空無寐	들의 농부 슬퍼하여 공연히 잠 못 이루는데,
一曲瑤琴分外清	한 곡조 맑은 거문고 의외로 맑다네.

《정덕남강부지(正德南康府志)》 권10. 또한 모덕기(毛德琦)의《여산지(廬山志)》 권5와 오종자(吳宗慈)의《여산지(廬山志)》 권10에도 보임.

36. 獅子峰

사자봉

石骨苔衣雖賦形	뼈는 돌이요 옷은 이끼라 비록 모습 받았지만,
蹲空獨呈忒猙獰	공중에 쪼그리고 홀로 사나움 변함 드러내네.
威尊百獸終何用	위엄 백수 가운데 높음 끝내 어디 쓰리오?
寧解當年吼一聲	어찌 그해의 큰 사자후 풀리!

《정덕남강부지(正德南康府志)》 권10. 또한 오종자(吳宗慈)의 《여산지(廬山志)》 권10에도 보임.

37. 北雙劍峰

북쌍검봉

雙劍名峰也逼眞　　쌍검이란 봉우리 이름
또한 사실에 가깝고,

品題拍拍滿懷春　　감상하여보니 가득 찬
봄 품었네.

鉛刀自別干將利　　납 칼 간장 날카로움과는
절로 구별되니,

折檻應須表直臣[1]　　난간 부러질 정도의 직간 모름지기
곧은 신하 드러내네.

《가정구강부지(嘉靖九江府志)》 권2.

1 절함(折檻): 한나라 괴리령(槐里令) 주운(朱雲)이 성제(成帝)를 조현하였을 때 검을 하사하면 영신(佞臣) 안창후(安昌侯) 장우(張禹)를 베어 징계하겠다고 청하였다. 성제가 크게 노하여 주운을 끌어내어 참수하라고 명하였다. 주운은 이에 어전의 난간으로 기어 올라가 큰 소리로 간하기를 그치지 않았는데 난간이 부러졌다. 결국 어사가 주운을 데려갔는데 이때 좌장군 신경기(辛慶忌)가 해명해주어 주운은 풀려날 수 있게 되었다. 나중에 부러진 난간을 수리할 때 성제는 부러진 난간을 그대로 보존하여 남겨두도록 명하여 직간하는 신하를 표창하게 하였다. 《한서·주운전》에 보인다. 나중에는 어전의 난간 한가운데 한 칸의 가로 난간에는 난간을 만들지 않았는데 이를 절함(折檻)이라 한다. 나중에는 직언으로 간쟁하는 전고로 쓰이게 되었다.

38. 題景范廬

경범려에 적음

非弃淸明樂隱居　맑고 밝음 버리지 않고 은거함 즐김,
特因景范面鴛湖　특히 경범려 원호 바라보기 때문이라네.
觀瀾興罷春風軟[1]　물결 구경하는 흥취 끝나니 봄바람 부드럽고,
濯足歌殘夜月孤[2]　발 씻는 노래 끝나니 밤에 달 외롭네.
照貌不須臨玉鏡　비추는 모습 모름지기 옥 거울 굽어보지는 않고,
洗心常得近冰壺[3]　씻은 마음 항상 얼음 항아리에 가깝다네.
幾何魚躍鳶飛際[4]　물고기 뛰고 솔개 날 때 얼마였던가?

1 관란(觀瀾): 《맹자·마음을 다함(盡心) 상》「물을 구경하는 데에는 방법이 있으니 반드시 그 여울목을 보아야 한다. 해와 달의 밝음이 있으니 빛을 받아들이는 곳이라면 반드시 비추인다.」(觀水有術, 必觀其瀾. 日月有明, 容光必照焉)

2 탁족(濯足): 《맹자·이루가(離婁) 상》「어린 아이가 노래하였다. 『창랑의 물이 맑으면 나의 갓끈을 빨 만하고, 창랑의 물이 흐리면 나의 발을 씻을 만하다.』 이에 공자가 말씀하였다. 『제군들은 들어보라. 「물이 맑으면 이에 갓끈을 빨고, 물이 흐리면 이에 발을 씻는다」하였으니 이는 물이 스스로 그렇게 결정하는 것이다.』」(有孺子歌曰, 滄浪之水淸兮, 可以濯我纓, 滄浪之水濁兮, 可以濯我足. 孔子曰, 小子聽之. 淸斯濯纓, 濁斯濯足矣. 自取之也) 이 말은 굴원의 〈어부사〉에도 나온다.

3 빙호(冰壺): 주희의 〈연평행장〉「(부친께서) 일찍이 사현의 등적 천계(이름은 적, 자는 천계)와 선생에 대하여 언급한 적이 있는데, 등적 천계가 말했다. 『원중은 얼음을 넣은 옥항아리와 가을 달과 같아 맑고 투명한 것이 흠이라고는 없어 우리네가 언급할 수 있는 것이 아니다.』」(嘗與沙縣鄧迪天啓語及先生, 鄧曰, 愿中如冰壺秋月, 瑩澈無瑕, 非吾曹所及)

4 어약연비(魚躍鳶飛): 《중용》 제12장 「군자의 도는

識破中庸率性圖　　중용의 솔성도
다 알게 되었다네.

《가흥부지(嘉興府志)》 권15.

(用이) 넓고 (體가) 은미하다. 《시경》에 이르기를 『솔개는 날아 하늘에 이르고, 물고기는 연못에서 뛰논다.』라 하였으니 상하에서 이치가 밝게 드러남을 말한 것이다.』(君子之道, 費而隱, 詩云鳶飛戾天, 魚躍于淵, 言其上下察也)

39. 游會稽東山

회계의 동산에서 놀다

江路經由數十回	강가 길 수십 번이나 경유하여,
無因到此爲潮催	이곳에 이르지 못함 물결 재촉해서라네.
嘗聆文靖曾游後	일찍이 문정공 노닐었다 들은 후에,
欲問薔薇幾度開	묻노니 장미 몇 번이나 피었던가?
今日掣身推案去	오늘 몸 이끌고 책상 밀어내고,
暫時秉燭入山來	잠시 촛불 잡고 산으로 들어오네.
高僧不問誰家客	고승은 누구의 집 나그네인가 묻지 않으며,
獨計雲軒自把懷	홀로 구름 헌함 헤아려 절로 잡고 품어보네.

《고금도서집성(古今圖書集成)》〈산천전(山川典)〉 권113.

40. 夜宿洪亭長家

밤에 홍정장의 집에서 잠

才到秋來氣便高　　겨우 이르니 가을 되어
기운 높고,
雁聲天地總寥寥　　기러기 소리 천지에
온통 쓸쓸하네.
客懷今夜不成寐　　나그네 회포 오늘 밤
잠 못 이루는데,
風細月明江自潮　　바람 가늘고 달 밝은데
강 절로 물결치네.

《가정태평부지(嘉靖太平府志)》 권1. 또 《만력황암현지(萬曆黃巖縣志)》 권7과 《주자문집대전유편보유(朱子文集大全類編補遺)》에도 보임.

41. 對菊

국화를 대하다

解印歸來歎寂寥　　인끈 풀고 돌아와
쓸쓸함 탄식하고,
黃花難覓舊根苗　　누런 국화 옛 뿌리와
싹 찾기 어렵네.
祇因三徑荒凉後　　다만 세 오솔길
황량해져서,
移向洪門不姓陶　　홍씨네 문 향하여 옮겨가
도씨라 부르지 않네.

《가정태평부지(嘉靖太平府志)》 권8. 또 《만력황암현지(萬曆黃巖縣志)》 권7과 《주자문집대전유편보유(朱子文集大全類編補遺)》에도 보임.

42. 唐門山將軍巖

당문산의 장군암

將軍巖上插雙筆	장군암 위에 한 쌍 붓 꽂혀 있고,
將軍巖下泉泌泌	장군암 아래에는 샘물 졸졸 흐르네.
城中狀元次第出	성 가운데 으뜸 차례로 나오니,
云云	……

《만력황암현지(萬曆黃巖縣志)》 권1.

43. 題陶淵明小像

도연명의 소상에 적음

慧遠無此冠	혜원은 이 갓이 없었고,
靖節無此巾[1]	도잠은 이 두건이 없었다네.
此巾要亦有	두건도 또한 있어야겠지만,
無此漉酒人[2]	이것으로 술 거르는 사람 없다네.

《가정 태평부지(嘉靖太平府志)》 권1.

1 이 구절과 다음 구절의 「차건」(此巾)은 텍스트에 「차중」(此中)으로 되어 있는데 오자인 것 같다. 「中」자가 되면 마지막 구절의 운자와도 맞지 않게 된다.

2 정절~녹주인(靖節~漉酒人): 《남조의 역사·도잠의 전기》 「군수가 방문하려고 할 즈음 마침 술이 다 익자 머리에 쓰고 있던 갈포 두건으로 술을 걸렀는데, 다 거르고는 이를 다시 그대로 머리에 썼다」(郡將候潛, 逢其酒熟, 取頭上葛巾漉酒, 畢, 還復著之) 당나라 두보의 〈장씨네 종반간의 12번째인 산사람 표에게 30운자를 써서 부침(寄張十二山人彪三十韻)〉 「사령운이 산을 찾을 때 신었던 나막신이요, 도연명이 술을 걸렀던 두건이라네.」(謝氏尋山屐, 陶公漉酒巾)

44. 右軍宅[1]

우군의 집

因山盛起浮屠舍	산 때문에 불가의 절집 성하게 일었는데,
遺像仍留內史祠	유상은 여전히 내사의 사당에 남아 있네.
筆冢近應為塔冢	필총은 근래에 응당 탑총이 되었을 것이고,
墨池今已作蓮池	묵지는 지금 이미 연못 되었다네.
書樓觀在人隨遠	서루의 누관 있으나 사람들 따름 멀고,
蘭渚亭存世幾移	난저정 남았으나 세상에서 몇 번이나 옮겼던가?
數紙黃庭誰不重	여러 장 《황정경》 누가 중시하지 않겠는가?
退之猶笑博鵞時[2]	한퇴지 여전히 거위와 내기했을 때 비웃었다네.

《가정산음현지(嘉靖山陰縣志)》 권28.

1 우군(右軍): 왕우군으로 곧 왕희지(王羲之)를 말한다. 왕희지가 우군내사(右軍內史)를 지낸 적이 있기 때문에 이렇게 부른다.

2 시(時): 「시 시」(詩)자로 되어 있는 판본도 있음.

45. 訪竹溪先生

죽계선생을 찾다

路逢個老翁	길에서 그 늙은이 만났는데,
自負柴一束	손수 땔감 한 묶음 지고 있다네.
烏巾插在腰	오건은 허리에 꽂고,
背手牽黃犢	손 뒤로하여 누런 송아지 끈다네.
借問何處居	묻노니 「어디서 거처하는가?」
指點破茅屋	손가락으로 부서진 초가집 가리키네.
午鷄啼短牆	낮에 닭 낮은 담에서 우는데,
麥飯方炊熟	보리밥 바야흐로 익으려 하네.

《민국태주부지(民國台州府志)》 권138.

46. 謁二徐先生墓

두 서선생의 묘소를 참배함

道學傳千古	도학 천고에 전하는데,
東甌說二徐	동구에서는 두 서선생 이야기하네.
門清一壺水	문은 한 항아리 물처럼 맑고,
家富五車書	집에는 다섯 수레 책 많다네.
但喜青氈在	다만 푸른 모전 있음 기뻐하는데,
何憂白屋居[1]	백옥루에서 거처함 어찌 근심하겠는가?
我懷人已遠	내 그리워하나 사람 이미 멀어졌으니,
揮淚表邱墟	눈물 뿌리며 언덕 무덤에 드러내네.

《임표민천태속집별편(林表民天台續集別編)》 권5.

1 백옥(白玉): 곧 백옥루(白玉樓)로 문인의 죽음을 가리키는 말이다. 당나라 이상은(李商隱)의 〈이하의 간략한 전기(李賀小傳)〉에 「천제가 백옥루를 다 지어놓고 즉시 그대(곧 李賀)를 불러 기문을 지으라 하시네.」(帝成白玉樓, 立召君爲記)라 한 말에서 나왔다.

47. 追和徐氏山南韵

서씨의 산 남쪽이란 시의 운자로 뒤늦게 화답함

山岫孤雲意自閒	산굴에서 피어나는 외로운 구름 뜻 절로 한가로운데,
不妨王事似連環	임금님 일 고리처럼 이어짐 방해되지 않네.
解鞍盤礴忘歸去	안장 풀고 책상다리 하고 앉아 돌아감 잊었다네.
碧澗修筠似故山	짙푸른 시내의 긴 대나무 고향의 것과 비슷하네.

《선도지(仙都志)》 권하. 또《진운현지(縉雲縣志)》 권8에도 보임.

48. 題東嶼書院

동서서원에 적다

書房在東嶼	책 읽는 방 동서에 있는데,
編簡亂抽尋	책 어지러이 뽑아서 찾아보네.
曙色千山曉	새벽 빛 모든 산에 밝아오는데,
寒燈午夜深	차가운 등불 한밤에 깊네.
江湖勤會面	강호에서 부지런히 만났는데,
坐臥獨觀心	앉았다 누워 홀로 마음 살피네.
秋浦瓜期近	가을 물가에 오이 익을 때 가까운데,
何當寄此吟	어느 때나 이 시 부치리?

《가정태평부지(嘉靖太平府志)》 권8. 또《척학천태주외서(戚鶴泉台州外書)》 권13에도 보임.

49. 咏南巖

남암을 읊음

南巖兜率境	남암 도솔천의 경계,
形勝自天成	빼어난 경계 천성적으로 이루어졌네.
崖雨楹前下	벼랑의 비 기둥 앞으로 내리고,
山雲殿後生	산의 구름 전각 뒤에서 피어나네.
泉堪淸病目	샘물은 병든 눈 맑게 할 만하고,
井可濯塵纓	우물은 속세의 갓끈 씻을 만하네.
五級峯頭立	다섯 봉우리 우뚝 솟아 있으니,
何須步玉京	하필이면 옥경 밟아야 하리?

《상요현지(上饒縣志)》 권5.

50. 咏一滴泉

일적천을 읊음

遙望南巖百尺崗	아득히 남암 백자나 되는 언덕 바라보니,
青山迭迭樹蒼蒼	푸른 산 줄줄이 이어져 있고 나무는 푸릇푸릇.
題詩壁上雲生石	시 적은 벽 위에서 구름 바위에서 생겨나고,
入定巖前石作房	입정암 앞의 바위에 방 만들었네.
一竅有靈通地脈	한 구멍 신령하여 지맥과 통하고,
半空無雨滴天漿	반 가린 하늘 비 안 오는데 하늘에서 물 듣네.
鵝湖此去無多路	아호 이번에 떠나면 길 많지 않으리니,
肯借山間結草堂	기꺼이 산 사이 빌려 초가집 지으려는가?

《광신부지(廣信府志)》 권2의 1.

51. 方池
방지

武夷之境多神仙	무이산 경계에 신선 많고,
我亦駐此臨風軒	나 또한 이곳 임풍헌에 머무네.
方池清夜墮碧玉	모난 연못 맑은 밤에 벽옥 떨어지고,
重簾白日垂洞門	겹 발 한낮에 동굴 문 드리우네.
暗泉湧池紫波動	어둑한 샘 못에 솟아 보랏빛 물결 움직이고,
微雨在藻金魚翻	약한 비 마름에 내리니 금빛 물고기 뒤척이네.
倚闌照影清光底	난간에 기대니 맑은 빛 낮게 비치고,
拄杖卓石尋無源	큰 바위 지팡이 짚으며 끝없는 근원 찾는다네.
洗頭玉女去不返	머리 감던 옥녀 떠나서 돌아오지 않고,
遺此丈八芙蓉盤	이곳에 여덟 길 부용반만 남겨 놓았네.
溪船明日泛九曲	시내의 배 내일 구곡에 띄워서,

出入紫翠聽潺湲　　자줏빛 비취빛 드나들며
졸졸 울리는 소리 들어야지.
便從此地覓眞隱　　곧 이곳에서 참된
은자 찾으면 될 것을,
何必商山求綺園　　하필이면 상산에서 기리계의
동산 찾을 것인가?

《무이산지(武夷山志)》 권5. 또 《고금도서집성(古今圖書集成)》〈산천전(山川典)〉 권113.

52. 寄石斗文

석두문에게 부침

病枕經年臥沃洲　　병든 몸 해가 넘도록
　　기름진 물가에 누워 있는데.
滿庭楓葉又吟秋　　온 뜰의 단풍잎
　　또 가을 읊조리네.
書來如見舊人面　　편지 오니 옛 사람
　　얼굴 보는 듯한데,
讀了環見塵世愁　　다 읽고는 속세의
　　근심 둘러본다네.
憂國至今遺白髮　　나라 근심함 지금
　　흰 머리만 남았고,
窮經空自愧前修　　경서 궁구함 부질없이
　　앞의 수련 절로 부끄럽네.
武夷休作相思夢　　무이에서 그리워하는
　　꿈 꾸지 말게나.
我已甘心老此丘　　내 이미 이 언덕에서
　　달갑게 늙으려는 마음이라네.

《만력신창현지(萬曆新昌縣志)》 권9.

53. 廓然亭

확연정

遲留訪隱古祠旁	오래도록 머무르며 옛 사당 곁의 은자 찾았는데
眼底樛松老更蒼	눈 아래 굽은 소나무 늙을수록 더 푸르네.
山得吾儕應改觀	산 우리 얻었으니 고쳐 볼 것인데,
坐無惡客自生涼	절로 서늘함 생겨나는 나쁜 손님 없다네.

《주자문집대전유편보유(朱子文集大全類編補遺)》.

54. 游靈石詩

영석에서 놀다

百尺樓臺九疊山	백 척의 누대 아홉 겹의 산,
個中風景脫塵寰	그 가운데 풍경 속세를 벗어났네.
危亭勢枕蒼霞古	높은 정자 기세 옛 푸른 놀 베고 있고,
靈石香沾碧蘚斑	영석은 향기 푸른 얼룩진 이끼 더하네.
佳景每因勞企仰	아름다운 경치 매번 수고로이 바람에서 나오고,
勝游未及費躋攀	빼어난 놀이 기어오르는 힘씀 미치지 못하네.
何當酬却詩書債	어찌 시와 서로 진 빚 되갚아,
遂我浮生半月閒?	마침내 나 같은 뜬 인생 반 달 한가로우리?

《복주지(福州志)》 권6.

55. 登福山遠眺

복산에 올라 멀리 바라보다

迢迢百里外	까마득한 백리 바깥,
望望皆閩山	바라고 바라봐도 모두 민산이라네.
皎日中天揭	밝은 해 중천에 걸려 있는데,
浮雲也自閒	뜬 구름 또한 절로 한가롭네.

《정덕건창부지(正德建昌府志)》 권2.

56. 崇眞觀

숭진관

蹬道千尋風滿林	8천 자 길 오르니 바람 숲에 가득한데,
洞門無鎖下秋陰	동굴 문엔 자물쇠 없고 아래에는 가을 깊다네.
紫臺鳳去天關遠	보랏빛 누대 봉황 떠나니 하늘 관문 멀고,
丹井龍歸地軸深	붉은 우물 용 돌아오니 지축 깊다네.
野老尋眞渾有意	들판의 늙은이 참됨 찾음 모두 뜻 있는데,
道人謝客亦何心	도인 손님 거절함 또한 무슨 마음인고?
一樽底處酬佳節	한 잔 어느 곳에서 아름다운 절기 보답할까?
俯仰山林慨古今	산과 숲 숙였다 우러러보며 예와 지금 개탄하네.

《융경임강부지(隆慶臨江府志)》 권13. 또한 《합조산지(閤皀山志)》 권 하에도 보임.

57. 何君飛仙

하군비선

大地何人鑿小空	대지에 누가 작은 구멍 뚫었는가?
翛然一榻臥相容	거리낌 없이 한 걸상 누워 바라보는 형상일세.
巨靈擘破三千丈[1]	거령은 삼천 길이나 쪼개어 놓았고,
西竺飛來第二峰	서축은 두 번째 봉우리 날아왔네.
出洞風來疑有虎	동굴 나서니 바람 불어와 호랑이 있는 듯하고,
藏舟夜半忽乘龍	배 숨기고 한밤중에 홀연히 용 탄다네.
怪來索我題詩句	괴이쩍게 내게 시 구절 찾으니,
稽首何君六石供	하군께 머리 조아리고 여섯 섬 바치네.

《융경임강부지(隆慶臨江府志)》 권3.

1 거령(巨靈): 화산을 쪼개어 갈라놓았다는 전설상의 하신(河神).

58. 曇山題詩

담산에서 시를 지음

頹然見此山	취하니 이 산 보이는데,
一一皆天作	하나하나 모두 하늘이 지었네.
信手銘巖牆	손 움직이는 대로 바위벽에 새길 것이니,
所願君勿鑿	원컨대 그대 파지 말게나.

《정향소지(定鄉小識)》 권8、15. 또 《양절금석지(兩浙金石志)》, 《전당현지(錢塘縣志)》에도 보임.

59. 挽王德修

왕덕수를 애도함

不到湖潭二十年	호담에 못 이른지 20년인데,
湖潭依舊故山川	호담의 옛 산천 그대로라네.
聊將杯酒奠青草	애오라지 잔술 들어 푸른 풀에 바치는데,
風雨蕭蕭憶昔賢	비바람 쏴쏴 옛 현인 생각나게 하네.

《상요현지(上饒縣志)》 권19.

60. 和歐陽慶嗣

구양경사에게 화답함

江山風月依然在	강산의 바람과 달 그대로 있는데,
何日重來再盍簪[1]	어느 날에나 다시 와서 벗과 다시 만나겠는가?

《숭안현지(崇安縣志)》 권7.

1 합잠(盍簪): 벗끼리의 모임을 이르는 말. 뒤에 선비들의 모임을 이르는 말로도 쓰였다. 《주역·예괘(豫卦)》에서 나온 말로 왕필(王弼)은 합(盍)은 합(合)과 같은 뜻이고, 잠(簪)은 빨리(疾)의 뜻이라고 하였다.

61~64. 小均四景詩

소균사경시

61

曉起坐書齋	새벽에 일어나 서재에 앉으니,
洛花堆滿徑	꽃 떨어져 온 오솔길에 쌓였네.
只此是文章	다만 이 문장 지어,
揮毫有餘興	붓 휘갈기니 남은 흥 있네.

62

古木被高陰	고목 높은 그늘 덮어,
書坐不知暑	서재에 앉아 있자니 더위 모르겠네.
會得古人心	옛 사람 마음 얻을 수 있다면,
開襟靜無語	흉금 열어 고요히 아무 말 않으리.

63

蟋蟀鳴床頭	귀뚜라미 침상 머리에서 울어,
夜眠不成寐	밤잠 이루려하나 잠 이룰 수 없네.
起閱案前書	일어나 책상 앞의 책 펼쳐보니,
瑞風拂庭桂	상서로운 바람 뜰의 계수나무 흔드네.

64

瑞雪飛瓊瑤	상서로운 눈 옥가루 날리고,
梅花靜相倚	매화는 고요하게 서로 기대고 있네.
獨占三春魁	홀로 삼춘의 으뜸 차지하고서,

深涵太極理 깊이 태극의 이치 담고 있네.

복건(福建) 태령현(太寧縣) 문화관(文化館) 소장 석각. 또 《태령현지(太寧縣志)》、《소무부지(昭武府志)》의 고적(古跡)에도 보임.

65~68. 隆岡書院四景詩

융강서원사경시

65

卜築隆岡遠市朝	융강서원 터 잡아 지었는데 저자거리에서 멀고,
箇中風景總堪描	그 가운데 풍경 총괄적으로 묘사할 만하네.
溪雲帶雨來茅屋	시내 구름 비 띠고 초가집으로 오고,
澗水浮花出石橋	시냇물 꽃 띄워 돌다리로 나오네.
綠遍莎汀牛腹飽	초록빛 사초 물가에 넘치니 소 배 부르고,
青歸麥隴鳥聲嬌	푸른 빛 보리 언덕에 돌아오니 새 소리 아리땁네.
東隣西舍渾相似	동쪽 이웃 서쪽 집 온통 비슷한데,
半是漁人半是樵	반은 어부요 반은 나무꾼이라네.

66

簾捲薰風半掩扉	발 걷으니 훈풍 사립문에 반쯤 가리고,

五侯車馬往來稀	오후의 거마 왕래 드무네.
綠楊門巷鶯鶯語	골목 문의 푸른 버들에선 앵무새들 지저귀고,
青草池塘燕燕飛	못둑의 푸른 풀 위로 제비들 나네.
埽石圍棋銷白晝	돌 털어 바둑 두며 한낮 보내고,
解衣沽酒醉斜暉	옷 벗어 술 사서 비낀 햇빛에 취하네.
山園莫道多寥落	산의 동산 많이 쓸쓸하다 말하지 말라,
梅子初黃杏子肥	매실 갓 누렇고 살구 열매 살졌다네.

67

水繞荒村竹繞牆	물 황량한 마을 두르고 대나무 담장 둘렀는데,
儼然風景似柴桑	의젓한 풍경 시상촌 같다네.
車繅白雪絲盈軸	고치 켜는 물레 흰 눈 같은 실 축에 가득하고,
鎛刈黃雲稻滿塲	낫으로 누런 구름 베니 벼 마당에 가득하네.
幾樹斜暉楓葉赤	몇몇 나무에 햇빛 비끼니 단풍잎 붉고,

一籬疎雨菊花黃　한 울타리에 성근 비 내리니
　국화 누렇다네.
東隣畫鼓西隣笛　동쪽 이웃에는 그림 장식 북이요
　서쪽 이웃에는 피리 불어,
共慶豐年樂有常　모두 풍년 경하하니
　즐거움 늘 있다네.

68

土築低牆草結庵　흙으로 담 낮게 쌓고
　풀로 집 엮었는데,
尋常愛客伴清談　언제나 손님 사랑하여
　맑은 이야기 함께 하네.
地爐有火湯初沸　땅의 화로 불 있어
　국 막 끓고,
布被無寒夢亦酣　베 이불 추위 없으니
　꿈 또한 달콤하다네.
風捲翠松鳴晚笛　바람 비취빛 소나무 말아올리니
　저녁에 피리소리 울리고,
雪飄疎竹響春蠶　눈 성근 대나무에 나부끼니
　봄 누에 소리 울리네.
閉門不管榮枯事　문 닫고 영고의 일
　상관하지 않고서,
坐傍梅花讀二南　매화 곁에 앉아서
　〈이남〉시 읽어보네.

《남창부지(南昌府志)》 권17. 또한 〈옹정강서통지(雍正江西通志)》 권154에 보임.

69. 紅梅[1]

홍매

似桃非桃杏非杏　　도리 비슷하나 도리 아니고
살구인 듯 살구도 아니며,
獨與江梅相早晩　　홀로 강매와 더불어 서로 일찍 피었다
늦게 피었다 하네.
天姿約略帶春酲　　하늘의 자태 대략 봄에
취함 띠고 있는 듯하고,
便覺花容太柔婉　　곧 꽃의 모습
아주 부드럽고 예쁨 깨닫네.
霞觴瀲艶玉妃醉　　구하주 술잔 넘치니
옥비 취하고,
應誤劉郎來閬苑　　응당 유랑 그르쳐
낭풍원에 오게 하리.
會須參作比紅詩　　모름지기 홍매에 견주는 시
짓고자 함 알려면,
莫學墻頭等閒見　　담 어귀에서 한가로이 기다리며
봄 배우지 말게나.

〈전방비조(全芳備祖)〉 전집(前集) 권4. 또 〈영락대전(永樂大全)〉 권 2804에도 보임.

1 이 시는 〈전방비조(全芳備祖)〉에서는 지은 사람을 밝히지 않았는데, 〈영락대전(永樂大全)〉에서는 《주회암대전집(朱晦庵大全集)》의 아래에 넣었는데 옳은지 그른지 모르겠다.

70. 題鷹山書院[1]

치산서원에 적음

三千年來宿草廬	삼천 년래로 초가집에 묵으며,
五年三第世間無	오년에 세 번 급제함 세상에 없었다네.
門前獬廌山常在	문 앞에 해치산 항상 있는데,
只恐兒孫不讀書	다만 아이들 책 읽지 않을까 걱정되네.

《가정건녕부지(嘉靖建寧府志)》 권17.

1 이 시는 〈치산서원〉 조 아래에 있으며 「주문공의 시에서 이르기를」(朱文公詩云)이라 하였다.

71. 題淸虛庵來月軒[1]

청허암의 내월헌에 적음

夜吟惟覺月來遲　　밤에 읊조리니 오직
　　　　　　　　　　달 더디게 옴 느껴지고,
正憶先生獨坐時　　마침 선생 홀로
　　　　　　　　　　앉아계실 때 생각나네.
離緖幾多無着處　　이별의 실마리 붙지 않는 곳
　　　　　　　　　　얼마나 많았던가?
不堪淸氣入詩脾　　맑은 기운 시 짓는 마음에
　　　　　　　　　　듦 참지 못하네.

《만력신창현지(萬曆新昌縣志)》 권13.

1 이 시는 〈청허암〉 조 아래에 있으며 「송나라 건도(乾道) 연간에 회암선생이 수렴(水濂)에서 놀다가 돌아와 양평숙(梁平叔)을 찾아 청허암에서 함께 묵었다. …… 선생이 이에 청허암의 내월헌에 이렇게 적었다.」라 하였다.

72. 贈傅得一[1]

부득일에게 드림

到處逢人說傳顚　　이르는 곳마다 사람 만나니
부전 이야기하는데,
相看如是幾生前　　이렇게 봄 생전에
몇 번이나 되었던가?
直攜北斗傾天漢　　곧장 북두성 잡고
은하수 기울이고,
去作龍宮第二仙　　떠나서 용궁의
둘째 신선 되었다네.

《역세진선체도통감속편(歷世眞仙體道通鑑續編)》 권4.

1 이 시는 부득일전에 들어 있는데 「효종(孝宗) 건도(乾道) 9년 계사년에 회암 주문공이 『운암(雲庵)』이란 큰 두 자를 편액으로 써주고 아울러 절구 한 수를 주었다.」라 하였다. 전기에 의하면 득일은 자가 영도(寧道)이며, 또한 자를 제현(齊賢)이라고도 하였는데 청강(淸江) 신감(新淦) 사람이다. 일찍이 옥사산(玉笥山) 승천궁(承天宮)과 합조산(閣皂山) 숭진궁(崇眞宮)을 관할한 적이 있었다. 시는 매우 의심스러운데 주희 《별집》의 《임강집(臨江集)》의 여러 시와 비슷하다.

73. 盛家洲
성가주

湖上闌干百尺臺	호숫가에 난간 백 척이나 되는 누대 있는데,
臺邊水殿倚雲開	누대 가의 물에 비친 궁전 구름 기대어 열려 있네.
紅橋人隔荷花語	붉은 다리 사람 떨어져 연꽃과 이야기하는데,
玉盌金盤進雪來	옥 주발과 금 소반에 눈 받쳐오네.

《만력신수남창부지(萬曆新修南昌府志)》 권30.

74. 盛家洲

성가주

欲復問何處	다시 어디인가 묻고자하여,
行遲稍認門	더디 가니 문 조금 알 것 같네.
路隨幽草入	길 그윽한 풀 따라 들어가는데,
巷與綠陰分	골목 녹음과 나누어졌네.
市盡人初遠	저자 다하니 사람 비로소 먼데,
言忘意獨存	말 잊고 뜻만 홀로 남았네.
所經得才俊	지나며 재주 있는 준걸 얻었으니,
猶足慰斯文	그래도 족히 사문 위로할 만하네.

《만력신수남창부지(萬曆新修南昌府志)》 권30.

75. 無題

무제

春報南橋川疊翠	남쪽 다리 봄 소식에 시내 푸른 빛 겹쳐 있고,
香飛翰苑野閣升	향기 한림원 동산에 날리니 들판의 누각으로 오르네.
雪當春活凝清氣	눈은 살아 있는 봄에 맑은 기운 엉겨 있고,
月窟中空疑有神	달 빛 비치는 굴 비었는데 귀신 있는 듯하네.

금인(今人) 주희(朱熹)의 26대손 주경규(朱慶珪)의 구술(口述)을《주희일문집고(朱熹佚文輯考)》에서 옮겨 수록함.

76~174. 訓蒙絶句

훈몽 절구

76 天[1]	하늘
氣體蒼蒼故曰天	기체 창창하니 하늘이라 하고,
其中有理是為乾	그 가운데 이 있으면 이것이 건이라네.
推原氣稟由無極	원래의 기운과 품격 미룸 무극에서 말미암으니,
祗此一圖傳聖心	다만 이 한 그림 성인의 마음에 전하네.

77 先天圖一[2]	선천도 1
不待安排自整齊	안배 기다리지 않아도 절로 가지런하니,
秖緣太極本如斯	다만 태극 본래 이와 같기 때문이라네.
試將萬事依圖看	세상만사 이 그림에 의거하여 보게나,
先後乘除可理推	앞서거니 뒤서거니 곱하고 나눔 미루어 알 수 있다네.

1 염계(濂溪) 주돈이(周敦頤)의 〈태극도설(太極圖說)〉을 읊은 것 같다.

2 〈선천도〉는 송나라 소옹(邵雍)이 지었다.

78 先天圖二　　선천도 2

乾坤復姤互推移　　건괘와 곤괘 복괘와 구괘
서로 미루어 옮겨가,

動靜之間起至微　　동정의 사이에서
지극히 미묘함 일어난다네.

終日斂襟看不足　　종일토록 옷깃 여미고
봐도 부족하나,

其中圓處是眞幾　　그 가운데 원만한 곳
참된 기미라네.

79 小學[3]　　소학

灑掃庭堂職是供　　마당과 대청 물 뿌리고
쓰는 일 하며,

步趨唯諾飾儀容　　종종걸음으로 예하고 대답하며
태도와 얼굴 꾸민다네.

是中有理今休問　　이 가운데 이치 있으니
지금 묻지 말라,

敬謹端詳體立功　　공경하고 삼가며 바르고 상세하면
몸 공을 세우리.

80 西銘[4]　　서명

人因形異種私根　　사람 형체 달라
사적인 뿌리 심었으니,

3 소학(小學): 주희(朱熹)의 지시로 문인 유자징(劉子澄)이 여러 교육 내용을 모아 편집한 책으로 총 6권이 전한다. 《소학》은 1185년에 착수하여 2년 후에 완성했다.

4 서명(西銘): 북송의 도학자인 장재(張載)가 지었다. 장재가 글을 가르치는 서원에는 동서로 창이 나 있었는데 동쪽 창문에는 어리석은 마음에 돌침을 놓아 치료한다는 뜻의 〈폄우(砭愚)〉라는 명문을 써서 걸었고, 서쪽 창문에다가는 이 〈정완〉이라는 글을 써서 붙여 놓았는데, 정이(程頤)가 이것을 보고는 자칫하면 사람들에게 논쟁의 실마리를 제공하게 될 것이라 하여 차라리 그냥 〈동명〉·〈서명〉이라는 것이 어떻겠느냐고 하여 그대로 따랐다 한다.

不道其初同一源	그 처음에 한 근원 같았다 말하지 말라.
直自源頭明說下	곧장 근원에서부터 밝게 말해내려 가니,
盡將父母屬乾坤	모두 부모 건곤에 귀속시킨다네.

81 喚醒一 환성 1

爲學常思喚此心	학문 함 늘 이 마음 불러일으킬 생각하니,
喚之能熟物難昏	불러일으킴 익히 할 수 있다면 사물 흐릿해지기 어렵네.
纔昏自覺中如失	흐릿해짐 스스로 깨달음 마음 잃은 듯하면,
猛省猛求明則存	맹렬히 살피고 맹렬히 구하여 밝으면 존재한다네.

82 喚醒二 환성 2

二字親聞十九冬	두 글자 친히 들음 19세 겨울인데,
向前已愧緩無功	예전부터 이미 느슨하여 공 없음 부끄러웠다네.
從今何以驗勤怠	이제부터 어떻게 부지런함과 게으름 징험하리?
不出此心生熟中	이 마음에서 나지 않고 푹 익은 가운데서 생긴다네.

83 學	배움
軻死如何道乏人	맹자 죽고 도 모자라는 사람 어떠한가?
緣知學字不分明	배울 학자 분명치 않게 알았기 때문이라네.
先除功利虛無習	먼저 공리 제하고 허무함만 익혀,
盡把聖言身不行	성인의 말씀 모두 잡고서도 몸으로 행하지 않네.

84 心	마음
性外初非更有心	본성 밖에 달리 마음 있음 처음부터 아니고,
只於理內別虛靈	다만 이 안에서 허령함 나눈다네.
虛靈妙用由斯出	허령의 묘한 쓰임 여기서 나오니,
故主吾身統性情	내 몸에 주안점 두고 성정을 이끈다네.

85 意	뜻
意乃情專所主時	뜻은 곧 정 오로지하여 때를 주관하는 곳이며,
志之所向定於斯	뜻이 지향하는 바가 이곳에서 정하여진다네.
要須總驗心情意	모름지기 마음과 뜻의 의미 모두 징험하려면,

一發而俱性存玆	한번 발하여 본성 여기에 있음 갖추어야 한다네.

86 致知	치지
此心原自有知存	이 마음 원래 절로 있음 알고 있는데,
氣蔽其明物又昏	기운 그 밝음 덮어 사물 또한 어둡다네.
漸漸剔開昏與蔽	점점 어두움과 덮임 열어 제쳐,
一時俱透理窮源	한꺼번에 모두 통하여 이치 원류 궁구하네.

87 中庸	중용
過兼不及總非中	지나침과 미치지 못함 모두 중 아니고,
離却平常不是庸	평상과 떼어놓음 용 아니라네.
庸字莫將容易看	용자 쉽게 보지 말게나,
只斯爲道用無窮	다만 이것 도 되어 쓰임 무궁하다네.

88 人心道心一[5]	인심도심 1
自從載籍傳流後	각종 서적 전하여 내려온 후로부터,

5 《서경·대우모(大禹謨)》「사람의 마음은 위태롭고 도를 추구하는 마음은 은미하니, 정하게 하고 한결 같이 하여야 진실로 그 중도를 잡을 것이다.」(人心惟危, 道心惟微, 惟精惟一, 允執厥中)

此是論心第一條　　이것 마음 논함
첫째 조목이라네.
剖析精明爲訓切　　쪼개고 자세히 밝힘
뜻 적절한데,
如何心學尙寥寥　　어찌하여 심학
여전히 쓸쓸한가?

89 人心道心二　　인심도심 2
因形與理別言心　　형체 때문에 이치와
마음을 따로 이야기 했지만,
其實隨形有理存　　그 실체는 형체 따라
이치 존재한다네.
纔與理違形獨用　　고작 이치와 어긋나
형체가 홀로 쓰이니,
便爲物欲理皆昏　　곧 물욕 되어 이치가
모두 어두워졌다네.

90 人心道心三　　인심도심 3
莫道惟危便爲惡　　위태로움만이 곧
악하다 말하지 말라,
只緣衆欲起於形　　다만 뭇 욕심 때문에
형체에서 일어난다네.
常須急把理來救　　항상 모름지기 급히
이치 가지고 구하고,
亦要少從危處行　　또한 조금씩 위태로움
따라 행동하게나.

91 命一	명 1
妙合之機不暫停	묘하게 합치되는 기틀 잠시도 멈추지 않고,
自然氣化與流形	자연과 기화 더불어 형체로 흐르네.
原於妙合名爲命	묘하게 합침에 근원함 명이라 부르니,
卽此而思得性靈	이곳에서 생각하여 성령 얻으리.

92 命二	명 2
靜思二五生人物	음양과 오행 사람과 사물 낳음 조용히 생각해보니,
新者如源舊者流	새로운 것 근원 같고 오래된 것 흐른다네.
流自東之源不息	동쪽에서 흘러온 근원 쉬지 않으니,
始終聚散卽斯求	시종 모이고 흩어짐 곧 여기서 구하리.

93 性	성
謂之性者無他義	그것 일러 성이란 것 다른 뜻 없고,
只是蒼天命理命	다만 푸른 하늘 명리의 명이라네.
論性固當惟論理	본성 논함 실로 마땅히 이만 논해야 하고,

談空求理又非眞　헛된 것 이야기하며 이 구함
또한 참됨 아니라네.

94 道　도

如何率性名爲道　어찌하여 본성 따름
도라고 하였나?
隨事如由大路行　일에 따름 큰 길로
가는 것과 같다네.
欲說道中條理具　도 가운데 조리 갖추어져 있음
말하고자 하고,
又將理字別其名　또한 이자 가지고
그 이름 구별한다네.

95 情　정

謂之情者無他思　정이라고 이르는 것
다른 생각 없고,
只是吾心初動機　다만 내 생각 처음으로
기틀 움직임이라네.
又把動時分析出　또한 움직일 때
나누고 갈라내어,
人當隨發察其幾　사람 마땅히 발한 곳 따라
그 기미 살펴야 하리.

96 戒愼恐懼[6]　계신공구

防慾當施禦寇功　욕심 막으려면 마땅히
도둑 막는 공 베풀어야 하고,

及於未至立崇墉	이르지 못한다면 이에 높은 담 세운다네.
常求四者無他法	늘 이 네 가지 구함 다른 방법 없으니,
依舊同歸主敬中	옛날처럼 함께 경에 주안점을 두던 데로 돌아가게나.

97 謹獨[7]	근독
爲學無功由間斷	학문 해도 공 없음 사이사이 끊김에 기인하니,
其如間斷費關防	그것 사이에 끊김 관문 막을 때 씀과 같다네.
方知謹獨功誠切	바야흐로 혼자 있음 삼가 공 실로 절실해짐 안다면,
多是此時心易忘	거의 이때는 마음 쉽게 잊어버린다네.

98 靜一	정 1
心惟動與靜相乘	마음은 오로지 동과 정 서로 올라탐이니,
當靜之時乃動源	고요할 때가 곧 근원 움직일 때라네.

6 《중용》「도란 것은 잠시도 떠날 수 없는 것이니, 떠날 수 있으면 도가 아니다. 그러므로 군자는 그 보지 않는 바에도 경계하고 삼가며 그 듣지 않는 바에도 두려워하는 것이다.」(道也者, 不可須臾離也, 可離, 非道也. 是故, 君子戒愼乎其所不睹, 恐懼乎其所不聞)

7 《대학》「이것을 일러 중심에 성실하면 외면에 나타난다고 하는 것이다. 그러므로 군자는 반드시 그 홀로 있을 때를 삼가는 것이다.」(此謂誠於中, 形於外, 故君子必愼其獨也)

所以功夫先要靜	공부하는 까닭은 먼저 고요해지려는 것이니,
動而無靜體難全	움직여 고요함 없으면 몸 온전해지기 어렵다네.

99 靜二	정 2
莫專靠靜偏於靜	오로지 정에 의지하고 정에만 치우치지 말라,
須是深加格物功	모름지기 격물의 공 깊이 더해야하리.
事到理明隨理去	일 이치에 밝게 이름 이치 따라 가니,
動常有靜在其中	움직임에 항상 고요함 그 가운데 있다네.

100 體用	체용
體用如何是一源	체와 용 어찌하여 하나의 근원인가?
用猶枝葉體猶根	용은 지엽과 같고 체는 뿌리와 같다네.
當於發處原其本	마땅히 발하는 곳에서 그 근본 원류 있고,
體立於斯用乃存	체가 이곳에 서야 용이 곧 존재한다네.

101 鬼神[8]	귀신
鬼神卽物以爲名	귀신은 사물에 나아가 이름이 되는 것이니,
屈則無形伸有形	굽히면 형체가 없고 펴면 형체 있다네.
一屈一伸端莫測	한번 굽히고 한번 펴니 단서 헤아리기 힘든데,
可窺二五運無停	음양 오행 엿볼 만하니 운행 멈춤 없다네.

102 鳶飛魚躍一[9]	연비어약 1
此理充盈宇宙間	이 이치 우주 사이에 꽉 차서,
下窮魚躍上飛鳶	아래로 물고기 뜀 궁구하고 위로는 솔개 남 궁구한다네.
飛斯在上躍斯下	이것 위에서 날고 이것 아래서 뛰니,
神化孰尸本自然	신의 조화 누가 주관하는가? 자연에 근본한다네.

103 鳶飛魚躍二	연비어약 2
神化孰尸本自然	신의 조화 누가 주관하는가? 자연에 근본하는데,

8 《중용》 제16장 「공자(孔子)께서 말씀하셨다. 『귀신의 덕이 그 지극하다. 보아도 보이지 않으며 들어도 들리지 않되, 사물의 본체가 되어, 빠뜨릴 수 없다.』」(子曰, 鬼神之爲德, 其盛矣乎. 視之而弗見, 聽之而弗聞, 體物而不可遺)

9 《중용》 제12장 「《시경(詩經)》에 이르기를 『솔개는 날아 하늘에 이르는데, 물고기는 연못에서 뛰논다.』 하였으니, 상하에 이치가 밝게 드러남을 말한 것이다.」(詩云, 鳶飛戾天, 魚躍于淵, 言其上下察也) 인용된 《시경》의 시는 〈대아·한록(大雅·旱麓)〉편이다.

盍將此意反而觀　　어찌 이 뜻
　　뒤집어서 보지 않는가?
試將事上深加察　　시험 삼아 일 위에
　　깊이 살펴보게나,
才著些私便不安　　조금 사적인 것 드러나면
　　편안치 않다네.

104 仁一　　인 1
義兼禮智由仁出　　의 예와 지 겸하여
　　인에서 나오니,
接物當先主在仁　　사물 접함 마땅히 먼저
　　주로 인에 있다네.
方有四端隨用發　　바야흐로 네 단서
　　쓰임에 따라 발하니,
譬之四序始於春　　비유컨대 사철
　　봄에 시작함 같다네.

105 仁二　　인 2
心無私滓與天同　　마음 사사로운 찌끼 없이
　　하늘과 같고,
物我乾坤一本中　　사물과 나 하늘과 땅은
　　마찬가지로 근본 가운데 있다네.
隨分而施無不愛　　분수에 따라 베풂
　　사랑하지 않음 없으니,
方知仁體合言公　　바야흐로 인의 본체
　　공에 부합함 안다네.

106 三省一[10]	삼성 1
曾子尙憂三者失	증자 오히려 세 가지 잃었다 근심하였는데,
自言日致省身功	스스로 말하기를 날로 몸 살피는 공 이루었다네.
如何後學不深察	어찌하여 후학들 깊이 살피지 않고,
便欲傳心一唯中	마음 전함 한결같이 마음속으로만 하려는가?

107 三省二	삼성 2
用工事上實根源	공부하는 것 일에 있어서 실로 근원이니,
三省眞傳入道門	세 번 반성함 실로 도로 드는 문 전한다네.
理卽是心隨事顯	이는 곧 마음이니 일에 따라 나타나고,
事能盡理始心存	일에 이 다할 수 있다면 비로소 마음 존재한다네.

108 就有道而正焉[11]	도가 있는 곳으로 나아가 바라게 함
差以毫釐大亂眞	터럭만한 작은 차이에서 진실 크게 어지러워지니,

10 《논어·학이(學而)》「증자가 말씀하였다. 『나는 날마다 세 가지로 내 몸을 살피나니, 남을 위하여 일을 도모해 줌에 충성스럽지 못한가? 붕우와 더불어 사귐에 성실하지 못한가? 전수받은 것을 복습하지 않는가? 이다.』」(曾子曰, 吾日三省吾身, 爲人謀而不忠乎? 與朋友交而不信乎? 傳不習乎?)

11 《논어·학이(學而)》 제14장 「공자께서 말씀하셨다. 『군자는 먹음에 배부름을 구하지 않으며, 거처할 때에 편안함을 구하지 않고, 일을 민첩히 하고 말을 삼가며, 도가 있는 이에게 찾아가서 질정한다면 학문을 좋아한다고 이를 만하다.』」(子曰, 君子食無求飽, 居無求安, 敏於事而愼於言, 就有道而正焉, 可謂好學也已)

苟羞就正墮終身　실로 부끄러워하면 바른 데로 나아가
종신토록 타락한다네.
不惟枉費窮年力　오로지 죽을 때까지
힘 헛되이 쓰지 않고,
反作滔天禍世人　오히려 하늘에 넘치고
세상 사람에게 화 끼친다네.

109 十五志學[12]　열다섯에 학문에 뜻을 둠

工夫一進十年期　공부하여 한번 나아가면
십년은 기약해야 하니,
斷自聖言當致思　단언코 성인의 말씀에서
생각 미치리.
豈不欲人躋聖速　어찌 사람 성인의 속도
오르지 않으려 하리,
只緣科級蓋如斯　다만 과목의 등급
이와 같기 때문이리.

110 知天命[13]　지천명

假借立言雖似是　빌려서 말 세움
비록 옳은 것 같지만,
知非我出枉勞功　지식 내가 낸 것 아니고
헛되이 공 수고롭힌다네.
苟從立志循而得　실로 뜻 세운대로
좇아서 얻는다면,

12 《논어·위정(爲政)》 제4장 「공자께서 말씀하셨다. 『나는 열다섯 살에 학문에 뜻을 두었다.』(子曰, 吾十有五而志于學)

13 위와 같음. 「(공자께서 말씀하셨다) 쉰 살에 천명을 알았다.」(五十而知天命)

方信眞知味不同	바야흐로 참된 지식 맛 같지 않음 믿는다네.

111 安仁利仁[14]	안인이인
語利猶能安則難	이익을 말하면서 편안할 수 있기 어렵고,
且從利做莫空安	또한 이를 좇으면서 일을 하면 편안하지 못하다네.
懸知等級無他義	등급 다른 뜻 없음 까마득히 아니,
去盡私心只一般	사사로운 마음 모두 버림 오로지 마찬가지라네.

112 君子去仁[15]	군자가 인을 버리다
誰云貧賤人難處	누가 가난하고 천한데 사람 처하기 어렵다고 하는가?
只爲重輕權倒持	다만 무겁고 가벼운 것 위하여 권세 도리어 지닌다네.
釣渭耕莘皆往轍	위수에서 낚시하고 신야에서 밭 갊에 모두 수레 달려갔으니,
聖賢不法我何歸	성현이 본받지 않는데 내 어찌 돌아가리?

14 《논어·인(里仁)》 제2장 「공자께서 말씀하셨다. 『인(仁)하지 못한 자는 오랫동안 곤궁한 데 처할 수 없으며 장구하게 즐거움에 처할 수 없으니, 인자는 인을 편안히 여기고 지자는 인을 이롭게 여긴다.』」(子曰, 不仁者不可以久處約, 不可以長處樂, 仁者安仁, 知者利仁)

15 《논어·이인(里仁)》 제5장 「군자가 인을 떠나면 어찌 이름을 이룰 수 있겠는가.」(君子去仁, 惡乎成名)

113 一貫[16] 일관

一貫明言忠與恕 하나로 관철함 분명히
충과 서라 하였으니,
教人之意已昭然 사람 가르치는 듯
이미 환하게 밝다네.
當於用處求其一 마땅히 쓰이는 곳에서
그 일관됨 구하니,
謹勿懸空想聖賢 삼가 헛되이
성현 생각지 말게나.

114 必有鄰[17] 반드시 이웃이 있음

德者人心之所同 덕이란 것 사람
마음이 같은 것이니,
苟能有德類斯從 실로 덕 가질 수 있어야
이것 비슷하게 좇는다네.
不須閉戶嗟寥落 모름지기 문 닫고
쓸쓸하다 탄식하지 말게나.
但立誠心自用功 다만 성실한 마음 세워서
스스로 힘쓰게나.

115 斐然成章[18] 비연성장

學雖隨器有成形 배움 비록 기물 따라
형체 이룸 있으나,

16 《논어·이인(里仁)》 제15장 「공자께서 말씀하시기를 『삼아! 우리 도는 한 가지 이가 만 가지 일을 꿰뚫고 있다.』 …… 증자께서 말씀하셨다. 『선생님의 도는 충과 서일 뿐이다.』」(子曰, 參乎! 吾道一以貫之……曾子曰 夫子之道는 忠恕而已矣)

17 《논어·이인(里仁)》 제25장 「공자께서 말씀하셨다. 『덕은 외롭지 않아, 반드시 이웃이 있는 것이다.』」(子曰, 德不孤, 必有隣)

18 《논어·공야장(公冶長)》 제21장 「공자께서 진나라에 계시면서 말씀하셨다. 『돌아가자! 돌아가자! 오당의 소자들이 뜻은 크나 일에는 소략하여 찬란하게 문장을 이루었을 뿐이요. 그것을 마름질할 줄을 모르는구나.』」(子

方可裁中設準繩	바야흐로 마름질하여야 법도 설치하여 맞출 수 있다네.
假借變移無定止	변하여 옮겨감 빌린다 해도 정하여 멈추지 않을 것이니,
縱逢大匠亦何成	큰 장인 만난다 한들 또한 어찌 이루겠는가?

116 言志[19]	언지
莫道車裘事亦輕[20]	수레와 갖옷의 일 또한 가벼운 것이라 말하지 말라,
仲由勇義乃能行	자로의 씩씩한 뜻 이에 행할 수 있다네.
欲知其弊爲難易	그것 헤짐 어려운지 쉬운지 알고자 하면,
試把車裘驗世情	수레와 갖옷 가지고 세상의 정리 시험해보게나.

117 居敬一[21]	거경 1
但得心存斯是敬	다만 마음에 있으면 이것이 경이요,

在陳, 曰, 歸與歸與! 吾黨之小子狂簡, 斐然成章, 不知所以裁之)

19 《논어·공야장(公冶長)》 제25장 「안연과 계로가 공자를 모시고 있었는데, 공자께서 『어찌 각기 너희들의 뜻을 말하지 않는가!』 하셨다.」(顔淵季路侍, 子曰, 盍各言爾志)

20 거구(車裘): 위와 같음. 「자로가 말하였다. 『수레와 말과 가벼운 갖옷을 친구와 함께 쓰다가 해지더라도 유감이 없고자 하옵니다.』」(子路曰, 願車馬衣輕裘, 與朋友共, 敝之而無憾)

21 《논어·옹야(雍也)》 제1장에 「중궁이 말하였다. 『자신이 경(敬)에 처해 있으면서 간략함을 행하여 인민(人民)을 대한다면 가(可)하지 않겠습니까? 자신이 간략함에 처하고 다시 간략함을 행한다면 너무 간략한 것이 아니겠습니까?』」(仲弓曰, 居敬而行簡, 以臨其民, 不亦可乎? 居簡而行簡, 無乃大簡乎?)

莫於存外更加功　있는 바깥에다 더욱
공 더하지 말게나.
殷勤夫子明斯意　은근하시도다, 부자께서
이 뜻 밝히심,
約禮之時已在中　예절로 요약할 때
이미 가운데 있다네.

118 居敬二　거경 2

大哉程子明居敬　크시도다, 정자께서
공경에 거함 밝히시니,
千聖同符入德門　모든 성인 부절 같이
덕의 문이 들었도다.
試把功夫橫竪看　공부 가지고 이리저리
한번 보게나,
總來不出欲斯存　모두 나가지 않고
이것 간직하려 하네.

119 汶上[22]　문상

仕非其地寧無仕　벼슬 그 땅 아니니
어찌 벼슬 없으리,
此事還他德行人　이 일 그 덕행 있는
사람에게 돌려주리.
彼以勢邀吾自逝　저기서 세력으로 맞아들여도
나는 스스로 가니,

22 위와 같음. 제7장「계씨가 민자건을 비읍의 읍재로 삼으려 하자, 민자건이 (使者에게) 말하였다.『나를 위해 잘 말하여다오. 만일 다시 나를 부르러 온다면 나는 반드시 노나라를 떠나 제나라의 문수 가에 있겠노라고.』」(季氏使閔子騫爲費宰, 閔子騫曰, 善爲我辭焉. 如有復我者, 則吾必在汶上矣)

丈夫無欲氣常伸	장부 욕심 없으면 기 항상 펴리.

120 不改其樂[23]	그 즐거움을 바꾸지 않음
己私旣克本心存	사욕 이겨내기만 하면 본심 남아 있고,
到處逢源與理行	도처에서 근원 만나 이와 함께 가리.
不待有心求樂道	마음 있음 기다리지 않아도 즐거운 도 구하니,
此心之樂自然生	이 마음 즐거움 자연스레 생기리.

121 先難[24]	선난
爲學須敎效自形	학문 모름지기 스스로 형체 드러냄 가르쳐야 하리니,
但專一意使功深	다만 한뜻 오로지 하여 공 깊게 한다네.
哀哉狹隘頻救效	슬프도다, 좁은 길에서 자주 본받음 구하니,
仰止仁人後獲心	어진 사람 우러른 후에야 마음 얻는다네.

23 위와 같음. 제9장 「공자께서 말씀하셨다. 『어질다, 안회여! 한 그릇의 밥과 한 표주박의 음료로 누추한 시골에 있는 것을 딴 사람들은 그 근심을 견뎌내지 못하는데, 안회는 그 즐거움을 변치 않으니, 어질다, 안회여!』」(子曰, 賢哉! 回也. 一簞食, 一瓢飮, 在陋巷, 人不堪其憂, 回也不改其樂, 賢哉! 回也)

24 《논어·옹야(雍也)》 제20장 「(樊遲가) 인에 대하여 묻자 말씀하셨다. 『인자는 어려운 일을 먼저 하고 얻는 것을 뒤에 하니, 이렇게 한다면 인이라고 말할 수 있다.』」(問仁, 曰, 仁者先難而後獲, 可謂仁矣)

122 樂亦在其中[25] 즐거움이 또한 그 가운데 있도다

夫子亦將貧對樂 공자 또한 가난함
즐거이 대하였으니,

只因人苦處貧難 다만 사람의 괴로움 때문에
가난하고 어려운 곳에 처한다네.

苟非天理能攘敵 실로 천리가 적
물리칠 수 있으니,

只向私心重處安 다만 사심 향하여
거듭 편안하게 처한다네.

123 吾無隱乎爾[26] 나는 그대들에게 숨기는 것이 없다

聖道雖云妙莫窺 성인의 도 비록
묘하여 살피지 못한다지만,

初非恍惚與希夷 처음부터 희이처럼
황홀한 것 아니었다네.

分明說在吾行處 분명히 내가 가는
곳에서 말하였으니,

後學無於行外思 후학들이여 행하는 것
외에서 생각지 말라.

124 吾知免夫[27] 내 면했음을 알았도다

常懷四體昊天恩 늘 사지 하늘이 내린
은혜임 생각하여,

25 《논어·술이(述而)》 제15장 「공자께서 말씀하셨다. 『거친 밥을 먹고 물을 마시며 팔을 굽혀 베더라도 즐거움은 또한 그 가운데 있으니, 의롭지 못하고서 부하고 또 귀함은 나에게 있어 뜬구름과 같으니라.』」(子曰, 飯疏食飲水, 曲肱而枕之, 樂亦在其中矣, 不義而富且貴, 於我如浮雲)

26 위와 같음. 제23장 「공자께서 말씀하셨다. 『그대들은 내가 무엇을 숨긴다고 여기는가? 나는 그대들에게 숨기는 것이 없노라. 행하고서 그대들에게 보여주지 않은 것이 없는 자가 바로 나다.』」(子曰, 二三子以我爲隱乎? 吾無隱乎爾. 吾無行而不與二三子者是丘也)

27 《논어·태백(泰伯)》 제3장 「증자가 병이 위중하자,

自是冰淵恐懼深	이로부터 살얼음 밟듯 못에 임한 듯 두려움 깊어졌네.
一息尙存憂未免	한번 숨 쉼에도 여전히 근심 벗어나지 못함 있으니,
死而後已卽斯心	죽은 뒤에야 곧 이 마음 그친다네.

125 任重[28]	임무가 무거움
氣無强弱志爲先	기에는 강약이 없으며 뜻이 우선이고,
努力便行休放肩	노력하면 행하고 어깨 놓지 말게나.
捱得一番難境界	한번 막으면 경계 어렵고,
便添脊骨一番堅	곧 척추뼈 한번 더하여 굳게 되네.

126 絶四[29]	네 가지가 없음
在人四者要皆無	사람에게 네 가지 모두 없어야 하는데,

제자들을 불러 말씀하였다. 『(이불을) 걷고 나의 발과 손을 보아라. 《시경》에 이르기를 「전전하고 긍긍하여, 깊은 못에 임한 듯이 하고, 엷은 얼음을 밟는 듯이 하라.」하였으니, 이제야 내 (몸을 잘 건사할 근심에서) 벗어남을 알겠구나, 소자들아!』(曾子有疾, 召門弟子曰, 啓予足, 啓予手. 詩云, 戰戰兢兢, 如臨深淵, 如履薄氷, 而今而後, 吾知免夫, 小子)

28 위와 같음. 제7장 「증자가 말씀하였다. 『선비는 도량이 넓고 뜻이 굳세지 않으면 안 된다. 책임이 무겁고 길이 멀기 때문이다. 군자는 인으로 자기의 책임을 삼으니 막중하지 않은가? 죽은 뒤에야 끝나는 것이니 멀지 않은가?』(曾子曰, 士不可以不弘毅, 任重而道遠. 仁以爲己任, 不亦重乎! 死而後已, 不亦遠乎)

29 《논어·자한(子罕)》 제4장 「공자는 네 가지의 마음이 전혀 없으셨으니, 사사로운 뜻이 없으셨으며, 기필 하는 마음이 없으셨으며, 집착하는 마음이 없으셨으며, 이기심이 없으셨다.」(子絶四, 毋意, 毋必, 毋固, 毋我)

絶盡聖心天與俱　모두 끊어버린 성인의 마음
하늘과 더불어 갖추었네.
敢爾單提希聖術　감히 그대 다만
성인의 방법 갖기 바란다면,
力除私欲是功夫　사욕 힘껏 없애는
것이 공부라네.

127 博約[30]　박약

事來身向禮中行　일 오면 몸
예법 속에서 행하고,
事過將心去學文　일 지나면 마음
학문으로 가네.
局定更無他罅隙　판 정하여지면 더 이상
다른 틈 없으니,
得斯二者老吾身　이 두 가지 얻은 사람
내 몸 노련하게 하네.

128 卓爾[31]　우뚝하도다

顔淵不日趨於化　안연은 매일
교화로 달리지 않았는데,
此境寧容末學知　이 경지 어찌 말학이
아는 것 용납하리.
細誦師言强思索　스승의 말 꼼꼼히 외고
사색 깊이 하여,

30 위와 같음. 제10장 「부자께서 차근차근히 사람을 잘 이끄시어 문으로써 나의 지식을 넓혀주시고 예로써 나의 행동을 요약하게 해주셨다.」(夫子循循然善誘人, 博我以文, 約我以禮)

31 위와 같음. 「(공부를) 그만두고자 해도 그만둘 수 없어 이미 나의 재주를 다하니, (부자의 도가) 내 앞에 우뚝 서있는 듯하다. 그리하여 그를 따르고자 하나 어디로부터 시작해야 할지 모르겠다.」(欲罷不能, 旣竭吾才,

獨於博約語無疑	홀로 박약에 대하여 말함에 의심 없었다네.

129 逝者如斯一[32]	간다는 것이 이와 같음 1
如何物却能形道	어찌하여 사물 오히려 도 갖출 수 있는가?
只爲皆存理一端	다만 모두 이의 한 단서 가지고 있다네.
偶感斯川存動理	어쩌다 이 시내 움직이는 이치 가졌다 느끼셨으니,
故言逝者可同觀	그러므로 가는 것 함께 볼만 하다 하셨네.

130 逝者如斯二	간다는 것이 이와 같음 2
淵源萬古只如斯	만고의 연원 다만 이와 같으니,
東注曾無間斷時	동으로 흘러 일찍이 중간에 끊긴 적 없었다네.
後學不因川上歎	후학들 시내 위에서 탄식하지 않고서,
安行體用亦難窺	어찌 체와 용 행함에 또한 살핌 어렵지 않겠는가?

如有所立卓爾. 雖欲從之, 末由也已)

32 위와 같음. 제16장「공자께서 시냇가에 계시면서 말씀하셨다. 『가는 것이 이 물과 같구나. 밤낮을 그치지 않는도다.』」(子在川上曰, 逝者如斯夫! 不舍晝夜)

131 四十五十無聞[33] 사십과 오십에 알려지지 않음

聖人接物本於仁	성인 사물과 접함 인에 근본하니,
罕以深言拒絶人	깊은 말로 사람 거절함 드물다네.
不足畏辭嚴且截	두려운 말 엄하고 끊기에 충분치 않으니,
急將此意省吾身	급히 이 뜻 가지고 내 몸 성찰해보네.

132 曾點[34] 증점

春服初成麗景遲	봄 옷 갓 완성되었으나 고운 경치 더디기만 하여,
步隨流水玩晴漪	흐르는 물 따라 걸으며 맑은 잔물결 즐기네.
微吟緩節歸來晩	나지막이 느린 절주 읊조리다 저녁 되어 돌아오며,
一任輕風拂面吹	산들바람 얼굴 스치며 불어오는 대로 내맡기네.

33 위와 같음. 제22장 「공자께서 말씀하셨다. 『후생이 두려울 만하니 앞으로 오는 자들이 나의 지금보다 못할 줄을 어찌 알겠는가? 그러나 40~50세가 되어도 알려짐이 없으면 그 또한 두려워할 만한 없는 것이다.』」(子曰, 後生可畏, 焉知來者之不如今也? 四十五十而無聞焉, 斯亦不足畏也已)

34 《논어·선진(先進)》 제24장 「『점아 너는 어떻게 하겠느냐?』 …… 말하였다. 『늦봄에 봄옷이 이미 이루어지면 관을 쓴 어른 5~6명과 동자 6~7명과 함께 기수에서 목욕하고 무우에서 바람 쐬고 노래하면서 돌아오겠습니다.』 공자께서 아! 하고 감탄하시며 『나는 점(의 방식)을 인정한다.』 하셨다.」(點, 爾何如? ……曰, 莫春者, 春服旣成, 冠者五六人童子六七人, 浴乎沂, 風乎舞雩, 詠而歸. 夫子喟然嘆曰, 吾與點也) 이 시는 권2에도 수록되어 있다.

133 浴沂[35]	기수에서 목욕하다
只就吾身分上思	다만 내 몸 취하여 생각 나누어,
相手童子浴沂歸	동자들과 서로 손 잡고 기수에서 목욕하고 돌아오네.
更無一點閑思想	더는 증점 같은 사람의 한가로운 사상 없으니,
正是助忘俱勿時	바로 잊음 도움 때 모두 없다네.

134 克己一[36]	극기 1
寶鑑當年照膽寒	보배로운 거울 그해에 마음 차갑게 비추었는데,
向來埋沒太無端	지금까지는 쓸데없는 일에 매몰되어 너무나 두서가 없었네.
祗今垢盡明全見	지금에 와서야 때 다 닦아내어 전신을 밝게 보여주니,
還得當年寶鑑看	다시 그해의 보배로운 거울 얻어 보네.

135 克己二	극기 2
本體元來秖是公	본체 원래부터 다만 공인데,

35 위와 같음.

36 《논어·안연(顏淵)》 제1장 「안연이 인에 대하여 묻자, 공자께서 말씀하셨다. 『자기의 사욕을 이겨 예에 돌아감이 인을 하는 것이니, 하루 동안이라도 사욕을 이겨 예에 돌아가면 천하가 인을 인정하는 것이다. 인을 하는 것은 자기 몸에 달려 있으니, 남에게 달려 있는 것이겠는가?』(顏淵問仁, 子曰, 克己復禮爲仁, 一日克己復禮, 天下歸仁焉, 爲仁由己, 而由人乎哉) 이 시는 권2에도 수록되어 있다.

毋將私意混其中	사사로운 뜻 그 가운데 섞지 말게나.
顏淵造聖無他事	안연 성인 됨 다른 일 없고,
惟在能加克己功	오직 능히 자신 이기는 공부 더함에 있네.

136 克己三	극기 3
莫道公私未判然	공과 사 확연하지 않다 말하지 말고,
自憂一日用功難	스스로 매일의 공부 어려움 걱정하게나.
便隨明處猛分擺	곧 밝은 곳 따라 용맹하게 나누어 벌려,
志在希顏卽是顏	뜻 안연 바람에 있으면 곧 안연이라네.

137 出門如見大賓[37]	문을 나가서는 큰 손님을 보듯 하다
竦然敬立體斯存	몸 움츠리고 공경스레 서면 몸 여기에 있으니,
容貌常如見大賓	용모 항상 큰 손님을 뵙듯이 하네.
此是聖門持守法	이것이 성인의 문하에서 몸을 가지는 법이니,

37 위와 같음. 제2장「중궁이 인에 대하여 묻자 공자께서 말씀하셨다.『문을 나갔을 때에는 큰손님을 뵌 듯이 하며, 백성에게 일을 시킬 때에는 큰 제사를 받들 듯이 하고, 자신이 하고자 하지 않는 것을 남에게 베풀지 말아야 하니, 이렇게 하면 나라에 있어서도 원망함이 없으며, 집안에 있어서도 원망함이 없을 것이다.』」(仲弓問仁, 子曰, 出門如見大賓, 使民如承大祭, 己所不欲, 勿施於人, 在邦無怨, 在家無怨)

必須心在可爲仁　　모름지기 마음 있으니
　　어질게 되리.

138 爲己爲人一[38]　　자신을 위하고 남을 위하다 1

藥病須還老自知　　병에 약 쓰면 모름지기
　　또한 늙었음 스스로 알고,
和根斬斷爲人機　　뿌리 함께 잘라 끊음
　　남을 위한 꾀라네.
心隨身止門常閉　　마음 몸 따라 멈추니
　　문 늘 닫혀 있고,
課罷笞封候夕暉　　공부 끝내고 매질하고 북돋우며
　　석양 기다린다네.

139 爲己爲人二　　자신을 위하고 남을 위하다 2

辛勤盡作求聞計　　힘들게 오로지
　　계책 들음 구하고,
沽得過情聲譽來　　상정 지나침 사서 얻으면
　　명성 온다네.
自外而觀爲可喜　　바깥에서 살펴보면
　　기뻐할 만한데,
此心已失實堪哀　　이 마음 이미 잃었으니
　　실로 슬퍼할 만하네.

38 《논어·헌문(憲問)》 제25장 「공자께서 말씀하였다. 『옛날에 배우는 자들은 자신(의 수양)을 위한 학문을 하였는데, 지금에 배우는 자들은 남을 (다스리기) 위한 학문을 한다.』」(子曰, 古之學者爲己, 今之學者爲人)

140 莫我知也夫一[39]	나를 알아주지 않는다 1
心卽是天天卽理	마음이 곧 하늘이고 하늘은 곧 이이니,
無行不與理相隨	이 서로 따르지 않는 길 가지 말게나.
故言惟有天知我	그러므로 하늘만이 나를 안다 했거늘,
天豈眞如人有知	하늘이 어찌 참으로 남이 알아줌과 같겠는가?

141 莫我知也夫二	나를 알아주지 않는다 2
聖心端似涉脩蹊	성인의 마음 단정하기가 긴 길 건너는 것과 비슷하니,
俛首無言但疾馳	고개 숙이고 말없이 다만 빨리 달릴 뿐이네.
學者須常存此意	학자들은 모름지기 항상 이 뜻 가져야할 것이니,
自能遏絶爲人私	스스로 사욕됨 막아서 끊을 수 있어야 하리.

142 莫我知也夫三	나를 알아주지 않는다 3
天怨人尤兩不形	하늘의 원망과 사람의 허물은 양립할 수 없으니,
斂然下學是功程	거두어 아래로 배움이 공부의 방법이라네.

39 위와 같음. 제37장「공자께서 말씀하셨다.『나를 알아주는 이가 없구나! …… (나는) 하늘을 원망하지 않으며 사람을 탓하지 않고, 아래로 (인간)의 일을) 배우면서 위로 (천리를) 통달하나니, 나를 알아주는 것은 하느님이실 것이다.』」(子曰, 莫我知也夫……不怨天, 不尤人, 下學而上達, 知我者其天乎)

了無可使人知處	절대로 남들로 하여금 아는 곳 없게 할지니,
盡日相酬理與心	종일토록 이와 심 서로 주고받는다네.

143 下學上達[40]	하학상달
學在事時斯是理	배움 일에 있을 때 이것이 이치이니,
盍於事上每尋思	어찌 일에서 매번 생각 찾지 않는가?
但令下學功夫到	다만 아래로 배우는 공부 이르게만 한다면,
上達之機修自知	위로 이르는 기틀 닦아 스스로 알리라.

144 固窮[41]	본디 궁함
不是書生不阨窮	서생 아니면 곤액 당하지 않나니,
道窮何所愧於中	도 다하면 어디 마음속에서 부끄러워하겠는가?
貪求貪欲販夫事	탐욕스레 구하고 욕심내어 파는 일 하니,
於此不安須彼從	여기서 불안하면 모름지기 저쪽 따른다네.

40 위와 같음.

41 《논어·위령공(衛靈公)》 제1장 「자로가 성난 얼굴로 (공자를) 뵙고 『군자도 궁할 때가 있습니까?』 하고 묻자 공자께서 말씀하셨다. 『군자는 진실로 궁한 것이니, 소인은 궁하면 넘친다.』」(子路慍見曰, 君子亦有窮乎? 子曰, 君子固窮, 小人窮斯濫矣)

145 參前倚衡[42] 앞에서 참여하고 멍에에 기대다

理隨心見不曾離 이 마음 따라 나타나 떨어진 적 없고,

苟有斯心便在玆 실로 이 마음 있었으면 곧 여기에 있다네.

果似有形君信否 과연 형체 있는 것 같은데 그대는 믿는가?

用心熟後自能知 마음 씀 익힌 후에 스스로 알 수 있으리.

146 辭達而已[43] 언사는 통달할 따름임

方識聖門辭達旨 바야흐로 성인 문하의 언사가 통달한 뜻 알았으니,

作文之法在其中 글 짓는 방법 그 안에 있다네.

但將正意由辭出 다만 바른 뜻 언사에서 나오니,

此外徒勞苦用功 이외에는 헛수고니 실로 노력하게나.

147 困心衡慮[44] 마음이 괴롭고 근심이 꽉 참

舊喜安心苦覓心 옛날에는 마음 편안함 좋아하여 마음 찾음 괴로웠는데,

42 위와 같음. 제5장 「일어서면 그것이 앞에 참여함을 볼 수 있고, 수레에 있으면 그것이 멍에에 기댐을 볼 수 있어야 하니, 이와 같은 뒤에야 행해질 수 있는 것이다.」(立則見其參於前也, 在輿則見其倚於衡也, 夫然後行)

43 위와 같음. 제40장 「공자께서 말씀하셨다. 『언사는 (뜻이) 통달할 뿐인 것이다.』」(子曰, 辭達而已矣)

44 《맹자·고자(告子) 하》 제15장 「사람은 항상 과실이 있은 뒤에 고치나니, 마음에 곤하고, 생각에 걸린 뒤에 분발하여, 얼굴빛에 징험되고 음성에 나타난 뒤에 깨닫는 것이다.」(人恒過然後, 能改, 困於心, 衡於慮而後作, 徵於色, 發於聲而後喩) 이 시와 다음의 시 2수는 〈곤학(困學)〉이라는 제목으로 권2에도 수록되어 있다.

捐書絶學費追尋	책 버리고 공부 그만 두고 쫓아 찾는 데만 힘 썼다네.
困衡此日安無地	마음 괴롭고 근심 차니 이날 편안한 곳 없어,
始覺從前枉寸陰	이전에 촌음 낭비하였음 비로소 깨달았네.

148 困學[45]	곤학
困學工夫豈易成	힘든데도 배우는 공부 어찌 쉽게 이루어지겠는가?
斯名獨恐是虛稱	이 명칭 유독 헛된 명칭인 것 같네.
傍人莫笑標題誤	곁의 사람 표제 틀렸다 웃지 말게나,
庸行庸言實未能	범용한 행동 범용한 말 실로 할 수 없다네.

149 九思[46]	아홉 가지를 생각하다
人之進學在於思	사람 배움에 나아감 생각에 있는데,

45 《논어·위령공(衛靈公)》 제9장 「공자께서 말씀하셨다. 『태어나면서 아는 자가 상등이요, 배워서 아는 자가 다음이요, 통하지 않아 배우는 자가 또 그 다음이니, 통하지 않는데도 배우지 않으면 백성으로서 하등이 된다.』孔子曰, 生而知之者上也, 學而知之者次也, 困而學之又其次也, 困而不學, 民斯爲下矣)

46 《논어·계씨(季氏)》 제10장 「공자께서 말씀하셨다. 『군자는 아홉 가지 생각함이 있으니, 봄에는 밝음을 생각하며, 들음에는 귀 밝음을 생각하며, 얼굴빛은 온화함을 생각하며, 모양은 공손함을 생각하며, 말은 충성함을 생각하며, 일은 경건함을 생각하며, 의심스러움은 물음을 생각하며, 분함은 어려움을 생각하며, 얻는 것을 보면 의를 생각한다.』(孔子曰, 君子有九思, 視思明, 聽思聰, 色思溫, 貌思恭, 言思忠, 事思敬, 疑思問, 忿思難, 見得思義)

思則能知是與非	생각하면 옳고 그름 알 수 있다네.
但得用心純熟後	다만 마음 씀 순수하게 푹 익힌 뒤라야,
自然發處有思隨	자연히 펴는 곳 생각 따름 있다네.

150 予欲無言[47]	내 말을 하지 않으려 한다
妙道皆形日用間	묘한 도리 모두 날로 쓰는 사이에 형체 드러내니,
卽斯可見不須言	곧 이것 볼 수는 있어도 말할 필요 없다네.
試將天象明人事	하늘의 모습으로 사람의 일 한번 밝혀보게나,
希聖功夫萬古存	성인 바라는 공부 만고에 있다네.

151 難言[48]	말하기 어려움
難言非謂不容言	말하기 어려움 말 용납하지 않음 말함 아니고,
謂狀其中體段難	그 가운데 형상 형체 단편 어렵다는 말이라네.

47 《논어·양화(陽貨)》 제19장 「공자께서 말씀하셨다. 『나는 말을 하지 않으려고 한다.』 자공이 말하였다. 『선생님께서 말씀을 하지 않으시면 저희들이 어떻게 도를 전하겠습니까?』 공자께서 말씀하셨다. 『하늘이 무슨 말씀을 하시는가? 사시가 운행되고 온갖 만물이 생장하는데, 하늘이 무슨 말씀을 하시는가?』」(子曰, 予欲無言. 子貢曰, 子如不言, 則小子何述焉? 子曰 天何言哉? 四時行焉, 百物生焉, 天何言哉)

48 〈맹자·공손추(公孫丑) 상〉 제2장 「『감히 묻겠습니다. 무엇을 호연지기라 합니까?』 맹자께서 말씀하였다. 『말하기 어렵다.』」(敢問, 何謂浩然之氣? 曰, 難言也)

須是養成天地塞	모름지기 천지간에 찬 것 양성하여,
却將正直反而觀	바르고 곧음 돌이켜 살펴보게나.

152 勿忘勿助長[49]	잊지 말고 조장하지도 말라
忘則無功助則私	잊으면 공이 없고 도우면 사사로이 되니,
不忘不助正斯時	잊지도 말고 돕지도 않음이 바로 이때 할 일이라네.
是中體段須當察	이 가운데 몸의 구분 반드시 살펴야 하니,
便是鳶飛魚躍機	이것이 곧 솔개 날고 물고기 뛰는 기틀이라네.

153 仰思一[50]	우러러 생각함 1
公德明光萬世師	공덕 밝게 밝힘 만세의 스승이요,
從容酬酢更何疑	조용히 대화하면 더욱이 어찌 의심하리.
當年不合知何事	그 해 합치되지 않음 무슨 일인지 아는가?

49 위와 같은 제2장 「반드시 그 일(浩然之氣를 기름)에 종사하고, 효과를 미리 기대하지 말아서 마음에 잊지도 말며 억지로 조장하지도 말아서, 송나라 사람과 같이 하지 말지어다. …… 조장하는 자는 벼 싹을 뽑아놓는 자이니, 이는 유익함이 없을 뿐만 아니라, 도리어 해치는 것이다.」(必有事焉而勿正, 心勿忘, 勿助長也, 無若宋人然……助之長者, 揠苗者也, 非徒無益, 而又害之)

50 〈맹자·이루(離婁) 하〉 제20장 「주공은 세 왕을 겸하시어 네 가지 일을 시행할 것을 생각하시되, 부합하지 않는 것이 있으면, 우러러 생각하여 밤으로써 날을 이어서, 다행히 터득하시면 그대로 앉아 날이 새기를 기다리셨다.」周公思兼三王, 以施四事, 其有不合者, 仰而思之, 夜以繼日, 幸而得之, 坐以待旦) 이 시와 다음의 시 2수는 권2에도 수록되어 있다.

淸夜端居獨仰思	맑은 밤 단정하게 앉아 홀로 우러러 생각해보네.

154 仰思二	우러러 생각함 2
聖賢事業理難同	성현의 사업 이치 같기 어렵고,
僭作新題欲自攻	몰래 새로 지어 스스로 공격해보네.
王事兼施吾豈敢	임금의 일 함께 베풂이야 내 어찌 감히 하리?
儻容思勉議成功	갑자기 생각 힘씀 용납하면 의논 성공하리.

155 古者以利爲本[51]	고는 순리를 근본으로 삼음
論性無非日用間	본성 논함 날로 쓰는 사이 아닌 것 없으니,
何須虛誕與深艱	어찌 모름지기 허탄함 깊은 어려움 함께 하는가?
昭昭萬事皆其理	밝디 밝은 만사 모두 그 이치이니,
只是功夫欲順難	다만 공부 어려움에 순응하고자 하네.

156 芻豢悅口[52]	추환이 입을 기쁘게 함
食中有味知斯悅	음식 가운데 맛 있으면 이 기쁨 아는데,

51 위와 같음. 제26장 「맹자께서 말씀하였다. 『천하에 성(性)을 말함은 고(故)일 뿐이니, 고(故)라는 것은 순리를 근본으로 삼는다.』」(孟子曰, 天下之言性也, 則故而已矣, 故者, 以利爲本)

知是能加咀嚼功　　이것 씹는 공
더할 수 있음 안다네.

行處心安思處得　　가는 곳마다 마음 편안하고
생각하는 곳 얻으면,

餘甘常溢齒牙中　　남은 단 맛 항상
입 속에 넘치네.

157 牛山[53]　　우산

此心此理自天根　　이 마음 이 이치
하늘의 근본에서 오니,

不待栽培觸處生　　심고 북돋우지 않아도
닿는 곳마다 나네.

只要關防人欲伐　　다만 관문에서
사람들 베고자 하니,

更須著意察滋萌　　더욱 모름지기 뜻 붙여
싹 불어남 살펴야 하네.

158 夜氣[54]　　밤기운

理則無形氣是乘　　이는 형체 없고
기가 올라타는 것이니,

52 《맹자·고자(告子) 상》 제7장 「마음에 똑같이 옳게 여긴다는 것은 어떤 것인가? 이와 의를 말한다. 성인은 우리 마음에 똑같이 옳게 여기는 바를 먼저 아셨다. 그러므로 이·의가 우리 마음에 기쁨은 추환이 우리 입에 좋음과 같은 것이다.」(心之所同然者何也? 謂理也義也. 聖人先得我心之所同然耳, 故理義之悅我心, 猶芻豢之悅我口)

53 위와 같음. 제8장 「맹자께서 말씀하였다. 『우산의 나무가 일찍이 아름다웠었는데, 대국의 교외이기 때문에 도끼와 자귀로 매일 나무를 베어가니, 아름답게 될 수 있겠는가. 그 일야[밤]에 자라나는 바와 우로가 적셔주는 바에 싹이 나오는 것이 없지 않건마는, 소와 양이 또 따라서 방목되므로, 이 때문에 저와 같이 탁탁하게 되었다.』」(孟子曰, 牛山之木, 嘗美矣, 以其郊於大國也. 斧斤伐之, 可以爲美乎? 是其日夜之所息, 雨露之所潤, 非無萌櫱之生焉, 牛羊又從而牧之, 是以若彼濯濯也)

54 위와 같음. 「일야에 자라나는 바와 평단의 맑은 기운에 그 좋아하고 미워함이 남들과 서로 가까운 것이 얼마 되지 않는데, 낮에 하는 소행이 이것을 곡망하니, 곡망하기를 반복하면 야기가 족히 보존될 수 없고, 야기가 보존될 수 없으면 금수와 거리가 멀지 않게 된다.」(其日夜之所息, 平旦之氣, 其好惡與人相近也者幾希, 則

氣隨夜息理斯存　　기는 밤 따라 쉬고
이는 이에 존재한다네.
息時無感猶當驗　　쉴 때는 느낌 없어
오히려 징험해야 하니,
晝不能淸夜亦昏　　낮에도 맑을 수 없고
밤에도 어둡다네.

159 莫知其鄕一[55]　　그 방향을 모름 1

此心活動元無定　　이 마음의 활동
원래 정처 없어,
或出他鄕入此鄕　　어쩌다 다른 방향으로 나와
이 방향으로 들어가기도 하네.
猛省不知誰是主　　누가 주인인지 알지 못함
문득 깨달으니,
只因操舍有存亡　　다만 잡고 놓음에 따라
보존되고 잃음 있다네.

160 莫知其鄕二　　그 방향을 모름 2

存以公兮亡以私　　공으로 보존함이여
사사로움으로 잃으니,
存亡倏忽動時機　　보존되고 잃음 순식간에
시기 움직인다네.
莫教事過方纔省　　일 지나치게 하지 말아
바야흐로 겨우 성찰하고,

其旦晝之所爲有梏亡之矣, 梏之反覆, 則其夜氣不足以存, 夜氣不足以存, 則其違禽獸不遠矣)

55 위와 같음.「공자께서 말씀하시기를『잡으면 보존되고 놓으면 잃어서, 나가고 들어옴이 정한 때가 없으며, 그 방향을 알 수 없는 것은 오직 사람의 마음을 두고 말한 것이다.』하셨다.」(孔子曰, 操則存, 舍則亡, 出入無時, 莫知其鄕, 惟心之謂與)

辨析須嚴念慮微	분별하여 가름 모름지기 엄해야 하고 생각 미세해야 한다네.

161 求放心[56]	방심을 구함
不察予心重似雞	내 마음 살피지 않으면 중하기가 닭과 같고,
更兼放處只緣私	더욱이 방심한 곳 겸함 다만 사심 때문이라네.
纔知用理維持際	비로소 이 써서 유지할 때 아니,
不待追求便在玆	추구함 기다리지 않아도 바로 여기에 있네.

162 心之官則思[57]	마음의 기능은 생각할 수 있음
一身胡屬此心微	한 몸 어디에 이 미약한 마음 속하는가?
只爲能思擇所爲	다만 하는 일 가림 생각할 수 있다네.
底事虛靈成暗塞	이 일 허령하여 어둡고 막히니,
獨於物欲用其思	유독 물욕에만 그 생각 쓴다네.

56 위와 같음. 제11장 「사람이 닭과 개가 도망가면 찾을 줄을 알되, 마음을 잃고서는 찾을 줄을 알지 못하니 학문하는 방법은 다른 것이 없다. 그 방심을 찾는 것일 뿐이다.」(人有鷄犬放, 則知求之, 有放心而不知求, 學問之道無他, 求其放心而已矣)

57 위와 같음. 제15장 「귀와 눈의 기능은 생각하지 못하여 물건에 가려지니, 물건[外物]이 물건[耳目]과 사귀면 거기에 끌려갈 뿐이요, 마음의 기능은 생각할 수 있으니, 생각하면 얻고 생각하지 못하면 얻지 못한다. 이것은 하늘이 우리 인간에게 부여해 주신 것이니, 먼저 그 큰 것에 선다면 그 작은 것이 능히 빼앗지 못할 것이니, 이것이 대인이 되는 이유일 따름이다.」(耳目之官, 不思而蔽於物, 物交物, 則引之而已矣, 心之官則思, 思則得之, 不思則不得也, 此天之所與我者. 先立乎其大者, 則其小者不能奪也, 此爲大人而已矣)

163 動心忍性一[58] 마음을 분발시키고 본성을 참게 함 1

不當拂處常逢拂 어그러지지 않아야 할 곳에서는
　항상 어그러지게 되고,

不合空時亦至空 궁하지 않아야할 때에
　또한 지극히 궁해지네.

處順不如常處逆 순조로운데 처함이 늘
　거스르는 곳에 처함보다 못하니,

動心忍性始成功 마음 분발시키고 본성 참게하면
　비로소 공 이룬다네.

164 動心忍性二 마음을 분발시키고 본성을 참게 함 2

因窮拂動雖天意 궁하여 어그러져 움직임
　비록 하늘의 뜻이라지만,

如純何須曾不能 순수함 어찌 모름지기
　일찍이 능하지 못하였던가?

上知雖明事之理 하늘의 앎 비록
　일의 이치 밝다지만,

也須親到事中行 또한 모름지기 친히 이르러
　일 가운데 행한다네.

165 存心[59] 마음을 보존함

工夫但欲存心爾 공부 다만 마음을
　보존하려할 따름이고,

58 《맹자·고자(告子) 상》 제15장 「하늘이 장차 큰 임무를 이 사람에게 내리려 하실 적에는 반드시 먼저 그 심지를 괴롭게 하며, 그 근골을 수고롭게 하며, 그 체부를 굶주리게 하며, 그 몸을 공핍[빈궁]하게 하여, 행함에 그 하는 바를 흔들어 어지럽히니, 이것은 마음을 분발시키고 성질을 참게 하여, 그 능하지 못한 바를 더하여 주고자 해서이다.」(天將降大任於是人也, 必先苦其心志, 勞其筋骨, 餓其體膚, 空乏其身, 行拂亂其所爲, 所以動心忍性, 曾益其所不能)

59 《맹자·진심(盡心) 상》 제1장 「맹자께서 말씀하였다.

底事存心條緒多	이 마음을 보존하는 일에 갈래와 단서 많다네.
直使聖賢更剖析	다만 성현들로 하여금 더욱 가르고 쪼개게 한 것은,
只緣私意費消磨	다만 사사로운 뜻 헛되이 소비하여 없앨까해서라네.

166 **養性**[60]	본성을 기름
性初不假增加力	본성 애초에는 힘 더할 겨를 없었으며,
養字元非別用功	기를 양자 원래 달리 공을 쓰는 것 아니었다네.
只要關防幷省察	다만 변두리 막고 또한 성찰할 따름이지,
莫要私意害其中	사사로운 뜻 그 마음 해치지 말게 하게나.

167 **事天**[61]	하늘을 섬김
皇天命理以爲人	황천이 이에 명하여 사람 되었는데,
理有存亡繫我心	이에는 존망 있으니 내 마음에 매여 있다네.
存養上還天所賦	간직하고 길러서 위로 하늘이 부여한 것 돌려주고,

『그 마음을 다하는 자는 그 성을 아니, 그 성을 알면 하늘을 알게 된다. 그 마음을 보존하여 그 성을 기름은 하늘을 섬기는 것이요, 요절하거나 장수함에 의심하지 않아, 몸을 닦고 천명을 기다림은 명을 세우는 것이다.』(孟子曰, 盡其心者, 知其性也, 知其性, 則知天矣. 存其心, 養其性, 所以事天也, 殀壽不貳, 修身以俟之, 所以立命也)

60 위와 같음.

61 위와 같음.

終身履薄以臨深　　죽을 때까지 살얼음 밟듯
깊은 못에 다가선 듯 해야 하리.

168 **萬物皆備**[62]　　만물이 모두 갖추어지다

萬物當須以理觀　　만물 모름지기
이치로 봐야하니,
不離太極是其源　　태극 떠나지 않음이
그 근원이라네.
故雖萬類皆我具　　그러므로 만 가지가 모두
내게 갖추어져 있어도,
秖爲中心太極存[63]　　다만 마음 한가운데
태극 있다네.

169 **良知**[64]　　양지

孩提自幼良知發　　어린 아이 어려서부터
양지 발하니,
此日心蒙尙未開　　이날 마음 어리석어
아직 열리지 않았네.
旣壯蒙開趨物欲　　장성해져서는 어리석음
열리어 물욕 좇으니,
良心反喪亦哀哉　　양심 오히려 없어져
또한 슬프도다.

62 위와 같음. 제4장 「맹자께서 말씀하였다. 『만물이 모두 나에게 갖추어져 있으니 몸에 돌이켜보아 성실하면 즐거움이 이보다 더 클 수 없고, 서를 힘써서 행하면 인을 구함이 이보다 가까울 수 없다.』」(孟子曰, 萬物皆備於我矣, 反身而誠, 樂莫大焉, 强恕而行, 求仁莫近焉)

63 존(存): 《주희집》(사천교육출판사)에는 「行」으로 되어 있으나 운이 맞지 않으므로 「存」자로 바로잡는다.

64 위와 같음. 제15장 「맹자께서 말씀하였다. 『사람들이 배우지 않고도 능한 것은 양능이요, 생각하지 않고도 아는 것은 양지이다.』」(孟子曰, 人之所不學而能者, 其良能也, 所不慮而知者, 其良知也)

170 觀瀾[65]	여울을 보다
眇焉方寸神明舍	까마득한 한 치 마음에 신명 머무르니,
天下經綸此處看	천하의 경륜 여기에서 보네.
嘗向狂瀾觀至理	일찍이 미친 듯한 물결에서 지극한 이치 살펴보니,
秖是工夫欲順難	다만 공부 어려움에 순응하고자 하네.

171 不能使人巧[66]	남을 공교롭게 할 수는 없음
學求入處須師授	배움 드는 곳에서 모름지기 스승의 전수 구해야하니,
此外難爲盡靠師	이외에는 모두 스승에게 의지하기 어렵다네.
但向行時無息處	다만 향하여 갈 때 쉼 없는 곳에서,
進前曲折自能知	진전과 곡절 스스로 알 수 있다네.

172 山徑之蹊[67]	산의 지름길

65 위와 같음. 제24장「물을 구경하는 데에 방법이 있으니, 반드시 그 여울목을 보아야 한다. 해와 달이 밝음이 있으니, 빛을 용납하는 곳에는 반드시 비추는 것이다.」(觀水有術, 必觀其瀾, 日月有明, 容光必照焉)

66《맹자·진심(盡心) 하》제5장「맹자께서 말씀하였다. 『재장과 윤여가 남에게 규구를 가르쳐 줄 수는 있을지언정, 남으로 하여금 공교롭게 할 수는 없는 것이다.』(孟子曰, 梓匠輪輿能與人規矩, 不能使人巧)

67 위와 같음. 제21장「맹자께서 고자에게 이르셨다. 『산길에 사람들이 다니는 곳이 삽시간만 사용하면 길을 이루고, 한동안 사용하지 않으면 풀이 자라 길을 막나니, 지금에 띠풀이 그대의 마음을 꽉 막고 있구나!』(孟子謂高子曰, 山徑之蹊間, 介然用之而成路, 爲間不用, 則茅塞之矣, 今茅塞子之心矣)

苟能用力可充微	실로 힘써서 약한 것 채울 수 있어도,
一息昏忘功便虧	한번 숨 쉼에 흐릿해져 잊어버리니 공 이지러졌다네.
老矣方知深自警	늙어서야 바야흐로 깊이 스스로 경계함 안다네.
幾番茅塞徑之蹊	몇 번이나 띠풀 산의 길 막았던가?

173 大而化之[68] 대인이면서 저절로 화하다

從心所欲皆天理	마음이 하고자하는 바를 따르는 것이 모두 천리인데,
具體顔淵罷不能	체계 갖춘 안연은 그만두어 할 수가 없었다네.
所謂不思幷不勉	이른바 생각하지 않는 것과 힘쓰지 않는 것을,
舜由仁義卽非行	순임금은 인의에서 말미암았으니 행함 아니었다네.

174 聞知[69] 들어서 알다

見固能知聞亦知	보면 실로 알 수 있고 들어도 또한 안다네.

68 위와 같음. 제25장「충실하여 광휘함이 있음을 대인이라 이르고, 대인이면서 저절로 화함을 성인이라 이르고, 성스러워 알 수 없는 것을 신인이라 이른다.」(充實而有光輝之謂大, 大而化之之謂聖, 聖而不可知之之謂神)

69 위와 같음. 제38장「맹자께서 말씀하였다.『요순으로부터 탕왕에 이르기까지가 5백여 년이니, 우왕과 고요는 직접 보고서 알았고, 탕왕은 들어서 아셨다.』」(孟子曰, 由堯舜至於湯, 五百有餘歲, 若禹皐陶則見而知之, 若湯則聞而知之)

雖聞如與見同時　　비록 들어도 보는 것과 같다네.

只緣一本元無二　　다만 근본 하나여서 원래 둘 없으니,

千聖已亡心在玆　　모든 성인 이미 없어졌어도 마음 여기 있다네.

〈주자문집대전유편보유(朱子文集大全類編補遺)》. 또 〈주자학규(朱子學規)》에도 보임.

주석 항목 색인

ㄱ

ㅅ

ㅈ

ㅊ

주석 항목 색인 통합(제1권~제10권)

제1권·제2권

ㄱ

ㄹ

ㅁ

ㅂ

ㅅ

ㅇ

ㅈ

ㅊ

ㅌ

제3권·제4권

ㄱ

ㄹ

ㅁ

ㅂ

ㅅ

ㅇ

ㅈ

ㅊ

ㅎ

제5권·제6권

ㄱ

ㄴ

ㄷ

ㄹ

ㅁ

ㅇ

ㅊ

ㅋ

ㅌ

ㅍ

ㅎ

제7권 · 제8권

ㄱ

ㄹ

ㅁ

ㅂ

ㅅ

ㅇ

ㅈ

ㅊ

ㅋ

ㅌ

ㅍ

ㅎ

제9권 · 제10권

ㄱ

ㄴ

ㄷ

ㄹ

ㅁ

ㅈ

ㅊ

ㅌ

ㅍ

ㅎ